本书受“十三五”国家重点研发计划项目“互联网+认证认可共性技术研究与应用”（编号：2017YFF0211400）资助出版

认证认可促进产业高质量发展研究

——以粤港澳大湾区出口产业为例

曾洪鑫　周明辉　郑方辉　著

新华出版社

图书在版编目（CIP）数据

认证认可促进产业高质量发展研究：以粤港澳大湾区出口产业为例／曾洪鑫，周明辉，郑方辉著．—北京：
新华出版社，2021．12

ISBN 978-7-5166-6063-8

Ⅰ．①认… Ⅱ．①曾… ②周… ③郑… Ⅲ．①出口贸易—贸易发展—广东、香港、澳门 Ⅳ．①F752．86

中国版本图书馆 CIP 数据核字（2021）第 201373 号

认证认可促进产业高质量发展研究：以粤港澳大湾区出口产业为例

作　　者：曾洪鑫　周明辉　郑方辉　著

责任编辑：张　程　蒋旻歌　　**封面设计**：杨西福

出版发行：新华出版社

地　　址：北京石景山区京原路 8 号　　**邮　　编**：100040

网　　址：http://www.xinhuapub.com

经　　销：新华书店、新华出版社天猫旗舰店、京东旗舰店及各大网店

购书热线：010-63077122　　**中国新闻书店购书热线**：010-63072012

照　　排：北京博克思文化发展有限公司

印　　刷：三河市华东印刷有限公司

成品尺寸：170mm×240mm

印　　张：21．5　　**字　　数**：369 千字

版　　次：2021 年 12 月第一版　　**印　　次**：2021 年 12 月第一版

书　　号：ISBN 978-7-5166-6063-8

定　　价：88．00 元

课题研究单位

东莞理工学院

广州海关技术中心

广东省政府绩效管理研究会

华南理工大学政府绩效评价中心

课题组成员

曾洪鑫　周明辉　郑方辉　黎清旦　陈　胜　刘　畅

陈文妮　蔡炉明　罗诗诗　王　春　张　斐　尹　玲

刘晓婕　陈　博　郑鸿铭　周如卉　程佳园等

序　言

当前，我国经济已经进入了发展新常态，经济发展面临的主要挑战是供给质量水平不高、经济结构存在缺陷、创新驱动发展动能不足，加之资源生态环境约束加大、劳动力等要素成本持续上升等因素影响，以往高投入、高消耗、偏重数量扩张的高增长难以为继。党的十九大报告明确指出："我国经济已由高速增长阶段转向高质量发展阶段"，产业高质量发展已成为我国构建现代化经济体系的基本命题，是我国产业经济迈向中高端在更宽领域、更深层次的实现与升华。认证认可是现代市场经济的一项基础性制度安排，能够从源头上规范市场行为、保障产品质量安全、引导正确消费，能够引导产业资源的优化组合配置、推动产业技术升级和结构优化调整，已成为提升我国经济治理体系和治理能力现代化的重要手段，认证认可制度的推行是我国经济高质量发展的重要产业实践，也为新时期经济高质量主题的积极践行提供科学指导。

粤港澳大湾区是继纽约、旧金山、东京三大国际大湾区之后的全球第四大湾区，是我国对外开放水平最高和营商环境最佳的区域，经济总量居四大湾区的第二位，仅次于纽约湾区，经济增速更是位列第一。粤港澳大湾区建设是推动新时代形成全面开放新格局的新举措，承担着引领我国新一轮全面改革开放、经济转型升级、产业高质量发展的责任和使命。出口是拉动经济增长的三驾马车之一，在改革开放 40 多年的历程中，正是在出口的拉动下，粤港澳大湾区产业经济得到了飞速发展，也成就了今天的全球第四大湾区。新时期，我国为主动适应全球百年大变局、主动应对外部环境变化带来的新矛盾、新挑战，提出要加快构建国内国际双循环的新发展格局，出口产业的高质量发展已成为建设"双循环"格局的关键环节，必须从简单追求速度转向坚持质量第一、效益优先，推动出口产业结构优化升级、质量进步、创新发展，主动参与全球治理、改善出口外部环境，提升出口产业在全球产业价值链中的地位，实现经济国际循环的高质量发展。认证认可作为一种在西方国家经百年实践发展而形成的市场信任保障机制，是世界贸易组织（WTO）框架下的国际通行经贸规则，是促进国际贸易的"世界语言"和"技术语言"，具有国际贸易"通行证"功能。

认证认可对出口产业的促进效用不言而喻，是改革开放前期促进粤港澳大湾区出口产业高速发展的关键因素，新时期认证认可也必然是粤港澳大湾区出口产业高质量发展的重要保障和推手。

粤港澳大湾区已是新时期践行产业高质量发展的排头兵，也是认证认可实施应用的先行先试的重要区域。尤其是出口商品制造业领域，认证认可作为国际贸易的通行证，对大湾区出口产业高质量发展发挥着重要的促进作用。为此，本书选择以粤港澳大湾区出口产业实证研究样本，遵循概念界定→理论方法→技术体系→效用评测→发现问题→提供对策的研究路径，探析认证认可对产业经济高质量发展的促进效用。首先，从高质量发展的概念内涵梳理出发，界定高质量发展涵盖产业结构优化、产业质量进步、产业技术创新发展等内容，在此基础上深入剖析认证认可促进产业高质量发展的基本机理，一定意义上形成认证认可对产业发展促进效用的分析理论范式。其次，基于促进效用分析理论构建实证研究技术体系，包括两方面内容：一是建立认证认可实施应用水平和产业高质量发展水平等两套量化评测指标体系，二是综合运用相关性分析、线性回归分析和灰色关联分析等数学方法，从宏观和微观两个层面构建认证认可对产业高质量发展促进效用量化分析数学模型。最后，以粤港澳大湾区 12 个出口商品行业作为研究样本对象，实证分析认证认可对产业高质量发展所涉及的产业结构优化、质量水平提升、科技创新能力增强等方面的促进效用水平，挖掘存在问题和不足之处，为系统分析认证认可对产业高质量发展的促进效用提供全景透视体系，针对性提出促进产业高质量发展的认证认可发展政策措施。

受著者的知识结构、思维定式等主观因素影响，本书难免存在观点的片面性和不足之处，希望广大读者和各界人士提供宝贵的意见和建议，以便继续改进和完善。随着我国产业经济高质量发展的不断深入，我国认证认可制度也会不断演进和健全，其效用的发挥也会不断提升，对其规律的总结把握是一项系统工程，其后续研究仍然有很长的路要走。

目　录

第一章 导 论

一、研究缘由

（一）研究背景与意义

党的十九大报告指出："我国经济已由高速增长阶段转向高质量发展阶段。"产业高质量发展已成为我国构建现代化经济体系的基本命题，是我国产业经济迈向中高端在更宽领域、更深层次的实现与升华。认证认可作为一种国际上通行的质量管理手段和贸易便利化工具，已成为提升我国经济治理体系和治理能力现代化的重要手段，我国已构建起一套完整权威的认证体系，为保障人民群众生产生活、促进质量进步、推进创新发展、推动经济结构转型升级、助力产业高质量发展等提供了强有力的技术支撑。

1. 新时期我国产业经济高质量发展的新要求

后金融危机时代，国际形势复杂多变，全球经济发展进入"低增长+低通胀+货币泛滥"新常态时期①，将长期处于复苏缓慢、发展分化阶段，西方主要国家民粹主义抬头、贸易保护主义盛行，经济全球化遭遇逆流，加之新冠肺炎疫情影响广泛深远，全球经济发展陷入持续低迷；并且，美国对华政策已经转向全面"遏制中国"，从中美贸易战到科技战都标志着中美已经进入一个全面竞争阶段，我国经济发展尤其是外贸出口经济面临前所未有的挑战。与此同时，我国经济也已进入新常态时期，经济结构有缺陷，产业发展长期存在"质量"短板，加之资源生态环境约束加大、劳动力等要素成本持续上升等因素影响，以往高投入、高消耗、偏重数量扩张的高增长难以为继。当前我国经济发展面临的主要挑战是质量不高，国际国内新形势对我国经济发展提出了更高的要求，要求我们必须推动经济发展质量变革、效率变革和动力变革，提高全要素生产率，由高速增长阶段转向高质量发展阶段。

推动高质量发展关乎全面建成小康社会，关乎基本实现现代化，关乎建设

① 张启迪．全球经济即将进入"低增长，低通胀，货币泛滥"的新常态［J］．国际金融．2019（11）．

社会主义现代化强国，是党中央在我国发展的历史转折关口提出的引领新时代现代化建设的重大战略。2017 年 12 月 20 日中央经济工作会议指出，推动高质量发展是我国经济发展确定发展思路、制定经济政策、实施宏观调控的根本要求，指出推动高质量发展，是保持经济持续健康发展的必然要求，是适应我国社会主要矛盾变化和全面建成小康社会、全面建设社会主义现代化国家的必然要求，是遵循经济规律发展的必然要求。

2. 认证认可是促进产业高质量发展的重要工具

认证认可是国际上通行的一种质量管理手段和贸易便利化工具，有利于打破跨界贸易壁垒，降低市场交易成本，提升质量安全水平；认证的本质属性是传递信任、服务发展，它也被形象地称为质量管理的“体检证”、市场经济的“信用证”和国际贸易的“通行证”。同时，认证认可是提升我国经济治理体系和治理能力现代化的重要手段，通过组织开展强制性产品认证、自愿性认证、认证认可检验检测聚集区等工作，大力推动认证认可的应用和普及，为保障人民群众生产生活、促进技术创新、推动经济结构转型升级、助力产业高质量发展等提供了强有力的技术支撑。2018 年 1 月，国务院出台《关于加强质量认证体系建设促进全面质量管理的意见》，首次以国务院名义制定加强认证认可工作的纲领性文件，明确指出认证认可是市场经济条件下加强质量管理、提高市场效率的基础性制度，提出经济发展必须坚持质量第一和效益优先，以推进供给侧结构性改革为主线，按照实施质量强国战略和质量提升行动的总体部署，构建统一管理、共同实施、权威公信、通用互认的认证认可体系，强化全面质量管理，强化我国经济质量发展优势，促进经济发展进入质量时代。加强认证认可事业建设，有利于推进供给侧结构性改革和“放管服”改革，深入开展质量提升行动，促进深入实施质量强国战略，推动我国经济高质量发展。

认证认可制度的推行是我国经济高质量发展的重要产业实践，也为新时期经济高质量主题的积极践行提供科学指导。当前我国经济发展的基本特征就是由高速增长阶段转向高质量发展阶段。高质量发展，离不开认证认可等质量基础设施的有力支撑。认证认可是现代市场经济的一项基础性制度安排，对于规范经济秩序，保障市场体制有效运转，提高经济发展质量，维护社会和谐稳定发挥着十分重要的作用。与此同时，认证认可也是各类组织提高管理和服务水平、保证产品和服务质量、提高竞争力的重要途径；是消费者识别产品和服务质量、保护自身利益的有效工具；是国家从源头上规范市场行为、确保产品质量安全、引导消费、推动产业技术升级和产业结构调整、促进对外贸易、保护环境、保护人民生命健康的重要手段。推动认证认可检验检测工作的全面开展，充分发挥质量基础设施作用，促进现代产业体系快速发展，为畅通国内大循环、促进国内国际双循环做出积极贡献。要以产业发展为突破点，推动产业高质量发展，提升产业自律能力，在政府和机构之间搭建桥梁方面发挥更大作用；加强自身建设，把握好政治方向，完善治理结构，不断扩展发展新格局，深刻领会构建新发展格局，以推动高质量发展为主题，实现高水平对外开放体系。

（二）粤港澳大湾区是践行产业经济高质量发展的排头兵

1. 粤港澳大湾区发展基本情况

世界顶级城市群向湾区聚焦的“湾区经济”生态已成为当前全球经济高端产业链的典型特征，粤港澳大湾区是继纽约、旧金山、东京三大国际大湾区之后的第四大湾区。粤港澳大湾区的核心区域是大湾区城市群，包括香港特别行政区、澳门特别行政区和广东省广州市、深圳市、珠海市、佛山市、惠州市、东莞市、中山市、江门市、肇庆市，总面积为 5.6 万平方公里，2017 年末总人口约 7000 万人。粤港澳大湾区是中国对外开放水平最高和营商环境最佳的区域，世界银行《2019 年营商环境报告》评价香港营商环境排名全球第四，《2018 中国营商环境指数报告》显示，在中国内地 31 个省区市营商环境指数排名中，含括珠三角九市的广东省名列第一。根据测算，粤港澳大湾区占全国土地面积不足 1%，人口数量不足全国的 5%，但其经济总量约占全国经济总量的 12%，2017 年粤港澳大湾区经济总量约 10 万亿元，居四大湾区的第二位，仅次于纽约湾区，经济增速更是位列第一。表 1-1 为粤港澳大湾区各城市经济数据对比（2019 年）。

表 1-1 粤港澳大湾区各城市经济数据对比（2019 年）

城市	金融业增加值（亿元）	人口（万人）	GDP（万亿元）	人均 GDP（万元）	GDP 增速（%）	城镇化率（%）
香港	3941.03	748.25	2.39	32.07	3	100
澳门	229.68	66.74	0.10	54.81	4.7	100
广州	1998.76	1490.44	2.29	15.55	6.2	86.1
深圳	3059.98	1302.66	2.42	18.96	7.6	100
珠海	191.57	189.11	0.29	15.94	8	89.4
佛山	393.59	790.57	0.99	12.52	6.3	95
东莞	474.32	839.22	0.83	9.89	7.4	89.9

续表

城市	金融业增加值（亿元）	人口（万人）	GDP（万亿元）	人均 GDP（万元）	GDP 增速（%）	城镇化率（%）
惠州	164.54	483.00	0.41	8.54	6	69.1
中山	197.60	314.23	0.36	11.06	5.9	88.3
江门	132.00	459.82	0.29	6.46	6.6	65.8
肇庆	72.49	415.17	0.22	5.32	6.6	46.8

资料来源：前瞻数据库

粤港澳大湾区建设是推动新时代形成全面开放新格局的新举措，承担着引领我国新一轮全面改革开放、转型升级、高质量发展，提高发展的平衡性和协调性的责任和使命。党的十九大报告明确指出，新时代要“大力提升发展质量和效益，更好满足人民在经济、政治、文化、社会、生态等方面日益增长的需要”，提升发展质量是新时期解决人民日益增长的美好生活需要和不平衡不充分的发展之间矛盾的关键路径，要求把产业高质量发展放在粤港澳大湾区发展的战略地位，实施高质量发展战略：一方面要更加注重经济发展效益，大力提升生产效率，推动实现“精明增长”；另一方面更加注重产业结构优化升级，发展壮大新兴产业，优化提升传统产业，要大力推动创新驱动发展，推动新旧动能转换。2019 年 2 月 18 日，中共中央、国务院印发了《粤港澳大湾区发展规划纲要》，将粤港澳大湾区战略定位为充满活力的世界级城市群、具有全球影响力的国际科技创新中心、“一带一路”建设的重要支撑、内地与港澳深度合作示范区、宜居宜业宜游的优质生活圈，粤港澳大湾区产业经济高质量发展迎来了前所未有的黄金时期。

2. 粤港澳大湾区践行产业高质量发展情况

粤港澳地区地缘相近、人缘相亲、语言文化同源，很好地促进了内地与港澳地区在市场、资源及产业上的合作与互补。改革开放 40 年，广东省特别是珠三角地区能够引领全国改革开放，促进经济的快速发展与增长，港澳地区发挥了重要作用，珠三角九市与港澳地区已实现产业和经济的多维度深度融合，经济联系日益加强，并由此推动区域经济一体化进程。长期以来，粤港澳大湾区通过促进要素便捷高效流动、助力湾区营商规则对接，能够在小区域内构建和测试与国际接轨的开放型经济新体制，为中国内地学习借鉴国际高标准贸易投资规则，尽快提升贸易投资便利化自由化水平，树立新时代通过制度创新培育国际经济合作竞争新优势的标杆提供助力。粤港澳大湾区产业经济融合发展由来已久，一直是我国改革开放先行先试的试验田，更是践行产业经济高质量发展的排头兵，其发展历程可以分为三个阶段，不同阶段的粤港澳产业经济的融合发展形态不同，相应的产业高质量发展践行的模式也不同。

（1）1978—2002 年“加工贸易模式”奠定产业高质量发展基础

加工贸易模式是粤港澳合作第一阶段的主要特征，通常表现为代工形式和“前店后厂”形式，“前店”是指在港澳地区国际接单，“后厂”是指在珠三角地区加工制造。20 世纪 70 年代末，香港制造业由于面临地价上升、人工成本上涨等成本问题，竞争力和优势不断下降，恰逢中国打开国门、实施改革开放，深圳经济特区的建立开启了粤港澳“前店后厂”的加工贸易合作方式和地域分工模式，港澳地区制造业的生产环节得以就近适时北移至珠三角地区，而珠三角地区借助地理位置临近的区位优势和劳动力、土地的成本优势，大量承接港澳转出的制造业。由港澳提供技术和平台，利用流入广东的廉价劳动力等自然资源进行产品生产，最终产品借助港澳出口外销，粤港澳三地形成了制造业领域的“前店后厂”式跨境生产与服务的产业分工体系，参与全球产业价值链为特征的区域经济合作模式不仅造就珠三角“世界工厂”的地位，也成功实现了香港的经济功能置换，使香港从劳动密集型制造业中心转变成国际金融和商贸服务中心，粤港澳大湾区的产业结构得到了一定的升级优化，其制造能力和水平更是得到了极大提升。

（2）2003—2014 年，“服务贸易自由化”促成产业高质量发展机遇

进入 2000 年之后，随着香港和澳门的回归及港澳自由行政策的制定，同时以中国加入世贸组织（WTO）为标志，内地市场进入全面开放的新时期。此时，粤港澳合作着眼于突破单纯的产业合作局限，向纵深化发展。鉴于粤港澳三方优势产业互补性特征，粤港澳在此阶段的融合发展以服务业为主，尤其在生产性服务业领域合作不断加强。为加深粤港澳在相关领域的深度合作，中央及粤港澳多方签署了诸多文件，进行制度安排，2010 年和 2011 年广东省分别与香港、澳门签订了《粤港合作框架协议》《粤澳合作框架协议》，以及制定了《横琴总体发展规划》《前海深港现代化服务业合作区总体发展规划》。在诸多政策的保障下，粤港澳融合发展日趋制度化，粤港澳经济合作也迈入一个新的阶段。珠三角地区则牢牢抓住 CEPA《内地与香港关于建立更紧密经贸关系的安排》和服务业开放先行先试契机，推动服务贸易实现自由化，重点建设重大合作平台、跨境基建项目等项目，促使粤港澳大湾区形成了一批高技术含量的

企业和行业。粤港之间贸易额从2003年的592.56亿美元增加至2012年的5916.6亿美元，增加近9倍。到2016年，粤港服务贸易进出口额更是突破1000亿美元，产业规模结构进一步优化，产业质量进一步提升，创新发展战略也得到了充分的彰显。

(3)2015年至今，基于“宏观战略导向”的制度创新推动大湾区高质量发展

2015年，立足面向港澳深度合作的广东自贸区正式成立后，制度创新为粤港澳生产产业合作与发展提供了更便利的条件，“一带一路”倡议更是推进了粤港澳在跨境金融、航运物流、服务贸易等行业更深远的合作，粤港澳在对外开放中扮演了更为重要的战略角色，进一步促进了其出口产业的高质量发展。近年来，粤港澳大湾区通过制度创新大力打造科技创新协同体系，建成创新网络城市群，各节点城市通过物资和信息的交互，协同推进科技创新发展，重要的节点城市如珠海、佛山、东莞、中山等，以高端制造业为主，处于创新链中上游，深入对接广深港的科技成果转化，加强与中心枢纽城市在科技、金融、人才培养、技术、贸易等方面的深入对接合作，加快抢占新一代信息技术、生命健康与生物医药、云计算与信息服务业、新材料、节能环保、新能源等产业技术制高点，进一步加强城市的应用技术转移并形成内部的特色产业分工，通过大力推动科技创新发展，极大促进了大湾区产业高质量发展。

（三）认证认可促进粤港澳大湾区出口产业高质量发展

1. 出口产业在粤港澳大湾区的重要性

改革开放40多年来，出口作为拉动经济的三驾马车之一，对粤港澳大湾区的产业经济发展发挥了巨大的作用，促进了粤港澳大湾区的出口产业高质量发展。2012—2017年，广东九地市外贸进出口总体呈现增加的趋势，外贸总额为6.51万亿元，增长8.2%。出口以机电产品、传统劳动密集型产品为主，进口以机电产品、高新技术产品为主。广州市在区域经济发展中可以凭借发达的第三产业基础推动湾区经济的开放与增长，深圳地区除了高新技术制造业之外，金融业、服务业也展现出强大的实力，东莞、佛山、惠州作为全国乃至世界范围内的制造业重心。香港作为免税港，出口贸易较为发达，2018年货物贸易进出口总额接近2万亿美元，其中出口总额约为5692.4亿美元。2012—2016年，澳门对外贸易进出口总量呈现逐年上涨态势，达到814亿澳门元，出口以机械及运输设备为主。经济圈的中心城市和其他城市之间主要有两种专业分工形式，一是根据比较优势生产不同技术等级的产品，二是根据比较优势从事不同的产

品生产环节①。虽然粤港澳地区是我国出口产业发展较成熟的地区，但与发达国家相比，粤港澳大湾区出口产业发展仍然存在短板，发展水平仍有很大的提升空间。

2. 认证认可促进粤港澳大湾区出口产业发展

认证认可是WTO框架下国际通行的一种贸易便利化工具，是市场经济的“信用证”和国际贸易的“通行证”，起着传递市场信任的作用，解决国际贸易往来中信息不对称的问题，有利于打破跨界贸易壁垒、降低市场交易成本。借助推进与出口目的国认证认可国际互认，减少准入壁垒和重复认证成本，推动了贸易畅通，为出口商品提供“一次认证，全球通行”的便利化服务，为粤港澳大湾区出口贸易带来极大的便利性，促进了粤港澳大湾区域内经济要素面向全球有序自由流动，也推动了资源高效配置和市场深度融合，实现了粤港澳大湾区出口产业长期的高速发展。目前我国认证认可的国际互认范围覆盖全球经济总量95%以上的区域，形成了便利高效的国际贸易环境，将进一步促进粤港澳大湾区更多的出口企业及产品、服务“走出去”，推动粤港澳大湾区出口产业更高水平发展。

当前产业质量成为制约粤港澳大湾区出口产业发展水平提升的关键因素。认证认可是质量管理的“体检证”，是质量治理的重要现代化手段，能为粤港澳大湾区出口商品提供先进的质量标准和国际准则，通过组织开展强制性产品认证、自愿性认证等工作，充分发挥认证认可的“拉质量高线”作用，推动高端品质认证、绿色产品认证和服务认证，促进了企业管理水平及产品、服务质量提升。并且，认证认可诞生于市场经济自发要求，可以向消费者、企业传递真实信息，有效打破信息不对称，从而抑制产业资源“逆向”组合，引导产业微观资源配置的优化，推动供给侧结构性改革和产业要素合理配置流动，促进粤港澳大湾区出口产业结构合理化。此外，认证认可制度作为市场经济运行的基础性制度安排，认证认可机制使企业创新带来的市场竞争优势更加透明化，促进了国际市场对创新结果的认可，增强了出口企业的创新意识，是粤港澳大湾区出口产业技术创新发展的最好催化剂和方向标杆器。因此，认证认可已成为促进粤港澳大湾区出口产业高质量发展的重要机制，能够推动其产业结构不断优化、产业质量不断提升、技术创新水平快速发展。

---

① 张若雪．从产品分工走向功能分工：经济圈分工形式演变与长期增长［J］．南方经济，2009，(9)．

二、核心概念

(一) 产业高质量发展相关概念

1. 产业高质量发展的内涵

产业是指国民经济中生产相同或相近产品的生产单位的总称，是有利益相关、分工不同的各种生产要素组成的业态总称。产业发展是指这些业态集合作为一个整体，由小到大、由粗放到集约、由低级到高级的运动演变过程，是涉及到数量规模、组织结构、质量发展、技术创新等多层面、多领域的动态过程。2017年中国共产党第十九次全国代表大会首次提出“高质量发展”，表明中国经济由高速增长阶段转向高质量发展阶段，而高质量发展的根本在于经济的活力、创新力和竞争力，要求经济发展从规模速度型向质量效率型增长、从粗放增长向集约增长转变；要求提升要素生产率和优化要素配置，推动经济发展向结构更合理、附加值更高的阶段演化；要求经济发展符合绿色发展理念、满足人与自然和谐发展的要求。因此，就产业而言，产业高质量发展就是以科技创新、技术进步为核心驱动力，实现产业内部各类要素成分不断齐备和完善壮大、要素组织结构日益合理和优化，进而在高度全球化的经济环境中形成产业核心竞争能力，使产业能够提供更高质量的产出和获得更高效率的收益，并且实现产业发展与自然环境和谐、与人类社会发展和谐。

2. 产业高质量发展的主要内容

可以看出，产业高质量就是要不断推动产业发展从规模速度型向质量效率型增长、从粗放增长向绿色集约增长转变，推动产业发展方式向结构更合理、附加值更高的阶段演化。产业高质量发展的内容涉及产业结构的优化、产业质量的进步、产业技术创新能力的提升等核心内容。

在产业结构优化方面，高质量发展要求产业规模结构不断壮大、产业配套结构不断完善、产业市场结构不断升级等。首先，产业规模反映了产业发展的基础实力，高质量发展要求产业规模结构的壮大不再依靠传统要素投入模式，而是更多依靠创新带来的新动能。其次，产业配套结构的不断完善，要求产业构成要素种类的不断齐备、要素构成比例的不断合理化或优化，实现产业的完整化和体系化。最后，产业市场结构是产业的输出结构，是指产业输出占据市场的份额比例和地位情况，产业市场结构制约着产业规模结构和配套结构的发展演进，也是产业结构水平的重要体现。

产业质量是产业输出结果符合市场需求、符合人类社会发展需求、符合自然环境可持续发展需求等方面要求的程度和水平，产业质量进步是经济发展质量效益不断提升的核心内容，高质量发展要求坚持“质量为先”，以最小的质量成本产出最大的质量效益，并不断提升可持续发展的能力。首先，不断提升产品对质量标准的符合性水平，持续改善产品的性能、寿命、安全性、可靠性、经济性和外观等。其次，高质量发展要努力提升产业的市场感知质量，不断提高市场对产业输出结果的感知水平，建立良好的品牌和口碑，不断提高产业国际竞争力。最后，高质量发展要求大力提升产业社会责任履行能力，建立健全绿色低碳循环发展机制，用更少自然资源消耗、劳动力投入等资源消耗生产出更多更好的产品，全面满足人与自然和谐发展的要求。

创新是引领发展的第一动力，创新发展是高质量发展的新动能主要来源，技术创新能力是产业高质量发展的基础。行业高质量发展要求必须把科技创新摆在更重要的位置，进一步增强以创新破解产业发展矛盾，加大科技投入，培育创新型企业，聚集创新型人才，大力提升自主创新能力，突破关键核心技术，加快科技成果转化，形成产业核心竞争力，不断提高科技进步贡献率，使科技创新成为驱动产业内涵式发展的主要动力。实现产业高质量发展，要以科技创新推动智能制造发展，要重点关注“互联网+”颠覆式创新技术的发展和应用，积极推进云计算、大数据、区块链、物联网等新兴技术的产业应用，推动产业技术结构水平不断升级，向更高水平的价值链环节发展，形成对产业发展制高点的掌控力。

（二）认证认可相关概念与内涵

1. 国家质量基础设施（NQI）

国家质量基础设施（National Quality Infrastructure，简称 NQI）是由支持与提升产品、服务和过程的质量、安全和环保性所需的组织（公、私）与政策、相关法律法规框架和实践构成的体系①，由计量、标准、合格评定（包括认证认可、检验检测）三大支柱组成，既包括法律法规体系、管理体系等“软件”，也包括检验检测仪器设备、实验室等“硬件”，是一个具有战略性、系统性、复杂性、技术性、服务性等多重属性的体系。

国家质量基础设施（NQI）的理念最早由联合国贸易发展组织（UNCTAD）

① 肖建华．关于发挥认可作用服务市场监管的几点思考［J］．中国市场监管研究，2018 年 11 月．

和世界贸易组织（WTO）在2005年共同提出。2006年，联合国工业发展组织（UNIDO）和国际标准化组织（ISO）正式提出国家质量基础设施的概念，将计量、标准化、合格评定（认证认可、检验检测为主要内容）并称为国家质量基础的三大支柱，这三者构成一个完整的技术链条，是政府和企业提高生产力、维护生命健康、保护消费者权利、保护环境、维护安全和提高质量的重要技术手段，能够有效支撑社会福利、国际贸易和可持续发展。实践证明，质量基础设施是提升一个国家发展质量的基石，是综合国力和国际竞争力的体现，目前国家质量基础设施的概念已被国际社会广泛接受，发达国家纷纷将NQI战略纳入国家战略，美国“创新战略”、德国“工业4.0”计划、欧盟“地平线2020计划”都把提升NQI技术水平作为核心任务。

2. 合格评定（Conformity Assessment）

（1）相关定义和内涵

根据国际标准ISO/IEC17000《合格评定词汇和通用原则》中的定义，合格评定（Conformity Assessment）是指“与产品、过程、体系、人员或机构有关的规定要求得到满足的证实”。国际标准化组织和联合国工业发展组织联合出版的《合格评定建立信任》指出，商业顾客、消费者、用户和政府官员对产品和服务的质量、环保、安全性、经济、可靠性、兼容性、可操作性、效率和有效性等特征都有期望，证明这些特征符合标准、法规及其他规范要求的过程称为合格评定。合格评定提供了评定相关产品和服务是否符合有关标准、法规和其他规范的手段，有助于确保产品和服务按照要求或承诺提交，能够满足市场经济主体之间建立信任的贸易需求，促进市场经济的健康发展。对于消费者而言，消费者可从合格评定中获益，因为合格评定为消费者提供了选择产品或服务的依据；对于企业而言，制造商和服务提供者需要确定其产品和服务是否符合法律法规、标准规范的要求并按顾客的期望提供，从而避免因产品失效在市场上遭受损失；对于监管部门而言，也能从合格评定中获益，因为合格评定为其提供了执行法律法规和实现公共政策目标的手段。

（2）合格评定的主要类型

根据国际标准ISO/IEC17000《合格评定词汇和通用原则》，合格评定主要包括检测、检验、认证、认可四种类型，它们的定义如下：

①检测（Testing）是“按照程序确定合格评定对象一个或多个特性的活动”。通俗地说，就是依据技术标准和规范，使用仪器设备，进行评价的活动，

其评价结果为测试数据。

②检验（Inspection）是“审查产品设计、产品、过程或安装并确定其与特定要求的符合性，或根据专业判断确定其与通用要求的符合性的活动”。通俗地说，就是依靠人的经验和知识，利用测试数据或者其他评价信息，作出是否符合相关规定的判定活动。

③认证（Certification）是“与产品、过程、体系或人员有关的第三方证明”。通俗地说，就是指由具备第三方性质的认证机构证明产品、服务、管理体系、人员符合相关标准和技术规范的合格评定活动。

④认可（Accreditation）是“正式表明合格评定机构具备实施特定合格评定工作的能力的第三方证明”。通俗地说，就是指由认可机构对认证机构、检验机构、实验室的技术能力予以证明的合格评定活动。

3. 认证认可（Certification&Accreditation）的概念和内涵

认证认可（Certification&Accreditation）属于合格评定（Conformity Assessment）范畴，它作为国家质量基础设施（NQI）的重要支柱之一，是国际通行的市场信用保障机制和贸易便利化工具，是国际通行的质量管理手段和符合世界贸易组织规则的技术性贸易措施，是由除了利益相关方之外的第三方对与产品、过程、体系、人员或机构有关的规定要求得到满足的评价证实活动，通过这种评价证实活动在市场供需方之间传递信任信息。《中华人民共和国认证认可条例》第一章第二条规定：“认证是指由认证机构证明产品、服务、管理体系符合相关技术规范、相关技术规范的强制性要求或者标准的合格评定活动；认可是指由认可机构对认证机构、检查机构、实验室及从事评审、审核等认证活动人员的能力和执业资格，予以承认的合格评定活动”。

认可是对合格评定机构满足所规定要求的一种证实，是由权威性认可机构实施的，《中华人民共和国认证认可条例》规定：“除国务院认证认可监督管理部门确定的认可机构外，其他任何单位不得直接或变相从事认可活动”，中国合格评定国家认可委员会（英文缩写为：CNAS）是国家批准设立并授权的唯一国家认可机构，具有法定性和权威性。认可工作的主要内容包括三个方面：组织认可、人员认可、对认可的机构和人员的监督。组织认可是指，认可机构在其认可范围内，按照公开认可条件、认可程序等，对认证机构、检查机构、实验室的管理、技术和运作的能力进行评定，以保证其认证、检查、检测能力持续、稳定地符合认可条件。人员认可是指，认可机构按照有关标准和规定，对从事评审、审核等认证活动的人员进行考核，考核合格的，予以注册；从事认证活动的人员应当经认可机构注册后，方可从事相应的认证活动。对认可的机构和人员的监督，是指认可机构对取得认可的机构和人员实施有效的跟踪监督，以验证其是否持续符合认可条件。

认证是认证机构在获得权威认可的前提下开展的，是对产品、服务、管理体系是否符合相关技术规范、技术规范的强制性要求或标准进行评定，做出是否为符合认证要求的认证结论、出具认证证书；并且对其认证的产品、服务、管理体系实施有效的跟踪调查。从认证类型看，认证可以分为自愿性认证和强制性认证。我国对涉及国家安全、人体健康和安全、动植物生命和健康以及环境保护的产品实行强制性认证，其他种类产品实行自愿性认证。对于必须经过强制性认证的产品，由国务院认证认可监督管理部门会同国务院有关部门制定、管理和发布统一的产品目录，必须经国务院认证认可监督管理部门指定的认证机构按照统一技术规范的强制性要求、标准和合格评定程序进行认证。

4. 认证认可的主要特征

(1) 第三方立场特征

合格评定通常涉及对象包括三方：第一方是指制造商、服务商等供方，第二方是指用户、消费者或采购商等需方，第三方是指由独立于供需双方的第三方机构，包括认证认可机构、检查机构、实验室等。认证认可是一种第三方合格评定，通过由具有独立地位和专业能力的机构严格依据国家或国际上通行的标准和技术规范实施，具有更高的权威性和公信力，因而获得市场各方的普遍承认，不但能够有效保证质量、保障各方利益，而且能够增进市场信任、促进贸易便利。认证直接面对贸易双方，认证机构作为利益无关的第三方，通过证明贸易标的物的相关符合性特征，在供需双方之间传递信任信息；而认可是间接面向市场，认可对象是从事检验检测和认证的机构及其人员。

认证机构在经过权威认可机构认可后开展第三方的认证活动，这种认证获得必须公开、公正、公平，才能有效，并且必须独立于第一方和第二方之外，必须与第一方和第二方没有经济上的利害关系，或者有同等的利害关系，或者有维护双方权益的义务和责任，才能同时获得双方的充分信任，同时获得贸易双方充分信任是认证认可作为一种市场机制运行的基础。例如，在国际经济案例中，如两国之间未建交，而涉及到承认一方企业或企业产品的合法性时，可由与前两者都建交的第三方国家或政府出具相关证明文件，当然也可以由其指定的组织认证。

(2) 市场化特征

认证认可起源于市场、服务于市场、发展于市场，广泛存在于产品和服务等市场交易活动之中，能够在市场中传递权威可靠信息，建立市场信任机制，引导市场优胜劣汰。市场主体采用认证认可手段，可以实现互信互认，打破市场和行业壁垒，促进贸易便利化，减少制度性交易成本；市场监管部门采用认证认可手段，可以加强质量安全监管，优化市场准入和事中事后监管，规范市场秩序，降低监管成本。市场经济本质上是信用经济，一切市场交易行为都是市场主体基于相互信任的共同选择，随着社会分工和质量安全问题日益复杂化，由具备专业能力的第三方对市场交易标的（产品、服务或企业组织）进行客观公正的评价和证实，成为市场经济活动的必要环节。通过第三方的认证认可，能够显著增进市场各方的信任，解决市场中的信息不对称问题，降低交易风险，促进贸易达成。

(3) 国际化特征

认证认可是世界贸易组织（WTO）框架下的国际通行经贸规则，国际上普遍将认证认可作为规范市场和便利贸易的通行手段，并建立统一标准、统一程序和统一体系。主要体现在：其一，国际上在诸多领域成立了国际合作组织，如国际标准化组织（ISO）、国际电工委员会（IEC）、国际认可论坛（IAF）、国际实验室认可合作组织（ILAC）等。它们的宗旨就是建立国际统一的标准和认证认可制度，实现“一次检验、一次检测、一次认证、一次认可、全球通行”；其二，国际上已建立了全方位的认证认可标准和准则，并由国际标准化组织（ISO）、国际电工委员会（IEC）等国际组织对外发布，目前已发布36项合格评定国际标准，为世界各国普遍采用。同时，世界贸易组织的《技术性贸易壁垒协定》（WTO/TBT）也对各国标准、技术法规和合格评定程序进行规范，确立了合理目标、对贸易影响最小化、透明度、国民待遇、国际标准和相互承认原则，以尽可能减少对贸易的影响；其三，国际上普遍应用认证认可手段，一方面作为保证产品、服务符合法规标准要求的市场准入措施，如欧盟CE指令、日本PSE认证、中国CCC认证等强制性认证制度；一些国际市场采购体系如全球食品安全倡议（GFSI）也将认证认可作为采购准入条件或评价依据。另一方面作为贸易便利化措施，通过双多边互认避免重复检测认证，如国际电工委员会建立的电子电工产品测试及认证体系（IECEE）、电子元器件质量合格评定体系（IECQ）、防爆电气产品认证体系（IECEX）等互认安排覆盖全球90%以上经济体，极大地便利了全球贸易。

5. 认证与认可的关系

从概念可以看出，认证与认可是两个不同层面的合格评定活动，二者在实施主体、对象、内容等方面都有着重要的区别。在认可与认证的实施主体方面，认可是由权威机构（认可机构）实施的活动，中国合格评定国家认可委员会CNAS是我国唯一的认可机构；而认证是由第三方（认证机构）实施的活动，认证机构一般属于社会中介组织，认证机构依靠自身的专业技术能力取得市场信任。在对象方面，认可的对象是认证机构、检查机构和实验室，认证的对象是产品、服务、管理体系。在工作内容上，认可是证明和评定能力，认可的内容是依法对认证机构、检查机构、实验室和认证工作者的管理、技术和运作的能力进行评定；认证是证明和评定符合性，认证的内容是对产品、服务、管理体系等是否符合相关技术规范、技术规范的强制性要求或标准进行评定。

同时，认证和认可本质上都是一种市场信任传递活动，它们的目标和工作性质是相同的，二者相互影响、相互统一，形成以市场信任传递为基本职能的认证认可体系。认可是认证的前提和保证，认可的主要职能是依法对认证机构、检测机构、实验室的授信、监督和管理，进而保障认证的有效性和公信力；认证是对认可的信任传递职能的延续和体现，是认证机构在获得认可之后从事对企业各项经营事物的符合性进行证明，获认可的认证机构出现任何差错都会影响认可的权威性。认证机构一般属于社会中介组织，认证机构依靠自身的专业技术能力和规范的业务行为取得市场信任，认证机构作为第三方通过评价证实活动向市场传递信任，在传递信任过程中认证机构出现任何差错都会影响到自身的公信力，导致最终失去赖以生存的市场空间。

6. 认证认可的依据

认证认可是以标准和技术规范为依据的。标准是由一个公认的机构制定和批准的以文件形式发布的统一协定，国家标准 GB/T 3935. 1—1996《标准化和有关领域的通用术语第一部分：基本术语》中对标准的定义是：“为在一定范围内获得最佳秩序，对活动或其结果规定共同的和重复使用的规则、导则或特性的文件”，包括有标准、规范、规程三种表现形式。技术法规属于国家立法体系，是强制执行的规定产品特性或其有关加工和生产方法，由具有立法权的机关批准发布的，其中包括有行政管理规范和要求。标准不归属于国家立法体系，不具有强制性，是自愿的、非强制性的，标准被法律或法规的唯一性引用也可以具有强制性，成为技术法规。

西方国家的认证认可一般遵循 WTO/TBT 协议规定，采用“技术法规+标准”的模式，《TBT 协定》中的“技术法规”是规定产品特性或相关生产工艺或生产方法的政府条例。我国认证认可制度的直接法律依据是国务院颁布的《中华人民共和国认证认可条例》，该条例是规范认证认可活动的技术法规，受计划经济体制影响，我国一直采用“强制性标准+推荐性标准”模式，强制性标准即为一种技术法规。认证认可在技术法规的强制性规范下，依据相关标准开展认证和认可工作。认可活动所依据的标准主要包括：ISO/IEC17021《合格评定管理体系审核认证机构的要求》、ISO/IEC 指南 65《产品认证机构通用要求》、ISO/IEC17024《合格评定人员认证机构通用要求》、ISO/IEC17025《检测和校准实验室能力的通用要求》、ISO/IEC17020《各类检验机构能力的通用要求》，等等。认证是依据专业领域内相关标准，对认可结果（市场信任）的进一步延续，如：质量管理体系认证依据标准 GB/T19001—2008（等同于 ISO9001：2008）、环境管理体系认证依据标准 GB/T24001—2004（等同于 ISO4001：2004）、职业健康安全管理体系认证依据标准 GB/T28001—2011（相当于 OHSAS18001：2007）、HACCP 认证依据《食品生产企业危害分析和关键控制点（HACCP）管理体系认证管理规定》、食品安全管理体系认证依据标准 GB/T22000—2006（等同于 ISO2000：2005）、能源管理体系认证依据标准 GB/T23331—2012（等同于 ISO50001：2011）、品牌认证依据标准 GB/T27925—2011，等等。

三、文献综述

（一）国外研究综述

认证认可是国际通行的质量管理工具与合格评定手段，对质量提升发挥着基础性作用，已逐步成为产品、服务等相关领域开展国际互认、促进双边贸易便利化的重要基准，其核心作用在于“传递信任，服务发展”，是促进国际合作和经贸往来的“世界语言”和“技术语言”。认证认可在西方发达国家有上百年的发展历史，国外学者对认证认可的研究也有非常丰硕的成果积淀，目前国外关于认证认可方面的研究主要集中在以下两个方面：一是认证认可在微观层面的动机、作用机理与影响效果，二是从宏观视角考察认证认可活动对于经济、社会发展等方面的影响效果（霍忻，2020）。

在认证认可在微观层面的动机、作用机理与影响效果研究方面，Hill（1996）和Spreha等（1995）学者认为，通过国际标准化组织（International Organization for Standardization，ISO）ISO9000认证并持续改进有利于提高企业产品质量、组织效率、客户满意度和市场份额。国际认可论坛（International Accreditation Forum）关于“认证认可的价值”的调查报告显示，对于认证动机，47%的受调查者认为是内部业务改进，32%认为是顾客要求，13%认为是法规要求，7%认为是其他，只有1%认为是获得竞争优势（ISO9001，2016）。Marla等（2001）的研究表明，认证在运营层面能改善企业的经营业绩；Chris（2009）等通过实证研究表明ISO9000认证能够提高供应链库存周转率、缩短资金周转期及整体运营周期。Otavio（2010）通过问卷法对69家巴西企业的ISO4001环境管理体系认证展开专题研究，发现通过实施ISO4001认证，有助于企业制定环境预防措施，减少水、电、原油等生产资源消耗。国际标准化组织认为，WU等（2012）运用平衡计分卡（BSC）和基于成本的活动（ABC）方法检验了ISO9000认证对于企业绩效的影响，结果显示通过实施ISO9000认证，能够增强企业的业务绩效和财务收益，对于制造业企业而言，这种正向效果更为显著。

在认证认可活动对于经济、社会发展等的影响效果方面，国际实验室认可合作组织（International Laboratory Accreditation Cooperation，ILAC）指出（2016），认可将在五个方面对政府管理和市场监管产生影响：一是增强制定政策和行动计划的信心；二是向政府提供基于国际公认标准的独立（第三方）认证；三是减少与影响人类健康和环境保护的决策相关的不确定性；四是提高公众信心；五是消除重复检测，降低成本并提高效率。Neumayer和Perkins（2004）基于142个国家（含发达国家和发展中国家）的面板数据，实证检验了ISO4001认证与经济发展间存在的关系。研究结果显示，人均ISO4001证书数量与人均可支配收入、国外直接投资股票、商品与服务出口等变量呈现正相关关系。Harvey（2009）通过对竞争激烈的纵向产品差异化的质量选择模型分析，认为质量认证标准在竞争激烈的市场中可以提高福利，但它对消费者和生产商的影响是不同的。Daddi等（2015）选取73个国家1999—2012年间的面板数据，结果发现：ISO4001证书数量的增长与发展指数的增长相关。联合国工业发展组织（United Nations Industrial Development Organization，UNIDO）（2017）指出，认可制度能够为经济发展提供验证标准合规性、执行安全规定、保障食物和饮用水安全、环境保护、监督卫生服务、商业与贸易控制、进行法医调查、风险评估与管理、产品调查、温室气体排放量测量、解决投诉和争议等 11 项功能服务。

此外，国外学者在认证认可制度和市场机制的有效性，以及新领域应用分析等方面也取得一定的研究成果。Eve Fouilleux 等（2017）就有机农业领域的产品认证，探讨了由标准、认证、认可构筑的三位一体运行机制的效用。Schulze H. 等（2007）研究了影响有机认证体系实施的主要因素。Berlach N.（2009）研究了影响乌克兰有机农业认证的因素。Hartwig Berghaus（2007）分析了认证认可对欧盟内部市场贸易发展的促进作用，认为认证认可制度具有降低重复检测成本、传递质量信任、促进贸易等方面的正向效用。J. Moores 等（2001）研究了在职业技能行为分析中引入认证方式对分析质量的提升作用。Shaw，CD.（2014）以欧洲数十所医院的临床服务为研究样本，研究了认证认可对医疗临床服务质量的影响作用，结果揭示了认证认可对服务质量的正向促进作用。Houssou（2013）研究了认证认可在精神疾病治疗领域的服务质量促进作用。R. Dybkae（1999）研究了认证认可对医疗实验室在质量管理方面的保障作用及其必然的发展趋势。Mads 等（2006）以化学和环境为样本，研究分析质量认证与工业标准之间的关系及其体系效用。Stephan D.（2008）通过调查消费者对认证的态度，实证了有机农业领域认证制度的有效性。可以看出，当前国外学者对传统领域方面认证认可应用的关注度较低，研究主要集中在医疗健康、药品、有机农业、现代服务业等较新领域的认证认可效用评价方面，即推动认证认可向新领域拓展是海外学者关注的重点。

（二）国内研究综述

我国认证认可事业起步较晚，研究成果主要以定性分析为主。1978 年我国才成为国际标准化组织（ISO）的成员，2001 年我国才开始逐步形成集中统一的认证认可制度。因此，国内相关学术研究起步也较晚，研究成果集中在认证认可制度体系，认证认可对国民经济、社会治理以及贸易便利化影响等方面。

在认证认可现状与制度体系研究方面，赵新栋（2003）对我国早期的认证认可制度进行了梳理和分析，提出从制度建设、法律法规、市场监管、认证机构培养、国际交流等方面构建我国认证认可新体制。孙大伟（2005）阐释了我国现行质量认证体系总体架构，从构成体系的衔接与协同、组织机构体系的职能运行、法律制度体系、认证认可制度体系、认证认可国际合作体系的运行及认证市场的监管机制等六个方面对我国质量认证体系进行了分析。薄昱民(2014)提出，要采取“政府引导、行业协作、区域拉动、机构实施”的国际合作模式，从加强顶层设计、完善体制机制、加强人才建设、提升国际合作服务功能、强化外事管理等方面促进认证认可国际合作。郭晓艳等指出，在“一带一路”贸易交往中要切实发挥认证认可作用，明确认证认可的工作方向，协调推进认证有效性、认证精准性和认证专业性。

在认证认可支撑经济、社会发展与贸易便利化研究方面，在经济、社会发展研究层面，上海质量管理科学研究院提出，认证认可对国民经济和社会发展的贡献体现在六个方面，即提升质量管理水平、提升服务质量、推动对外贸易、增强可持续发展、推动农村经济发展与促进政府职能转变（上海质量管理科学研究院课题组，2010）。张磊柱（2018）指出，认证认可是市场经济条件下加强质量管理、提高市场效率的基础性制度，有助于激发市场主体活力，促进政府职能转变，释放市场在资源配置中的基础性作用，为构建现代市场体系和新型市场监管体制提供创新路径。在贸易便利化研究层面，韦万春（2007）指出，随着中国—东盟自由贸易区的建立和发展，成员国之间贸易往来更为频繁，加强检验检疫互认合作，可实现资源互补，减少贸易中不必要的重复检测、重复认证，加快流通速度，降低贸易成本，提高区域贸易便利化水平。游艳玲(2015)认为，认证认可发挥着传递信任、沟通生产与贸易、生产与消费、贸易与消费的纽带作用，是国际通行的现代质量管理手段及贸易便利化工具，在“一带一路”建设中将发挥独特的作用。王隆重（2018）指出在“一带一路”倡议下，通过沿线区域、行业合作模式和中小型市场建设，强化中国标准规范的通用性和认证认可的实效性，将不断提升沿线国家间的贸易便利化水平。

此外，在国内相关研究中，认证认可实施应用方面、认证认可的质量保障作用方面、促进重点产业提质升级方面、助推地方经济高质量发展方面研究成果相对也较多。首先在认证认可实施应用方面，刘文文等（2016）对我国认证认可行业标准发展方向进行了研究。翟江等（2016）分析了认证认可行业体制改革中认证机构和人员面临的机遇与挑战。尹晓敏（2013）指出了认证机构认可中存在的各类风险，并提出了风险管理和控制策略。张佳军（2009）针对我国产品认证存在的制度不健全、认证有效性不高和规范性差等问题，提出了与国外认证机构的互认机制、规范认证认可机构行为等策略。孙璐（2008）针对应该实施强制性认证还是自愿性认证的选择问题，构建了基于 BP 神经网络决策模型。

赵兴（2013）针对天津质监系统的认证认可进行了管理优化研究。陈雨生等（2015）针对食品安全领域研究了认证与追溯体系耦合的问题，研究了耦合的可行性和必要条件，提出认证与追溯体系耦合监管的策略。总的来说，针对认证认可实施应用的研究主要集中在微观层面，涉及认证认可方方面面的内容，多数研究都是以定性方法为主，很少采用量化手段对实施措施的效果进行评测。

在认证认可的质量保障作用研究方面。葛红梅（2017）指出了建立健全全员、全过程、全方位质量管理体系的重要性，提出了要提升供给质量、建设认证认可强国的建议，更好发挥认证认可的评价引导作用。黄喻勍（1995）从国际化角度提出我国应严格按照ISO9000标准体系建立出口商品质量许可制度的建议，从而有效改善出口商品质量的监管现状。韩涛（2011）分析了认证与认可之间的相互关系，认为认证认可可以较好地规范质量管理活动、推动全员参与、提高核心竞争力。穆瑾（2016）研究了认证认可对质量诚信发展的推动效用，揭示了其对于质量诚信服务的专业化、信息化、质量形象国际化的重要作用。纪文（2011）指出了认证认可具有促进市场经济机制高效运行、提升产品质量管理水平、提高政府监管效率等作用。曾洪鑫（2017）对认证认可的质量保障和质量促进功能的运行机理进行了探析。胡正国、谢常欢（2009）认为，认证认可作为由认证机构、检测机构等依据相关法律法规开展的合格评定活动，是各类组织提高管理水平、改善质量的重要途径。郭金发（2010）分析了政府对于促进认证认可发挥"促进质量信任，促进贸易"职能的重要作用。综合来看，当前学界对认证认可的研究多数是面向应用需求的，而系统性的作用机理分析研究非常少，因此从认证与认可之间的关系、质量内涵为出发点，分析认证认可的质量保证和促进职能的运行机理，具有较高的理论价值。

在认证认可促进经济与产业发展方面相关研究相对较少。申亚飞等（2011）论证了认证认可技术对新能源汽车产业发展的促进作用。叶琼瑜（2016）指出了检测认证对我国机器人行业发展的重要性，给出机器人行业认证认可体系的构建思路。田海宽等（2006）以廊坊地区为样本，研究了认证认可对区域经济发展的影响。兰恒友（2015）论证了质量认证对促进市场经济发展的作用。上海质量管理科学研究院课题组（2008）研究了认证认可对国民经济和社会发展的贡献作用的量化评测方法，得出认证认可贡献率，并计算了2005年我国认证认可贡献率，对经济增长的贡献率为0.671%，对社会发展的贡献率为0.314%。

在认证认可促进产业高质量发展实践方面，我国进行了持之不懈的探索。首先在促进重点产业提质升级方面，在积极推进自愿性认证制度创新发展、大力发展高端品质认证的同时，相关政府部门大力推广节能环保认证，扩大政府采购节能产品和环境标志产品的认证机构范围，加快实施统一的绿色产品认证制度，发布《电器电子产品有害物质限制使用合格评定制度实施安排》《绿色产品标识使用管理办法》，在浙江省试点开展绿色产品认证并颁发首批证书。为助推地方经济高质量发展，政府相关部门积极引导地方通过第三方认证方式，培育“浙江制造”“丽水山耕”“上海品牌”“泰山品质”“蒙字标”等一批区域质量品牌；全国共有129个县创建国家有机产品认证示范区（其中27个示范区、102个创建区），支持地方政府建立15个检验检测公共服务平台，启动8个检验检测高技术服务业集聚区建设，一定程度上促进产业经济转型升级、实现高质量发展。

（三）国内外研究现状评述

总体而言，西方工业化国家对认证认可的应用实践有着上百年的历史，其对认证认可的研究从20世纪初就已经开始，相关的实践经验和研究成果都较丰富，对于研究认证认可的产业促进效用有着很好的借鉴性，尤其是其制度体系方面的成果，对于分析认证认可的运行机制和作用机理，都有着较好的先验性的作用。我国学者对认证认可的学术研究是在改革开放之后才全面开展起来的，对相关理论的研究也取得了一定的成效，主要集中在如何借鉴国外认证认可制度体系方面的成功做法等方面，近年来随着我国认证认可应用的不断深入，认证认可效用评测的研究也成为一个领域内的重点方向。综合国内外研究成果，可以看出，认证认可对于促进产业发展有着非常重要的作用，这些都必须建立在科学合理的认证认可制度建设、规范有效的认证认可市场治理等的基础上。当前我国正处于一个经济新常态时期，如何发挥认证认可对产业高质量发展的促进效应，已经是一个急需解决的重要课题；产业高质量发展的重点在于产业结构优化、产品质量提升、技术创新能力提升，因此需要借鉴前人研究成果和实践经验，针对性地构建科学有效的促进效用评价技术体系，量化评测认证认可对产业高质量发展的促进效应，剖析认证认可效用发挥存在的问题及其诱因，进而提出有助于认证认可业态健康可持续发展和有利于其效用发挥的政策措施，使认证认可对产业高质量发展的促进效应能够得到充分发挥和运用。

四、研究思路与方法

（一）研究目标

在当前国内外形势深刻变化、国际竞争日益激烈的时代背景下，我国经济发展面临前所未有的挑战，提升产业发展质量和效益、实现产业高质量发展，是推动经济高质量发展的关键所在。目前，我国产业发展质量不高，部分行业虽然已经接近或赶上国际领先水平，但整体仍处于产业链、价值链中低端，核心竞争力不强，与发达国家差距依然明显，集中表现为产业结构亟待优化升级、产品质量提升空间仍然很大、技术创新能力发展不足。产业高质量发展必然是我国“十四五”期间的重大发展命题，关系到我国能否突破经济新常态时期的种种制约困局、成功跨越中等收入陷阱、实现经济健康可持续发展。

认证认可是一种国际通行的市场信用保障机制和贸易便利化工具，国内外实践经验和研究成果显示，无论是在微观层面还是在宏观层面，认证认可对于促进产业高质量发展都有着极其重要的作用。本项研究的目标在于：“透视认证认可对产业高质量发展的促进效用，推动认证认可实施应用与产业高质量发展融合”。具体而言，是以科学的研究理论为指导，针对认证认可对产业高质量发展促进效用的评测问题，建立系统规范的量化评测体系和有效可行的数据分析模型，科学合理地量化评测认证认可对产业结构优化、质量进步、技术创新能力的促进效用，剖析认证认可效用发挥存在的问题及其诱因，进而提出有效政策措施，进而保障认证认可产业健康有序发展，充分发挥认证认可对产业高质量发展的促进效应。

粤港澳大湾区是践行产业高质量发展的排头兵，也是认证认可实施应用的先行先试的重要区域，尤其是出口商品制造业领域，认证认可作为国际贸易的通行证，对大湾区出口产业高质量发展发挥着重要的促进作用。为此，本项研究以粤港澳大湾区出口商品制造产业为对象，实证分析认证认可对产业高质量发展的影响作用，剖析认证认可对促进出口产业在行业结构优化、质量水平提升、科技创新能力增强等三个层面的效用水平和不足之处，系统、规范、动态地给出促进效用的量化评测结果，为系统分析认证认可与产业高质量发展的促进效用提供全景透视体系，进而以粤港澳大湾区出口产业为例，针对性地提出促进产业高质量发展的认证认可行业发展政策措施。

（二）基本思路

为科学合理地评测认证认可对产业高质量发展的促进效用，本书在研究思路上遵循提出概念→界定内涵→理论方法→技术体系→效用评测→发现问题→提供对策的路径，从我国当前认证认可发展水平实情出发，针对新时期我国产业高质量发展的重大需求，在充分收集、消化和吸收前人研究成果和实践经验的基础上，以产业发展相关理论、认证认可作用机理理论、评价方法理论、系统论等为指导，梳理研究内容与对象，构建对认证认可与产业高质量发展进行量化评测的指标体系和方法，按照科学性、有效性、适用性原则确定认证认可与产业高质量发展之间融合促进效用分析模型，融合量化评测指标体系和促进效用分析模型形成科学有效的研究技术体系，进而以粤港澳大湾区出口产业为例进行实证研究，评测现状、剖析问题及其成因、提出对策。

具体而言，由目标导向出发，明确研究内容的领域规范准则，得到研究的技术需求和规范准则，进而确定评测和分析的技术要求，确立量化评测技术体系和促进效用分析模型的基本逻辑结构。在此基础上，针对认证认可发展和产业高质量发展水平状态评测的需求，通过层次分析法的逐层界定与专家咨询最终确定认证认可实施应用水平和产业高质量发展水平等两套量化评测指标体系，依据研究内容确定评测指标构成，设置合理的指标权重，以形成待验证的评测指标体系；并以评测指标体系为导向确定有效的数据获取和处理方法，建立从指标层到目标层、从微观到宏观的指标指数计算数学模型，进而形成合理规范的量化评测技术体系。最后，针对认证认可促进效用分析技术需求，综合运用相关性分析、线性回归分析和灰色关联分析等数学方法，构建认证认可和产业高质量发展之间的关系分析数学模型，利用量化评测结果，从微观和宏观两个层面剖析和判定认证认可对产业高质量发展的影响作用及其发展动态。

在以上技术体系基础上，以粤港澳大湾区出口产业为例进行实证研究，量化评测粤港澳大湾区出口产业发展水平和认证认可水平的现实状况，应用相应数学分析模型系统全面地分析认证认可与出口产业发展的关联关系，清晰地透视认证认可在产业结构优化、产业质量进步、产业技术创新发展等重要领域对出口产业高质量发展的促进效用，揭示存在的不足之处，结合粤港澳大湾区认证认可产业发展实际情况和存在的一些现实问题，剖析各种可能影响因素，进而揭示当前我国认证认可制度存在的问题和隐患，针对性地提出促进产业高质量发展的认证认可行业发展政策措施，进而形成完整而系统的实证研究报告。

（三）研究方法

研究方法是发现问题、分析成因、揭示事物内在规律的工具和手段，要科学合理地揭示认证认可和产业高质量发展之间相互影响、相互结合、相互转化的动态过程，就必须合理地选择和应用各种研究方法和技术手段。认证认可对产业高质量发展的促进效用的研究流程如图 1-1 所示，研究方法和技术手段都存在适用性，流程环节不同采用的方法也不同，在研究过程中往往需要把定性方法和定量方法有机地结合起来，既避免了定性方法可能产生的主观臆断，又减少了数据统计造成的片面性和局限性。

首先，在研究对象范畴明确阶段，通常采用文献法、个案研究法、专家咨询法等定性研究方法，明确研究的内容范畴和主要对象。其次，在技术体系构建阶段，通常需要综合使用专家访谈法、关键成功因素法、历史研究法等定性研究方法，梳理出认证认可促进产业高质量发展的关键性能指标，明确认证认可实施应用水平和产业高质量发展水平的指标构成，并综合专家访谈法、层次分析法、主成分分析法、模糊综合评价法等定量定性方法，确定指标权重，进而形成科学规范的发展水平评测指标体系；在促进效用分析方面，综合使用相关性分析法、回归分析法、灰色关联分析法，建立宏微观结合的分析数学模型。最后，在实证研究阶段，主要以评测结果数据处理为主，以问卷调查法为主体获得相关数据，对数据按标准化、归一化方法进行处理，分析影响因素，预测发展趋势，主要涉及方法包括：频数分析法、交叉分析法、相关性分析法、聚类分析法。

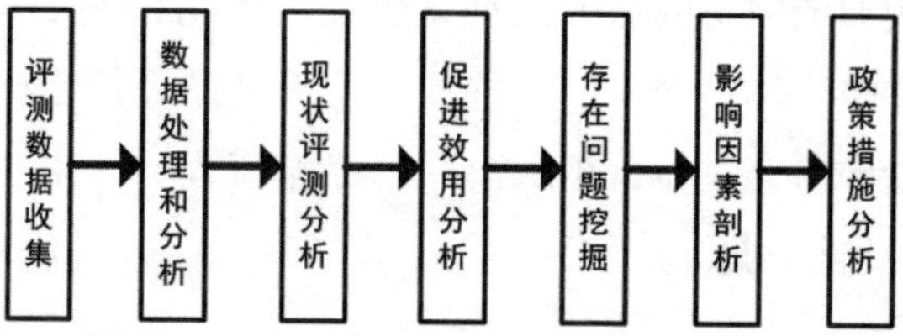

图 1-1 认证认可对产业高质量发展的促进效用的研究流程实证研究过程

五、研究内容

从研究目标来看，本书的内容实质是对认证认可和产业高质量发展之间的耦合作用或关联效用的剖析，是两个可区分的不同的事务对象之间的作用关系。为科学合理地评测这种作用关系，首先需要对认证认可的实施应用水平和产业高质量发展的状态水平进行量化评定，然后在此基础上选用适用的方法，分析二者之间在各个方面存在的联系及其程度，进而结合认证认可应用实际评判认证认可对产业高质量发展的促进效用水平。在研究内容上，本项目研究设计相关理论、技术方法和实施措施等内容，整体可以划分为：研究范畴明晰、评测技术体系构建、实证研究分析等三方面的内容。

在研究范畴明晰方面，根据研究目标导向，结合当前产业高质量发展的重点方向，导出认证认可的研究范畴包括促进产业结构优化、促进产业质量进步、促进产业技术创新发展等领域，产业结构优化包括规模结构、配套结构、市场结构等层面优化，产业质量进步包括产品合格质量、市场感知质量、社会责任质量等层面的提升，产业技术创新能力发展包括人才结构、制造技术水平、研发技术水平等三个层面的发展。据此明确本项研究中两个可区分的不同事物的具体范畴内容，为二者之间作用关系的评测分析，标定具体领域范畴，结合产业发展相关理论、认证认可运行机理理论、评价方法理论等，进一步明确认证认可与产业高质量发展之间的作用机制和关联效应，为研究提供理论支撑和方法指向。

在构建评测技术体系方面，针对以上研究内容领域，依据相关理论方法，梳理出认证认可促进产业高质量发展的关键性能指标，明确认证认可实施应用水平和产业高质量发展水平的关键性能指标，进而确定水平评测指标构成，设置合理的指标权重，形成科学规范的量化评测指标体系；在此量化评测基础上，利用相关性分析、线性回归分析、灰色关联分析等数学方法构建认证认可促进效应评测模型，融合形成科学有效的研究技术体系。在此基础上，建立研究组织体系、工作机制形成完备的研究认证认可促进效用评测工作体系，如图 1-2 所示。其中，研究技术体系处于核心位置，关键又是评价指标体系和效用评测模型；组织体系指向研究主体、组织模式、工作流程、结果应用等；工作机制涉及制度保障、运行机制。

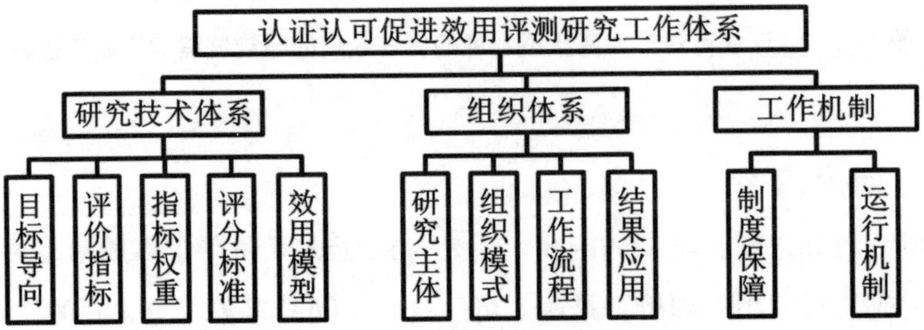

图 1-2　研究认证认可促进效用评测工作体系

在实证研究方面，利用上述研究技术体系和工作体系，针对研究范畴指向，以粤港澳大湾区出口商品制造产业作为研究案例样本，量化评测发展现状，科学剖析认证认可与产业高质量发展之间的联系，揭示认证认可对出口产业高质量发展的促进效用，实证研究内容将从宏观和微观两个层面展开。在微观层面上，要反映认证认可对企业在企业规模、市场能力、产品质量水平、技术创新等方面发展的促进作用，揭示认证认可机制的微观作用效应；在宏观层面上，展现认证认可对出口行业乃至整个产业发展水平在结构优化发展、产业质量进步、创新发展等方面的推动作用，揭示认证认可机制对区域整体的经济运行质量的宏观作用效应。在此基础上，针对粤港澳大湾区出口产业高质量发展的实情，判断产业发展动态，挖掘存在问题及不足之处，揭示当前我国认证认可制度存在的问题和隐患，剖析问题成因，进而制定科学有效的认证认可行业发展政策措施，保障认证认可产业健康有序发展，促进认证认可的产业发展促进效用更好更高效地发挥，为新时期产业高质量发展政策提供科学的、客观的参考依据。

综合来看，本项研究从我国当前认证认可发展水平实情出发，针对当前时期我国产业高质量发展的重大需求，综合考虑宏微观层面效用，探析构建认证认可促进产业高质量发展效用评测的相关理论、构建方法和实施措施等。在此基础上，以粤港澳大湾区出口产业为研究案例进行实证研究，并验证认证认可促进效用研究技术体系的科学性、可行性，以及服务于认证认可与产业高质量发展融合发展政策措施。本项研究的特点是：

首先，遵循从理论到实践的研究路径，分析产业发展相关理论、认证认可运行机理理论、评价方法理论等之间的内在逻辑关系，梳理与整合相关理论，探寻适用的认证认可效用分析方法，建立科学合理的研究技术体系和工作机制，确保评价体系的科学性、可行性、全面性和适用性。

其次，构建科学、规范、系统、动态的认证认可促进效用评测体系和分析机制，为认证认可政策制定提供有效的量化工具，全面反映企业、行业、地区等多层面的发展水平和认证认可应用水平情况。通过指标数据分析，预测未来认证认可发展趋势和产业高质量发展走势，为政府评判认证认可效用水平提供有效工具，进而合理引导政府作为，改善认证认可相关政策措施，提供认证认可在产业高质量发展中的促进作用，推进产业结构升级转型、促进产业质量进步、提升产业技术创新能力。

最后，在技术实践层面上，以粤港澳大湾区出口产业为案例，通过量化评定分析认证认可对出口产业高质量发展的效用，挖掘存在的问题和不足，剖析问题成因，为改善粤港澳大湾区认证认可发展政策，提供有利的现状评判依据和分析手段，从而为粤港澳大湾区出口产业践行高质量发展提供重要保障。

第二章　研究基础

理论与政策是开展研究和实践的基础和指向。在理论上，有什么样的理论就有什么样的研究过程，对认证认可的产业发展促进效用的实证研究亦如此，它涉及认证认可相关理论、产业发展相关理论、新结构经济学和发展经济学的相关理论、认证认可对产业发展促进理论等。从促进产业发展的角度来看，政策是其指向，认证认可是建立健全市场信任机制、推动贸易便利化、保障质量、促进产业资源优化组合的一种全球通用的市场治理机制，在合理有效的政策和制度支撑下，推动产业结构优化演进，促进产业质量进步，助力行业技术创新能力提升，实现产业高质量发展。

一、产业高质量发展相关理论

产业是指国民经济中生产相同或相近产品的生产单位的总称。产业是具有某种同类属性的企业经济活动的集合，从需求角度来说，产业是具有同类或相互密切竞争关系和替代关系的产品或服务的集合；从供应角度来说，产业是具有类似的生产技术、生产过程、生产工艺等特征的物质生产活动或类似经济性质的服务活动。产业高质量发展是指这些同类属性经济活动集合作为一个整体，由小到大、由粗放到集约、由低级到高级的运动演变过程，是涉及到数量规模、组织结构、质量发展、技术创新等多层面、多领域的复杂命题，因此我们认为应把产业高质量发展相关理论分解为产业选择理论、产业结构优化理论、产业质量发展理论、产业技术创新发展理论四个层面内容加以深度分析。

（一）产业选择理论

产业选择是指一个国家或地区政府为了发展全局和长远利益主动选择和扶持某些产业，使其快速成长为国民经济发展中的重点产业。

1. 比较优势理论

18 世纪英国的古典经济学家亚当·斯密（Adam Smith，1723—1790）最早提出了比较优势相关理论。斯密的“绝对优势理论”认为，一个国家或地区必然具有在某种商品的生产方面的绝对优势，国家之间通过生产自己的绝对优势产品进行国际分工和国际贸易。随着国际贸易的发展，英国的古典经济学家大卫·李嘉图（David Ricardo，1772—1823）发展和修正了“绝对优势理论”，提出了依照生产成本的相对差别而实行国际分工和贸易的“相对优势理论”。按照该理论，发达国家应该将产业结构重点放在发展资本密集型和技术密集型产业，而不发达国家，只能重点发展农业、原材料等初级产业。日本经济的崛起打破了传统的比较优势理论，日本经济学家在修正原来的绝对优势理论和比较优势理论的基础上提出了“动态比较优势理论”，从长远发展角度提出当前不具备发展比较优势的产业将来具有转化为优势产业的可能性，政府必须扶持和保护这些在未来具有发展潜力，对国民经济具有重要意义的产业，使这些产业以后发展成为国际贸易中具有竞争力的产业。

2. 罗斯托的经济发展阶段理论

美国经济学家华尔特·惠特曼·罗斯托（Walt Whitman Rostow，1960）在《经济增长阶段》一书中根据一定的技术标准将人类社会发展阶段分为传统阶段、经济起飞准备阶段、起飞阶段、走向成熟推进阶段和大量消费阶段。根据罗斯托的经济发展阶段理论，中国当前正处于走向成熟推进阶段。改革开放以来，我国制造业不断融入全球产业链，获得了持续快速发展，形成了配套齐全、独立完整的工业体系，有力地推动了工业化和现代化的进程。然而，与世界先进水平相比，中国制造业仍然大而不强，在自主创新能力、资源利用效率、产业结构水平、信息化程度、质量效益等方面差距明显，转型升级和跨越发展的任务紧迫而艰巨。因此，2015 年我国正式提出了“中国制造 2025”的宏大计划，提出要加快制造业转型升级，全面提高发展质量和核心竞争力，实现制造强国的战略目标。认证认可是国际贸易遵循的通行模式，认证认可依据的技术标准和规范反映了制造业的先进性水平，通过认证认可使企业以国际先进技术标准和规范为标杆不断提升技术水平和管理能力，促进产业发展与国际市场有机结合，推动我国制造业与全球制造链深度融合，加快制造业转型升级，培育产业核心竞争力，实现高质量发展。

（二）产业结构优化理论

产业结构是指国民经济中的各个产业的比重及地位。产业升级主要是指产业结构的优化和改善，产业素质与效率的提高，提升产业层次，转变发展模式。具体表现为产业从低附加值升级到高附加值、从高能耗高污染到低能耗低污染，从粗放型向集约型升级。包括产业发展升级概念、产业升级路径、产业升级动力、产业升级方向和产业结构发展演变路径等内容。产业结构理论的思想源头可以追溯到17世纪。W. 配第在17世纪第一次发现了世界各国国民收入水平的差异和经济发展的不同阶段的关键原因是产业结构的不同。十八世纪中叶之后，第一次、第二次工业革命推动了服务部门的扩展。大萧条之后，新西兰经济学家费夏以统计数字为依据首次提出的三次产业的产业结构理论开始初具雏形。战后，后起的资本主义国家通过总结本国的产业发展经验丰富了产业发展理论。

1. 熊彼特的创新理论

1912年美国经济学家约瑟夫·阿罗斯·熊彼特（Joseph Alois Sehumpeter，1883—1950）首次在《经济发展理论》中提出了创新理论。熊彼特以动态发展理论为基础，认为“创新”是生产体系中生产要素与生产条件的新组合，在熊彼特创新概念的基础上，人们进一步演绎提出技术创新、产品创新、过程创新、营销创新、市场创新、制度创新、体制创新和金融创新等一系列概念。创新理论的最大特点就是强调生产技术的革新和生产方法的变革在经济发展中的重要作用，强烈的利润动机和潜在的利润前景驱使企业不断创新，不断优化和改进生产要素与生产条件的组合形式，以获得可观的市场竞争优势。认证认可制度是一种全球通行的市场机制，这种机制能够对企业创新起到很好的促进和催化作用。在市场经济条件下，企业为了获得竞争优势，通过创新发展不断提高自身产品质量和生产制造技术的准标水平，并通过认证认可的公信力向市场传递可信的质量、技术等优势信息，进而获得市场的认可和青睐，并为产品生产制造过程提供了更高的全新参考指标和条件；其他企业为了不被市场竞争淘汰，也必须加大创新力度，紧跟甚至超越新的技术参考指标和条件。认证认可机制使得企业创新带来的市场竞争优势更加透明化，促进了市场对创新结果的认可，增强了市场主体的创新意识，是企业创新发展的最好催化剂；同时，市场主体的创新也使得认证认可依据的标准和规范水平不断提高，进而也推动产业的认证认可水平不断发展进步。因此，从创新理论的角度可以看出，认证认可能够促进生产要素不断优化组合，推动创新发展，促进产业结构优化演进。

2. 赤松要的“雁行形态学说”

日本经济学家赤松要根据日本棉纺工业的发展史实和日本经济二元结构明显的特征提出了经济较落后的国家如何实现产业结构优化升级的雁行形态模型，认为经济发展较落后国家的产业应当遵循通过国外引进→国内生产→产品出口的阶段循环模式，实现产业结构不断演进发展，将各演进阶段在图上绘出，图形呈倒" V" 形就如三只大雁展翅翱翔，并称之为“雁行产业发展形态”或“雁行形态学说”。“雁行形态学说”认为，后进国家可以通过进口利用和消化先进国的资本和技术、同时利用劳动力成本低等资源禀赋优势打回先行国市场，能够不断提升和优化自己产业演进，使产业结构国际化，并且使先行国已有产业受到国外竞争压力威胁。“雁行形态论”除了这一基本模型之外，还有有关生产发展次序的引申模型，即从消费资料产业到生产资料产业、从农业到轻工业再到重工业的进展过程；消费资料产业的产品从粗制品向精致制品，生产资料产业的产品不断从生产生活用品到生产用品的转化等，进而使产业结构实现升级的过程。以我国为例，改革开放前我国二元经济结构明显，随着改革开放的不断深入我国经济结构逐渐从以第二产业为主转向以提升服务业高科技产业结构为主的方向，产业结构不断优化升级。依据“雁行形态论”，在产业结构的升级过程中，认证认可制度也会得到不断完善，尤其是认证认可依据的相关标准和准则也会不断提升，逐步与国际先进的技术标准和规范接轨，以标准为标杆进一步推动产业后发优势的发挥，借助认证认可的信任传递效应，推动产业结构优化演进、与全球价值链深度融合。

3. 贝恩的产业结构优化理论

美国产业经济学家贝恩（J. S. bain，1966）在《产业结构的国际比较》中，认为产业结构是指产业经济整个系统的内部构成，而产业结构优化是推动产业结构向高级化和高度化发展的过程。高级化过程中包括了产业结构素质提高、产业间优势地位的更迭和产业结构系统从较低级形式向较高级形式的转换过程，这个过程也是一个创新的过程。产业结构的高级化是指产业结构高知识化、高技术化、高加工度化和高附加值化的过程，是一个动态化过程。产业结构理论是在社会再生产过程中，一个国家或地区的产业组成，即资源在产业间的配置状态；产业结构发展水平即各产业所占比重，以及产业间的技术经济联系，即产业间相互依存相互作用的方式。改革开放三十多年来，中国经济持续高速增长，成功步入中等收入国家行列，已成为名副其实的经济大国。但随着人口红利消失、“中等收入陷阱”风险累积、国际经济格局深刻调整等一系列内因与外因的作用，我国经济发展正进入“新常态”。经济增速放缓，经济下行压力较大，产业发展面临着转型升级的压力，供需结构关系正面临着不可忽视的结构性失衡，“供需错位”已成为阻挡中国经济持续增长的最大路障，主要表现为严重过剩的低端产能、供给体系与需求侧严重不配套。在此形势下我国必须加快推进供给侧结构性改革，要从生产、供给端入手，推动供给侧的技术创新、质量提升、结构优化调整、制度创新，为激发和扩展国际国内两个市场、打造经济发展新动力寻求路径。在此基础上，借助认证认可这一全球通行的市场机制，强化与全球制造链、价值链的有效接轨和深度融合，推动供给侧在技术标准、质量水平、市场服务机制等领域与国际先进水平接轨、不断走向高端，引导供给侧在更高水平层次上优化升级。

4. 新结构经济学和发展经济学理论

新结构经济学是我国经济学家林毅夫提出的，是以每一时点的要素禀赋及其结构为出发点，认为一个经济体在一个时点的经济结构是由当时的要素禀赋及其结构所决定的。新结构经济学理论主张政府应发挥因势利导作用，在“有效市场”环境中发挥“有为政府”的作用，促进产业的潜在比较优势变成竞争优势，推动产业从简单的加工制造向中高端升级，实现可持续发展。林毅夫根据中国现有产业与国际差距将中国的产业分成五种类型，其中与我国主要出口产业相关的包括追赶型产业、领先型产业、退出型产业三种。针对追赶型产业。我国经过三十多年的改革开放，已经成长起了一批具有国际竞争优势的企业，面对人力资源等要素禀赋优势的消失，必须因势利导、转型升级、探寻和形成新的竞争优势；以装备制造业这种追赶型企业为例，我国各地政府和金融机构应该在资金融通和外汇获取上支持企业走出去，并购海外同类具有先进技术、知名品牌的企业，作为产业升级的途径。针对领先型产业。珠三角地区的白色家电企业如美的这类白色家电企业在产品技术上已经处于国际领先水平，必须增加自主研发的投入，推动技术创新和产业升级，在世界市场建立销售、加工生产、售后服务等网络，进一步开发国际市场。针对退出型产业，包括丧失比较优势的产业。我国出口企业中存在大量的依靠劳动密集优势的制造业，随着人均工资水平的提高和环保要求的提高，优惠政策不再，一部分企业可积极升级到研发、营销等高附加值的生产阶段，部分可以转移到非洲等发展中国家，例如东莞的华坚鞋业于 2012 年在埃塞俄比亚投资设厂并迅速获得成功。

（三）产业质量发展理论

1. 质量与产业质量概述

被誉为质量管理大师、“零缺陷”之父的菲利普·克劳士比认为，产品或服务的质量指它们可测定或已测定的符合规格标准的特点。戴明在《摆脱危机》一书中，把商品质量理解为“质量必须用客户满意度界定，质量是多维的，不能用单一的特点来界定”。石川馨认为质量等于顾客满意度；朱兰认为质量就是“合用度”，ISO9000：2000 对质量范畴的界定为“质量就是一组固有特性满足需求能力”。综合来说，学术界已形成一定的共识：商品质量应以顾客的满意度及产品特点符合一定标准为衡量标准。

在此基础上，商品质量可理解为“满足一定用途的各种性能的综合及其满足使用者需求的程度”。这一概念包括三方面的内涵：一是质量的基本内容，即商品各种性能的综合；二是说明商品质量的基本要求，即商品所具有的性能必须符合一定的用途；三是说明质量的服务对象为商品使用者，这就要求质量必须反映使用者的满足程度，即商品的适用性。基于上述理念，商品质量可视为固有质量、感知质量和损失质量三个方面的综合反映和体现。固有质量是指商品生产完成后，其“一组特性”与相关的法律法规、标准以及设计目的之间的符合程度，是判断商品质量的客观依据，也是开展认证认可活动的主要切入点，因此，固有质量应当作为质量的核心内容。感知质量是产品质量的适用性特征，反映用户对于产品质量的主观感受，反映感知质量水平最直接的指标是“顾客满意度”。损失质量为产品质量的外部性特征，是从经济社会视角出发，反映商品生产后给社会经济带来的影响。

产业质量是宏观层面的质量，是产业内各类要素质量的综合，反映一个产业的综合实力，既是产业内科技创新、资源配置、劳动者素质等因素的集成，又是产业内企业文化、市场秩序、贸易规则、市场环境等方面的综合反映，综合表现为产业核心竞争力。产业质量发展是产业长期可持续发展的战略性问题，是指产业内各要素不断超越现在、追求卓越的过程、手段和理念①，是产业结果要素、过程要素、能力要素、环境要素、市场要素等方面综合发展的过程。产业质量发展最终体现为固有质量、感知质量和损失质量三方面的发展，固有质量发展是产业结果要素、过程要素、能力要素等方面发展的体现，感知质量是产业能力要素、市场要素等方面发展的体现，损失质量发展是对产业环境要素、能力要素、过程要素等发展的综合体现。

2. 产业质量发展的具体内涵

产业质量发展的实质是产业供给侧结构的优化演进过程，是对供给侧各种产业要素的改善提升和组合优化，进而不断形成更高水平产业结构的过程。产业也可以分为“供给侧”与“需求侧”两个相对应的层面。需求侧是指市场需

① 张正敏，戴宇欣．质量发展理论和评价研究［J］．标准科学，2015（10）．

求，包括质量需求，有投资、消费、出口三驾马车，三驾马车决定短期经济增长，提高质量能增强三驾马车的力量和速度；而供给侧是生产力要素的组合，包括劳动力、土地、资本、创新四大要素，四大要素在充分配置条件下能够有效推动质量水平提升，促进产业全要素生产率的提升，实现产业健康有序增长。质量发展是供给侧结构性改革的关键和核心内容，必须把质量真正放到产业发展战略位置，促进质量提档升级，大力提高质量供给水平。为此，必须全面加强质量技术基础设施（NQI）的建设，提供强有力的质量基础保障，推动形成质量社会共治，形成产业供给质量提升的良好环境和有效机制。

因此，供给侧结构性改革也要求把产业发展的立足点转到提高质量和效益上来，质量是供给侧结构性改革的重要抓手，通过提升质量减少产业的无效和低端供给，扩大有效供给、满足消费需求，提高产业全要素生产率，提高产业核心竞争力，进而破解当前我国产业经济发展中存在的总量有余而质量效益不高、供给体系不适应需求结构变化、发展不平衡不充分等诸多问题。提升质量成为当前我国供给侧结构性改革的一个重要突破口和重要抓手，既是抓当前的经济发展紧要之策，更是谋长远的战略之举。

3. 产业质量发展与国家质量基础设施建设

目前，我国经济发展中以资源消耗为特征的粗放式发展模式已经难以为继，发展的质量和效益不够高已成为当前我国经济发展的主要问题，必须把推动发展的立足点转到提高质量和效益上，实施质量强国战略，把产业发展重点放到质量发展上面来，推动我国经济发展进入质量时代，其中最基础的一项战略性任务就是建设国家质量基础设施（National Quality Infrastructure，NQI）。

国家质量基础设施（NQI）是提升一个国家发展质量的基石，是一个国家质量强国、经济发展的根基，是“解决全球质量问题的终极答案”，世界主要发达国家高度重视 NQI，纷纷将其纳入国家战略，美、德等 44 个国家还将其中内容写入宪法。国家质量基础设施（NQI）由计量、标准、认证认可、检验检测等 4 项要素组成，这些要素均强调以质量为核心、以技术为主线，其中计量是标准和合格评定的基准，标准是检验检测和认证认可的基本依据，认证认可作为评定手段建立和传递对质量的信任，对计量校准具有能力验证和保持的作用，检验检测通过质量测量技术为认证提供基础技术支撑。

将产业质量发展与国家质量基础设施（NQI）有机融合起来，是构筑提升产业质量竞争能力的坚实基石，使产业质量发展的技术性、专业性、系统性和国际性特征鲜明，使产业质量发展运行符合国际通行技术规则，进而有效提升产业的国际竞争力。首先，要将行业的质量发展与标准建设密切关联起来，强化和突出标准的引领作用；其次，要大力推进计量基础设施建设，积极构建先进测量体系，提升产业质量发展相关的检验检测专业技术能力水平；最后，要大力发展认证认可事业，借助认证认可这种国际通用质量治理手段，积极推动企业全面质量管理体系、环境质量管理体系、职业健康安全管理体系建设和集成互通，并且凸显认证认可的传递信任功能，推进产业质量口碑和品牌建设，形成具有较强国际竞争力的产业质量体系。

（四）产业技术创新发展理论

创新就是以现有的知识和物质，在特定的环境中，改进或创造新的事物，并能获得一定有益效果的行为。技术创新是以创造新技术为目的的创新或以科学技术知识及其创造的资源为基础的创新，是一个从产生新产品或新工艺的设想到市场应用的完整过程，包括新设想的产生、研究、开发、商业化生产到扩散等一系列活动，涉及技术开发、技术改进和技术应用创新等多种形式，本质上是一个科技、经济一体化过程，是技术演进发展与应用创新共同作用催生的产物。可以看出，技术创新贯穿于整个产业创新体系，是产业创新发展的重要基础，是产业竞争优势的重要来源和产业健康可持续发展的重要保障①，产业技术创新理论也是贯穿于整个产业创新理论体系的。

1. 产业创新系统理论

Freeman（1997）是第一位系统提出产业创新理论的学者，认为产业创新包括技术和技能创新、产品创新、流程创新、管理创新（含组织创新）和市场创新，并在产业创新理论的基础上，提出了国家创新理论，指出国家创新的核心是产业创新②。在此基础上，Breschi 和 Malerba（1997）③ 提出了产业创新系统理论，基于演化论和学习理论，提出了产业创新系统概念，认为“产业创新系统可被定义为开发、制造产业产品和产生、利用产业技术的公司活动的系统集合”。2004 年牛津大学出版了由 Malerba 主编的《产业创新系统：概念、问题及欧洲六个产业的实证分析》一书，对欧洲和美国的产业创新系统进行了深入

① 陆雄文．管理学大辞典［M］．上海辞书出版社，2013.

② Freeman，Chri S，Soefe L. The Economics of Industrial Innovation［M］. 3ed. London Printer，1997.

③ EDQUIST C. System of innovation：Technologies，Institutions and Organizations. London and Washington printer，1997：130-156.

剖析和比较研究，从知识和技术领域、行为者和网络、制度三个维度进一步深化了产业创新系统理论，在一个产业创新系统的框架中，创新可以被看作包含在众多行为者当中，以创造和交换与创新有关的知识及其商业化为目的的一种系统性交互作用过程①。

产业创新系统相关理论的提出和不断演进，使得产业发展理论相关研究从传统的集中关注企业行为和市场活动，进一步拓展到非企业组织的行为、知识和学习过程、产业代理人之间的关系、产业边界和产品的变化等领域。综合现阶段各方面研究来看，产业创新系统是一个包含知识和技术领域、行为主体和网络关系、制度三个维度的体系架构，知识和技术维度是产业创新系统运行的基础和前提，行为主体之间的网络关系是知识的产生、扩散和应用的媒介，产业创新过程是大量行为者在制度约束下交互影响的过程。产业创新发展是一个动态的产业发展演进过程，是在一定的制度安排下，产业内各种共同知识和专有知识通过行为主体之间的网络关系，形成的一系列知识创造、扩散和应用等活动过程，其结果是各类新技术、新产品、新流程、新的管理方式、新市场等，创新的最终目标是突破各类技术的、行为的、制度的制约条件，更经济、更高效、更科学合理地满足产业市场需求或者创新产业市场需求。

2. 产业技术创新理论

从市场经济的视角来看，创新是创新行为主体抓住市场的潜在赢利机会，以获得商业利益为目标，重新组织生产条件和要素，建立起效能更强、效率更高和费用更低的生产经营系统，从而推出新的产品、新的工艺，开辟新的市场，建立企业的新的组织，它是包括科技、组织、商业和金融等一系列活动的综合过程②。从狭义的角度来看，技术创新有别于产品创新、流程创新、组织创新和市场创新，但从系统角度来看，这些创新内容之间是相互管理关联、密不可分，其中技术创新是基础和前提，技术创新是产品创新与流程创新的基础，是组织创新和市场创新的前提。一方面，通过技术创新提升生产制造工艺、优化作业过程，推动生产技术演进发展，使企业获得成本、效率等方面的优势；另一方面，技术创新往往可以带来全新的产品，为产业发展开辟全新的发展空间；此外，技术创新带来的新产品、新工艺技术、新的制造流程，会对市场结构、

① Franco Malerba. Sectoral Systems—How and Why Innovation differs across Sectors. The Oxford Handbook of Innovation. 2005.

② 傅家骥．技术创新学［M］．清华大学出版社，2000.

组织形式、运营模式等方面提出新的需求，进而推动管理创新和市场创新。

Carlson 等提出了技术创新系统理论，认为技术创新系统是与特定技术的创造、扩散和使用相关的组织和个人构成的网络体系（1991），每一种技术的发展都有一个特定的技术系统与之对应，不同的技术系统在技术开发与扩散过程中具有不同的作用，良好的技术创新系统是技术发展和扩散的必要条件。Gilbert 认为技术创新成功的必备条件是知识转移，并构建了理解知识转移过程的五阶段模型①，即：知识获取阶段、知识交流阶段、知识应用阶段、知识接受阶段、知识同化阶段，技术创新过程是行为主体利用其产业网络关系进行传递知识、应用知识、同化知识的过程，产业技术创新则是一个知识转移过程驱动的产业生产制造技术、产品推陈出新、管理升级、市场格局转变等方面的产业演进过程。

3. 产业技术创新与创新驱动发展战略

世界管理学大师迈克尔·波特把经济发展划分为四个阶段：第一阶段是廉价劳动力、自然资源等“生产要素驱动发展阶段”；第二阶段是大规模投资、改善技术装备成为支撑经济发展主要因素的“投资驱动发展阶段”；第三阶段是创新能力及其水平成为驱动经济发展主要动力的“创新驱动发展阶段”；第四阶段是“财富驱动发展阶段”。按照迈克尔·波特的观点，很显然，中国现在处在“生产要素驱动”与“投资驱动”并重的发展阶段。而严峻的形势又告诉我们，传统工业化道路已经走到尽头，必须走新型工业化道路。而所谓新型工业化道路，就是以知识和科技为先导的创新型发展之路。特定的国情、特定的需求决定着中国不可能选择资源型或依附型的发展模式，而必须要走创新驱动发展的道路。

改革开放以来，我国经济增长速度、投资规模和进出口总额不断上升，但却无力推动结构优化、技术进步、资源节约和环境保护，因而是不可持续发展的。当前，我们既要正视经济发展中依靠要素、投资、出口等作为驱动力面临的挑战，也要正视创新能力不足、创新动力不够、创新成果转化率低等问题，坚持以提升国家创新驱动能力为宗旨，全面实施创新驱动发展战略。党的十八大明确提出“科技创新是提高社会生产力和综合国力的战略支撑，必须摆在国家发展全局的核心位置”，强调要坚持走中国特色自主创新道路、实施创新驱动发展战略。创新驱动发展战略的核心理念是产业经济发展要靠科技创新驱动，

① GILBERT M. Understanding the process of knowledge transfer to achieve successful technological innovation [J]. Technovation, 1996, 16 (6): 301-312.

而不是依靠传统的劳动力以及资源能源驱动；创新驱动实质上是人才驱动，要加快形成具有一定规模、富有创新精神、敢于承担风险的产业科技创新人才队伍；创新驱动发展要跟踪全球科技发展方向，努力赶超和突破，力争缩小关键技术领域差距，形成核心科技能力，打造比较优势产业；要加快新技术新产品新工艺的研发应用，加强技术集成和商业模式创新，要针对资源消耗大、利润低的传统产业，运用科技创新加快改造提升，对现有技术进行集成创新，提升传统产业创新发展能力。

二、认证认可促进产业高质量发展相关理论

（一）认证认可的基本功能和作用机理

认证认可活动是市场经济的产物，伴随商品贸易流通的产生而产生，并伴随制造、消费和贸易方式的发展而发展，本质上都是一种市场信任保障机制，其基本功能形成并体现于满足市场经济正常运转的需求过程中。基于对认证认可活动的起源与发展演进过程的分析及认证认可实践中体现的作用分析，本书将认证认可的基本功能归纳为 4 种：（1）提供有公信力的证明，消除信息不对称；（2）连接标准与市场，依据并验证标准；（3）提升质量管理有效手段，促进企业健康发展；（4）规范市场的制度安排。

1. 提供有公信力的证明，消除信息不对称

认证认可本质上都是一种市场信任保障机制，其核心功能是解决贸易过程中的“信息不对称”问题，通过有公信力的证实活动传递市场信任信息，促进市场贸易的便利化，形成以“传递信任，促进贸易”为基本职能的认证认可体系。认证是由处于公正地位的专业化的认证机构，以第三方身份，对获得认证的企业及其产品持续符合标准、法律法规、技术规范的要求提供证明，并承担保障认证结果公正和有效的责任，在供需双方之间传递信任信息，从而为社会公众提供具有公信力的证明；而认可直接面对认证机构，将认可机构的权威性和公信力进一步延续传递给认证市场，保障认证的规范性，增强认证机构的市场公信力。

伴随产品结构、性能的日益复杂化，技术含量的日益提高，供需双方之间的信息不对称在增强，“信息不对称”通常会使市场供方处于信息优势地方，产品生产企业为获得信息封锁或垄断优势，通常缺乏公开产品质量真实信息的动力；这样使得消费者经常处于劣势地位，由于缺乏足够的辨别知识、信息搜寻成本等原因，难以判别产品质量和档次，导致消费者由于缺乏消费信心选择

谨慎交易或者不交易。认证具有“信息传递”和“信息甄别”功能，通过发布各种权威的或市场认可的认证标识（认证标志或认证证书），向市场需求方传递产品可信任信息，证明并公布产品质量要求、产品生产过程要求等的符合性，并促进信息披露和传递，帮助消费者更容易地获取产品功能、性能、安全、环保等相关信息，减少贸易双方的信息不对称，并引导消费者依据不同标准等级支付不同的价格，从而大大降低消费者的搜索成本和交易风险，消除消费者的购买疑惑，引导消费者购买优质产品，健康理性消费。使合格评定机构获得更强的市场公信力和竞争能力。而认可是向合格评定机构（包括认证机构）传递市场公信力的证实活动，通过认可机构的权威性证实和法定性监管，可以增强认证机构的评定技术能力，平衡市场主体各方之间的利益，表明认证机构具备了按有关国际认可准则开展认证、检测服务的技术能力，并明确具有法律责任效用，这种证实而大大传递性地增强了政府、监管者、公众、用户和消费者对认证机构的信任，进而使认可的认证机构所评定的产品、过程、体系、人员获得更强的市场信任，增强认证机构提供证明的公信力。因此，通过认证认可提供有公信力的证明，有助于消除信息不对称，将信息不对称的贸易环境转换到信息对称的贸易环境，通过信息透明性来增强贸易双方的互信，传递贸易信任信息，从而避免“逆向选择”、降低双方交易成本、降低交易过程道德风险等的效果，最终促使交易达成。认证认可降低信息不对称的具体过程，如图 2-1 所示。

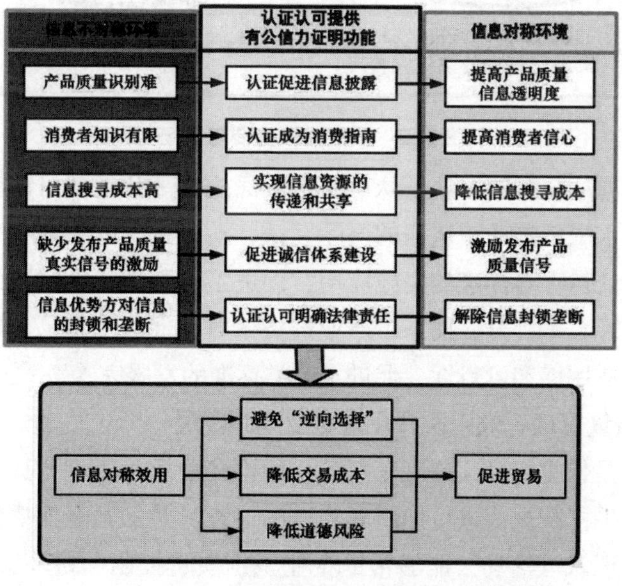

图 2-1　认证认可降低信息不对称的具体过程

2. 链接标准与市场，依据并验证标准

标准是认证的依据和基础，《中华人民共和国产品质量法》对标准与质量、标准与认证作出了法律解释，即“产品质量认证是依据产品标准和相应技术要求，经过认证机构确认，并通过颁发认证证书和认证标志来证明某一产品符合相应标准和相应技术的活动”。例如：产品认证推动了标准的实施，在确保原材料和成品质量的同时，减少了重复检测，加强了内部标准化进程。

标准是组织现代化生产的重要手段和必要条件，是科学管理的基础，是消除贸易障碍、促进国际贸易发展的通行证，标准真正价值体现在市场的传播和应用。认证则是标准化活动的一个基本途径，它通过连接标准与市场，推动标准的传播与应用，推动标准化的贯彻与实施。在从标准制定到转化为市场行为过程中，认证起到了连接标准与市场的桥梁作用。一方面，通过认证传播了标准，推动了标准的实施，发挥了标准的作用，促进了市场规范有序发展；另一方面，市场通过认证验证了标准的效果或发现了标准的不完善、不适应之处，对原有标准提出了新的要求，促进了新标准的修订与改进，如图 2-2 所示。

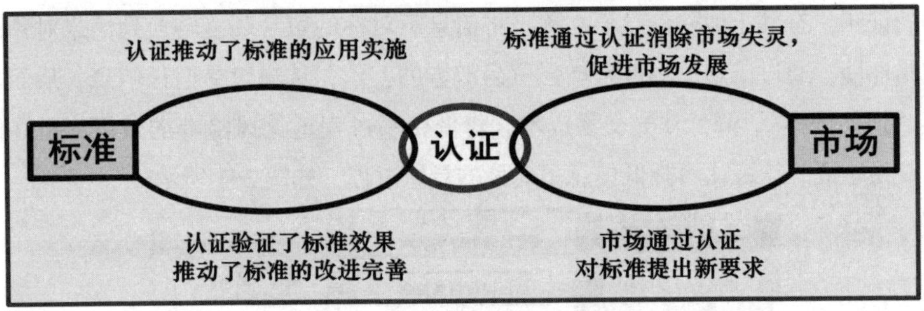

图 2-2　认证连接标准与市场

依据国际通用标准进行认证认可，一方面规范了认证认可活动，提高了认证认可专业化水平，推动了认证的国际互认，消除了国际贸易技术壁垒；另一方面，通过认证认可对标准的实施应用，促进了国际性标准的普及与应用，促进了行业的管理水平提升，提高了产业经济效益，促进了贸易健康发展，并且验证了标准的适用性和可行性，促进了各类标准的发展完善。

3. 提升质量管理有效手段，促进企业健康发展

认证认可是依据标准、法规等要求，运用多种质量管理方法对企业生产经营活动是否合乎标准规范进行诊断和改进的过程，是加强全面质量管理的有效工具。通过认证认可活动，能够帮助企业识别质量控制关键环节和风险因子，持续改进质量管理，不断提高产品和服务质量。企业获得认证，需要经过内审、管理评审、工厂检查、计量校准、产品型式试验等多重评价环节，获证后还需定期进行证后监督，这意味着全套质量管理“体检”，能够持续保证管理体系的有效运行，从而促使企业切实加强质量管理，提高企业管理水平和市场竞争能力，为市场信任的传递提供有效的基础支撑。

通过在企业推行产品认证、质量管理体系认证ISO9001、环境管理体系认证ISO4000、员工职业健康管理体系认证ISO8000等，在质量管理、环境保护、员工保护、持续改进等方面建立健全有效的管理体系，最大限度地降低产品对消费者身体健康和生命安全的潜在威胁，把对安全、健康的潜在威胁遏制在萌芽状态，提高企业安全生产意识；促进企业引进科学的管理方法，促进企业树立以顾客为关注焦点的管理理念，提高企业管理水平和产品质量等；引导企业注重企业环境，节能减排，注重员工职业健康安全等，增强企业的社会责任意识，促进企业健康生产，从而带动整个社会形成健康消费、健康生产、健康发展的良性循环。

4. 规范市场的制度安排

伴随工业技术高速发展，市场对产品性能、环境保护要求、职业健康保护要求等日益提高，第三方认证制度的快速发展，认证的范围也随之逐渐在扩大，从质量、安全、健康到环保，以及保护消费者利益，认证认可逐渐形成一个规范市场的制度安排（特定规则）。通过认证认可制度可以减少政府对市场的直接干预程度，促使政府由市场管理的功能向市场服务的功能转变，借助认证认可来引导市场竞争和监督市场的恶性竞争行为，推动市场净化，提高市场效率。

认证认可作为一种市场制度安排，有着其独特的市场治理机制，其作用主要表现在对市场交易主体的交易资格进行审查，促进市场净化及规范行业市场竞争等。首先，通过认可对认证机构、检测机构、实验室的授信监督和管理，将权威性的认可机构的公信力传递并延续到认证机构，进而保障认证的有效性和公信力。其次，在此基础上通过认证对市场交易主体的交易资格进行审查，将不合格的交易者清除出市场，达到“净化”市场的目的，从而减少市场上出现欺诈等不公平交易和不公平竞争行为的可能性，有助于打击伪劣假冒商品、破解市场壁垒和市场垄断，维护市场公证，保障市场机制的有效发挥。最后，通过建立认证制度规范行业市场竞争，通过认证，特别是强制性认证（强制性产品认证规定：在出厂和销售时必须带有特定的安全认证标志，否则不准进入市场，由此把不符合标准的产品拦在市场门外），可以规范行业质量标准，统一行业进入门槛，将不符合认证标准要求的企业从市场中淘汰出去，从而起到规范整个行业标准，提高行业质量水平，规范行业市场竞争的作用。

因此，通过认证认可这样一种市场治理手段，在市场中传递权威可靠信息，建立形成市场信任机制，提高市场运行效率，并引导市场优胜劣汰。获得第三方权威认证，是证明企业组织具备参与特定市场经济活动资质能力、证明其所提供商品或服务符合要求的信用载体。例如，ISO9001 质量管理体系认证是国内外招投标、政府采购通常对参与竞标企业设立的基本条件，涉及环境、信息安全等特定要求的还会将 ISO4001 环境管理体系认证、ISO7001 信息安全管理体系认证等作为资质条件；节能产品政府采购、国家“金太阳”工程等将节能产品认证、新能源认证作为准入条件。可以说，认证认可为市场主体提供了信用证明和准入依据，解决了信息不对称的难题，为市场经济活动发挥着传递信任这一不可替代的作用，是规范市场的制度安排。

5. 贸易便利化工具，国际贸易“通行证”

(1) 认证认可是贸易便利化工具

贸易便利化（Trade Facilitation）是指通过程序和手续的简化、适用法律和规定的协调、基础设施的标准化和改善，为贸易往来创造协调、透明、可预期的环境，加速贸易要素跨界流通。贸易活动离不开对产品、服务及其供应者合格与否的评定，即合格评定活动，合格评定可分别由第一方（卖方）、第二方（买方）、第三方（独立于买卖双方）来实施，而认证认可是由具有独立地位和专业能力的第三方实施的合格评定，最具社会通用性和公信力，能够建立互信从而降低贸易风险和成本，促进贸易活动的便利化。

认证认可是市场化、国际化的合格评定工具，对于贸易便利化发挥着基础性作用。第一，认证认可提供对产品、服务及其提供者是否符合相关要求的证实，而这种证实是市场各方共同信赖的，具有类似“信用证”的作用。第二，认证认可是实施市场规制的技术手段，政府运用认证认可手段履行市场监管职能，能够推动相关标准、技术法规得以有效实施，规范市场主体行为，从而提高市场的透明度、可预期性，优化市场营商环境。第三，认证认可为市场各方提供了一种通用的合格评定方式和传递信任工具，借助认证认可手段可以建立市场信任机制，避免采取重复的、过度的合格评定和监管措施，有利于贸易活动的开展。第四，国际上对认证认可活动制定统一的标准和实施规则，建立多边或双边的互认安排，从而有助于消除国际贸易壁垒，简化市场准入措施，促进国际贸易便利化。

（2）认证认可是国际贸易“通行证”

认证认可具有国际贸易“通行证”功能，通过与国际组织、区域组织或国外认可机构签署多边或双边互认协议，促进认证结果的国际互认，使得认证结果获得更广泛的国际承认，实现“一次检验检测，一次认证认可，国际通行互认”，帮助企业和产品顺利进入国际市场，进而消除国际贸易中的技术壁垒，促进对外贸易健康发展。例如：在国际贸易中，产品认证、ISO9001 质量管理体系认证、ISO4001 环境管理体系认证等是主要的非关税贸易壁垒，获得相关产品认证和体系认证是消除贸易壁垒的主要途径。

认证认可在全球贸易体系中发挥着协调国际间市场准入、促进贸易便利等重要功能，是多双边贸易体制中促进相互市场开放的制度安排。在多边领域，认证认可既是世界贸易组织（WTO）框架下促进货物贸易的国际通行规则，也是食品安全倡议、电讯联盟等一些全球采购体系的准入条件；在双边领域，认证认可既是自贸区（FTA）框架下消除贸易壁垒的便利工具，也是各国政府间关于市场准入、贸易平衡等贸易磋商谈判的重要议题。在许多国际贸易活动中，都把国际知名机构出具的认证证书或检测报告作为贸易采购的前提条件，以及贸易结算的必备依据；不光如此，不少国与国之间的市场准入谈判，都把认证认可检验检测作为重要内容，写入贸易协定。

（二）认证认可促进产业高质量发展

1. 认证认可促进产业结构优化升级

认证认可是生产性服务业、高技术服务业和科技服务业的重要门类，支撑转型升级的作用更加凸显；认证认可作为 WTO 三大技术性贸易措施之一，作为建立和传递信任的最有效手段，促进贸易便利化和经济一体化的作用更加凸显；国际标准化组织提出“合格评定是政府构建监管体系的关键要素，是降低监管成本、减少行政风险、优化资源配置的有效手段”，越来越多的行业主管部门和地方政府提出了建立认证认可制度的迫切需求，认证认可服务政府简政放权、推动国家治理体系和治理能力现代化的空间更加广阔。打破国外技术壁垒，让我们的产品走出去，这是检验检疫在认证认可方面发挥的作用；在产业结构理论中，产业结构合理化是产业结构高度化的基础，产业结构高度化是产业结构合理化的必然结果。认证认可制度对产业结构优化升级的影响作用不可忽视，发挥社会第三方力量，更好地促进产业结构优化升级，从而推进贸易便利化。

(1) 认证认可对产业结构合理化的影响

市场在资源配置中起决定性作用，市场交易从本质上说是一种互信行为，信任缺乏将严重影响市场活动的效率。认证认可诞生于市场经济自发要求，其属性就是传递信任，可以向消费者、企业传递真实信息，有效打破信息不对称，抑制产业资源“逆向”组合，引导产业微观资源配置的优化，促进产业结构合理化。并且在宏观方面，运用认证认可手段也可以有效配合宏观调控政策和产业政策，有助于转变政府职能，发挥市场在资源配置中的决定性作用，推动供给侧结构性改革和产业要素合理配置流动，促进产业结构合理化。

认证认可是市场经济运行的基础性制度安排，是能够有效消除产业行为主体之间的“信息不对称”的有效手段。产业行为主体的资源和知识是有限的，其能力不可能覆盖所有领域，认证认可作为一种公正的第三方力量，通过有公信力的证实活动传递市场信任信息，对行为主体网络中的各类资源信息进行有效的甄别和可信传递，避免行为主体信息误判和资源逆向选择，促进产业资源高效配置。产业内各行为主体运用认证认可向产业内外传递其资源质量信息，避免产业劣质资源被市场逆向选择，引导产业资源的优化组合配置，从而实现各产业配套结构不断优化、产业规模结构比例协调、产业间关联程度的提高，并促进产业产值结构合理、产业技术结构的升级、产业资产结构的合理和产业中间要素结构协调。由于长期粗放式发展，我国供给体系和消费结构呈较为典型的二元化结构，虽然不乏优质高端的产品，但也充斥大量质量不高甚至假冒伪劣的产品。通过认证认可这种权威公信的评价工具和信任传递机制，一方面可以向产业终端消费者传递产品质量、企业管理状况等真实信息，引导理性消费；另一方面可以向企业传递质量评价、消费偏好等市场信号，避免出现供需错配，消除“劣币驱逐良币”的现象，引导产业资源配置优化，扩大产业有效供给，促进产业结构合理化。

改革开放以来，我国认证认可制度经历了两轮大的变革，第一轮在加入世界贸易组织后，对原认证认可制度进行整合，建立起统一的认证认可体系，对认证认可工作实行统一管理；第二轮是十八大以来，根据全面深化改革部署，推进认证认可领域“放管服”改革。这两轮变革，进一步确立了市场在产业资源配置中的决定性作用，推动产业结构性改革，有效激发了认证认可制度优势和产业活力。一方面，基于“统一管理，共同实施”原则所建立的统一认证认可体系，以及与之相支撑的合格评定标准体系、法规体系、监管体系，从体制机制上消除了政出多门、多头管理、重复评价等现象，促进了认证认可机制的有效发挥，进一步完善了产业市场机制，推动了各个产业领域打破行业壁垒，很好地促进了产业结构的合理化演进。另一方面，以开放性为导向进行“放管服”改革，放宽市场准入限制，相继在认证机构审批、检验检测机构资质认定、强制性产品认证实施机构指定等领域实施改革，突显产业资源配置的市场决定性作用，使得产业资源组合更趋合理化，激发了产业市场活力。此外，借助认证认可这种国际贸易遵循的通行模式，促进产业发展与国际市场有机结合，推动我国制造业与全球制造链深度融合，使我国产业结构与全球制造链结构有机整合、同步演进发展，推动我国产业结构在更高水准趋向合理化，实现高质量发展。

（2）认证认可对产业结构升级的影响

改革开放40年来，我国坚持以市场化改革为导向，逐步完成计划经济体制向市场经济体制的转型。同时，我国坚持以国际化为导向，逐步实现本国经济与国际经济接轨，通过资源要素的市场化配置及商品、服务的全球化贸易，发挥中国在全球分工体系中的比较优势，从而实现经济的快速腾飞。产业结构高度化是推动产业结构优化升级，促进国际国内经济增长的关键因素，对于中国这样一个经济总量、贸易总量位居世界前茅的经济体而言至关重要。从一定意义上讲，中国改革开放的历程也是基于不同发展阶段和发展环境，不断寻求改进产业结构优化方案的过程。而其中，认证认可作为市场化、国际化的贸易便利化工具，对于发挥市场在资源配置中起决定性作用、促进产业要素水平优化和产业结构升级，发挥了非常重要的作用。

认证认可是由第三方对产品、服务、组织、人员等进行符合性评价并提供公示性证明的现代管理工具。从产业结构或供给侧结构来看，认证认可能够帮助企业等组织加强管理和服务，提高产品质量水平、全要素生产率，并为政府部门提供科学高效的政策工具，改善公共产品和服务供给，提高供给体系的质量和效率，推动产业结构优化升级；从需求侧来说，能够向消费者传递质量、能力、信用等方面的信息，指导消费选择，引导消费结构升级。通过认证认可从供需两端发力，既能使供需有效对接，解决信息不对称带来的资源错配、效率低下等问题；又能促进供需良性互动，建立双向反馈机制，形成激励约束效应，激发市场活力，促进产业规模结构、要素配套结构、产业供需结构优化演进。

第一，认证认可依据的技术标准和规范反映了制造业的基准水平，认证认可本身也是一种有效优化提升产业资源要素水平的重要手段。一方面，认证认可能够高效传播先进标准，促进先进标准的实施，推动产业资源以国际先进标准为标杆不断提升、逐步向先进水平演进；另一方面，企业通过实施各类管理体系认证，能够快速学习和高效运用国际先进的管理思想和手段，有效提升其相关领域的管理能力和水平，实现产业各类构成要素功能水平提升。当前我国正处于由数量规模型发展向质量效率型发展转变的阶段，供给体系的整体质量水平不高，存在大量低质或低效的产品、服务等，假冒伪劣现象屡禁不止，反映出产业各类构成要素水平整体偏弱。认证认可依据标准和技术规范，帮助产业行为主体建立可持续改进的质量管理体系、环境管理体系、职业健康管理体系等，并通过传递信任机制引导社会各方参与质量共治，对于提高产业要素的管理水平、质量水平、市场竞争力水平等，发挥着基础保障和引领提升作用。

第二，认证认可是市场经济运行的基础性制度安排，有效促进供需对接和资源配置优化，提高市场配置效率，推动产业结构高端化。通过认证认可，一方面可以向产业需求方传递经过评价认证的产品质量、企业管理状况等真实信息，引导理性需求；另一方面可以向产业供应方传递质量评价、需求偏好等市场信号，引导产业资源配置优化，扩大有效供给，避免出现产业资源供需错配，消除“劣币驱逐良币”的现象。并且，认证认可也是一种促进产业要素正向进化的技术支撑手段，有效实施技术评价和市场引导，发挥认证认可的技术评价和支撑引领作用可以对落后产能进行技术评价，引导市场调节和政府调控，促进落后产能淘汰和过剩产能退出，实现产业的结构性转型升级。

第三，认证认可是国际通行的市场治理机制，是促进国际贸易的“世界语言”和“技术语言”，发挥着国际贸易中的“规则”作用，认证认可多边互认机制实现“一处认证，全球通行”，大大促进了贸易的全球化。实施认证认可能够推动产业发展与全球产业链融合，提高贸易交换效率和信用制度的建立，促进生产标准的确定，推动产业结构面向更高水平和更广市场空间演进。并且，随着国际权威认证机构不断进入我国，将先进管理理念和国际信任资源导入我国产业，也进一步推动了我国产业与全球产业链的有机融合，培育企业核心竞争力，促进产业链的优化升级，能够在更高水准上提升产业结构水平，提升产业国际竞争力。

综合来说，认证认可是市场经济运行的有效治理手段，是国际通行的贸易便利化工具，是产业要素资源水平提升的重要工具，认证认可制度的建立能够有效增强产业行为主体的管理能力和市场竞争力、提升产业输出的竞争力，能够有效促进供需对接和产业要素资源配置优化，有效促进产业结构优化升级，推动产业结构由劳动密集型产业占优势比重逐级向资金密集型产业、技术知识密集型产业占优势比重演进，由制造初级产品的产业占优势比重逐级向制造中间产品、最终产品的产业占优势比重演进，推动我国产业与全球产业链的有机融合，提升我国产业在国际制造价值链中的地位，实现产业结构水平的高度化。

2. 认证认可促进产业质量水平发展

近年来海外国家不断发布更加严格的质量认证标准，技术壁垒、“绿色”壁垒、“蓝色”壁垒层出不穷，这些标准本身就是对产品的固有质量、感知质量和损失质量严格定义，我国出口商品正是在利用认证认可突破各种贸易壁垒的过程中，不断提升质量安全水平和增强竞争力的。

（1）认证认可保障和促进产业“固有质量”水平提升

固有质量体现的是商品的符合性特征，反映的是商品的相关特性与法律法规、技术标准等之间的符合程度，例如：美国 ASTM F963 标准对出口玩具的物理和机械性、易燃性、重金属含量提出了具体要求标准，IEC60950-1 标准对手机等电子类消费品的电气安全技术指标提出了具体要求标准，等等，这些标准所提出各类规定和技术指标本身就是一种以法律法规、标准形式所确定的“一组特性”，是对商品固有质量的详细描述。认证认可过程就是以这些反映固有质量的质量标准和技术法规为依据，对商品相关特性进行检测检验、对其生产过程进行监督检查、根据相关结果进行合格性评定等，确认商品固有质量符合相关标准的要求，颁发认证证书、允许使用认证标签，向市场传递固有质量符合要求的信任信息。商品生产企业要通过认证，就必须在生产过程中严格贯彻认证依据的质量标准，接受认证机构的实施指导和监督检查，进而通过实施认证保障和提升产品质量。

以 ISO9000 质量体系认证为例，ISO9000 系列标准是集世界先进质量管理之精华，具有很强通用性、指导性和智慧性的国际先进质量管理模式。出口企业通过 ISO9000 质量管理体系认证，建立以“顾客”为中心的国际标准化的先进质量管理体系，树立起“质量第一、顾客至上、不断改进、重预防、重证据、民主管理”等核心质量思想，并综合应用目标管理、系统工程、管理控制、信息管理、程序化管理、动态管理、质量螺旋管理等技术构建起先进的质量保障技术体系，使企业质量管理走上规范化、程序化、法制化的轨道，使得日趋苛刻的各类技术壁垒、绿色壁垒所规范的出口商品“一组特性”的符合性有了保障基础。因此，通过认证认可建立有效的全面质量管理体系，能够有效促进固有质量的发展和提升，从商品生产的源头严格控制原材料质量，提高半成品和成品质量水平，夯实产业质量发展基础。

(2) 认证认可保障和促进产业“感知质量”水平提升

“感知质量”是指商品使用者根据自身对商品的使用目的和使用效果，综合各类市场信息，对商品所做的一种主观评价。西方国家对认证认可制度已有上百年的成功应用，认证认可在大多数海外市场已经建立了良好的公信力，因此以先进的质量标准为依据对我国出口商品进行认证认可后再进入海外市场，能够更好地传递优良的固有质量信息给海外市场，获得更广泛的市场认可和信任，改善和提高海外市场对我国出口商品的主观感受，建立良好的出口商品感知质量口碑。

改革开放以来，借助认证认可“传递市场信任”的桥梁作用，我国出口商品在固有质量水平不断提升的同时，国内外市场对中国制造商品的感知质量水平也在不断提高，出口企业的品牌知名度也在不断增强，“格力”“华为”“美的”等品牌已经得到全球普遍认可。随着我国认证认可事业的全面发展，不断加入各类国际认可的多边协议，认证认可已成为我国商品出口的国际通行证，很好地起到“建立信任、传递信任”的作用，使我国商品在增信国内市场的同时，获得了更多的被海外市场感知的机会，感知质量不断上升，品牌实力日益增强，推动了中国制造品质由量变向质变的转变，促进了产业高质量发展，并很大程度上推动了我国快速成长为世界第一大出口国。

并且，认证认可本身也是一种国际通用的、行之有效的质量治理模式，通过认证帮助企业形成完善的市场服务机制，促使企业重视消费者的需求调查，重视质量回馈工作，提高售后服务水平，形成行之有效的客户沟通互动机制，有效把握市场需求动向，提升产品的感知质量水平，树立良好的产业质量市场声誉。

(3) 认证认可不断提升社会责任质量、降低产业的损失质量

损失质量指的是商品质量的外部性和社会性特征，是从经济社会的宏观视角出发揭示商品质量的社会经济损益性质，主要体现在对社会和环境的伤害方

面。认证认可致力于损失质量，例如：OHSAS18000、ISO4000、SA8000 等标准，其制定依据就是降低商品的损失质量、保护社会与环境不受损害。越来越多的国家要求进入本国市场的商品必须通过 ISO4000、SA8000、OHSAS18000、FDA 等标准的认证，即输入商品必须符合保护消费品、保护环境、承担应有社会责任等方面的规则，通过认证向市场传递“不会带来相关损失质量”的信任信息，获得有关市场的准入资格。

当前与损失质量相关的国际认证主要包括 ISO4000 环境管理体系认证、ISO8001 职业健康安全管理体系认证、SA8000 企业社会责任标准认证。通过 ISO4000 标准认证，使认证企业树立污染预防和持续改进意识，建立规范的监控管理体系，向相关市场传递“不损害环境”的信任信息；通过 ISO8001 标准认证，使认证企业建立起职业健康安全保障机制，向有关市场传递“不伤害员工职业健康”的信任信息；通过 SA8000 标准认证，使认证企业建立完善的人力资源管理制度，重视劳工权益的保护，向相关市场传递“承担了保护劳工权益的社会责任”的信任信息。当前认证认可已经影响到社会经济发展的各个领域，既要求保护消费者，又要求保护从事生产的劳动者，更要求保护人类生存的环境，成为促进经济社会可持续发展的重要手段。因此，借助认证认可能够有效促使商品生产企业重视产品的损失质量，大力发展绿色生产、节能减排，重视企业本身的社会责任，建立良好的企业声誉，树立良好的产业质量形象。

认证认可伴随着改革开放在我国生根发芽，它以企业组织为基本主体，以市场治理为基本定位，以建立需求方对认证对象的信任为基本任务，从供需两端发力，运用评价分析、检测验证与有效性保障技术，通过符合性评定和公示性证明等活动向市场传递客观公正、专业权威的质量、能力、信用等信息，既能使供需有效对接，解决信息不对称带来的资源错配、效率低下等问题，又能促进供需良性互动，建立双向反馈机制，形成激励约束效应，激发市场活力，保障现代市场体系的有效运转。源自市场自发需求的认证认可，由基于过程管理的产品质量管理模式，发展至基于信息经济学的新型管理范式，凭借着完整的理论体系、实践基础和国际共识逐渐演进成为典型的国际公共产品和国家治理框架核心枢纽。

3. 认证认可促进产业技术创新

认证认可制度作为市场经济运行的基础性制度安排，能够对产业技术创新起到很好的促进和催化作用。产业行为主体为了获得竞争优势，通过创新发展不断提高自身产品质量和生产制造技术水平，并通过认证认可的公信力向市场传递可信的质量、技术等优势信息，取得需求方的认可和青睐，形成市场技术优势，并为产业生产制造提供更高的全新参考指标和条件；其他产业行为主体为了不被市场竞争淘汰，也必须加大创新力度，紧跟甚至超越新的技术参考指标和条件。认证认可机制使得企业创新带来的市场竞争优势更加透明化，促进了市场对创新结果的认可，增强了产业行为主体的创新意识，是产业技术创新的最好催化剂和技术创新方向的标杆。

（1）认证认可对产业技术创新的基础性保障作用

计量、标准化、认证认可和检验检测是国际公认的国家质量基础，认证认可不仅是实施质量管理的基本手段，更是保障国民经济运行的技术支撑，没有质量保障就谈不上技术创新，认证认可对于产业技术创新而言，有着基础性的技术保障作用，也是产业技术创新体系运行有效性的重要保障。

通过认证认可构建先进的质量管理体系，使技术创新质量保障有规范可遵循；通过环境管理体系认证、绿色认证等，保障技术创新过程符合节能降耗、生态保护等方面的要求；通过职业健康安全管理体系认证及企业社会责任认证等，促进企业在技术创新过程中更好地履行劳动保护等方面的社会责任，维护经济与社会的和谐。通过产品认证将技术创新结果与国际先进认证标准进行对标，使技术创新效果有科学的评定依据，保证产业技术创新的质量与安全；例如，信息技术设备、音视频设备等信息化产品的强制性产品认证，起到了最基础的保障人身安全和环境安全的作用，技术创新过程中遵循这些强制性要求，就能够保证技术创新的结果符合安全性要求，有效规避质量安全风险。

（2）认证认可对产业技术创新有着规范和导向作用

认证认可是以标准、技术法规等为依据的，这些依据给出了产业行为主体生产和管理的具体要求和参考指标，对于产业技术创新能够起到很好的规范、导向和指导作用。首先，认证认可依据的系列标准中专门规定了用于产品加工或生产方法的术语、符号标志、性能指标、评定操作规范等要求，这些要求在企业技术创新具体操作过程中起到了指导、约束作用，使得技术创新过程能够参照有关技术法规的规定有条不紊地进行。例如：在技术创新过程中，质量认证标准规定了对产品生产的质量进行的抽样、试验和检验程序等一系列合格评定程序，保证了工艺创新过程能够严格按照规定要求进行，并且能够及时根据合格评定程序发现错误并且改正。其次，认证认可依据的标准对产品或者生产工艺给出了一些硬性规定，为产业技术创新指明了创新方向，环境管理体系相关标准（ISO4000 认证）为产品创新和工艺技术创新标定了环境保护方向，QC080000 有害物质管理体系相关标准为技术创新标定了消费者健康安全保护方向。

（3）认证认可有助于形成良好的技术创新激励制度

创新工作是组织核心技术水平的主要表现形式，需要创新者（企业职员）的不懈投入，对组织创新能力最好的激励制度是，有利于组织长远的发展并具有长期的经济回报，包容创新项目的短期失误，认证认可能够为技术创新提供一个稳定的环境。首先，认证认可增加了企业劳动力成本，企业在雇佣劳动力时付出的高额成本会使企业减少对其职员的解雇意愿，在短期内会增加对职员失败的容忍程度，而且技术创新工作是一项高投入、周期长的生产经营活动，短期失败容忍有利于形成健康可持续的创新机制。其次，由于创新投入的风险和不确定性较大，企业所有者和员工在研发活动之前就难以签订完整的合同，在创新项目成功之后，难以约定利润分配；因为在缺乏有效的收益分配制约和企业主拥有解雇员工权利的状况下，员工处于比较弱势的地位，员工对这一情况的预期，可能会减少对创新工作的积极性和投入性。通过认证认可建立职业健康安全管理体系，形成有效的劳动保护机制，提高了企业的解雇成本，增强了员工的稳定性，保障了劳动者对创新项目投入完成后的权益问题，可以使员工长期稳定投入研发活动，从而有利于产业行为主体的技术创新稳步发展。

因此，认证认可在一定程度上能够促使解雇成本的增加，进而降低企业解雇员工的意愿，尤其得到认证的企业员工会没有“后顾之忧”地更加积极地投入到企业研发工作中，创新研发项目也很有可能得到更多的产出。

（4）认证认可有助于降低技术创新风险

技术创新的过程中，无论是产品创新、工艺创新，还是管理创新，由于外部环境的不确定性、技术创新项目本身的难度与复杂性、创新者自身能力与实力的有限性，都可能导致技术创新活动达不到预期目标的可能性，引起技术创新风险。认证认可作为一种有效的市场信任传递机制和企业行为规范手段，在一定程度上能够有效降低企业技术创新风险。

首先，认证认可作为一种有效的市场信任和信息传递机制，产业技术创新行为主体为了获得竞争优势，会通过认证认可的公信力向市场传递可信的质量、技术等优势信息，使得产业技术竞争格局透明化。这样，企业在进行技术创新的过程中，能够有效获取技术创新的参照指标或标杆对象，在对标的基础上不断进行改进和提高，避免在大量创新投入之后发现技术还落后于竞争者。其次，在技术创新获得一定效果之后，可以借助认证认可的公信力向市场传递技术创新优势信息，快速获得市场接纳或认可，形成技术竞争优势，避免因市场信任不足、消费者惯性等因素难以快速被市场接受带来的风险。最后，技术创新得到的新产品由于性能、稳定性等没有经过市场检验，存在一定质量安全风险。通过认证认可，在企业建立起健全的质量管理体系、环境管理体系、有害物质管理体系等等，使技术创新过程中的设计、开发、生产、安装和服务等环节依照规范的程序和技术要求来开展，进而有效避免技术创新带来的不确定性风险，规避国内外各类技术壁垒措施的制约，提高技术创新成功率。

三、政策依据

（一）产业高质量发展相关政策

1. 我国产业经济高质量发展政策的演进发展

我国经济高质量发展政策是随着产业发展的需求和对经济规律认知，不断推陈出新、与时俱进而演进形成的。

在新中国成立后的一个很长时期，经济发展滞后是我国面临的最大问题，人口规模与经济规模严重失衡，其中又以工业产品和基础设施等的数量短缺最为突出，对经济质量的追求只能是在数量规模层面，质量意识也只停留在微观产品质量层面。改革开放初期，党中央确立了“以经济建设为中心”的社会主义基本路线，更加突出了旨在“提高社会生产力”的“数量第一”经济发展政策，经济增长速度与经济总量规模成为衡量经济发展程度的最重要指标。与此相伴随，经济发展质量意识、高质量思想也在升华，党的十三大提到了“要为不断提高我国产品质量而努力”，开始有了国民经济要“提高质量”的思想萌芽；党的十四大后我国对经济发展质量的认识有了更新的发展，1995 年党中央提出了“经济增长方式从粗放型向集约型转变”的经济发展指导方针；党的十六大第一次使用了“经济增长质量”的提法。党的十七大更多地提到了“提高发展质量和效益”。党的十八大更加强调“把推动发展的立足点转到提高质量和效益上来”。

党的十八大以来，我国综合国力显著提升，经济总量不断增加，我国社会经济的主要矛盾已经由“人民日益增长的物质文化需要同落后的社会生产之间的矛盾”转变为“人民日益增长的美好生活需要和不平衡不充分的发展之间的矛盾”。党的十九大首次明确提出“我国经济已由高速增长阶段转向高质量发展阶段”的科学判断，经济发展要聚焦到质量效益提升、结构优化、动能转换、绿色低碳、风险防控、民生改善等方面。2017 年 12 月 20 日中央经济工作会议指出，推动高质量发展是我国经济发展确定发展思路、制定经济政策、实施宏观调控的根本要求，指出推动高质量发展，是保持经济持续健康发展的必然要求，是适应我国社会主要矛盾变化和全面建成小康社会、全面建设社会主义现代化国家的必然要求，是遵循经济规律发展的必然要求。2020 年 10 月十九届五中全会，又做出了面向全领域的“我国已转向高质量发展阶段”的新判断，并明确把“以推动高质量发展为主题”作为“十四五”时期指导思想的重要内容之一，从而将经济高质量发展思想，丰富、跨越为全面高质量发展思想，首次将推动高质量发展上升到经济社会发展主题的高度，这是党的理论又一次重大创新，是习近平新时代中国特色社会主义思想的再丰富和再发展。

产业高质量发展是经济高质量发展的主线和重要体现，近年来国家各部委相继在各领域出台了各种促进产业高质量发展的政策措施。2018 年 7 月，自然资源部等部门出台了《关于促进海洋经济高质量发展的实施意见》，促进海洋经济高质量发展。2018 年 8 月，生态环境部发布《关于生态环境领域进一步深化“放管服”改革，推动经济高质量发展的指导意见》，深化生态环境领域“放管服”改革，协同推动经济高质量发展和生态环境高水平保护。2019 年 8 月，国家发展改革委、教育部、科技部等出台《促进健康产业高质量发展行动纲要（2019—2022 年）》，促进健康产业高质量发展。2019 年 9 月，国务院出台《关于促进全民健身和体育消费推动体育产业高质量发展的意见》，促进全民健身和体育消费推动体育产业高质量发展。2020 年 7 月，国务院出台《关于印发新时期促进集成电路产业和软件产业高质量发展若干政策的通知》，推动集成电路产业和软件产业快速发展。2020 年 11 月，国家发展改革委、国家林草局、科技部等出台《关于科学利用林地资源促进木本粮油和林下经济高质量发展的意见》，推动科学高效利用林地资源，促进相关产业经济高质量发展。这些政策是我国经济高质量发展的重要产业实践，也是新时期经济高质量主题的积极践行。

2. 新时期产业高质量发展政策

现阶段中国特色社会主义进入了新时代，我国经济发展也进入了新时代，经济已由高速增长阶段转向高质量发展阶段。推动经济高质量发展，既是保持经济持续健康发展的必然要求，也是适应我国社会主要矛盾变化和全面建成小康社会、全面建设社会主义现代化国家、遵循经济规律发展的必然要求。产业经济高质量发展意味着既要追求经济增长速度和数量，也要注重质量效益的提升，质量的内涵范畴也在不断地延伸，从商品质量延伸到整个产业的规模结构优化水平、质量发展水平、技术创新能力水平等。

（1）高质量发展是主动适应经济发展新常态的要求

2013 年 12 月 10 日，在中央经济工作会议上的讲话中习近平总书记首次提出“新常态”：经济从高速增长转为中高速增长，经济结构不断优化升级，经济增长从要素驱动、投资驱动转向创新驱动。新常态伴随着新问题、新矛盾，一些潜在风险渐渐浮出水面。当前国际贸易摩擦日趋激烈，中美贸易战前景未明，全球总需求不振，我国低成本比较优势发生了转变，加之新冠疫情影响，我国经济发展遇到了前所未有的挑战。面对新时期增长速度进入换挡期，结构调整面临阵痛期，前期刺激政策进入消化期，能不能适应新常态，关键在于全面深化改革的力度，推动产业经济高质量发展是适应经济发展新常态的主动选择。

党的十九大指出，产业经济高质量发展是发展方式由外延扩张向内涵发展转变，是新旧动能加快接续转换，必须要立足大局、抓住根本，看清长期趋势、遵循经济规律，主动适应把握引领经济发展新常态，推动经济发展向形态更高级、分工更复杂、结构更合理的阶段逐步演化。要牢固树立高质量发展思维，充分发挥基础能力、人才规模、市场空间、产业体系等方面的潜在优势，以新发展理念为引领，坚决推进经济结构调整和发展方式转变，切实提高创新能力和竞争能力，加快建设现代化经济体系。

（2）产业高质量发展以供给侧结构性改革为主线

2015 年 11 月 10 日，在中央财经领导小组第十一次会议上，习近平总书记首提“着力加强供给侧结构性改革”。2015 年 12 月中央经济工作会议指出，认识新常态、适应新常态、引领新常态，是当前和今后一个时期我国经济发展的大逻辑，要在政策上做出前瞻性安排，要更加注重提高发展质量和效益，加大结构性改革力度，矫正要素配置扭曲，扩大有效供给，提高供给结构适应性和灵活性，提高全要素生产率。

高质量发展的重点在于供给端，供给端的质量决定了整体经济的高质量，因此供给侧结构性改革既是高质量发展的主线，也是高质量发展的抓手。必须牢牢把握高质量发展的要求和工作主线，坚定推进供给侧结构性改革，把改善供给结构作为主攻方向，加快转变发展方式、优化经济结构、转换增长动力，加快推动产业结构升级，增加中高端产品和服务的供给，不断提高产品和服务的附加值和竞争力，在更高水平上实现供需结构的动态均衡。首先，供给侧结构性改革要推动实体经济结构优化，加快发展先进制造业，向实体经济发力，创造适应新需求的有效供给，破除无效供给，着力提升整个供给体系质量，要支持传统产业优化升级，加快发展现代服务业，促进我国产业迈向全球价值链中高端。供给侧结构性改革要坚持质量第一、效益优先，以提高供给体系质量为主攻方向，更有效地应对市场需求，显著增强我国经济质量优势。供给侧结构性改革要深入实施创新驱动发展战略，加强国家创新体系建设，营造创新创业发展良好环境，打通制约创新发展的堵点、痛点和难点，促进新动能不断发展壮大，使创新成为推动我国经济增长的不竭动力。最后，供给侧结构性改革必须落实到企业，企业是供给侧改革、创新驱动和高质量发展的重要主体，是产业发展的基石，也是供给侧改革和创新驱动的落脚点，要增加要素的有效供给，提高要素供给的质量，充分发挥市场竞争优胜劣汰作用，进而完善企业营商环境，提高企业的创新意识和创新能力，为企业高质量发展提供激励和保障。

（3）经济双循环背景下产业高质量发展

党的十九届五中全会通过的《中共中央关于制定国民经济和社会发展第十四个五年规划和二〇三五年远景目标的建议》（以下简称《建议》）提出，要加快构建以国内大循环为主体、国内国际双循环相互促进的新发展格局。这是适应我国经济发展阶段变化的主动选择，也是应对错综复杂的国际环境变化的战略举措，是对“十四五”和未来更长时期我国经济发展战略、路径作出的重大调整完善，是着眼于我国长远发展和长治久安作出的重大战略部署，对于我国实现更高质量、更有效率、更可持续、更为安全的发展，都会产生重要而深远的影响。

当前我国经济进入新常态，是从三个维度切入：增速换挡、结构转型、动能转换。增速维度是统计数据的呈现，最容易被观测到；结构维度是产业层面的呈现，是发展质量的形态；动能维度是发展的动力所在，是最核心的本质，创新驱动是根本。此三者转换过程就是中国经济迈向高质量发展的必经之路，将在国内经济循环和国际经济循环的互动过程中形成，也必然要在国内经济与世界经济的深入开放和不断循环中得以完成。因此构建“双循环”新发展格局，是我国面对需求结构和生产要素结构发生重大变化，克服生产体系内部循环不畅和供求脱节问题，而主体选择的重要战略布局和举措，要求发展转向更多依靠创新驱动，以推动高质量发展为主题，以深化供给侧结构性改革为主线，以改革创新为根本动力，不断提高供给质量和水平，推动高质量发展。

可以看出，“双循环”格局是以高质量发展为根本出发点、主动适应全球百年大变局的中国经济发展新体系，对内要求以深化改革为根本手段，通过加快推动产业升级和消费升级，在供给侧和需求侧同步实现规模的扩张、结构的优化和质量的提升；对外要以扩大开放为主要渠道，要求以产业高质量发展为基石，进一步推动出口产业结构化升级、质量进步、创新发展，既提升中国在全球价值链中的地位，同时也主动参与全球治理、改善外部环境，实现中国经济与全球经济的共同发展。因此，必须推动经济发展质量变革、效率变革、动力变革，提高全要素生产率，从简单追求速度转向坚持质量第一、效益优先，在微观层面要通过创新促进新技术、新产品和新业态发展，不断提升企业的产品和服务质量、提高企业经营效益，使创新形成的新经济动能真正成为推动产业高质量发展的不竭动力；在宏观层面要坚持以供给侧结构性改革为主线，加快转变发展方式、优化经济结构、转换增长动力，加快推动产业结构升级，以平衡发展促进结构优化和质量效益提高。此外，由高速增长转向高质量发展，必须坚持市场化改革方向，要加快推进有利于发挥市场对资源配置起决定性作用的市场化改革，加快构建市场机制有效、微观主体有活力、宏观调控有度的经济体制，促进产业要素合理优化配置，有序推进产业高质量发展。

（二）认证认可相关政策的演进发展

认证认可在我国的发展起步较晚，改革开放之后认证认可才开始进入我国，我们对认证认可的认识和实施应用也在不断更新和与时俱进，认证认可事业的相关发展政策也随之不断演进发展，对于我国产业的高质量发展，尤其是对促进出口贸易的发展，发挥了不可替代的重要作用。我们将认证认可整个发展历程分为四个阶段，各阶段的认证认可相关政策法规不同，其实施应用的深度也不同。

1. 试点和起步阶段（1978—1991 年）

1978 年我国重新加入国际标准化组织，开始了解到认证是对产品质量进行评价、监督、管理的有效手段。1981 年我国加入国际电子元器件认证组织并成立了新中国第一个产品认证机构——中国电子元器件认证委员会。这标志着我国正式借鉴国外认证制度的开始。认证认可进入试点和起步阶段，主要聚焦电工产品和电子元器件产品认证，逐渐扩大到产品认证、管理体系认证、食品企业卫生注册以及实验室认可和认证人员注册等多个认证与认可领域。在这个阶段，与认证认可相关的标准化法规、产品检验检测法规开始建立，相续出台了《中华人民共和国标准化法》、《中华人民共和国进出口商品检验法》、《中华人民共和国标准化法实施条例》等认证认可基础性法规。

2. 全面推行阶段（1991—2001 年）

1991 年 5 月，国务院第 83 号令正式颁布了《中华人民共和国产品质量认证管理条例》，标志着我国的质量认证工作由试点起步进入了全面规范的新阶段。这一阶段，除全面建立和实施产品认证外，我国在管理体系认证领域也取得了重要进展，相继建立了 ISO9001 质量管理体系、ISO4001 环境管理体系、OHSAS18001 职业健康安全管理体系等认证制度，并开始实施针对国内商品的“长城标志”认证制度和针对进口商品的“CCIB 标志”认证制度。并且，在认可领域，相继成立了由政府主导的不同类别的认可机构，开展国内市场和进出口领域的认可工作。1996 年 12 月国务院颁布实施《质量振兴纲要（1996 年—2010 年）》，质量发展的社会环境得到进一步改善，认证认可作为促进和保障质量发展的基础工作之一，其重要性日益得到彰显。

3. 统一的认证认可制度阶段（2001—2011 年）

2001 年 11 月 10 日中国正式加入世贸组织，在中国“入世”议定书中，我国政府作出了统一建立产品认证制度的承诺，为了适应我国“入世”和完善社会主义市场经济体制的需要，党中央、国务院决定将原国家质量技术监督局和国家出入境检验检疫局合并组建国家质检总局，并成立国家认监委，这标志着我国建立了统一的认证认可管理体系。2002 年 5 月国家正式实施了新的强制性产品认证制度（CCC 制度），核心是对国产产品和进口产品实现“四个统一”（即统一产品目录、统一适用的国家标准、技术规则和实施程序、统一标志、统一收费标准），建立了国家统一管理的认证制度体系。2003 年 11 月，国务院颁布实施了《认证认可条例》，建立了既适应国际通行规则、又符合我国实际情况的认证认可管理制度，统一了认证认可法规。

此后，我国相继出台相关政策措施不断完善规范认证认可行业管理。2004 年 5 月，国家认监委出台《认证咨询机构管理办法》，监督管理认证咨询机构，规范认证咨询活动。2005 年 5 月，国家认监委出台《认证认可科技项目管理办法（试行）》，规范认证认可和相关领域科技项目的管理，促进认证认可科技进步。2006 年 1 月，国家认监委发布《认证技术规范管理办法》，规范认证技术规范工作，确保认证依据的科学性、适用性。2006 年 3 月，为适应国际认可组织的要求和变化，中国认证机构国家认可委员会和中国实验室国家认可委员会合并，成立了中国合格评定国家认可委员会（CNAS），作为唯一的国家认可机构。2008 年 3 月，国家认监委发布《关于进一步改进和深化认证监管执法工作的指导意见》，强化认证监管和执法工作，促进认证规范执法、严格执法、责任执法。2008 年 8 月，国家认监委出台《关于进一步加强认证证书监督管理的通知》，监督管理产品、服务和管理体系认证证书，促进认证活动健康有序的发展。2011 年 1 月，国家认监委出台《认证认可申诉投诉处理办法》，规范认证认可申诉和投诉处理工作，保护当事人的合法权益。这些政策措施保障了认证认可行业市场秩序，完善了统一认证认可制度。

4. 深化阶段（2011 年至今）

随着我国社会经济主要矛盾的转变，推动产业经济高质量发展成为适应经济发展新常态的主动选择，高质量发展成为经济发展新格局的根本出发点，认证认可发展也进入了一个深化阶段，相关政策都体现了高质量发展的要求。

自 2011 年来，国家对质量的重视程度与日俱增，认证认可作为一种国际通行的质量市场治理手段，几乎每年都有相关政策措施出台。2012 年国务院印发《质量发展纲要（2011—2020 年）》，明确认证认可发展的 6 项工作重点：提升认可能力、完善强制性产品认证、推动自愿性产品认证、提升管理体系认证水平、完善信息安全认证认可体系、加快实施服务认证；并于 2012—2015 年连续 5 年发布贯彻实施质量发展纲要年度行动计划，落实质量发展纲要相关任务，推动了认证认可实施应用的深化。2017 年《中共中央、国务院关于开展质量提升行动的指导意见》提出提高供给质量是供给侧结构性改革的主攻方向，明确要深化国家质量基础设施融合发展，完善国家合格评定体系，建立全国统一的合格评定制度和监管体系。2018 年 1 月国务院发布《国务院关于加强质量认证体系建设促进全面质量管理的意见》，提出要转变政府质量治理方式、深化质量认证制度改革创新、开展质量管理体系升级行动、培育发展检验检测认证服务业、深化质量认证国际合作互认等要求。2019 年的《中共中央国务院关于推进贸易高质量发展的指导意见》进一步提出要积极采用先进技术和标准提高质量，完善认证认可制度，完善检验检测体系，加快推进与重点市场认证和检测结果互认。

同时，2011 年以来我国对认证认可等质量治理模式的认识有了新的突破，明确了国家质量基础设施（NQL）的概念和内容，2012 年 1 月国务院召开的研究部署进一步加强质量工作的常务会议强调："标准、计量、认证认可和检验检测是质量基础工作，必须予以加强"，明确认证认可是国家质量基础设施不可或缺的重要成分。2016 年 1 月原国家质检总局支树平局长在全国质量监督检验检疫工作会议上用了大量篇幅专门阐述国家质量基础设施（NQI）的重要性和紧迫性，科技部也以专栏形式首次将 NQI 纳入《国家科技创新"十三五"规划》。2017 年的《中共中央国务院关于开展质量提升行动的指导意见》明确提出要加快国家质量基础设施体系建设，认证认可作为国家质量基础设施中不可或缺的市场治理机制，其重要性在相关政策中也得到了进一步体现，对认证认可的实施和应用也在不断地深化和提高。2016 年 2 月国务院修订《中华人民共和国认证认可条例》，融入依法推进简政放权、放管结合、优化服务改革等内容，并在 2020 年再次进行修订和完善，极大的促进了认证认可事业的发展。表 2-1 汇总了我国近年来关于认证认可及合格评定的相关重要政策文件，借此对我国认证认可的政策演进发展有一个总体的把握。

表 2-1　认证认可发展相关重要政策文件一览表

序号	政策文件名称	发布时间	出台机关
1	《中华人民共和国标准化法》	1988 年 12 月 29 日	第七届全国人民代表大会常务委员会第五次会议
2	《中华人民共和国进出口商品检验法》	1989 年 2 月 21 日	第七届全国人大常委会第六次会议
3	《中华人民共和国标准化法实施条例》	1990 年 4 月 6 日	国务院
4	《中华人民共和国产品质量认证管理条例》	1991 年 5 月 7 日	国务院
5	《中华人民共和国产品质量法》	1993 年 2 月 26 日	第七届全国人民代表大会常务委员会第三十次会议
6	《质量振兴纲要（1996 年—2010 年）》	1993 年 12 月 22 日	国务院
7	《国务院办公厅关于加强认证认可工作的通知》	2002 年 2 月 11 日	国务院办公厅

续表

序号	政策文件名称	发布时间	出台机关
8	《无公害农产品管理办法》	2002 年 4 月 11 日	原国家质量监督检验检疫总局
9	《中华人民共和国认证认可条例》	2003 年 11 月 1 日	国务院
10	《实验室和检查机构资质认定管理办法》	2005 年 12 月 31 日	原国家质量监督检验检疫总局
11	《强制性产品认证管理规定》	2009 年 5 月 26 日	原国家质量监督检验检疫总局
12	《国务院关于印发质量发展纲要（2011—2020 年）的通知》	2012 年 2 月 6 日	国务院
13	《国务院办公厅关于印发贯彻实施质量发展纲要 2012 年行动计划的通知》	2012 年 4 月 28 日	国务院办公厅
14	《国务院办公厅关于印发贯彻实施质量发展纲要 2013 年行动计划的通知》	2013 年 2 月 27 日	国务院办公厅
15	《国务院办公厅关于印发贯彻实施质量发展纲要 2014 年行动计划的通知》	2014 年 4 月 21 日	国务院办公厅
16	《国务院办公厅关于印发贯彻实施质量发展纲要 2015 年行动计划的通知》	2015 年 3 月 29 日	国务院办公厅
17	《国务院办公厅关于印发贯彻实施质量发展纲要 2016 年行动计划的通知》	2016 年 4 月 4 日	国务院办公厅
18	《中华人民共和国认证认可条例（2016 年修订版）》	2016 年 2 月 6 日	国务院
19	《中共中央国务院关于开展质量提升行动的指导意见》	2017 年 9 月 5 日	国务院办公厅
20	《认证机构管理办法》	2017 年 11 月 14 日	原国家质量监督检验检疫总局
21	《国务院关于加强质量认证体系建设促进全面质量管理的意见》	2018 年 1 月 17 日	国务院

续表

序号	政策文件名称	发布时间	出台机关
22	《中华人民共和国产品质量法》	2018 年 12 月 29 日	执法稽查局
23	《电器电子产品有害物质限制使用合格评定制度实施安排》	2019 年 5 月 16 日	国家市场监管总局、工业和信息化部
24	《中共中央国务院关于推进贸易高质量发展的指导意见》	2019 年 11 月 19 日	国家市场监督管理总局
25	《认证机构管理办法（2020 年修订版）》	2020 年 11 月 3 日	国务院
26	《中华人民共和国认证认可条例（2020 年修订版）》	2020 年 11 月 29 日	国务院

（三）认证认可促进经济高质量发展政策与实践

认证认可是国际通行、社会通用的质量管理手段和贸易便利化工具，被称作质量管理的“体检证”、市场经济的“信用证”、国际贸易的“通行证”。认证认可能够促进供给侧结构性改革和“放管服”改革，通过开展质量管理体系认证升级活动，适应企业发展需求。认证认可是传递信息和服务社会的桥梁，有利于提升检验检测认证行业能力，服务经济社会高质量发展。随着对认证认可的认识水平的不断提高和我国产业经济高质量发展的不断深入，认证认可与产业高质量发展的融合已经在很多政策措施中得以体现。

1. 相关政策演进

2011 年 3 月，《国家“十二五”规划纲要》首次将认证认可、检验检测列为生产性服务业、高技术服务业和科技服务业的重要门类。2015 年 5 月，《中国制造 2025》等专项规划提出充分发挥认证认可、检验检测的作用。2016 年 3 月，《国家“十三五”规划纲要》强化了认证认可的地位作用，明确了其应用范围、服务功能、创新能力和对于贯彻实施质量强国和制造强国战略的重要意义。2017 年 7 月国家认监委发布《认证认可助力质量提升行动计划》，在认证认可领域重点开展 10 个方面的先导性质量提升行动，并在建筑、航空、机械、汽车、家电、玩具、食品等行业率先开展，着力打造高端品质认证服务，大力强化全面质量管理，推动产业经济高质量发展。至此，认证认可作为促进产业经济高质量发展的基础性制度，已基本确立。

此后，建设和完善认证认可制度，作为构建“双循环”新发展格局、落实供给侧结构性改革和促进高质量发展的重要举措，在各类重要政策文件中体现。

2017年9月5日，中共中央、国务院发布《关于开展质量提升行动的指导意见》，提出完善国家合格评定体系，夯实国家质量基础设施，按照推进供给侧结构性改革的要求，推行和强化质量认证这一市场经济基础性制度，有利于加强质量监管，营造公平竞争市场环境，促进中国制造提质升级，迈向中高端水准。2018年1月，国务院出台《关于加强质量认证体系建设促进全面质量管理的意见》，明确提出质量认证体系建设的指导思想、基本原则、主要目标、重点任务和保障措施，要求坚持质量第一和效益优先，以推进供给侧结构性改革为主线，按照实施质量强国战略和质量提升行动的总体部署，构建统一管理、共同实施、权威公信、通用互认的质量认证体系，强化全面质量管理，强化我国经济质量发展优势，促进经济发展进入高质量发展时代。2021年1月，中共中央办公厅和国务院办公厅发布《建设高标准市场体系行动方案》，提出要促进建成统一开放、竞争有序、制度完备、治理完善的高标准市场体系，要加大认证认可制度有效供给，不断推动经济高质量发展和构建“双循环”新发展格局。

2. 认证认可促进产业高质量发展实践

认证认可是国际上通行的一种质量管理手段和贸易便利化工具，有利于打破跨界贸易壁垒，通过传递市场信任促进市场交易活动和技术要素流动，进而提升质量水平和技术创新能力；通过认证认可可以提升产业进入门槛、淘汰劣质产业成分，进而优化产业结构。目前，我国已构建起一套完整权威的认证体系，为保障人民群众生产生活、促进质量进步、推进创新发展、推动经济结构转型升级、助力产业高质量发展等提供了强有力的技术支撑，不少省市地区在认证认可促进产业高质量发展的过程中取得了不少宝贵的经验和成果。

（1）河南省大力发展食品安全认证，推动食品工业高质量发展

河南省大力发展食品安全认证体系，截至2018年6月全省已实施了包括有机食品、危害分析与关键控制点（HAC-CP）体系、食品安全管理体系、良好农业规范（GAP）等在内的10种国家统一推行的认证制度，初步形成了统一、开放、竞争、有序的食品农产品认证工作格局，有力推动认证工作覆盖食品生产、加工、经营各环节和全过程。借助认证认可，改善食品安全、提升品牌效应，通过实施管理体系认证认可，使得食品生产产业链更加安全、可靠，产品质量和市场口碑持续提升，不仅获得国内市场青睐，还逐步打开和扩大海外出口市场，产业规模快速成长、产业结构不断优化、产业质量不断提升。并且，河南紧紧抓住“有机产品认证”这一关键点，大力支持有条件的地区开展国家

有机产品认证示范区创建，以认证服务农业供给侧结构性改革，为该省农产品供给质量提升、农产品附加值增加、农民收入提高等注入新动能，驱动了食品农产品创新发展。

2018 年河南省出台了《河南省人民政府关于加强质量认证体系建设促进全面质量管理的实施意见》，将质量认证体系建设作为提升治理体系和治理能力现代化的重要手段。为规范和引导认证认可行业健康发展，市场监管部门持续从严加强事中事后监管，大力整治行业乱象，重点聚焦认证过程不规范不严谨、虚假认证、买证卖证等行业突出问题，共检查认证机构和获证组织 1282 家次，发现问题机构或企业 250 个，责令行政整改 199 个，依法立案 54 起，行政处罚 11 家。相关政策措施有力保障了河南认证认可行业持续、快速、健康发展，推动河南从食品工业大省迈向食品工业强省，促进了食品工业高质量发展。

（2）深圳市大力推动认证认可，助推认证市场秩序的规范

近年来，深圳市市场监管局积极推进认证认可与标准应用，实行了“深圳标准”认证、“圳品”标识认证、标准示范基地认证等，助推高质量先行示范发展。为了完善认证市场环境，深圳市市场监管局强化了对认证活动的监管力度，利用抽查、专项整治、飞行检查等方式，重点监督检查认证机构和获证企业的活动，促进了深圳认证市场秩序的规范。2018 年 8 月，深圳市市场和质量监督管理委员会出台《深圳标准认证管理办法》，加快打造深圳标准，提升深圳质量，规范深圳标准认证活动，促进深圳先进标准的应用。截至 2020 年 6 月，深圳市获证企业达到 3.3 万家，获得认证证书达到 11.6 万张，在全国大中型城市中，深圳获得认证证书数居首，认证机构数量在广东省名列前茅，一般服务认证获证组织达到 965 家。认证认可实施应用的发展有效促进深圳产业经济高质量发展，2020 年面对严峻复杂的外部环境和新冠肺炎疫情的严重冲击，深圳地区生产总值增长 3.1%，达到 27670.24 亿元，工业经济结构优势突出，先进制造业和高技术制造业产品产量增长快，医疗仪器设备及器械、3D 打印设备、工业机器人分别增长 200.3%、144.8%、44.1%，工业利润在逆势中快速增长，经济呈现高质量、高效益增长。

（3）山东省全面加强质量认证体系建设，促进全面质量发展

近年来，山东省认证认可事业呈现较快发展趋势，强化质量基础设施建设力度，建设 3 家国家级检测认证公共服务平台示范区，通过大力推进环境管理体系和绿色产品等认证全面提升企业多领域管理水平，通过实施服务认证提升

行业服务能力和水平，通过强化对认可检验检测机构的监管力度，保障了认证认可的市场秩序，这些措施极大地促进了山东产业经济高质量发展。2015 年 2 月，山东省出台《山东省企业采用国际标准认可管理办法》，促进了国际先进标准的实施和应用，推动了产业质量进步和技术创新发展，增强了产业经济的市场竞争力。截至 2019 年 12 月，山东省获得资质认定的检验检测机构达到 3383 家，同比增长 11.9%，连续多年居于全国首位。截止 2020 年 6 月，省内其余各类认证证书达到 17.9 万张，同期增长 2.9 万张，认证总量居于全国第四位，其中管理体系认证证书 9.8 万张、强制性产品认证证书 3.2 万张。山东省认证认可的快速发展为其产业经济高质量发展提供了有效支持，2020 年面对疫情带来的严重影响，山东省 GDP 仍然增长 3.6%，超过 7 万亿元；并且，借助认证认可的信任传递机制，2020 年山东省出口同比增长 17.3%，其中机电等高技术产品同比增长 19.2%，实现了出口产业贸易结构优化，技术创新能力发展强劲，产业发展质效稳步提高。

窥一斑而知全豹。认证认可对产业经济高质量发展的促进效用得到了实践的检验，获得了产业经济管理部门越来越多的重视，在近年各部门、各地区出台的产业经济高质量发展政策文件中，认证认可已经作为一项重要的政策措施，得到了充分的彰显。为此，以粤港澳大湾区出口产业为例，实证研究认证认可对产业经济高质量发展的促进效用，一方面能够深入剖析认证认可对产业高质量发展的作用机理，另一方面能够为认证认可与产业经济发展深度融合提供科学的政策参考，有着极其重要的理论价值和实践意义。

第三章　研究设计

设计科学规范的技术体系，是开展认证认可对产业高质量发展效用研究不可或缺的“工具”，选择恰当的量化评测技术方法、数学分析模型和基础数据信息来源不仅可以提高实证研究的科学性和客观性，亦可节约研究实施成本。不论是建立评测研究技术体系，还是获取实证数据信息，都有赖于研究技术方法效用的科学评估、合理选择与有效运用，需要针对实证研究的目标遴选出合适的研究对象，针对各研究阶段的内容要求选择合理技术方法和建立有效的数学模型，并结合粤港澳大湾区出口产业发展情况确定有效可靠的基础数据来源。

一、研究对象范畴

（一）研究对象的内容范畴

百度百科对“效用”的解释较为贴切，效用是某种对象在某个时间（或无）某个空间（或无）的某个过程中，作为手段、工具，对另一个对象最终达成的效果，简单来说就是一个对象对另一个对象产生的功效。本书旨在实证研究认证认可对出口产业发展影响作用。实证研究认证认可对出口产业高质量发展影响作用，是指将“认证认可”作为一种工具或手段，在某个时间和空间范围内应用于促进产业发展，对产业高质量发展演进结果产生的效用。

为实证检验认证认可对产业高质量发展的促进效用，本书选定粤港澳大湾区的出口产业作为样本案例，选择最近的一个时间段——2011 年至 2018 年，对认证认可的出口产业发展促进效果进行实证研究，即评析认证认可对粤港澳大湾区出口产业高质量发展的功效水平。具体而言，主要是通过建立科学规范数学模型来分析认证认可在出口产业中应用水平的程度与出口产业高质量发展水平之间的关联关系或相关性关系，其中产业高质量发展水平包括结构发展水平、质量发展水平、科技创新能力水平三个层面，进而通过这种相关性或关联性关系确定认证认可的应用是否对产业各方面的发展有实际的促进作用。

从研究对象层次角度来看，本书遵循从企业到行业、从行业到产业的研究思路，行业高质量发展水平是行业内企业发展水平的综合，产业高质量发展水平是行业高质量发展水平的综合，进而实现从微观到宏观多层面的实证研究。在微观层面，选择以粤港澳大湾区内企业为研究对象，实证研究企业的认证认可实施应用，对企业在行业地位、市场档次、质量发展水平、技术创新能力等方面的促进作用。在宏观层面，以粤港澳大湾区 12 个出口行业为研究对象，实证分析这些出口行业的认证认可实施应用，对其行业结构水平、质量发展水平、技术创新水平等方面的影响作用，进而分析验证认证认可实施应用水平对产业高质量发展的促进效用。概括而言，本书研究涉及认证认可和产业高质量发展水平两个概念对象，以 2011 年到 2018 年为时间范畴，以粤港澳大湾区的出口企业、出口行业为实证对象，并梳理形成从企业到行业、从行业到整个产业的研究样本对象层次关系，进而实现从微观到宏观多层面的实证研究内容体系，验证认证认可对产业高质量发展相关的产业结构优化、质量进步、技术创新等领域的促进效用。

（二）研究对象的遴选

1. 研究对象的区域特点

粤港澳大湾区地理位置得天独厚，制造业基础雄厚，产业体系完备，已经涌现出一批具有较强国际竞争力的制造业产业集群，并且大湾区出口产业的市场化、国际化程度非常高，各产业要素已经深度融合于全球产业链、供应链、价值链之中，已成为我国经济发展和对外开放中的重要支撑和引擎。由于香港、澳门等地区土地面积的局限限制了其制造业发展所需的空间，2018 年香港出口额达 5692. 4 亿美元，但其中大部分为出口转口贸易，粤港澳大湾区具有全产业链体系结构的出口制造业也主要集中在广州、深圳、佛山、东莞等珠三角九市。

本书实证分析认证认可在促进产业在行业结构优化、质量水平提升、科技创新能力增长等三个层面高质量发展的效用水平，以粤港澳大湾区出口产业为例，研究的行业对象主要集中在珠三角九市地区；然而需要指出的是，粤港澳大湾区出口产业体系长期以来都是融会贯通在一起的，尤其是香港地区作为国际金融和贸易中心，很多出口企业的总公司都在香港注册，并在香港承接海外订单，然后在珠三角地区完成制造环境，粤港澳大湾区出口贸易与加工制造是紧密相连的。

2. 研究对象的遴选思路与原则

认证认可对产业高质量发展促进作用实证研究以粤港澳大湾区出口企业、行业为研究对象。根据统计数据，目前粤港澳大湾区参与出口贸易的企业有数万家，涉及行业近千个，涉及出口商品不计其数。实证研究对象不可能遍及每一个体，既不切实际亦无必要，需要尽可能遴选有代表性的行业和企业。理论上，行业抽样选择的目标是全面、真实、客观地反映粤港澳大湾区出口产业发展和认证认可实施应用的整体情况。为此，我们需要遵循一定的原则，具体如下：

①代表性原则：所选行业在粤港澳大湾区出口贸易中地位突出，已形成一定的生产规模和区域集中度，行业有一定程度认证认可实施应用，有较强的影响力或经济总量占有率；

②全面性原则：所选行业要能够覆盖各类主要出口商品所在行业或细分行业，能全面反映粤港澳大湾区出口商品的整体情况；

③三是针对性原则：抽样行业受国际经贸环境影响较大，行业结构优化、行业质量发展、技术创新发展等方面问题较为突出，能反映粤港澳大湾区出口商品行业发展现状；

④可操作性原则：抽样行业发展水平和认证实施应用情况的相关数据比较容易获得和收集。

总体而言，针对认证认可对产业高质量发展促进效用的评测研究需求，对粤港澳大湾区出口行业的遴选重点考虑：一是对外贸经济要有重要贡献的行业，要在外贸出口中占有一定的分量；二是所选出口行业结构演变突出，如：制鞋行业受劳动力成本上升因素影响，不少企业迁离大湾区，行业成分构成变化较大；三是出口行业质量安全要求突出，如：食品和食品接触器的质量关系到人的健康甚至生命安全、玩具质量涉及到缺乏自我保护意识的儿童安全；四是技术创新驱动发展突出的行业，如：家电、信息技术设备等行业，近年来智能制造应用突出和技术研发更新快；最后，所选的出口行业受技术壁垒或中美贸易战影响较大，对认证认可实施应用的需求强烈或问题突出。

3. 研究对象的行业遴选与样本简介

按照以上原则和思路，结合粤港澳大湾区出口产业发展情况及其认证认可实施应用情况，为全面客观评测分析认证认可对出口产业高质量发展促进效用，确定具有代表性的评价行业和企业十分重要。为此，我们遴选出了12个行业作为实证研究样本对象。12个行业的产品都属于终端消费性商品，直接面对国外终端需求，受各类贸易摩擦因素等影响大，并且受传统资源要素优势消失影响，行业结构优化调整较迫切，简况如下：

（1）玩具行业。中国是世界最大的玩具制造和出口国，世界70%以上的玩具为中国制造，广东是全国最大的玩具生产出口基地，主要集中在东莞等粤港澳大湾区城市，2018年中国玩具出口250.84亿美元，粤港澳大湾区玩具出口接近150亿美元，占全国比重接近60%，其中大部分生产在东莞、广州等地区，此外全国还有相当比例在香港转口贸易出口。

（2）照明设备行业。2018年我国灯具出口接近500亿美元，其中一半以上在粤港澳大湾区生产，尤其是LED产业出口产值占全国的60%以上，主要集中在中山、东莞等地区，各地海关出口报检的灯具企业数量接近2000家，形成了较大规模的产业集群。

（3）纺织品服装行业。2018年我国纺织品服装出口金额累计2767.3亿美元，占全球35%，粤港澳大湾区纺织品服装出口410亿美元左右，形成了一定的规模，纺织品服装产品主要是与人体接触性消费品，其质量问题不言而喻，品种主要包括服装及衣着附件、纺织纱线、织物及制品等，出口对认证认可的需求较强烈。

（4）家用电器行业。粤港澳大湾区家电产业是国内最具国际竞争力的行业之一，在全国家电生产制造业中占有举足轻重的地位，在承接全球制造业转移方面具有很强的比较优势。2018年前三季度粤港澳大湾区生产的各种家电产品（含手机）出口值超过700亿美元，产品涉及电炒锅、电磁炉、电加热器、多士炉、微波炉、电烤炉（箱）、电热饮水机、吸油烟机、家用吸尘器、空气净化器、燃气热水器、电子消毒柜等，共有企业约1700家，大部分产品需获TUV，GS，UL、CSA等不同国家权威认证机构的认证。

（5）鞋类行业。鞋类消费品有较高的机械和化学质量要求，容易造成直接的质量伤害。2019年我国出口鞋类产品达478.40亿美元，其中1/3以上来自广东，广东是全球最大的制鞋基地，年产量占世界的1/7，广东地区共有1200多家鞋类出口企业，主要聚集在东莞、惠州、广州、中山等粤港澳大湾区城市。制鞋企业虽然以中小企业为主，但粤港澳大湾区区域内的大型企业占有相当的比例，以出口欧美国家市场为主，认证认可实施应用水平普遍较好。

（6）音视频设备行业。音视频设备是重要的终端消费品，包括：音响、电视等产品。就彩色电视产品而言，2019年我国彩电产量达到18999.1万台，同比下降2.9%，而广东省彩电产量为10422.3万台，实现7.41%的增长，广东的彩电制造业同样也聚集在深圳、东莞、中山等粤港澳大湾区城市，其中出口占有相当大比例，对增长拉动较大。粤港澳大湾区的音视频设备产品出口市场主要是美国和中国香港，有着更高的电气和电磁性能方面质量要求，几乎全部产品都是按客户要求贴牌生产，客户对产品质量要求较高，产品和零部件大部分需获第三方认证，因此其认证认可实施应用水平相对较高。

（7）仿真饰品行业。仿真饰品行业作为一个新兴的行业，其种类繁多，主要有：项链、手链、耳环、戒指等，制作仿真饰品的原辅材料有各类合金、铜、玻璃、织物、塑料和涂料等，有较高的化学性能质量要求。2019 年，粤港澳大湾区仿真饰品出口额超过 30 亿元，主要市场为欧美日地区，对产品的质量认证、管理体系认证有较高的要求。

（8）家具行业。粤港澳大湾区是中国家具产业最重要的出口基地，主要聚集在东莞、佛山等城市，2019 年广东家具出口额接近 1000 亿元。家具产品是典型的家用消费品，在化学涂料等方面有很高的质量要求，在认证认可检验检测方面有较高的要求；近年来，海外技术壁垒措施不断提升，例如美国新的《复合木制品甲醛标准法案》对甲醛限量要求大幅度提高，导致检验合格率下降，质量问题更加突出。

（9）食品接触品行业。食品接触品包括：食品添加剂、一次性使用卫生用品、与食品接触金属及其他材料制品、与食品接触塑料制品等，2019 年粤港澳大湾区出口食品接触品类消费品超过 20 亿美元，这类产品直接关系到消费者的身体健康甚至生命安全，对质量安全要求很高，对产品质量认证和企业管理资质认证要求普遍较高。

（10）信息技术设备行业。信息技术设备行业是一个比较大的产业，涉及的产品包括：自动数据处理设备及部件、电话机、摄像机、打印机、电子元器件等。信息技术行业是粤港澳大湾区的支柱型制造产业，近年来粤港澳大湾区信息技术产品出口额接近 3000 亿美元，涉及消费品品目繁多，它们在电气和化学性能上有较高的质量要求，出口市场认证要求普遍较高，如：进入美国市场需要通过 UL 认证、进入欧洲市场则普遍要求通过 EC 认证。

（11）箱包行业。广东箱包出口金额占全国总量的三分之一，主要集中在广州、佛山等粤港澳大湾区城市，在我国箱包产业中占有重要的地位，每年出口箱包在 50 亿美元以上，箱包在机械性能、有害物质等方面普遍有较高的认证需求。

（12）加工食品行业。加工食品是粤港澳大湾区重要的出口产业，每年出口额接近50亿美元。加工食品质量问题威胁到消费者的身体健康甚至生命，有机产品认证、有害物质相关认证等在加工食品行业应用较普遍且要求高。

二、研究假设

（一）认证认可能够有效促进产业结构的合理化和高度化

基于前面的理论和政策分析，我们提出假设：一方面，认证认可能够有效促进产业结构的合理化。认证认可诞生于市场经济自发要求，其属性就是传递信任，可以向消费者、企业传递真实信息，有效打破信息不对称，抑制产业资源“逆向”组合，引导产业微观资源配置的优化，促进产业结构合理化；在宏观方面，运用认证认可手段也可以有效配合宏观调控政策和产业政策，有助于转变政府职能，发挥市场在资源配置中起决定性作用，推动供给侧结构性改革和产业要素合理配置流动，促进产业结构合理化。另一方面，认证认可还能够有效促进产业结构的高度化。认证认可依据的技术标准和规范反映了制造业的基准水平，认证认可本身也是一种有效优化提升产业资源要素水平的重要手段；认证认可是市场经济运行的基础性制度安排，有效促进供需对接和资源配置优化，提高市场配置效率，推动产业结构高端化；认证认可国际通行的市场治理机制，是促进国际贸易的“世界语言”和“技术语言”，发挥着国际贸易中的“规则”作用，认证认可多边互认机制实现“一处认证，全球通行”，大大促进了贸易的全球化。

第一，认证认可的实施促进企业规模结构的优化。认证认可是以标准和技术规范为依据的，体现为对产品生产质量的认证标准和制造过程的管理体系规范，为行业提供了准入门槛和生存发展要求，在此基础上通过市场竞争淘汰落后企业和不发达的生产技术，促进市场资源的集中，小企业经过市场竞争扩大市场规模或被大企业兼并，大规模企业在行业中的比重适当增加，而中小型企业为了生存需要集中在专业领域以获得核心竞争力，使得产业的规模结构不断演进优化。

第二，认证认可促进产业配套实力提升和产业链完善。具有统一生产标准的高质量零部件和原材料配套提供能力是一个行业发展成熟的重要标志。认证认可的实施应用不仅要求产品的标准化，更要求生产过程所有环节的标准化，并延伸到半成品和零部件、原材料的质量和生产的标准化。认证认可通过对原材料、半成品的生产标准的规范，使得企业的生产从生产源头、生产过程到产品投入市场全过程的监督和完善。主要零部件、关键原材料的成熟高质量配套使得产业链不断完善，产业结构中配套要素的稳定和优化是产业结构合理化的保证。

第三，认证认可促进企业市场竞争力水平的提升，促进产业市场结构整体水平的提升。认证认可通过制定规则将不符合统一标准的产品和企业排除在竞争市场之外，因此认证认可也是企业竞争的推手和市场规则制定的要件。认证认可制度的实施使得企业竞争有了确定的规则，由于国际市场发展水平的差异，发达国家比发展中国家具有更加严格的认证认可的标准。在国际化的过程中，认证认可标准的国际化也是企业走向国际市场的必经之路。对成熟的企业来讲，遵从既有的认证认可标准进行生产是不够的，企业需要通过提升自身的生产技术水平和自主创新能力、建立自有品牌，才能促进认证认可标准的提升，将落后的企业排除在竞争市场之外，获得更大的市场份额，进而优化产业市场结构水平。

（二）认证认可能够有效促进产业质量水平的提升

我们提出假设：认证认可能够通过提升企业产品合格率、增强市场感知水平、提高社会责任来推动行业质量水平的提升。

认证认可标准本身就是对产品的固有质量、感知质量和损失质量的严格定义。固有质量指的是产品检验结果与质量要求的符合性，通常用产品合格表示，主要体现在原材料质量管理水平的提升、半成品和成品合格水平的提升。认证认可过程就是以这些反映固有质量的质量标准和技术法规为依据，对商品相关特性进行检测检验、对其生产过程进行监督检查、根据相关结果进行合格性评定等，确认商品固有质量符合相关标准的要求，颁发认证证书、允许使用认证标签，向市场传递固有质量符合要求的信任信息。通过认证认可建立有效的全面质量管理体系，能够有效促进固有质量的发展和提升，从商品生产的源头严格控制原材料质量，提高半成品和成品质量水平，夯实产业质量发展基础。

感知质量指的是产品的质量与市场预期要求的符合性，反映消费者对产品的认可程度，主要体现在顾客群体所属不同层次、顾客服务机构及制度的完善程度、市场对不良产品的感知状况。认证认可在大多数海外市场已经建立了良好的公信力，因此以先进的质量标准对我国出口商品进行认证认可后再进入海外市场，能够更好地传递优良的固有质量信息给海外市场，获得更广泛的市场认可和信任，建立良好的出口商品感知质量口碑。并且，认证认可本身也是一种国际通用的、行之有效的质量治理模式，通过认证帮助企业形成完善的市场服务机制，促使企业重视消费者的需求调查，重视质量回馈工作，提高售后服务水平，形成行之有效的客户沟通互动机制，有效把握市场需求动向，提升产品的感知质量水平，树立良好的产业质量市场声誉。

损失质量是质量的社会性特征，评估产品对社会发展需求的复合性程度，企业对其应付社会责任的履行程度，主要体现在企业能耗水平的优化、环保意识和环保能力的提高等方面。当前认证认可已经影响到社会经济发展的各个领域，既要求保护消费者，又要求保护从事生产的劳动者，更要求保护人类生存环境，成为促进经济社会可持续发展的重要手段。因此，借助认证认可能够有效促使商品生产企业重视产品的损失质量，大力发展绿色生产、节能减排，重视企业本身的社会责任，建立良好的企业声誉，树立良好的产业质量形象。

第一，认证认可制度的实施是对出口企业产品合格水平的基础性要求，未达到认证标准的产品将被排除在市场之外。第二，产品在市场上流通，其提供的价值超过消费者预期的部分被称作生产者剩余，即消费者的市场感知，是产品的感知质量，消费者对产品的消费不仅体现在对产品购买时的感知，更包含对产品后期使用所接受的顾客服务机制的影响，而低质量和低效率的售后服务机制会拉低消费者对产品的感知质量，企业被投诉数量和召回问题是对其感知质量的反映，借助认证认可完善企业相关管理体系，并在市场上有效传递质量信任，能够极大提升企业的市场感知质量水平。第三，企业所体现的社会责任反映质量的社会特性，产品对社会发展需求的符合性程度，认证认可促使企业生产高质量的消费品服务社会，通过环境管理体系认证、森林认证、职业健康管理体系认证等，提供制造过程与自然环境、人类社会的和谐性，体现的是正效益。

（三）认证认可能够有效促进产业技术创新能力的提升

本书提出假设：认证认可能够有效促进产业技术创新能力的提升。首先，认证认可对于产业技术创新有着基础性的技术保障作用，也是产业技术创新体系运行有效性的重要保障。通过认证认可构建先进的质量管理体系等，使技术创新质量保障有规范可遵循。其次，认证认可是以标准、技术法规等为依据的，这些依据给出了产业行为主体生产和管理的具体要求和参考指标，对于产业技术创新能够起到很好的规范、导向和指导作用。除此之外，认证认可还有助于形成良好的技术创新激励制度。认证认可在一定程度上能够促使解雇成本的增加，进而降低企业解雇员工的意愿，尤其得到认证的企业员工会没有“后顾之忧”地更加积极地投入到企业研发工作中，创新研发项目也很有可能得到更多的产出。最后，认证认可能够有效降低企业技术创新风险。通过认证认可使技术创新过程中的设计、开发、生产、安装和服务等环节依照规范的程序和技术要求来开展，能有效避免技术创新带来的不确定性风险，规避国内外各类技术壁垒措施的制约，提高技术创新成功率。

认证认可标准实施促使企业优化人才结构、提升制造技术水平、提高研发创新水平推动行业技术水平提高。认证认可制度作为市场经济运行的基础性制度安排，能够对产业技术创新起到很好的促进和催化作用。认证认可标准的建立和完善可以促进人才结构水平优化、制造业技术水平提高、研发创新水平提高，从而促进行业技术创新水平的提升。认证认可制度的完善对产业技术创新能力的提升分别从以下三个方面体现：第一，认证认可标准的提升需要企业提高员工整体素质，提高生产技术水平，例如提升本科以上员工的比例、增加高学历高技术人才引进力度；并且为了保障企业稳定持续发展，企业需要提高熟练员工的稳定性，形成持续稳定的技术创新力量。第二，企业竞争力，本质就是生产技术的竞争，是产业制造能力的竞争，要求采用先进的生产设备、不断学习和优化制造工艺水平，提升和优化生产制造技术水平。第三，技术创新能力是企业竞争实力的来源，“微笑曲线”彰显出研发设计端的丰厚利润，是企业提高自身竞争力的核心内容，企业通过提高产品自主设计能力，生产具有不可替代性的优质产品，通过增加技术研发投入，产学研结合增强人才水平，提高技术创新能力。

三、技术体系

（一）本项研究技术体系的总体架构

1. 思路与原则

本项研究的总体目标以粤港澳大湾区出口产业为案例，实证研究认证认可对产业高质量发展的促进作用，从中发现问题、总结经验和预测趋势，为促进认证认可与出口行业发展的融合效应提供政策依据。研究的目标和内容需要从企业、行业、地区三个层面展开，构造成一个从微观到中观、再到宏观的研究目标体系和内容架构。在微观层面上，即企业层面，要能准确地评测出认证认可作为一种有效的市场治理机制对出口企业各方面发展的促进效应，揭示企业如何借助认证认可提升质量水平、增进技术创新能力、提高国际市场竞争力。在宏观层面上，即行业层面乃至地区层面，要能够准确评测认证认可对具体的出口行业、乃至整个地区的出口产业高质量发展的促进作用，要能够比较认证认可对不同行业、经济分类的影响作用，揭示认证认可制度存在的问题或不足，进而形成完整而系统的研究报告，为促进认证认可与出口产业发展有机融合提供参考依据。

基于以上认证认可对出口产业发展促进作用研究的基本思路，考虑到研究案例粤港澳大湾区出口产业及其认证认可发展的基本特点，认证认可对产业高质量发展促进效用的研究应该遵循全面性、系统性、科学性、有效性原则。

（1）全面性原则：产业高质量发展是一项系统性、战略性、复杂性、长期性工程，认证认可的效用贯穿于产业高质量发展的整个工程体系，涉及到产业结构演变、质量发展、技术创新等几乎所有与产业发展相关的领域，研究技术体系必须覆盖“认证认可对产业高质量发展促进效用”相关的每一个重要领域，必须涉及产业高质量发展的每一个重要要素，以进行综合的切合实际的量化评测与实证分析。

（2）系统性原则：本项研究的技术体系是一个多领域、多层次的体系结构，各领域之间耦合，各层次之间互相衔接不可分割，低一层次指标是对高一层次指标的分解，高一层次指标是对低一层次指标的综合，形成一个严格的、合乎规律的内在联系的实证研究技术方法体系。

（3）科学性原则：研究技术体系应以评价理论为依据，从认证认可和产业发展的概念、内涵入手，充分考虑各种因素的影响，使量化评测指标体系在基本概念和逻辑结构上严谨、合理，能够抓住评价对象的实质，能真实地反映出认证认可对高质量发展的实际促进效用水平。

（4）有效性原则：应使评价指标具有可比性、实用性、简明性、可操作性，能够定量化考核；评价方法要简便，数据要易于获取和计算，整体操作要规范，能够比较全面地、系统地、真实地反映质量的状况和实际的质量水平。

2. 本项研究技术体系的总体架构

从技术实现角度而言，目前学界对两个事物之间关系的研究所采取的方法和思路通常都是通过两个研究对象之间相关变量的数量关系来进行判断，首先要对两个研究对象的相关属性进行量化评测，评测方法主要是指标指数法，然后在此基础上分析两个变量之间的联系，常用的方法有相关性分析法、回归分析法、灰色关联分析法、TOPSIS 法等等。参照以上思路，本书基于前面所述主要观点和基本假设，按照结构化系统设计原则，构建了如图 3-1 所示的认证认可产业高质量发展促进作用研究技术体系架构。从图 3-1 技术体系架构可以看出，本书研究的技术体系是一个由研究目标引导、量化评测与关联分析密切结合的实证研究体系，整体上可以分为四个密切关联、相互支撑的部分：研究目标与领域、量化评测模型、影响作用分析模型、实证研究。

图 3-1 中量化评测模型是基于指标指数法构建的，以研究目标导向，依据本书的主要观点和基本假设，首先构建对认证认可发展水平和产业高质量发展水平的量化评测模型，并形成认证认可水平评价技术体系和行业高质量发展水平评价技术体系，将产业的认证认可发展的水平和产业自身的高质量发展水平量化为一个个具体的指标指数，用于量化二者的发展状态水平。

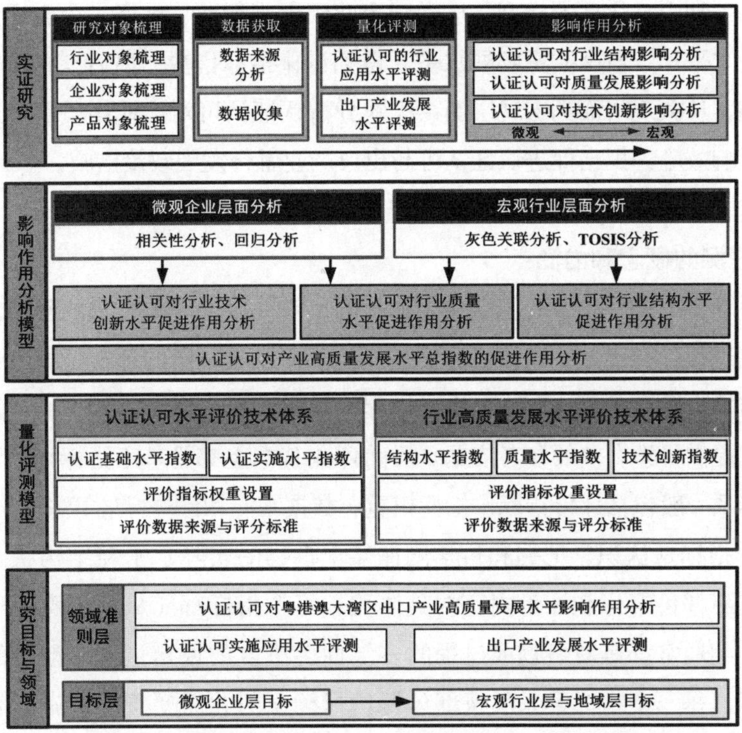

图 3-1 认证认可产业高质量发展促进作用研究技术体系架构

图 3-1 中影响作用分析模型，是在量化评测模型的基础上，深入分析认证认可水平指标和产业高质量发展水平指标之间的数量变化关系，进而有效确定认证认可对产业发展的关联相应作用。本书基于相关性分析法、回归分析、邓氏灰色关联分析法等，构建认证认可对行业发展影响作用分析模型，

实现两个层面三个维度的影响作用评测分析，两个层面是指微观和宏观，三个维度是指认证认可对产业结构、质量水平、行业技术创新的促进效用。在微观层面以企业为样本进行评测和分析，主要采用成熟的相关性分析和回归分析方法；在宏观层面，以行业为研究对象，综合归结得到地区产业层面上的促进作用。由于宏观促进作用分析是以行业样本为基础，行业样本数量很少只有 12 个，为此本书选择适合于小样本分析的邓氏灰色关联分析法作为宏观促进作用研究方法。

图 3-1 中实证研究是以粤港澳大湾区 12 个出口消费品行业为研究样本，综合运用量化评测模型和影响作用分析模型，验证认证认可对行业高质量发展的促进作用。首先对研究对象进行梳理，明确实证研究的对象包括产品对象、企业对象、行业对象。其次，针对这些调查对象明确研究数据来源和数据收集方法。在此基础上，利用量化评测模型，从微观企业到宏观行业、地区，全面评测其认证认可发展水平和产业高质量发展水平，得到量化指标指数。最后，利用影响作用分析模型，从微观层面到宏观层面系统地分析认证认可对产业高质量发展的促进作用或影响效应，提出促进认证认可与出口产业融合发展政策措施。

（二）认证认可水平与产业高质量发展水平评测技术体系

1. 评测的概念和内涵

所谓评测，即评价，是指从特定的目的出发，通过规范合理的程序对某个特定事务或过程进行检查、比较、分析、判断，并按照一定的评定标准给出数量化的评判结果，揭示或反映出该事物或过程的状态水平，从而为该事物或过程的管理和改进提供科学有效的参考依据。目前评测基本上都是基于指标指数法的，评测技术体系一般包括评价指标、指标权重、数据来源和评分标准等方面的内容。

评价指标是认识、把握和科学测评某个事物的实际水平与结构状态的主要工具，是对评价目标和评价内容的具体化，每个指标都应从一定侧面反映评价目标。评测通常都是对事物或过程的多层面多维度的评定过程，涉及的评价指标有很多，每一个指标都只反映部分评价目标，因此需要将评价指标有机的组织起来，形成科学严谨的指标体系。指标体系的科学性及合理性直接决定了评价活动的效果，影响着评价活动的质量与水平。通常情况下，评测过程都是按照自上而下的原则，采用从宏观层面到微观层面逐层分解的方式，将上一级的指标分解为更细的下一级指标，构成层次化的指标体系结构。

权重系数是指某项评价指标在指标体系中的重要性程度，反映在其他评价指标保持不变时，该评价指标的变化对评价总体结果的影响。权重系数的设定，首先要通过专家咨询法获取具体的指标重要性评价信息，然后采用层次分析法对各具体的指标进行权重计算和分配，进而构建自上而下逐层分解的归一化的权重分配体系，得到指标体系中各层级指标的权重值。

数据来源是实现评价体系实证研究化的保障，数据来源的可靠性以及数据本身的科学性、全面性、及时性直接决定评价结果的有效性。本项研究主要是通过问卷调查、专家咨询等方式获取评价原始数据，首先针对评价指标体系中最低层的评价指标，明确评价数据获取方式，然后设计调查问卷进行问卷调查，产生评价的基础数据和原始数据。在此基础上，依据原始数据计算得到最低层指标得分，对于非最低层评价指标，其评价得分通过对其下级指标进行加权和得到，总指标得分由一级指标得分加权和得到，一级指标得分由二级指标加权和得到，二级指标得分由三级指标加权和得到。

评分标准是评价指标得分的评定标准和计分办法，依据评分标准对评价原始数据进行计分处理得到指标得分。评分标准既是评价主体主观意愿的规范化反映，又是对评价对象性质的客观化量化工具，从数量上保证对评价对象的评价效度，一个科学可行的评分标准一般可以分解为四个组成部分：①评分指标：指标体系的最末一级评价指标；②评价要素：指标评分的评定要点，是从评分指标分解出的不可再分的基本元素；③满分：指标的最高得分；④计分办法：指标评分得分分值的评定和计算方法。评分标准的制定，首先要对评价指标的特殊属性进行深入解析，分解得到有效的评价要素；在此基础上，针对具体的满分设置要求，明确对判断指标水平的计分办法或等级评定准则。

2. 认证认可水平评价技术体系

认证认可水平评价是对认证认可的产业实施应用水平做一个量化的综合性评测。本书以粤港澳大湾区出口产业为样本，通过评价其认证认可实施应用水平，从中发现问题、总结经验，预测行业认证认可的未来发展趋势，为进一步分析认证认可对行业发展的促进效用提供数据支撑和科学依据。认证认可水平评价技术体系包括：指标体系、权重系数、评价数据来源和评分标准等部分。

（1）评价指标选用与指标体系构建

根据本项研究的目标要求，同时基于认证与认可之间相互影响、相互统一的关系，即：“认可是认证的前提和保证、认证是对认可的信任传递职能的延续和体现，二者形成以市场信任传递为基本职能的认证认可体系”，本书从认证认可基础和认证实施应用两个方面来评测认证认可发展水平情况，相应设置为两个一级指标"B 认证认可基础"和"E 认证实施"，构建形成的指标体系即为BE体系（BE：Base & Execution）。指标"B 认证认可基础"主要是从出口产业对认证认可相关标准的采纳和应用情况等方面进行评测，包括企业对各类相关标准的认知情况、实际生产过程中进行质量控制所依据的标准水平、产品检验所依据的标准水平等，相应将一级指标"认证认可基础"分解为三个二级指标："B_1企业标准认证"、"B_2质量控制标准"、"B_3产品检验标准"；相应地将一级指标"认证实施"分解为二个二级指标："E_1质量管理体系认证"和"E_2产品认证"。这样，认证认可水平指标体系构建为表3-1所示的二层次指标体系。

表3-1 认证认可水平评价BE指标体系

一级指标	二级指标	指标内涵或评价内容
B 认证认可基础		评价行业认证认可发展的基础，从企业对各类标准的应用和掌握情况等方面进行评价。
	B_1企业标准认证	反映了企业对标准的认知程度高低。
	B_2质量控制标准	评价企业进行质量控制时所采用的各类标准的先进性或权威性。
	B_3产品检验标准	评价企业进行产品检验时所采用的各类标准的先进性或权威性。
E 认证实施		评价认证认可在行业内的实施和应用水平。
	E_1质量管理体系认证	反应企业的质量管理体系认证情况、全面质量管理体系建设情况、质量控制的整体水平情况等。
	E_2产品认证	评估产品认证所到达的级别或程度，目前主要认证方式有：输入国认证、国际认证、国家强制性认证等。

（2）指标权重系数设置

指标权重是认证认可水平评价技术体系的重要参数，本项研究采用层次分析法和专家咨询法相结合的方法来确定各项指标的权重。首先，针对认证认可水平评价二级指标体系指标权重评定需求，结合本项实证研究的实际应用需要，设计专家咨询调查问卷，通过百分制或5分制来对各项指标的重要性进行评分，评分越高重要性相对越大；在此基础上，根据专业性和可操作性两方面的要求，本项研究遴选出91位受调查专家对象，主要包括出入境检验检疫部门领导、检测机构技术人员、认证认可机构业务主管、出口企业业务主管等，获得有效调查问卷89份。最后，根据专家问卷评分数据，统计各级指标重要性的综合得分，按照层次分析法思路对各项指标的相关权重进行分配，得到各级指标的权重情况如表3-2所示。

表 3-2 认证认可水平评价指标权重系数（单位%）

一级指标		二级指标	
一级指标名称	权重系数	二级指标名称	权重系数
B 认证认可基础	38.20	B_1企业标准认证	10.82
		B_2质量控制标准	14.31
		B_3产品检验标准	13.07
E 认证实施	61.80	E_1质量管理体系认证	26.23
		E_2产品认证	35.57

（3）评价数据来源和评分标准

根据以上评分标准制定相关理论和原则，结合认证认可水平评价的实证需求，本项研究设计了认证认可水平评价调查问卷（见附录1），对认证认可水平评价指标体系的最末级指标制定了相应的评分标准，将其二级指标分解为对应的评价要素，并相应给出了计分办法或评定准则，具体如图 3-3 所示。

表 3-3 认证认可水平评价指标评分标准

指标	评价要素（与问卷题目对应）	计分办法/评定准则
B_1企业标准认知	企业对客户标准的了解程度	对涉及产品的各种相关标准指标和内容（客户标准，企业标准，行业标准，国家标准，输入国或地区标准）按5种程度评分，选①得0分，选②得25分，选③得50分，选④得75分，选⑤得100分，总分=客户标准得分×0.1+企业标准得分×0.1+行业标准得分×0.2+国家标准得分×0.3+输入国标准得分×0.3。
	对相关企业标准的了解程度	
	对行业标准的了解程度	
	对国家标准的了解程度	
	对输入国或地区标准的了解程度	
B_2质量控制标准	企业产品质量安全控制执行的标准	选⑦、⑧，总分得0分，否则按以下方式计算：选②、③，每个得30分；选①、④每个得分10分；选⑤、⑥，每个得5分；对全部选中项的得分求和，然后加30分，为最终总得分。
B_3产品检验标准	企业出口产品执行的检验标准	若选①输入国技术法规及标准，得40分；②国家标准，得30分；选③客户标准，得20分；④其他标准，得10分；不选得0分；对全部选中项的得分求和，然后加30分，为最终总得分。
E_1质量管理体系认证	企业质量管理体系认证情况	（1）通过ISO9001认证或ISO14001认证，每项计40分； （2）通过出口质量许可认证、ISO2000、HACCP、GMP及其他认证，每项计20分。 （3）无认证计0分； 指标得分=各项认证的分数总和。
E_2产品认证	企业产品认证情况	（1）若通过①输入国或②国际认证的得100分； （2）通过③国家强制性认证的得80分； （3）通过④其他认证的得60分； （4）⑤无认证得0分； 最终得分取两项的最高分。

（4）指标计算数学模型

针对表 3-1 和表 3-2 所示 *BE* 指标体系，这里给出认证认可水平各级评价指标计算模型（二级指标得分根据评分标准计算得出），具体如下。

（1）一级指标“认证基础” *B* 的计算数学模型

$$B = \sum_{i=1}^{3} \omega(B_i) B_i \tag{1}$$

其中 $\omega(B_i)$ 为二级指标 B_i 的权重系数。

（2）一级指标“认证实施” *E* 的计算数学模型

$$E = \sum_{k=1}^{2} \omega(E_k) E_k \tag{2}$$

其中 $\omega(E_k)$ 为二级指标 E_k 的权重系数。

（3）认证认可总指数 *R* 的计算数学模型

$$R = \omega(B)B + \omega(E)E \tag{3}$$

其中 $\omega(B)$ 、$\omega(E)$ 分别为一级指标 *B*、*E* 的权重系数。

3. 产业高质量发展水平评测技术体系

产业高质量发展水平评价是以粤港澳大湾区出口行业为样本，从行业结构发展水平、行业质量发展水平、行业技术创新水平等进行量化的综合性评测，以科学判断产业高质量发展情况和状态水平，产业高质量发展评价技术体系主要包括：指标选用与指标体系、指标权重、评价数据来源和评分标准等内容。

（1）评价指标选用与指标体系构建

产业高质量发展水平评价指标用于综合测评产业在规模结构优化、质量进步、技术创新等方面的发展情况，每个指标都从一定侧面反映产业高质量发展的现实状态。遵循全面性、可操作性、可比性、独立性等原则，根据产业发展相关理论和本书的主要研究假设，本书从行业结构发展水平、行业质量发展水平、行业技术创新发展水平三个层面来选用评价指标，得到三个一级指标分别是 S 行业结构水平、Q 行业质量水平、T 行业技术创新水平，三个一级指标的加权和得到“SQT 高质量发展水平总指数”，进而形成完备的指标体系，即为 SQT 指标体系（SQT：Structure & Quality & Technology），具体如表 3-4 所示。

一级指标“S 行业结构水平”主要评价行业构成要素的结构性特征，主要从规模结构、配套实力、市场结构情况三个方面进行评价，相应将分解为 3 个二级指标：SS 规模结构、SO 配套实力、SM 市场结构。二级指标“SS 规模结构”主要是评价构成行业的各要素的规模和比例情况，主要从行业内大型企业的比重情况和企业总体规模水平情况进行评价，相应分解为 2 个三级指标：SS_1大型企业比重、SS_2企业规模水平。二级指标配套实力主要评价各行业构成要素之间配套结构关系，主要从原材料和零部件的配套能力情况开展评价，相应分解为：SO_1关键原材料配套能力、SO_2主要零部件配套能力。二级指标“SM 市场结构”主要从市场占有率、发达市场比例、自主品牌比例层面评价行业的市场结构情况，反映行业市场竞争力水平。

一级指标“Q 行业质量水平”主要评价行业的质量发展情况，主要从产品固有质量、市场感知质量、社会责任质量三个层面来评价，相应得到 3 个二级指标：QC 产品合格、QM 市场感知、QS 社会责任，二级指标“QC 产品合格”反映体现出口商品产品质量的符合性特征，本书从原材料、半成品、成品三个层面评价这种符合性，相应将“QC 产品合格”分解为 3 个三级指标：QC_1原材料质量管理水平、QC_2半成品合格水平、QC_3成品合格水平。二级指标“QM 市场感知”反映出口商品产品质量的市场适用性特征，揭示其市场竞争力，本书从顾客群体特征、市场服务机制、质量事故投诉等三方面来进行评价，相应将“QM 市场感知”分解为 3 个三级指标：QM_1顾客群体特征、QM_2市场服务机制、QM_3质量事故投诉。二级指标“QS 社会责任”主要反映产品给整个社会带来的利益与损失情况，体现质量的外部性和社会性特征，分别从能耗、环保、员工保护等三个层面开展评价，相应将“QS 社会责任”分解为 2 个三级指标：QS_1能耗水平、QS_2环保水平。

一级指标“T 行业技术创新水平”主要评价技术水平和创新能力发展情况，主要从技术人才、制造技术、研发技术三个层面开展评价，相应得到 3 个二级指标：TH 人才结构水平、TM 制造技术水平、TT 研发创新水平。二级指标“TH 人才结构水平”主要评价人才发展情况，主要从高学历人才和熟练技能人才两个方面进行评测，分解为 2 个三级指标：TH_1本科以上人员比重、TH_2熟练工人稳定性。二级指标“TM 制造技术水平”主要评价出口企业生产制造能力水平，主要从制造装备和工艺水平两个角度来评价，相应分解为 2 个三级指标 TM_1制造装备水平、TM_2制造工艺水平。二级指标“TT 研发创新水平”主要评价自主研发设计能力和技术创新水平，主要从产品的自主研发设计能力、企业专利持有情况、企业研发创新能力等三个层面评价，相应分解得到 3 个三级指标：TT_1产品自主设计能力、TT_2企业专利量、TT_3研发创新能力。

表 3-4　出口产业高质量发展水平评价 SQT 指标体系

总指数	一级指标	二级指标	三级指标	指标内涵或评价内容
SQT 高质量发展水平总指数	S 行业结构水平	SS 规模结构		平均行业规模情况和比例构成情况。
			SS_1 大型企业比重	大规模企业在行业中的比例情况。
			SS_2 企业规模水平	企业的注册资本平均水平。
		SO 配套实力		行业内部各配套要素发展情况。
			SO_1 关键原材料配套能力	行业内关键原材料的供应配套发展情况。
			SO_2 主要零部件配套能力	行业内主要零部件的供应配套发展情况。
		SM 市场结构		行业的市场要素结构的评估。
			SM_1 市场占有率	出口商品行业在海外市场的市场占有率情况。
			SM_2 发达市场比例	企业市场中出口发达国家所占的比例。
			SM_3 自主品牌比例	行业内出口商品的自主品牌比例情况。
	Q 行业质量水平	QC 产品合格		产品的固有质量，通常是指产品检验结果与质量要求的符合性。
			QC_1 原材料质量管理水平	评估企业原材料质量管理手段的有效性。
			QC_2 半成品合格水平	抽样合格半成品数占抽取半成品总数的比例。
			QC_3 成品合格水平	合格的成品占抽查的总成品数的比重。
		QM 市场感知		产品的感知质量，评价产品的质量与市场预期要求的符合性，反映消费者对产品的认可程度。
			QM_1 顾客群体特征	通过评测顾客层次来反映产品质量所属档次，顾客群体的层次不同，对产品质量的具体要求会有所差别。
			QM_2 市场服务机制	评估企业所建立的顾客服务机构及制度满足顾客需求的程度。
			QM_3 质量事故投诉	反映市场对产品不良感知情况，以企业的被投诉、找回的案例数目为评价依据。
		QS 社会责任		质量的社会性特征，评估产品对社会发展需求的符合性程度、企业对其社会责任的履行程度。
			QS_1 能耗水平	企业生产过程中能源消耗的达标程度，揭示企业对社会总体发展的责任履行程度。
			QS_2 环保水平	评测企业对环境保护应尽职责和所做贡献的达标程度，揭示企业对环境保护责任的履行程度。

续表

总指数	一级指标	二级指标	三级指标	指标内涵或评价内容
SQT 高质量发展水平总指数	T 行业技术创新水平	TH 人才结构水平		企业高学历人才和熟练技能人才情况。
			TH_1 本科以上人员比重	评价高学历人才占比情况。
			TH_2 熟练工人稳定性	评价企业熟练技能人才稳定性情况。
		TM 制造技术水平		评价出口企业制造技术水平，从制造装备和工艺水平两个角度来评价。
			TM_1 制造装备水平	评价制造装备先进性程度。
			TM_2 制造工艺水平	评价制造工艺技术先进性程度。
		TT 研发创新水平		产业的自主研发设计能力和技术创新水平。
			TT_1 产品自主设计能力	产品的自主研发和设计能力水平情况。
			TT_2 企业专利量	企业各类专利持有情况。
			TT_3 研发创新能力	企业研发和创新能力情况。

(2) 指标权重系数设置

权重系数是行业发展评价技术体系的重要参数，代表某项产业高质量发展水平评价指标在 SQT 指标体系中的重要性程度。与认证认可指标权重系数确定方法一样，本项研究同样采用层次分析法和专家咨询法相结合的方法来确定产业高质量发展水平评价指标的权重，综合考虑粤港澳大湾区出口产业发展需求，针对产业高质量发展水平评价要求设计专家咨询调查问卷，从海关、质量监管部门领导、出口行业相关协会、出口企业质量管理人员、国际贸易领域专家等领域遴选受调查专家，共发放问卷 201 份，回收有效问卷 193 份，根据问卷各项指标重要性的评价数据统计各级指标重要性的综合得分，按照层次分析法思路设置各项指标的权重系数，得到各级指标的权重情况如表 3-5 所示。

表 3-5　SQT 指标体系的权重系数（单位%）

一级指标	权重	二级指标	权重	三级指标	权重
S 行业结构水平	35.26	SS 规模结构	12.93	SS_1 大型企业比重	7.92
				SS_2 企业规模水平	5.01
		SO 配套实力	9.02	SO_1 关键原材料配套能力	4.83
				SO_2 主要零部件配套能力	4.19
		SM 市场结构	14.31	SM_1 市场占有率	5.23
				SM_2 发达市场比例	4.87
				SM_3 自主品牌比例	4.21

一级指标	权重	二级指标	权重	三级指标	权重
Q 行业质量水平	32.15	QC 产品合格	12.53	QC_1原材料质量管理水平	3.47
				QC_2半成品合格水平	4.05
				QC_3成品合格水平	5.01
		QM 市场感知	9.82	QM_1顾客群体特征	3.05
				QM_2市场服务机制	2.97
				QM_3质量事故投诉	3.80
		QS 社会责任	9.80	QS_1能耗水平	4.52
				QS_2环保水平	5.28
T 行业技术创新水平	32.59	TH 人才结构	10.65	TH_1 本科以上人员比重	5.93
				TH_2 熟练工人稳定性	4.65
		TM 制造技术	9.53	TM_1 制造装备水平	4.56
				TM_2 制造工艺水平	4.97
		TT 研发创新	12.41	TT_1 产品自主设计能力	4.15
				TT_2 企业专利量	3.75
				TT_3 研发创新能力	4.51

（3）评价数据来源和评分标准

数据来源也是实现行业发展评价的重要保障。对于 SQT 指标体系的最末级指标（三级指标），本项研究通过对出口商品企业的问卷调查、专家咨询等方式获取评价原始数据，依据评价原始数据计算出三级指标得分，然后采用自下而上的方式，逐级计算二级指标、一级指标和“SQT 高质量发展水平总指数”的得分。

根据以上评分标准制定相关理论和原则，结合粤港澳大湾区出口商品行业质量水平评价的实证需求，本项研究设计了调查问卷（见附录 1），将 SQT 指标体系的最末级指标分解为相应的评价要素，制定了相应的评分标准，并给出了计分办法或评定准则，具体如图 3-6 所示。

表 3-6　产业高质量发展水平评价 SQT 指标体系评分标准

指标	评价要素（与问卷题目对应）	评分标准
SS_1 大型企业比重	产值或销售额集中程度	步骤一：分行业统计各年（1）如果 4 亿元（6500 千万美元）以上企业产值占全部企业产值比例 A>0：得分=70+30×A；（2）如果 2 亿元以上企业产值占全部企业产值比例 A>0：得分=60+30×A；（3）如果 1 亿元以上企业产值占全部企业产值比例 A>0：得分=50+30×A；（4）其他情况：得分=40。 步骤二：统计各行业 2012-2018 年得分均值。 步骤三：计算各年各行业最终得分=得分均值×0.7+各年得分×0.3。

续表

指标	评价要素（与问卷题目对应）	评分标准
SS_2 企业规模水平	企业年销售额	根据年销售额进行评分：100 万元以下 50 分，300 万元以下 60 分，500 万元以下 70 分，1000 万元以下 80 分，10000 万元以下 90 分，大于等于 10000 万元 100 分。
SO_1 关键原材料配套能力	所在行业关键原材料的配套能力	2011—2012 年计分标准：30+14×选项值 2013 年：［（30+14×选项值）+主观评分］/2 2014—2017 年计分标准：直接取评价得分。
SO_2 主要零部件配套能力	所在行业主要零部件的配套能力	2011—2012 年计分标准：30+14×选项值 2013 年：［（30+14×选项值）+主观评分］/2 2014—2017 年计分标准：直接取评价得分。
SM_1 市场占有率	企业主要出口产品在主要出口市场的占有率	40+10×选项值。
SM_2 发达市场比例	201x 年出口美国的比例	（1）出口市场多样化得分：出口欧、美、日市场，每个得 20 分，其余市场每个得 10 分，最高 100 分。 （2）出口发达国家市场比例得分：输往欧美日等发达国家产品占总出口量百分比累加×100，即为比例分。 （3）总分=出口市场多样化得分×40%+出口发达市场比例分×60%。
	201x 年出口欧洲比例	
	201x 年出口日本比例	
	201x 年出口俄罗斯比例	
	201x 年出口东南亚比例	
	201x 年出口南美的比例	
	201x 年出口中东的比例	
	201x 年出口到香港比例	
	201x 年出口台湾地区比例	
	201x 年出口其他地区比例	
SM_3 自主品牌比例	企业生产类型（单选）： ①自主品牌　②ODM 贴牌 ③OEM 贴牌　④其他	选①得 100 分，选②得 80 分，选③得 40 分，选④得 60 分。
QC_1 原材料质量管理水平	企业对原材料采取了哪些质量管理手段	选①与供应商签订质量保证书，得 20 分； 选②定期对供应商进行质量评估，得 30 分； 选③固定优质供应商并定期抽样检测，得 40 分； 选④原材料按程序验收，得 20 分； 对全部选中项的得分求和，然后加 30 分，为最终总得分。
QC_2 半成品合格水平	企业半成品抽查合格率	半成品抽查合格率在①98%—100%得 100 分，②95%—98%得 80 分，③90%—95%得 60 分，④80%—90%得 40 分，⑤70%—80%得 20 分，⑥70%以下得 0 分。
QC_3 成品合格水平	企业成品抽查合格率	成品抽查合格率在①98%—100%得 100 分，②95%—98%得 70 分，③90%—95%得 40 分，④80%—90%得 20 分，⑤70%—80%得 10 分，⑥70%以下得 0 分。

续表

指标	评价要素（与问卷题目对应）	评分标准
QM_1 顾客群体特征	出口产品在出口目标市场的质量档次	选①为 90 分，选②为 80 分，选③为 70 分，选④为 50 分，选⑤为 30 分。
QM_2 市场服务机制	目前企业有关顾客服务机构及相关制度的情况	(1) 若只选⑥只做代工生产，得 20 分； (2) 若选多项，则： 选①，得 40 分； 选③、⑤，每个得 20 分； 选②、④，每个得 10 分； 选⑥，得 0 分。 总分=各选项得分求和+30 分，总分不超过 100 分
QM_3 质量事故投诉	产品召回、应对、及重要质量奖项情况。	(1) 无出口召回满分；5 宗以内，每宗扣 5 分；6—10 宗 70 分，11—15 宗 60 分；16—20 宗 50 分，50 分以下按比例递减； (2) 无产品事故满分；1—5 宗 80 分，6—10 宗 70 分，11—15 宗 60 分，15—20 宗 50 分，50 分以下按比例递减； (3) 经济合同纠纷数满分 100 分，发生一宗扣 5 分。 总分=出口召回×40%+事故处理×30%+合同纠纷×30%。
QS_1 能耗水平	能源消耗情况。	选①得 100 分，选②得 80 分，选③得 60 分，选④得 40 分，选⑤得 20 分。 总分=能源消耗水平得分× 50%+原材料消耗得分× 50%。
	原材料消耗情况。	
QS_2 环保水平	在同行中环境保护的相对水平	选⑤得 100 分，④得 80 分，③得 60 分；②得 40 分；①得 20 分。
TH_1 本科以上人员比重	企业本科以上员工占员工总数的比例	2011 年：选①得 50 分，选②得 60 分，选③得 70 分，选④得 80 分，选⑤得 100 分； 2012 年：选①得 50 分，选②得 60 分，选③得 75 分，选④得 85 分，选⑤得 100 分； 2013 年：选①得 40 分，选②得 50 分，选③得 60 分，选④得 70 分，选⑤得 80 分，选⑥得 100 分； 2014—2018 年：数值<=10 得 50 分；10<数值<=20 得 60 分；20<数值<=30 得 70 分；30<数值<=50 得 80 分；50 以上得 100 分。
TH_2 熟练工人稳定性	就职 1 年以上员工流失率	2011—2012 年标准：选①为 100 分，②为 80 分，③为 60 分，④为 40 分，⑤为 0 分。 2013—2017 年：5%以下得 100 分，10%以下得 90 分，15%以下得 80 分，20%以下得 70 分，30%以下得 60 分，40%以下得 50 分，大于等于 40%得 40 分，如果流失率实际值小于理想值得分应不小于 90 分。 2018 年：5%以下得 100 分，10%以下得 90 分，11%-20%得 75 分，30%以下得 60 分，40%以下得 50 分，大于等于 40%得 40 分。

续表

指标	评价要素（与问卷题目对应）	评分标准
TM_1 制造装备水平	企业主要生产设备先进程度	2011 计分标准：（1）①先进 80　②较先进 70　③一般 60。 （2）设备年代加分：①20 世纪 80 年代前减 10；②80—90 年代加 0；③90 年代加 10；④2000 年以后加 20。 2012—2018 年计分标准：①十分先进 100 分；②先进 80；③中等 70；④较落后 50；⑤很落后 30。
TM_2 制造工艺水平	与所在行业比较，生产工艺技术档次	计分标准：①十分先进 100 分；②先进 80；③中等 70；④较落后 50；⑤很落后 30。
TT_1 产品自主设计能力	企业产品设计方式	①用户提供配方、工艺或图纸为主 50 分；②仿照国外品牌设计生产为主 70 分；③自主设计为主 100 分。
TT_2 企业专利量	企业拥有的专利量	2011 计分标准：①多于 10 项 100 分；②5—10 项 80 分；③3—5 项 70 分；④3 以下项 50 分。 2012—2018 年计分标准：①多于 10 项 100 分；②5—10 项 80 分；③3—5 项 70 分；④1—3 项 60 分；⑤无 40 分。
TT_3 研发创新能力	本行业的技术创新水平	计分标准：40+12×选项值。

（4）指标计算数学模型

针对表 3-4 和表 3-5 所示 *SQT* 指标体系，这里给出产业高质量发展水平各级评价指标计算模型（三级指标得分根据评分标准计算得出），具体如下。

二级指标计算数学模型

$$X = \sum_{i=1}^{3} \omega(X_i)\, X_i \tag{4}$$

其中 X 表示某个二级指标，如：SS、SO、SM、QC、QM、TH 等；X_i 表示二级指标 X 对应的三级指标，如：SO 对应有 SO_1、SO_2；$\omega(X_i)$ 为二级指标 X_i 的权重系数。

（1）一级指标“行业结构水平” S 的计算数学模型

$$S=\omega(SS)+\omega(SO)+\omega(SM) \tag{5}$$

其中 $\omega(SS)$、$\omega(SO)$、$\omega(SM)$ 为二级指标 SS、SO、SM 的权重系数。

（2）一级指标“行业质量水平” Q 的计算数学模型

$$Q=\omega(QC)+\omega(QM)+\omega(QS) \tag{6}$$

其中 $\omega(QC)$、$\omega(QM)$、$\omega(QS)$ 为二级指标 QC、QM、QS 的权重系数。

（3）一级指标“行业技术创新水平” T 的计算数学模型

$$T=\omega\ (TH)\ +\omega\ (TM)\ +\omega\ (TT) \tag{7}$$

其中 ω (TH)、ω (TM)、ω (TT) 为二级指标 TH、TM、TT 的权重系数。

(4) 出口产业高质量发展水平总指数 SQT 的计算数学模型

$$SQT = \omega(S)S + \omega(Q)Q + \omega(T)T \tag{8}$$

其中 $\omega(S)$ 、$\omega(Q)$ 、$\omega(T)$ 分别为一级指标 S、Q、T 的权重系数。

(三) 认证认可对产业高质量发展水平影响作用分析方法和模型

认证认可对产业高质量发展促进效用分析分为两个层面的分析：微观企业层面和宏观行业层面分析。微观企业层面的数据通过企业调查问卷获得，2011—2018 年每年的数据都有近 2000 多份，因此对于微观企业层面的影响作用分析本书采用相对较为成熟的相关性分析法和回归分析法来展开。而在宏观行业层面，本书只有 12 个行业样本对象，因此对宏观行业层面分析属于小样本条件下的分析，用相关性分析法和回归分析法都难以获得较好的效果，为此本书采用对样本数量要求较少的邓氏灰色关联分析模型来分析宏观层面的影响作用。

1. 相关性分析法

相关关系是两个研究对象之间存在的依存关系和制约关系，在数量分析中这种相互依存制约关系表现为对象相关变量之间的某种数量关系，相关系数即为表达这种数量关系的常用数学工具。相关性分析法对于衡量认证认可对产业高质量发展的影响作用具有很好的适用性，通过相关系数来揭示认证认可水平指数与产业高质量发展水平指数之间的相关性，计算公式为：

$$\xi = \frac{\sum (R_i - \bar{R}_i)(H_j - \bar{H}_j)}{\sqrt{\sum (R_i - \bar{R}_i)^2} * \sqrt{\sum (H_j - \bar{H}_j)^2}} \tag{9}$$

其中，ξ 为认证认可水平与高质量发展水平的相关系数；R_i 为某个认证认可评价指标，$\bar{R}_i$ 为 R_i 的均值；H_j 为某个高质量水平评价指标，$\bar{H}_j$ 为 H_j 的均值。

相关系数 ξ 取值在-1 到+1 之间，当 ξ 为正值时，认证认可与产业高质量发展存在正向相关关系，即认证认可对高质量发展有正向影响作用；当 ξ 取负值时，即认证认可对产业高质量发展有负向影响作用。

2. 线性多元回归分析法

回归分析中是应用数理统计技术来评测影响作用的常用手段，在生产、科研、决策和管理中有着广泛的应用，它的建立就是为了把具有统计相关的对象的相互依赖、相互制约的关系数字化。在回归分析中，如果有两个或两个以上的自变量，就称为多元回归；而依据变量之间关系模式的不同，又可以分为线性回归与非线性回归。由于不同影响因素单位不同或取值范围不同，多元线性回归方程自变量前系数的大小不能直接反映该因素的重要程度，所以需要设法将各个自变量转化到统一的单位上来，就是进行数据标准化处理：将所有变量包括因变量都先转化为标准分，再进行线性回归，此时得到的回归方程称为标准回归方程，回归系数称为标准回归系数。

多元线性回归模型的一般回归方程为：

$$Y = a_0 + \sum_{i=1}^{n} a_i X_i \tag{10}$$

其中，Y 表示因变量，X 为影响因素，α_0为常数项，α_1—α_n为回归系数。

多元线性回归模型的标准化方程为：

$$Y = \sum_{i=1}^{n} \beta_i X_i \tag{11}$$

其中，β_1—β_n为标准回归系数。在此由于自变量都化成了标准分，所以就不再有常数项 α_0了，因为各自变量都取平均水平，因变量也应该取平均水平，而平均水平正好对应标准分 0，当等式两端的变量都取 0 时，常数项也就为 0 了。

在本项研究采用多元回归中的线性回归模型，采取假设而后验证的方式，先假定产业高质量发展水平与认证认可的关系为线性关系类型，并且选用的是一般回归方程，以认证认可各级指标为因变量 X_i，以行业高质量发展水平指数为因变量 Y，二者均是 100 分制，这样可以直接通过回归系数 α_1—α_n来衡量不同认证认可指标对行业高质量发展水平的影响程度。

3. 灰色关联度分析方法

灰色关联度分析法是根据认证认可水平评价指标和行业高质量发展水平评价指标之间变化趋势的相似或相异程度，来评判认证认可和行业高质量发展之间的关系密切程度、影响作用等，这种变化趋势的相似或相异程度量化为一个关联度，进而利用关联度反映了认证认可和产业高质量发展的关联性。灰色关联度分析法对样本数据的数量要求较低，一般只需要 4 个以上样本就能取得较好的分析效果，特别适合于小样本条件下的数据分析。本书的行业样本数只有 12 个，属于小样本情况，采用相关性分析都难以取得较好的效果，为此本书采用邓聚龙教授提出的邓氏灰色关联分析模型来分析宏观层面的认证认可促进效用，计算认证认可指数与行业高质量发展水平指数之间的灰色关联度，数学模型如下：

$$\gamma(R(k), Q(k)) = \frac{\min_{k}|R(k) - H(k)| + \rho \max_{k}|R(k) - H(k)|}{|R(k) - H(k)| + \rho k \max_{k}|R(k) - H(k)|} \quad (12)$$

$$\gamma = \frac{1}{12}\sum_{k=1}^{12}\gamma(T(k), Y(k)) \quad (13)$$

其中：

γ 是认证认可水平与产业高质量发展水平之间的关联度，一般认为：

1）当关联度达到 0.8 以上，表示关联双方的关系非常密切；

2）当关联度为 0.7—0.8，表示关联双方关系的比较密切；

3）当关联度为 0.6—0.7，表示关联双方关系的一般密切；

4）当关联度为 0.4—0.6，表示关联双方关系的密切性偏弱；

5）当关联度在 0.4 以下，表示关联双方的关系不密切。

k=1，2，3……，12，代表 12 个样本行业；

R（k）表示第 k 个受调查行业的认证认可水平评价指标得分；

H（k）表示第 k 个受调查行业的行业高质量发展水平评价指标得分；

γ（R（k），H（k））为第 k 个行业的认证认可与高质量发展水平的关联系数；

ρ 为分辨系数，一般取 ρ =0.5。

4. 多截面数据归纳处理方法

（1）相关性分析结果归纳处理方法

本书在研究认证认可水平对产业高质量发展水平的促进效用分析中采取了相关性分析法，为了能够更好地深入分析和研究 2011—2018 年 7 个调查年度截面的数据综合特点，本书使用了两个变量来归结相关性分析结果，即平均相关系数和显著性概率，以更好地总结认证认可对产业高质量发展的促进效用。

显著性概率是指在 7 个调查年度界面内分析结果中呈现在 0.05 水平以上显著性相关的年度比例，表示呈现影响作用或呈现显著影响作用的可能性或概率，计算公式如下：

$$P = \frac{m}{7} \quad (14)$$

其中：1）P 为 2011—2018 年显著性概率（2014—2015 年合并为一次调查）；

2）m 为显著性水平为 0.05 水平以上的年度总数量。

平均相关系数是指所有在0.05水平以上显著性相关年度的相关系数均值，用来表示7个调查年度的整体相关程度，计算公式如下：

$$\bar{\rho} = \frac{1}{m}\sum \rho_k \tag{15}$$

其中：1）$\bar{\rho}$ 为2011—2018年平均相关系数；

2）ρ_k 为显著性水平0.05水平以上的某年度相关系数；

3）m 为显著性水平0.05水平以上的年度总数量。

根据以上的思路，通过汇总2011—2018年认证认可与粤港澳大湾区出口行业高质量发展水平的相关性分析结果，得出认证认可水平各级评价指标对SQT指标体系中各级指标的平均相关系数和显著性概率整体情况。

（2）回归分析结果归纳处理方法

为了能够更好地总结分析2011—2018年7个调查年度截面数据回归分析结果，本书使用了两个变量来归结回归分析结果，即平均回归系数和显著性概率，以更好地总结认证认可对产业高质量发展促进效用的回归分析进行归纳和汇总。

显著性概率是指在7个调查年度回归分析结果中呈现在0.05水平以上显著性水平年度的比例，表示呈现自变量回归特性显著的可能性或概率，公式如下：

$$P = \frac{m}{7} \tag{16}$$

其中：1）P 为2011—2018年显著性概率（2014—2015年合并为一次调查）；

2）m 为显著性水平为0.05水平以上的年度总数量。

平均回归系数是指所有在0.05水平以上显著性的年度回归系数的均值，用来表示7个调查年度的整体回归关系水平，计算公式如下：

$$\bar{\rho} = \frac{1}{m}\sum \rho_k \tag{17}$$

其中：1）$\bar{\rho}$ 为2011—2018年平均回归系数；

2）ρ_k 为显著性水平为0.05水平以上的某年度回归系数；

3）m 为显著性水平0.05水平以上的年度总数量。

根据以上的思路，通过汇总2011—2018年认证认可对粤港澳大湾区出口产业高质量发展水平的回归分析结果，得出认证认可水平各级评价指标对SQT指标体系中各级指标的平均回归系数和显著性概率整体情况。

（3）灰色关联分析结果归纳处理方法

为了更好地总结分析2011—2018年7个调查年度截面数据的宏观灰色关联

分析结果，本书使用了两个变量来归结灰色关联分析结果，即：密切性概率和平均关联度，以更好地总结认证认可对产业高质量发展在宏观层面的促进效用。

密切性概率是指在7个调查年度界面内分析结果中灰色关联度在0.8水平以上的年度比例，表示认证认可呈现较强宏观促进效用的可能性或概率，计算公式如下：

$$P = \frac{m}{7} \tag{18}$$

其中：1）P 为2011—2018年显著性概率（2014—2015年合并为一次调查）；

2）m 为灰色关联度在0.8水平以上的年度总数量。

平均关联度是指所有灰色关联度在0.8水平以上年度的灰色关联度均值，用来表示7个调查年度的整体宏观关联程度，计算公式如下：

$$\bar{\rho} = \frac{1}{m}\sum \rho_k \tag{19}$$

其中：1）$\bar{\rho}$ 为2011—2018年平均关联度；

2）ρ_k 为灰色关联度在0.8水平以上的某年度相关系数；

3）m 为灰色关联度在0.8水平以上的年度总数量。

根据以上的思路，通过汇总2011—2018年认证认可对粤港澳大湾区出口产业高质量发展水平的分析结果，得出认证认可水平各级评价指标对SQT指标体系中各级指标的密切性概率和平均关联度整体情况。

四、基础数据来源

基础数据信息来源是开展认证认可对产业高质量发展的影响作用实证研究的保障条件，也是实证研究的难点问题。数据信息来源的可靠性以及数据信息本身的准确性、全面性、及时性直接决定研究结果的科学性与权威性。从本书实证研究过程来看，所需要的数据信息来源主要包括三个方面：一是间接文献（覆盖实证研究准备期及全过程）；二是专家咨询调查（主要服务于技术体系构建）；三是出口企业问卷调查（主要服务于实证研究指标评分）。

（一）基础数据来源概述

1. 基础数据与数据来源

基础数据是用于实证研究活动中的各种信息的总称，是实证研究活动不可缺少的组成部分。基础数据贯穿于整个实证研究活动之中，其来源非常广泛，通常负载在一定的实体或载体之上，如：受咨询的专家、调查得到的问卷、统计部门发布的统计年鉴等，这些能够获得实证研究信息的实体或载体就是实证研究的数据来源。数据来源的类型很多，根据存在形式总体上可以分为两类：文献信息来源和非文献信息来源。从方法论角度来看，数据来源通常是和具体信息获取方法绑定在一起的。文献数据来源通常是和“文献法”绑定，通过文献搜集、文献整理、文献分析等一系列连贯过程来获得实证研究数据。而非文献数据来源涉及面非常广泛，需要针对具体的信息来源采取科学合理的信息获取方法，如：要获取对产业高质量发展水平评价指标体系的权重信息，需要访问相当数量的有一定经验和知识背景的专家，“专家咨询法”是最合适的数据获取方法。

2. 基础数据的获取

数据来源的选择和获取方法对于实证结果有着决定性的影响，不同的方法获得的基础数据不一样，对研究结果会产生巨大的差异。在实证研究过程中，通常采用系统工程思想，首先进行数据需求分析，然后确定数据来源和设计获取方法，最后以此为依据展开数据收集和获取的实施工作。

数据需求分析主要是要弄清楚实证研究活动需要哪些基础数据，包括基础数据的范畴、类型、主要内容等。在所有的实证研究活动中，基础数据需求都是由实证研究的目标和内容所决定的，有怎样的目标就有怎样的数据需求。实证研究基础数据具有较强阶段性的特征，数据需求分析中通常将整个实证研究流程分成不同的阶段：前期准备阶段、研究体系构建阶段、研究实施阶段，不同阶段的目标和内容不同，所需数据也不同。前期准备阶段主要是明确实证研究目标和研究导向等问题，数据需求通常是有关研究主体的数据和研究对象的历史数据等；研究体系构建阶段主要是确定研究方法、手段等问题，数据需求一般是以概念数据和经验数据为主；研究实施阶段则需要获取实证研究客体的最直接数据。

数据来源和获取方法的确定，是在数据需求明确的情况下，寻找和确定所需实证研究数据的拥有者或承载体，并设计或选择合理的数据收集方法或获取渠道。通常情况下，有关研究主体和研究技术体系的数据是以文献数据来源为主，有关研究客体的数据是以非文献数据来源为主。在前期准备阶段，数据来源以文献数据来源为主；在研究体系构建阶段，以文献数据来源为主，辅之以非文献数据来源；而在研究实施阶段，以非文献数据来源为主，获取方法通常是专家咨询法、问卷调查法等。

（二）本项研究的数据需求分析

1. 研究过程的划分

从实证研究流程的视角，认证认可对出口产业高质量发展影响作用研究全过程可以划分为三个阶段：前期准备阶段、研究技术体系构建阶段和实证实施阶段，如图 3-2 所示。前期准备阶段依据认证认可与产业发展相关理论、研究目标、内外环境条件制定实证研究方案，明确工作方向，规划实证研究过程。研究技术体系构建阶段的工作内容是构建科学可行的量化评测指标体系和促进效用分析数学模型。实证实施阶段的工作内容包括：合理组织认证认可水平和行业高质量发展水平的评价过程，并依据水平评价结果数据进行认证认可促进效用分析。虽然三个阶段的目标不同，涉及的工作任务和内容有别，但各阶段之间是相辅相成、紧密衔接的，前一阶段的工作是后阶段工作的铺垫和基础，后一阶段的工作是前一阶段工作的延续和具体化。

2. 实证研究数据的需求

在认证认可对出口产业高质量发展影响作用实证研究的过程中，每个阶段有不同的目标和工作内容，对数据的需求亦存在不同的要求。因此，应遵循一定的方法和原则，并充分考虑现有条件下获取数据的便利性，对各实证研究阶段的所需数据进行合理的分析、归类和总结，进而确定所需数据的来源渠道、收集方法。

（1）前期准备阶段数据需求

前期准备阶段所需数据主要是有关研究主体和实证客体的数据。有关研究主体的数据需求主要是用来明确研究目标，需要有针对性地查阅认证认可理论、产业发展理论相关文献，尤其是历年认证认可发展情况、产业结构演进、行业质量发展、行业技术创新发展等方面的序列数据。有关研究客体的数据需求主要是用来明确和选定研究对象，认证认可对产业高质量发展促进效用实证研究是以粤港澳大湾区出口产业为例，以出口企业、行业为研究对象，需要尽可能遴选有代表性的行业和企业，因而需要全面了解研究对象的总体状况，获取出口行业和企业的详细数据，包括各行业的发展历史、出口历史、发展现状和企业的分类等。在现有条件下，需要掌握的基础数据包括：一是认证认可对产业发展影响作用研究方面的文献数据；二是认证认可产业发展演进情况；三是粤港澳大湾区出口行业发展历史、发展水平、区域分布等数据；四是国际市场动态数据，包括主要贸易国技术标准变动和认证需求数据；五是出口企业的分类、规模等数据。

（2）技术体系构建阶段数据需求

技术体系构建的主要工作内容包括：认证认可发展水平和出口行业高质量发展水平评测指标体系的构建、指标权重的确定、评分标准的制定，以及认证认可对出口产业发展促进效用分析模型的构建等，各项工作对数据需求有着不同的要求。在评测指标体系构建方面，需要参考大量国内外学者关于同类或相关问题研究的论述材料，对其所采用的研究方法、指标体系及有益经验进行借鉴；指标权重的确定主要通过专家咨询调查，获取指标的相对重要性数据；在评分标准制定方面，需要借鉴评价指标评分方面相关理论与方法的文献数据，针对不同评价要素选择合理可行的评价参照依据，保证评测体系结构的科学性和有效性。综合而言，技术体系的构建也对数据产生了以下几方面的需求：一是专家咨询相关数据，包括专家数据和咨询结果数据；二是认证认可行业发展情况数据；三是出口产业发展情况数据；四是同类型研究的文献资料。

（3）实证实施阶段数据需求

在实证实施阶段，要获取的是有关实证研究对象的评测数据；通过问卷调查等方式获取指标指数评测计算所需的数据，然后采用自下而上的方式，逐级计算各层次评价指标的指数值。根据评测指标体系，最末级指标评价数据是评测结果产生的基础数据，也是评测结果分析和处理的原始数据。最末级指标评分数据主要有两种：一是对出口企业问卷调查数据，大多数最末级指标评分数据来源于此，带有一定的主观性；二是由统计数据转换而来的评分数据，主要是通过质检部门质量检验统计数据的处理转换而来，这类评分数据具有一定的客观性。

阶段	主要工作内容	主要信息需求	主要信息来源
前期准备阶段	●研究理论体系分析 ●研究目标的明确和论证 ●研究对象和内容的确定 ●研究技术路线的制定	◆认证认可理论相关文献 ◆行业发展理论相关文献 ◆主要出口行业发展情况及现状 ◆国际市场环境和技术环境情况 ◆认证认可行业发展情况数据	◆文献数据来源
研究技术体系构建阶段	●认证认可水平评测体系的构建 ●出口行业发展水平评测体系构建 ●认证认可对行业影响评测体系	◆同类型研究的文献资料 ◆被咨询专家的相关信息 ◆专家咨询调查获得的结果数据 ◆认证认可行业发展情况数据 ◆出口行业发展水平评测方法数据	◆文献数据来源 ◆专家咨询数据来源
实证实施阶段	●合理组织量化评测过程 ●问卷数据的收集和处理 ●影响作用评测分析	◆出口企业问卷调查数据 ◆认证认可行业统计数据	◆企业问卷调查 ◆文献数据来源

图 3-2　认证认可对产业高质量发展水平影响作用研究阶段划分与数据需求

（三）本项研究中的文献数据来源

文献数据来源又称间接资料来源文献（覆盖实证研究准备期及全过程），是指来自各种现存的有关文献资料的数据，包括：图书、期刊、学位论文、科学报告、各类统计年鉴、行业研究报告，从中选取实证研究所需的数据，以支持和实现实证研究各阶段的工作目标。

文献数据收集所要解决的是如何在众多的现存文献群中选取适用于课题的资料，并对这些资料做出恰当分析和使用的问题，其主要工作内容包括文献搜集、文献整理、文献分析三项工作。文献搜集是根据质量实证研究的数据需求，查找出有关文献或文献中包含的数据内容，并按照一定方式集中组织和存储起来。文献整理是根据质量实证研究的目标，运用科学的方法，对文献收集得到的大量资料进行审查、检验，分类、汇总等初步加工，获取对实证研究有用的数据，并使之系统化和条理化。文献分析是在文献整理的基础上，进一步明确相关概念的内涵和外延，深入分析数据之间的内在联系，揭示研究对象的基本特征及其发展规律，从定性角度实证研究相关假设和理论进行验证。

以粤港澳大湾区出口产业为例的实证研究，需要涉及遴选出的家用电器、照明设备、音视频设备、仿真饰品、信息技术、玩具、纺织品服装、家具、与食品接触品、箱包鞋类和加工食品等 12 个行业历史文献数据的收集，可供参考的文献数据资料主要包括：一是历年的统计年鉴及地方经济年鉴，二是经贸部门与检疫检验部门公布的年度统计数据，三是相关学者或研究机构所公布的有关出口行业发展现状、出口市场特点及产品质量等方面研究结果或统计数据，四是研究机构发布的有关出口行业专题研究资料，五是研究机构的出口产业发展调查报告。在文献整理中，要针对本项研究的目的，重点抽取出历史文献数据中发现的认证认可发展演进、出口产业高质量发展情况、认证认可效用发挥相关问题、海外市场对我认证认可的反馈等方面的信息，并按照区域、行业、市场等进行归类和整理。在此基础上，进行深入的文献分析，探索问题本质，挖掘认证认可对出口产业高质量发展促进作用的发展规律、存在问题，为实证研究体系的构建和实证研究过程的展开提供可靠依据。

（四）本项研究的问卷调查数据来源

问卷调查作为本项研究的一个重要数据收集渠道，在实证研究不同阶段都发挥了十分关键的作用，为实证研究技术体系的构建提供必不可少的现实依据，也是获取认证认可发展水平和产业高质量发展水平评价指标评分数据的主要手段。

1. 问卷调查目的与内容

问卷调查数据，是利用问卷调查法，通过被访问对象填写问卷获取相关数据，通常是以统计结果作为有效数据。问卷调查的目标有两个：一是服务于研究技术体系的构建，主要是为指标体系中的指标权重的设置提供支撑数据；二是服务于认证认可和产业高质量发展评价指标的评分，指标体系中绝大部分最末层指标的评分数据都是企业问卷调查数据，是实证研究过程中数据量最大的数据来源。就研究技术体系的构建而言，其问卷调查主要是与专家咨询法结合，设计专家咨询问卷、获取专家对技术体系咨询数据，统计得到技术体系相关参数。就指标评分而言，主要是与企业问卷调查法结合，根据评价指标体系设计企业调查问卷、获取指标评分数据，统计处理得到指标体系中最末级指标的得分。

问卷调查的主要工作内容包括：问卷设计、调查对象的选定、问卷数据的获取和统计处理。首先，问卷设计要针对结合实证研究的实际需要，紧扣调查目标，设计调查问卷，问卷问题对应具体调查内容，问题回答方式的设计要符合统计需要。其次，调查对象的选定是问卷调查成败的关键，决定着样本数据的质量，因此需要从专业性及操作可行性两个方面遴选企业对象和专家对象，要求调查对象熟悉实证研究领域，本项研究中问卷调查对象主要选择认证认可相关部门领导、相关协会专家、关联领域的理论专家以及粤港澳大湾区典型出口企业等。

2. 研究技术体系构建的问卷设计

根据认证认可对出口产业高质量发展促进作用研究技术体系的构建需求，结合专家咨询法进行问卷调查，主要目的在于获取专家对指标体系中各级指标之间的相对重要性的评估数据，主要通过在同级指标之间进行比较得到。

问卷设计必须围绕调查内容展开，通常情况下被分为两个部分：访问对象情况和正式问卷。访问对象情况主要调查受咨询专家的一些基本情况，包括：所在部门或单位、所在地区情况、对认证认可和产业高质量发展领域熟悉程度等。在正式问卷中，主要调查和评估指标重要性，针对各项指标设计适用的问卷题目和回答方式，关键在于设计合理的重要性实证研究评分方式。在一级指标重要性评估方面，采取 100 分制来表达指标的相对重要性，分数越高指标的重要性越大；在二级指标和三级指标的重要性评估方面，采用 5 分制来表达，各分值的意义分别是：5 分–非常重要、4 分–比较重要、3 分-–一般、2 分–不太重要、1–不重要。问卷在题目布局设置上，将同一上级指标所分解出的下级指标放在一起评估，形成很好的目视对比效果。

3. 认证认可与产业高质量发展水平评价问卷设计

认证认可与产业高质量发展水平评价问卷调查的目的在于获取有关行业高质量发展水平和认证认可水平指标的基础数据，因此问卷中设置的具体问题可相应分为两个基本类型：一是认证认可水平评分数据，主要是有关认证基础和认证实施的若干指标评分数据；二是出口产业高质量发展水平评分数据，包括行业结构水平、行业质量水平、行业技术水平的一系列指标的评分。在实际生成问卷时，还考虑到与往年的认证认可对出口产业发展影响作用调查结果相互衔接的因素，以便于进行对比，在具体问题的设计以及问卷结构上做了相应调整。

针对以上调查内容，问卷设计包括样本来源和正式问卷两大部分组成。其中，样本来源中涉及受访企业的行业分类、区域分属和企业规模等信息，正式问卷包含企业的基本状况、企业产品及出口贸易状况、企业质量控制体系及标准、企业原材料及成本控制、产品质检流程与质量跟踪、质量问题处理态度与方式、顾客满意度与社会责任、企业对职能部门服务与政策的实证研究及期望等八大部分，问卷结构和问题设置大体上与实证研究体系中的三级指标对应。

在调查问卷的题目类型与形式的设计上，以封闭式问题为主，开放式问题为辅；同时，问卷题目的表达立场要求既不偏于正面，也不偏于负面，能够做到以第三方中立立场进行问题描述，降低了对被访问者的情绪化影响。调查问卷的题目形式主要包括选择题、填空题、选择题和填空题相结合的形式等。大部分问卷题目采用选择题的形式，包括有单选题、多选题、不定项选择题和限制选项题，其中，答案用文字描述的题目基本都是采用选择题；答案用数字描述的题目部分采用填空题的形式，部分采用选择题的形式。此外，选择和填空相结合的形式是在选择题的基础上，增加一个名为“其他”的选项，这个选项要求自由填写作答，如选择题“企业出口产品执行的检验标准。”的回答选项：“①输入国技术法规及标准　②国家标准　③客户标准　④其他________。”

根据以上问卷设计要求，本项研究调查问卷一共设计了 62 个问题，共 8 部分，如表 3–7 所示，问卷基本覆盖了认证认可对出口产业高质量发展影响作用的全部领域，能够较好满足认证认可对出口产业发展影响作用实证研究目标的要求，为了方便指标评分数据的统计和处理，与指标评分直接相关的题目全部设计成为选择题的形式。

表 3-7　粤港澳大湾区认证认可与产业高质量发展水平评价问卷结构及主要内容

序	调查主题	问题数目	主要问题内容
第一部分	调查对象	7	企业名称、联系人名称、联系人电话；被访者职务；被访者从业时间；被访者对本行业了解；企业所属行业；企业所属地市；企业主要产品。
第二部分	出口企业基本情况	12	企业注册资本；注册时间、出口时间；2018 年度销售额及增长情况；2018 年企业员工总人数，本科以上的员工人数；2018 年企业主要出口市场；企业性质；企业主要生产类型；企业主要出口产品的市场占有率；企业在行业内的影响力；应对出口产品召回的情况；企业顾客服务实施情况；员工流失率。
第三部分	企业认证情况	12	企业主要人员对相关标准及要求的了解情况；企业产品质量安全控制执行的标准；企业出口产品执行的检验标准；按我国国家标准通过的各类认证在海外国家和地区的市场认可或接受程度；企业产品认证情况；企业质量管理体系认证情况；企业认证发展情况；企业获得的认证证书和检验检测情况；出口中强制要求的认证和自愿通过的认证情况；“一带一路”对企业主要出口国家的推动情况；企业开展认证过程中，互联网技术应用程度；互联网对认证过程的推动情况。
第四部分	企业出口产品质量情况	8	企业对原材料采取了哪些质量管理手段；企业半成品、成品抽查合格率；企业主要出口产品在出口目标市场的品质档次；企业新增的专利授权量；企业新产品技术研发上的投入资金占总收入水平；企业能源消耗方面的相对水平；企业环境保护方面的相对水平；本企业出口商品总体质量水平。
第五部分	认证认可对企业出口发展的影响评价	7	对出口规模的影响；对出口商品结构的影响；对出口商品质量的影响；对出口市场层次影响；对促进企业品牌建设的影响；对提升企业先进制造水平的作用；在应对中美贸易战的作用。
第六部分	企业对全球主要出口市场未来两年出口前景看法	11	美国市场、欧盟市场、东欧国家市场、日本市场、韩国市场、东南亚市场、香港市场、中东市场、南美洲国家市场、俄罗斯市场、其他市场。

续表

序	调查主题	问题数目	主要问题内容
第七部分	企业对认证认可检验检测工作的发展情况评价	4	认证认可检验检测服务能力；认证认可检验检测创新能力；认证认可检验检测行业治理能力；认证认可检验检测国际化水平。
第八部分	对认证认可促进产业高质量发展的建议	1	主观题，获取相关企业对怎样促进认证认可与产业高质量发展融合的建议和看法。

4. 认证认可与产业高质量发展水平评价问卷调查的样本数据情况

（1）2011—2018 年样本年度总体概况

本项研究是以粤港澳大湾区为例，实证研究认证认可对产业高质量发展的促进作用，指标评分问卷数据获取工作量最大，是实证研究最重要的支撑数据，共获得 2011—2018 年粤港澳大湾区出口企业问卷调查样本数据量 13000 多份，样本总体情况如图 3-3 所示。

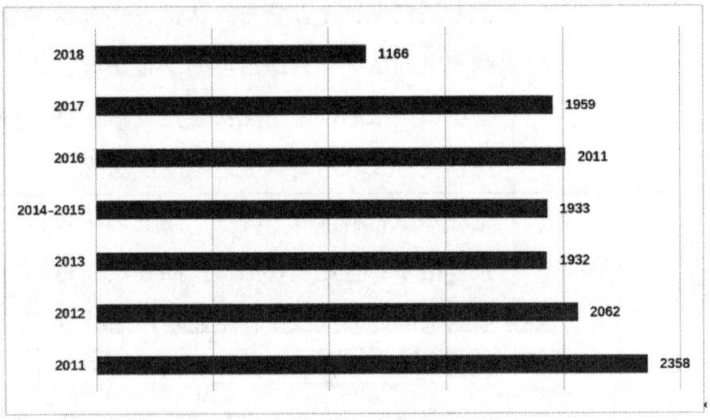

图 3-3　2011—2018 年抽样调查的有效样本量

（2）2011—2018 年样本的行业分布情况

2011—2018 年的样本调查中包含了家用电器、照明设备、音视频设备、仿真饰品、信息技术设备、玩具、纺织品服装、家具、与食品接触产品、箱包、鞋类、加工食品 12 个行业样本，各行业各年样本占比情况如图 3-4 所示。其中，样本行业分布最广的是家用电器行业，其中家用电器行业在 2018 年占全年总样本量的 22. 30%。

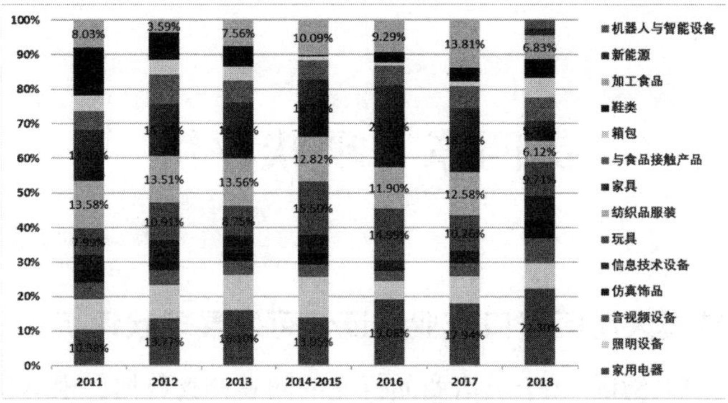

图 3-4　2011—2018 年样本行业分布比重变化情况

（3）2011—2018 年各年样本地区分布情况

本研究专注的地区范围是粤港澳大湾区，大湾区包括香港、澳门、珠三角九市（广州、佛山、肇庆、深圳、东莞、惠州、珠海、中山、江门）。其中，香港、澳门产业发展主要以第三产业为主，加工制造业所占比重少，制造业占比不足 2%，然而就整个粤港澳大湾区而言，香港的产业结构与珠三角九市早已融为一体，其出口商品大多数在珠三角地区制造，香港的国际金融中心、贸易中心地位也为珠三角地区的制造业出口提供了难得的机遇，与珠三角地区的制造业长期以来就是一个共同体。因此，对粤港澳大湾区出口产业的问卷调查主要针对出口制造企业，样本问卷主要面向珠三角九市的出口企业，2011—2018 年问卷地区分布如表 3-8 所示。各年的问卷样本主要集中于出口产业密集的广州、佛山、东莞、中山等地。其中广州的样本问卷占比均在 15% 以上，2016 年占比最多达 90. 95%. 相对来看，深圳、珠海、肇庆等地所占比重较少。

表 3-8　2011—2018 年问卷地区分布

年度	广州	深圳	珠海	佛山	惠州	东莞	中山	肇庆	江门	总样本量
2011 年	475	13	0	286	320	702	264	88	210	2358
2012 年	314	29	0	245	272	684	266	24	228	2062
2013 年	292	21	0	315	194	370	311	194	235	1932
2014—2015 年	508	43	19	263	167	425	181	98	229	1933
2016 年	306	34	0	239	265	674	259	23	209	2011
2017 年	530	62	0	288	244	297	232	89	217	1959
2018 年	428	78	20	208	36	174	102	36	84	1166

第四章 现状评析

一、粤港澳大湾区出口产业认证认可发展现状评析

基于粤港澳大湾区 12 个出口商品行业的问卷调查数据，根据认证认可评价技术体系（指标体系、权重系数、评分标准），按照自下而上的原则，分别统计计算出认证认可水平评价各级指标的得分情况，得到 2011 年至 2018 年出口商品 12 个行业认证认可水平评价结果，现按自上而下次序描述如下。

（一）认证认可水平总指数评测结果分析

1. 认证认可水平总指数得分情况分析

认证认可水平总指数反映的是粤港澳大湾区出口商品行业认证发展整体水平，由一级指标加权和得到。数据处理显示，2011 年至 2018 年指标得分变动区间［77.42，80.79］，得分均值为 78.91，整体属于中等偏良好水平，2013 年取得最大值 80.79、2011 年取得最小值 77.42，具体如图 4-1 所示。从各年分值变化情况来看，认证认可水平总指数呈现出先增后降的波动态势，2011—2015 年为一段增长态势，而 2016—2018 年则表现为一定的下降趋势，2012—2013 年增长幅度较大，变化曲线呈现倒 U 形状态。从评价结果可以看出粤港澳大湾区出口商品行业认证认可发展在 2011—2015 年呈现出了一拨比较好的成长趋势，在此期间认证认可作为应对各类贸易壁垒的重要举措受到出口企业青睐；但 2016 年后开成出现一波下降趋势，此期间国际贸易摩擦日趋严峻，尤其是中美贸易战，出现了更多不受认证认可制衡的出口制约因素，一定程度上影响到了出口产业认证认可的发展。

2. 各行业发展情况分析

从表 4-1 给出了 2011—2018 年 12 个行业认证认可总指数 8 年得分情况，各行业 8 年得分均值在［74.95，81.95］区间内变动，家用电器、玩具、信息技术设备等 3 个出口行业达到良好状态，其中出口家用电器认证认可水平总指标 8 年均值最高，纺织品服装行业、鞋类、箱包等行业得分均值相对较低，处于合格水平，说明电子电器等技术含量较高的行业比其他行业认证认可水平普

遍要更高。总体而言，12 个出口商品行业认证认可发展处于中等偏上水平，认证认可作为国际贸易的通信规则，当前发展态势一定程度上说明粤港澳大湾区对外贸易与国际贸易通行规则接口较好，也是粤港澳大湾区作为全球第四大经济大湾区的重要体现，同时可以看出，针对电子技术类等技术含量高的出口行业相关认证要求相比其他制造业要更高，其认证认可水平也更高。

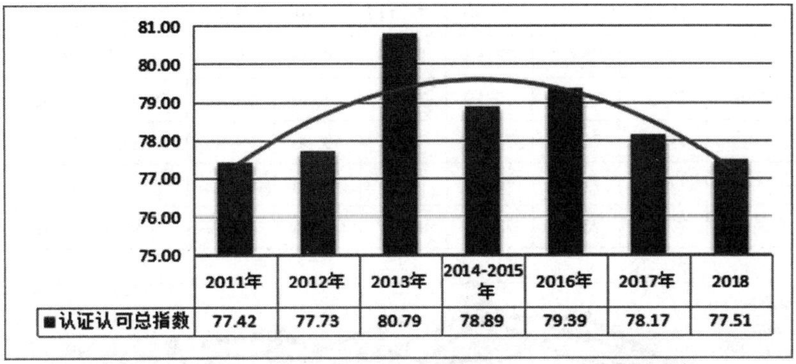

图 4-1　2011—2018 年出口商品行业认证认可水平总指数评价结果

12 个受调查出口商品行业的认证认可发展变动趋势如图 4-2 所示，可以看出 2011—2018 年各行业认证认可水平总指数基本都呈现波动形态，但在发展态势上呈现出不同的趋向。音视频设备、仿真饰品、食品接触产品、箱包、加工食品等 5 个行业整体呈现波动增长趋势，信息技术装备呈现先将后增的发展趋势，家具行业整体相对较平稳，家用电器、照明设备、纺织品服装行业呈现先增后降的态势，鞋类、玩具行业总体呈现明显的下降趋势。总体来看，多数行业发展趋势向好，受贸易摩擦、中美贸易战影响大的行业发展态势不太乐观，如：信息技术。家电等行业，并且 2018 年也是多数行业认证认可总指数得分低点，一定程度说明贸易摩擦和贸易战对认证认可的发展有着一定负面作用；此外当前经济新常态时期劳动力成本上升、土地资源紧缺、环境保护加强等因素影响较大的行业，认证认可总指数呈现明显下降趋势，如玩具、鞋类行业。

表 4-1　2011—2018 年 12 个受调查行业认证认可水平总指数得分情况

年度 / 行业	2011 年	2012 年	2013 年	2014—2015 年	2016 年	2017 年	2018 年	各年均值	标准差
家用电器	80.34	82.31	84.80	80.81	82.51	83.94	78.94	81.95	2.06
照明设备	80.23	80.18	83.87	78.03	83.21	81.86	76.67	80.58	2.63
音视频设备	78.71	76.66	79.47	81.63	77.79	78.46	81.63	79.19	1.87

续表

行业\年度	2011 年	2012 年	2013 年	2014—2015 年	2016 年	2017 年	2018 年	各年均值	标准差
仿真饰品	74.13	75.80	80.76	79.87	82.15	76.69	79.86	78.46	2.94
信息技术	79.62	83.63	79.91	78.64	81.68	81.97	81.67	81.02	1.71
玩具	79.71	83.80	83.95	84.13	83.28	80.62	75.54	81.58	3.19
纺织品服装	73.37	72.57	79.80	75.14	76.61	75.44	71.73	74.95	2.74
家具	77.22	76.12	77.53	79.26	79.83	76.52	73.95	77.21	1.98
食品接触产品	77.80	74.56	79.89	78.37	81.49	78.49	79.76	78.62	2.18
箱包	71.18	70.73	76.27	73.41	79.96	79.36	75.83	75.25	3.67
鞋类	77.48	77.10	76.32	79.88	78.80	69.92	66.33	75.12	5.02
加工食品	77.37	75.72	78.16	80.24	77.05	76.69	79.99	77.89	1.69

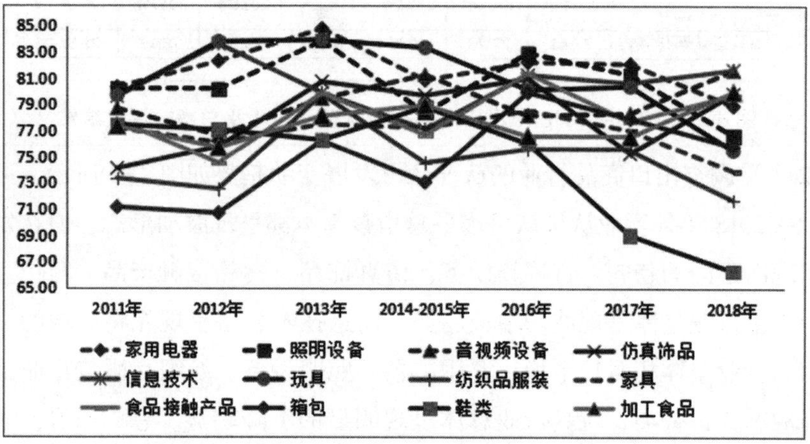

图 4-2　2011—2018 年 12 个受调查行业认证认可水平总指数发展趋势情况

（二）一级指标标测结果分析

1. 一级指标得分情况分析

认证认可水平一级指标包括“B 认证基础”和“E 认证实施”两个，其得分由对应二级指标得分加权和得到，计算处理得到 2011 年至 2018 年一级指标得分，具体如图 4-3 所示。

可以看出，一级指标“B 认证基础”在 2011—2018 年间处于良好状态，平均得分达 82.07；从得分变化趋势上看，2011—2016 年呈现平稳增长态势，最高得分为 2016 年的 83.38，2017 年开始呈现一定的下降趋势，2018 年得分 81.62，评价结果揭示认证认可的企业应用基础条件整体上呈现不断夯实态势。一级指标“E 认证实施”得分普遍为中等偏上的层次，平均得分为 76.67；从

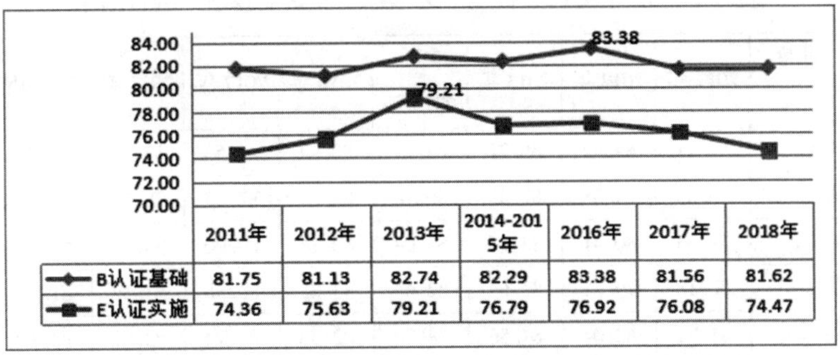

图 4-3　2011—2018 年出口商品行业认证认可水平一级指标评价结果

得分变化趋势上看，2011—2018 年整体上呈现持续倒 U 形波动发展态势，2011—2013 年认证实施呈现出来一波较好发展态势，2016—2018 年认证实施下降明显，最高得分为 2013 年的 79.21，2011 年和 2018 年是两个得分低点，分别为 74.36 和 74.47。一级指标评价结果揭示，近年受贸易摩擦、贸易战等因素影响，出口企业认证实施应用增长乏力，虽然出口企业认证应用基础条件水平相对较好，但也存在一定提升空间。

2. 各行业得分情况分析

表 4-2 给出了 2011—2018 年 12 个行业一级指标“B 认证基础”8 年得分情况。从得分均值情况可以看出，各行业 8 年得分均值在［78.48，86.66］区间内变动，玩具、家用电器、加工食品等三个出口行业达到良好偏上状态，其中出口玩具行业认证基础 8 年均值最高，箱包、鞋类等行业得分均值相对较低，处于合格水平。在得分变动趋势方面，在 2011—2018 年期间除了箱包、食品接触产品行业呈现较大波动，鞋类、照明设备行业呈现明显的下降趋势外，其他行业基本呈较小幅度浮动、相对较为稳定，家具、纺织品服装、信息技术设备等行业呈现出一定的平稳增长趋势。总体而言，12 个出口行业认证基础发展处于良好偏上水平，认证基础发展基本呈现平稳小幅度波动趋势，反映粤港澳大湾区出口行业在常年的对外贸易实践和认证认可应用中沉淀了较好的基础条件，在对认证认可的认识、相关技术标准规则应用等方面都有着一定的积累，但受国际贸易摩擦、国内资源禀赋优势消失等因素影响部分行业出现波动和小幅下降趋势。

表 4-2 12 个受调查行业一级指标“B 认证基础”评价结果

行业＼年度	2011 年	2012 年	2013 年	2014—2015 年	2016 年	2017 年	2018 年	各年均值	标准差
家用电器	82.71	84.92	85.21	83.82	86.14	82.53	82.64	84.00	1.45
照明设备	86.39	84.38	82.48	80.16	82.81	82.43	78.74	82.48	2.53
音视频设备	79.33	80.41	83.54	84.04	80.14	80.90	79.55	81.13	1.90
仿真饰品	80.18	79.21	81.64	82.64	83.23	80.58	81.32	81.26	1.40
信息技术	81.71	82.04	84.56	78.70	82.55	81.72	83.91	82.17	1.89
玩具	85.64	86.32	88.51	88.31	87.17	85.03	85.67	86.66	1.37
纺织品服装	78.80	79.59	80.42	79.36	80.68	79.87	82.84	80.22	1.32
家具	80.88	81.85	80.48	80.71	81.33	80.95	80.37	80.94	0.51
食品接触产品	79.14	79.07	83.15	80.05	87.76	82.91	82.20	82.04	3.05
箱包	79.18	78.87	79.96	75.58	81.82	75.34	78.63	78.48	2.32
鞋类	83.21	81.86	80.09	83.51	81.31	75.67	73.06	79.81	3.97
加工食品	81.64	83.37	81.22	83.49	84.41	84.68	83.24	83.15	1.30

一级指标“E 认证实施”8 年得分情况如表 4-3 所示。可以看出，各行业 8 年得分均值在［70.59，80.60］区间内变动，家用电器、照明设备、玩具、信息技术等 4 个出口行业达到合格偏上状态，其中出口家用电器认证实施 8 年得分均值最高，箱包、纺织品服装、加工食品、鞋类等行业得分均值相对较低，处于合格水平。从各行业得分变动趋势来看，12 个受调查出口商品行业的认证实施发展基本都呈现波动态势，在 2011—2018 年期间如信息技术、纺织品服装、音视频设备、食品接触产品、加工食品行业呈现一定的波动增长趋势，而箱包、仿真饰品、玩具、家具、鞋类行业却呈现先增长后下降趋势，尤其是家具行业，在 2016 年后持续下降，下降幅度较大；家用电器、照明设备呈现波动下降趋势。从各行业得分标准差来看，除了信息技术、纺织品服装、食品接触产品行业外，其他行业的标准差普遍都相对较大，说明所呈现波动幅度或变动幅度相对较大，其中箱包行业波动最大。总体而言，12 个出口商品行业认证实施发展处于中等水平，在粤港澳大湾区出口商品行业内的认证实施应用水平仍有待进一步提高，认证实施应用对各类外部环境影响的反应较大，如：全球性贸易摩擦加剧、国内劳动力成本上升、土地稀缺程度不断上升、环境保护要求不断增强等等，必然导致一级指标“E 认证实施”各年分值波动较强。

表 4-3　12 个受调查行业一级指标“E 认证实施”评价结果

行业＼年度	2011 年	2012 年	2013 年	2014—2015 年	2016 年	2017 年	2018 年	各年均值	标准差
家用电器	78.83	81.15	84.33	78.93	79.56	84.76	76.65	80.60	3.00
照明设备	76.23	79.18	84.51	76.87	83.13	81.23	74.59	79.39	3.72
音视频设备	78.22	76.98	77.57	79.59	76.27	76.08	82.28	78.14	2.19
仿真饰品	70.63	74.90	75.93	77.18	81.53	73.76	78.29	76.03	3.47
信息技术	77.03	79.41	77.29	77.49	78.47	80.24	80.29	78.60	1.39
玩具	76.32	80.63	80.69	80.93	80.80	77.24	74.03	78.66	2.79
纺织品服装	69.99	69.35	74.41	70.60	73.48	72.84	73.19	71.98	1.96
家具	73.83	75.01	75.48	77.21	77.74	74.31	68.35	74.56	3.09
食品接触产品	76.62	73.51	78.06	74.93	78.30	75.89	78.02	76.48	1.82
箱包	66.13	66.80	67.53	70.36	76.84	74.13	72.35	70.59	4.05
鞋类	73.68	74.00	74.11	77.56	76.80	72.96	69.16	74.04	2.74
加工食品	74.12	70.98	75.88	77.61	72.04	71.18	76.20	74.00	2.66

（三）二级指标评测结果分析

二级指标共有 5 个，分别由一级指标“B 认证基础”和“E 认证实施”分解得到，下面按归属一级指标来组织叙述。

1. 一级指标“B 认证基础”对应二级指标评测结果

（1）二级指标得分情况分析

一级指标“B 认证基础”对应的二级指标有三个：“B_1企业标准认知”“B_2质量控制标准”“B_3产品检验标准”，三个指标的评价结果如图 4-4 所示。

二级指标“B_1企业标准认知”评价得分总体处于良好水平，得分均值为 82.31；从得分变化趋势来看，2011—2018 年企业对相关标准的认知呈波动下降的趋势，最高得分为 2011 年的 85.83，最低得分为 2018 年的 80.77 分，评价结果揭示了粤港澳大湾区出口企业对认证认可有着很好的标准认知基础，对海外质量标准的有良好的认知和消化吸收能力，然而在当前国际贸易摩擦日趋严峻、壁垒措施更新层出不穷，更加严格的标准不断出台发布，出口企业疲于应对、略显乏力，加上国内资源禀赋优势消失等因素的影响，出口企业对认证的积极性有所回落，对认证认可的认知水平增长乏力。

二级指标“B_2质量控制标准”评价的是出口企业在产品生产制造过程中质量控制依据的标准达到的水平，评价结果揭示粤港澳大湾区出口商品的质量控制标准总体处于中等水平，平均得分为 79.66；从得分变化趋势来看，2011 年至2018年呈现一定的平稳增长的态势，最高得分为2016年80.42，最低得分为2011年的78.66，而这种波动增长趋势进一步说明，海外市场各类壁垒措施的不断提高正在倒逼粤港澳大湾区出口商品企业也在不断地提高质量控制标准，采取与国际市场和进口国市场相符合的更加先进的和有效的质量控制标准；然而必须指出的是，采用较高水平的质量控制标准的同时，还必须加强和提高对各类标准认知水平，否则不一定能取得较好的质量促进作用。

二级指标"B_3产品检验标准"得分普遍处于良好层次，平均得分达83.83，反映出粤港澳大湾区出口商品质量把关要求层次较高；从得分变化趋势来看，2011年至2018年整体上呈现一定波动上升态势，2017年开始有微弱的回落趋向，最高得分为2013年的86.40，最低得分为2012年的80.00分，评价结果揭示企业在不断地提高产品检验标准，以应对日趋严峻的各类国际贸易壁垒措施，然而必须指出的是提升检验标准的效果同样也要和标准认知能力的匹配。

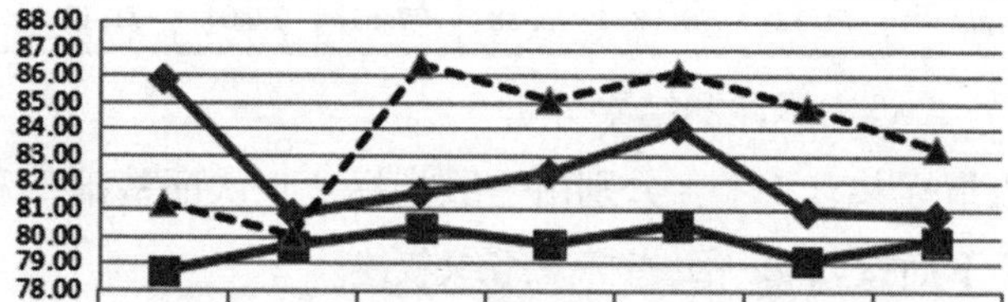

	2011年	2012年	2013年	2014-2015年	2016年	2017年	2018年
B_1企业标准认知	85.83	80.78	81.56	82.35	83.99	80.89	80.77
B_2质量控制标准	78.66	79.62	80.29	79.70	80.42	79.10	79.83
B_3产品检验标准	81.17	80.00	86.40	85.08	86.10	84.79	83.26

图4-4 2011—2018年出口商品行业认证认可水平二级指标评价结果

整体而言，从一级指标"B认证基础"对应的3项二级指标评价结果整体处于良好水平，并呈现一定的波动增长态势，说明粤港澳大湾区出口商品认证认可发展处于一个比较良好状态。具体到各项指标，"B_3产品检验标准"发展水平相对更高、提升相对更快，主要原因在于出口商品的检验标准直接面向海外市场；此外，"B_2质量控制标准"发展水平要滞后与"B_1企业标准认知"，由于从认知到质量应用实践需要一个过程，这种情况也在情理之中。当前国际贸易摩擦日趋严峻、壁垒措施更新层出不穷，更加严格的标准不断出台发布，出口商品的合格检验标准不断提升，要求出口企业正视国际市场环境倒逼效应，不断提升相关标准的认知，并逐步改善和提高质量控制标准，确实夯实和提升认证认可基础条件，才能充分发挥认证认可的对外贸易促进效应。

(2) 各行业得分情况分析

表4-4 给出了12个行业认证二级指标“B_1企业标准认知”8年得分情况，各行业得分在［73.57，89.50］区间波动，行业得分普遍处于中等偏上水平，只有照明设备、音视频设备、食品接触产品三个行业最低得分小于78。从各行业得分均值来看，8年得分均值在［80.41，85.41］区间内变动，各行业均值差距不大，照明设备分数最低，信息技术行业最高分，说明各行业“企业标准认知”水平整体上处于良好状态，反映出认证认可对出口贸易的重要性受到各出口行业的普遍认可，出口企业对认证认可相关标准的认知水平日益提高。从12个行业得分变动趋势来看，家用电器、照明设备、音视频设备、仿真饰品、加工食品等5个行业得分呈现出明显下降趋势，只有信息技术、纺织品服装、食品接触产品等3个行业得分呈现明显上升趋势，其他几个行业普遍都存在一定的先增后降态势，综合而言，各行业“B_1企业标准认知”水平有着一定的下降趋势，一方面说明当前国际贸易摩擦加剧，各贸易国为包含本国产业市场，不断出台发布更加严格的标准，出口企业对日益严厉的各类标准疲于应对；另一方面受中美贸易战影响，认证认可对出口贸易的促进作用受影响，出口企业对认证认可的重视度也开始消弱。

表4-4　12个受调查行业二级指标“B_1企业标准认知”评价结果

年度/行业	2011年	2012年	2013年	2014—2015年	2016年	2017年	2018年	各年均值	标准差
家用电器	85.04	86.23	82.33	80.10	81.70	79.70	80.53	82.23	2.52
照明设备	88.27	82.30	79.90	78.98	84.42	75.37	73.66	80.41	5.08
音视频设备	84.97	75.98	84.62	86.51	78.92	81.75	80.75	81.93	3.73
仿真饰品	87.16	83.21	82.91	83.26	85.60	80.67	78.07	82.98	3.00
信息技术	86.25	79.24	87.88	83.72	86.20	87.51	87.05	85.41	3.04
玩具	86.70	84.10	84.75	85.71	88.66	84.99	78.74	84.81	3.07
纺织品服装	83.86	79.08	80.15	83.16	82.58	82.87	82.06	81.97	1.72
家具	84.78	80.76	78.53	79.94	82.25	79.29	81.52	81.01	2.10
食品接触产品	84.21	73.57	82.47	76.77	88.15	82.56	77.53	80.75	5.01
箱包	83.35	83.11	83.38	83.75	88.00	81.00	80.58	83.31	2.42
鞋类	87.12	80.77	78.09	86.00	86.00	83.00	82.33	83.33	3.26
加工食品	89.50	84.96	82.36	87.11	84.80	82.67	80.79	84.60	2.99

2011—2018 年 12 个行业“B_2质量控制标准”8 年得分均值情况如表 4-5 所示，可以看出各行业 8 年得分在［63.67，89.27］区间浮动，只有鞋类行业在 2017 年和 2018 年度得分低于 70。从得分均值来看，各行业 8 年得分均值在［74.27，85.93］区间内变动，属于中等偏上水平，其中家用电器、玩具、加工食品等 3 个行业得分均值在 80 以上，玩具平均得分最高，平均得分最低是箱包、鞋类两个行业。从各行业 8 年得分的变动趋势来看，仿真饰品、食品接触产品、加工食品等 3 个行业呈现出一定的增长趋势，玩具、纺织品服装、家具、音视频设备等行业得分变动较平稳，信息技术设备行业得分先降后升、波动较大，照明设备、鞋类行业呈现明显的下降趋势，其中鞋类行业得分下降非常快，主要原因在于国内资源禀赋优势消失，大批鞋类企业从粤港澳大湾区外迁，认证认可发展受到一定影响。整体来看，多数传统出口制造行业企业的“B_2质量控制标准”水平不高，只有家电、玩具等几个行业相对较好，相比较上述二级指标“B_1企业标准认知”，“B_2质量控制标准”发展要滞后，一定程度也说明企业在生产过程中对相关标准的具体落实方面还有很大的提升空间。

表 4-5　12 个受调查行业二级指标“B_2质量控制标准”评价结果

行业＼年度	2011 年	2012 年	2013 年	2014—2015 年	2016 年	2017 年	2018 年	各年均值	标准差
家用电器	79.05	82.40	83.61	79.90	85.18	79.53	82.87	81.79	2.33
照明设备	85.10	80.28	80.62	78.55	77.35	80.83	77.20	79.99	2.71
音视频设备	76.73	73.29	80.35	80.15	78.54	78.17	76.63	77.69	2.43
仿真饰品	74.17	70.71	76.62	76.77	78.00	78.75	77.83	76.12	2.80
信息技术	79.84	81.55	77.76	74.19	79.38	76.46	80.79	78.57	2.59
玩具	85.45	84.02	89.25	89.27	83.72	83.11	86.70	**85.93**	2.56
纺织品服装	73.59	77.16	76.95	75.36	75.86	75.05	82.79	76.68	2.95
家具	76.50	78.74	78.10	77.90	77.74	78.50	79.55	78.15	0.95
食品接触产品	73.71	76.73	80.71	76.70	86.32	80.00	79.73	79.13	4.01
箱包	74.76	75.06	74.50	71.46	78.61	71.36	74.17	74.27	2.45
鞋类	81.53	78.58	77.07	74.17	77.02	68.75	63.67	74.40	6.19
加工食品	77.78	82.43	78.66	81.41	81.43	85.77	86.84	**82.05**	3.35

表 4-6 给出了 2011—2018 年 12 个行业“B_3产品检验标准”8 年得分情况，可以看出各行业 8 年得分在［73.33，91.67］区间浮动，各行业绝大多数年份得分都在 80 以上，最低分为 2014—2015 年的箱包行业。从得分均值来看，各

行业均值在［78.55，88.07］区间内变动，整体处于良好水平，只有箱包一个行业得分均值低于80，为所有行业中最低，玩具行业得分均值最高88.07。从各行业8年间的得分变动情况可以看出，除鞋类，箱包行业得分有较大波动外，绝大多数行业得分在80—90之间呈现较平稳的小幅度波动；从趋势上看，鞋类，箱包等2个行业呈现出明显下降趋势，其他行业多数呈现先增长后回落趋势，普遍在2011—2014年间有增长趋势，此后到2018年小幅度下降，主要原因在于近年国际贸易摩擦不断、中美贸易战加剧带来的贸易环境恶化，政治手段直接接入双边贸易带来更多不确定性，通过认证认可突破各类壁垒措施难度加大、甚至可行性也有影响，出口企业信心受到较大冲击，对产品检验标准的重视程度有所回落。

表4-6　12个受调查行业二级指标“B_3产品检验标准”评价结果

年度 行业	2011年	2012年	2013年	2014—2015年	2016年	2017年	2018年	各年均值	标准差
家用电器	81.40	85.62	89.36	91.19	90.88	87.41	82.18	86.86	3.97
照明设备	85.32	85.03	86.67	82.90	86.71	87.33	84.63	85.51	1.52
音视频设备	77.52	82.24	86.15	86.27	82.92	83.17	81.75	82.86	2.96
仿真饰品	81.00	81.07	86.09	88.55	87.00	82.50	87.84	84.86	3.25
信息技术	80.00	84.91	89.27	79.49	83.00	82.68	84.74	83.44	3.32
玩具	84.97	86.43	90.83	89.41	89.71	87.17	87.96	88.07	2.05
纺织品服装	78.71	81.31	84.43	80.59	84.38	82.67	83.53	82.23	2.13
家具	82.13	81.98	84.70	84.23	83.89	85.00	86.06	84.00	1.49
食品接触产品	79.92	82.55	86.39	85.25	89.01	86.40	85.53	85.01	2.95
箱包	80.58	79.52	83.13	73.33	80.22	75.00	78.06	78.55	3.39
鞋类	81.54	83.91	85.04	91.67	82.13	77.17	75.67	82.45	5.30
加工食品	79.15	81.30	83.08	82.77	87.33	85.14	81.32	82.87	2.70

2. 一级指标“E认证实施”对应二级指标评测结果

（1）二级指标得分情况分析

一级指标“E认证实施”包括“E_1质量管理体系认证”和“E_2产品认证”两个，二个指标的评价结果如图4-5所示。二级指标“E_1质量管理体系认证”揭示的是出口企业实施各类管理体系认证的整体情况，从评价得分可以看出该项指标处于中等偏下水平，得分均值为69.23，说明粤港澳大湾区出口行业在管理体系认证水平偏低，提升空间很大；从得分变化趋势来看，2011年至2018

年整体上呈现先增长后回落态势，但整体上 2011 年到 2018 年还是有所增长，最高得分为 2013 年的 72.64，最低分为 2011 年的 64.44 分，这种变化趋势一定程度上也是受国际贸易环境变化影响，贸易摩擦、贸易战一定程度上分散了出口企业对管理体系认证的关注力。二级指标“E_2产品认证”是反应的是对出口商品的合格评定实施情况，得分处于良好水平，平均得分为 81.05，除 2018 年外各年得分都高于 80；得分变化趋势整体呈小幅度波动下降趋势，2013 年得分最高 83.61，2018 年最低 78.48，评价结果反映出在当前复杂的国际贸易环境下，出口企业对产品认证重视程度有所下降。

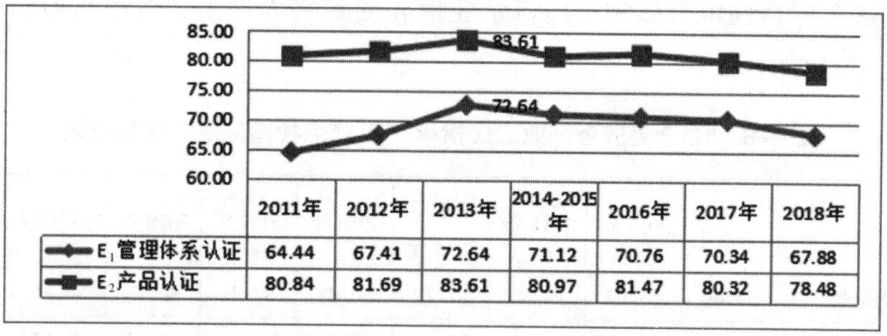

图 4-5　2011—2018 年出口商品一级指标“E 认证实施”对应二级指标评价结果

（2）各行业得分情况分析

表 4-7 给出了 2011—2018 年 12 个行业“E_1管理体系认证”指标 8 年得分情况，可以看出各行业 8 年得分在［55.50，81.45］区间浮动，各行业绝大多数年份得分都在 60—70 分之间徘徊，纺织品服装、箱包行业在 2011 年和 2012 年得分低于 60，处于不及格的较差水平，只有加工食品在 2018 年达到了 80 以上。从得分均值来看，各行业 8 年得分均值在［62.06，75.03］区间内变动，12 个行业管理体系认证普遍处于合格水平，其中出口加工食品管理体系认证 8 年得分均值最高，一定程度上说明粤港澳大湾区出口行业管理体系认证水平偏低，迫切需要完善和加强。从各行业的得分变动趋势来看，多数行业都有一定的增长趋势，食品接触产品、箱包、加工食品、信息技术、家用电器等 5 个行业的增长趋势较明显，家具、仿真饰品、纺织品服装、玩具、照明设备等 5 个行业呈现先增长后下降趋势。总体而言，“E_1管理体系认证”评价结果不乐观，整体水平偏低、增长乏力，管理体系认证包括：质量管理体系认证、环境管理体系认证、职业健康环境管理体系认证等，是企业产品质量、品牌能力、创新发展的重要基石，近年来受国际贸易环境影响，出口企业管理体系认证发展势头有所回落，但管理体系认证的作用被出口企业普遍认可，出口企业对管理体

系认证的重视程度不会降低。

表 4-7　12 个受调查行业二级指标“E_1管理体系认证”评价结果

年度 行业	2011 年	2012 年	2013 年	2014—2015 年	2016 年	2017 年	2018 年	各年均值	标准差
家用电器	68.09	72.54	74.47	69.32	74.41	77.54	70.73	72.45	3.31
照明设备	62.84	69.45	72.97	69.87	75.19	68.71	66.95	69.43	4.00
音视频设备	71.73	71.48	67.50	77.75	70.33	67.75	74.58	71.59	3.65
仿真饰品	62.97	62.04	67.56	68.91	75.75	68.00	67.93	67.59	4.49
信息技术	66.52	71.02	68.39	65.92	71.53	75.50	77.11	70.86	4.29
玩具	66.64	74.70	77.68	73.89	62.94	67.31	63.86	69.57	5.79
纺织品服装	**57.22**	**55.50**	62.68	66.88	66.71	65.71	59.72	62.06	4.66
家具	64.71	63.51	68.36	70.35	71.84	68.31	61.88	66.99	3.70
食品接触产品	68.69	62.86	74.45	69.09	75.15	69.27	73.06	70.37	4.26
箱包	**56.44**	**59.27**	64.68	68.00	75.94	68.11	69.19	65.95	6.53
鞋类	63.29	60.62	74.22	70.50	66.45	71.75	67.90	67.82	4.79
加工食品	70.53	72.45	74.38	77.41	73.94	75.02	**81.45**	75.03	3.54

表 4-8 给出了 2011—2018 年 12 个行业“E_2产品认证”8 年得分均值情况，可以看出各行业 8 年得分在［68.85，93.16］区间浮动，各行业绝大多数年份得分都在 80 左右徘徊，只有加工食品、箱包行业在个别年份得分低于 70。从得分均值来看，各行业 8 年得分均值在［72.79，86.61］区间内变动，照明设备、家用电器、玩具、信息技术设备等 4 个出口行业达到良好状态，其中出口照明设备产品认证水平指标 8 年均值最高，加工食品、箱包等行业得分均值相对较低，处于合格水平，评价结果说明 12 个出口商品行业产品认证发展处于中等偏上水平。从得分变化趋势来看，除音视频设备、纺织品服装、箱包等 3 个行业存在一定上升趋向以外，其他行业普遍都呈现波动下降态势，其中信息技术、玩具、食品接触产品行业波动幅度较小，评价结果显示 2011—2018 年粤港澳大湾区出口行业的产品认证发展动力不足，下降趋向明显。总体而言，粤港澳大湾区出口行业产品认证总体处于中等偏上水平，是大湾区开展对外贸易长期积淀的成果，但近年来在当前复杂国际贸易环境下，出口企业在产品认证方面明显动力不足，指标得分波动下降趋势明显。

表 4-8 12 个受调查行业二级指标"E_2产品认证"评价结果

行业 \ 年度	2011 年	2012 年	2013 年	2014—2015 年	2016 年	2017 年	2018 年	各年均值	标准差
家用电器	85.94	87.06	91.70	86.27	83.85	89.60	80.16	86.37	3.75
照明设备	85.73	85.63	93.16	82.84	89.11	90.34	79.49	86.61	4.65
音视频设备	81.40	80.00	86.92	80.94	81.86	83.45	88.11	83.24	3.12
仿真饰品	76.62	83.81	82.11	84.58	82.50	75.00	86.15	81.54	4.16
信息技术	83.41	85.60	84.79	83.76	83.59	83.33	82.63	83.88	1.00
玩具	83.93	85.00	81.33	85.02	85.32	85.07	81.54	83.89	1.73
纺织品服装	78.56	78.11	83.05	75.14	76.80	78.11	83.13	78.99	3.03
家具	79.86	80.81	79.92	78.68	80.82	79.30	73.13	78.93	2.67
食品接触产品	81.39	79.68	80.00	79.23	79.20	78.40	80.63	79.79	0.99
箱包	71.81	70.45	69.63	74.17	77.50	78.57	74.62	73.82	3.41
鞋类	79.46	81.87	77.89	80.00	77.50	73.85	70.09	77.24	4.02
加工食品	76.93	68.85	76.48	75.29	70.24	68.99	72.73	72.79	3.50

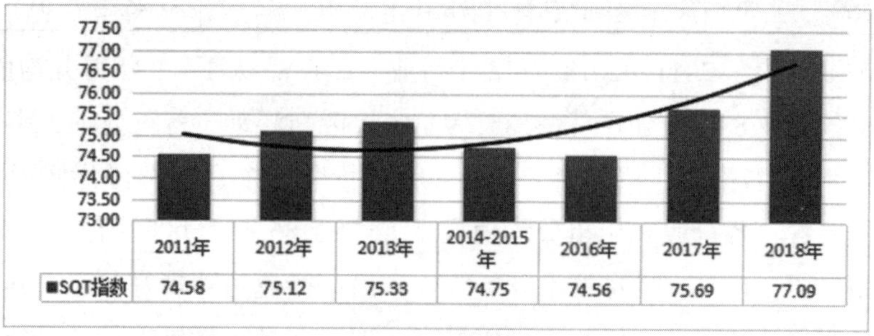

图 4-6 2011—2018 年"SQT 高质量发展水平总指数"得分均值情况

二、粤港澳大湾区出口产业高质量发展水平现状评析

（一）产业高质量发展水平总指数评价结果分析

1. 产业高质量发展业发展水平总指数得分情况

"SQT 高质量发展水平总指数"揭示的是粤港澳大湾区出口产业高质量发展的整体水平，由三个一级指标加权得到。数据处理显示，粤港澳大湾区出口产业高质量发展水平总指数处于中等偏上状态，分值变化区间为［74.56，77.09］，平均得分为 75.30，最高分出现在 2018 年为 77.09，最低得分在 2016 年为 74.56，具体如图 4-7 所示。从各年变化的情况来看，"SQT 高质量发展水平总指数"呈现波动上升趋势，2011—2013 年逐年上升，至 2013 年小高峰

75.33，在2014—2016年逐年下降至最低点74.56，2016年之后逐年上升到2018年的最大值。可以看出，在整个评价时间区间，受国际市场环境的影响，“SQT高质量发展水平总指数”出现波动，但是总体呈现上升的态势。

2. 各行业高质量发展水平情况分析

图4-7给出了2011—2018年12个行业的“SQT高质量发展水平总指数”得分均值情况，可以看出各行业7年得分均值在［72.10，77.85］区间内变动，加工食品、食品接触产品、信息技术、音视频设备、照明设备、家用电器5个出口行业均值得分在75以上，达到中等偏上状态，其中信息技术行业得分均值最高，鞋类值最低、处于合格水平。总体而言，12个出口行业的“SQT高质量发展水平总指数”得分处于中等水平，一定程度上印证了当前粤港澳大湾区各出口行业正处于产业结构优化升级的攻坚克难时期，各出口行业的高质量发展水平总指数提升空间还很大，家用电器、信息技术设备、音视频设备等技术含量相对较高行业的高质量发展整体情况相对更好。

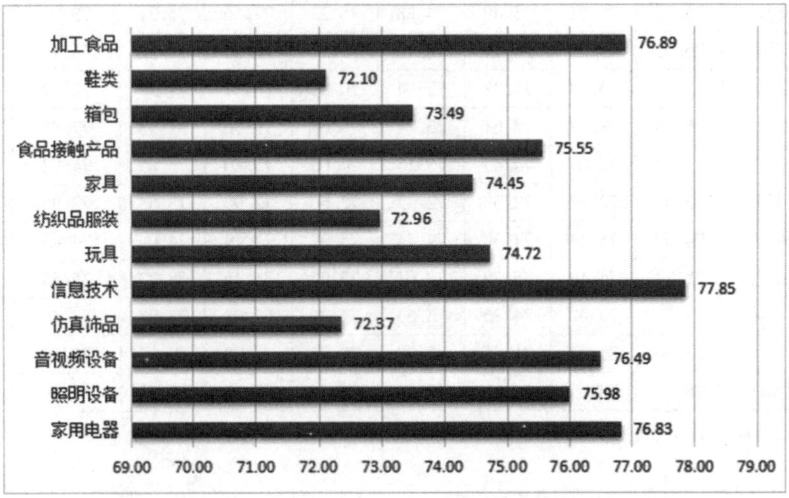

图4-7　2011—2018年12个受调查行业“SQT高质量发展水平总指数”得分均值情况

图4-8和表4-9给出了12个受调查行业的“SQT高质量发展水平总指数”的得分情况和发展变动趋势，可以看出各行业得分在［69.95，81.93］区间波动，普遍处于中等水平，多数行业在2014—2015年度得分处于最低水平；各行业“SQT高质量发展水平总指数”普遍都呈现一定程度的波动上升态势，2011—2015年期间普遍存在下降趋势，2016开始普遍又呈现出了明显的回升趋势，整体而言多数行业从2011到2018年都实现了一定增长，家用电器、照明设备、信息技术、

家具、食品接触产品、箱包、加工食品等 7 个行业增长势头显著，只有仿真饰品、鞋类等 2 个行业有着较明显的下降趋势。综合而言，各出口行业“SQT 高质量发展水平总指数”得分不高但发展趋势呈现波动增长趋势，一定程度说明在当前我国经济新常态时期，经济增速换挡期、各类资源禀赋优势逐渐消失、国际贸易环境日趋严峻，以往依靠高投入、高消耗、偏重数量扩张的出口贸易发展方式已经难以为继，粤港澳大湾区出口产业正处于一个产业转型发展调整阵痛期，各出口行业都收到一定的冲击，其中劳动密集型产业如仿真饰品、鞋类等加工制造业遭受的影响最大，出口产业要适应当前经济新常态和新的全球贸易环境，必须进行结构性转型升级、提升供给质量水平、大力加强科技创新能力。

表 4-9　2011—2018 年 12 个受调查行业“SQT 高质量发展水平总指数”得分情况

	2011 年	2012 年	2013 年	2014—2015 年	2016 年	2017 年	2018 年	2011—2018 年均值	标准差
家用电器	75.94	77.93	78.85	74.85	74.86	76.24	79.11	76.83	4.26
照明设备	75.01	76.81	75.49	74.88	76.23	77.16	76.31	75.98	2.28
音视频设备	76.62	75.89	76.14	78.11	75.17	76.65	76.82	76.49	2.94
仿真饰品	73.53	73.68	74.38	72.04	70.81	70.57	71.59	72.37	3.81
信息技术	75.73	78.97	78.61	73.71	76.67	79.36	81.93	77.85	8.22
玩具	74.97	75.03	74.43	75.13	74.03	73.80	75.65	74.72	1.85
纺织品服装	73.57	73.22	72.33	72.17	72.66	72.90	73.88	72.96	1.71
家具	74.57	75.44	74.58	74.44	73.92	74.14	74.04	74.45	1.53
食品接触产品	75.24	74.18	75.79	73.01	75.95	76.46	78.23	75.55	5.22
箱包	71.35	73.07	74.86	73.83	74.29	73.08	73.95	73.49	3.51
鞋类	73.00	73.37	71.66	70.70	72.07	73.98	69.95	72.10	4.03
加工食品	76.41	78.07	75.63	77.46	75.74	77.25	77.65	76.89	2.44

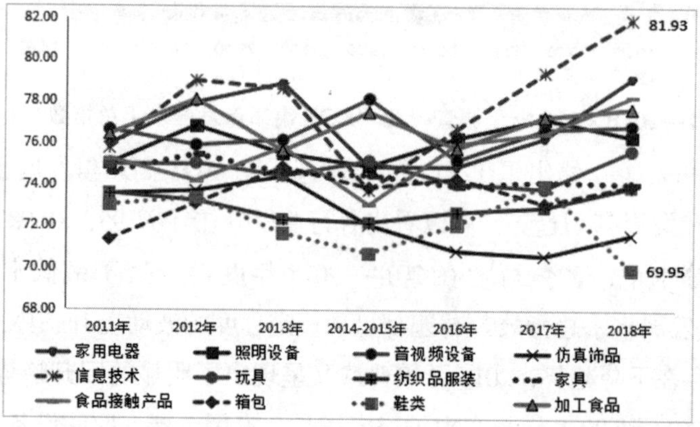

图 4-8　2011—2018 年 12 个受调查行业“SQT 高质量发展水平总指数”发展趋势情况

（二）行业结构水平评价结果分析

1. 行业结构水平总指数评价结果情况

（1）行业结构水平总指数得分情况分析

行业结构水平总指数体现的是粤港澳大湾区出口商品行业的行业结构发展整体水平。数据处理显示，2011 年至 2018 年粤港澳大湾区出口商品行业的行业结构水平总指数总体处于中等偏良好状态，分值变化区间为［77.62，80.86］，平均得分为 78.55，具体图 4-9 所示。从各年分值变化情况来看，行业结构水平总指数呈现波动上升态势，反映了粤港澳大湾区出口商品行业的行业结构正在不断优化调整，呈现良好发展趋势。评价结果说明，粤港澳大湾区出口商品的行业结构水平较好，但仍然还有较大的提升空间，在经济新常态时期出口产业转型升级是必然趋势，受国际贸易摩擦、国内资源要素成本上升等因素影响，出口商品行业结构水平波动变化再所难免，但行业整体仍然以产业结构不断优化、要素构成水平不断提升为主要趋势。

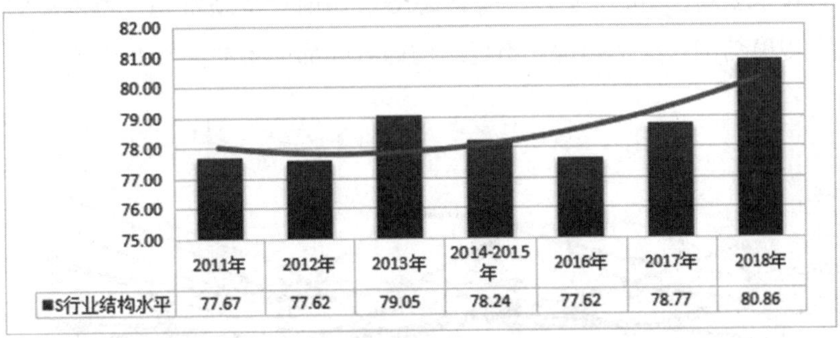

图 4-9　2011—2018 年出口商品行业结构水平总指数评价结果

（2）各行业结构水平发展情况分析

表 4-10 给出了 2011—2018 年 12 个行业的行业结构总指数 8 年得分均值情况，可以看出各行业得分均值在［73.65，81.59］区间内变动，信息技术、音视频设备、家用电器 3 个出口行业达到良好状态，其中信息技术行业得分均值最高，仿真饰品行业得分均值最低，处于合格水平。总体而言，12 个出口行业的“S 行业结构水平”总指数得分处于中等偏上水平，一定程度上说明了当前粤港澳大湾区各出口行业正处于产业结构优化升级的攻坚克难时期，各出口行业的行业结构水平提升空间还很大；其中信息技术、音视频设备等技术含量相对较高的行业结构水平相对更好，也一定程度反映出技术创新对行业结构水平有正向相关性。

图 4-10 和表 4-10 给出了 12 个受调查出口商品行业的“S 行业结构水平”总指数的得分情况和发展变动趋势，可以看出各行业得分在［71.63，86.61］区间波动，普遍处于中等水平，多数行业在 2014—2015 年度或 2016 年度得分处于最低水平，最低分发生在 2018 年度鞋类行业。各行业“S 行业结构水平”总指数普遍呈现一定程度的先降后升态势，家用电器、照明设备、信息技术、家具、食品接触产品、箱包、加工食品 7 个行业增长势头显著，仿真饰品、鞋类 2 个行业有着较明显的下降趋势。综合而言，各出口行业“S 行业结构水平”总指数得分不高但普遍呈现较好的增长趋势，一定程度说明在当前我国经济新常态时期，面对经济增速换挡期、各类资源禀赋优势逐渐消失、国际贸易环境日趋严峻的新环境，粤港澳大湾区出口产业已经进入了一个产业结构优化调整阵痛期，各出口行业都一定程度上受到新形势的冲击，以往依靠高投入、高消耗、偏重数量扩张的出口贸易发展方式已经难以为继，一些对资源禀赋敏感的候鸟型产业正逐步外迁到国内中西部地区或东南亚地区，如：鞋类行业，大多数出口企业正在通过技术创新、“机器换人”等措施适应当前经济新常态，粤港澳大湾区出口产业在规模结构、配套结构、市场结构等方面都正在发生重要调整。

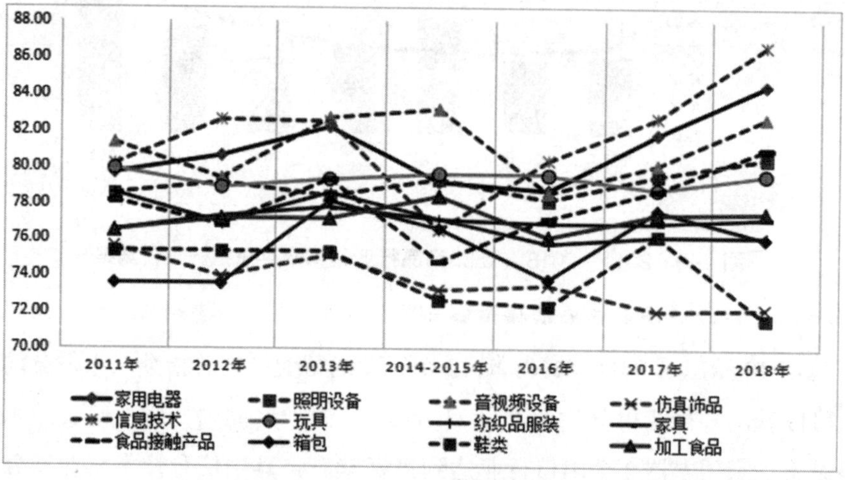

图 4-10　2011—2018 年 12 个受调查行业“S 行业结构水平”总指数发展趋势情况

表 4-10　2011—2018 年 12 个受调查行业“S 行业结构水平”总指数得分情况

	2011 年	2012 年	2013 年	2014—2015 年	2016 年	2017 年	2018 年	2011—2018 年均值	标准差
家用电器	79.63	80.57	82.14	79.13	78.67	81.74	84.43	80.90	1.95
照明设备	78.51	79.11	78.37	79.28	78.15	79.49	80.45	79.05	1.05

续表

	2011 年	2012 年	2013 年	2014—2015 年	2016 年	2017 年	2018 年	2011—2018 年均值	标准差
音视频设备	81.29	79.35	82.65	83.12	78.53	80.07	82.66	81.09	2.00
仿真饰品	75.59	73.94	75.10	73.20	73.45	72.08	72.19	73.65	1.31
信息技术	80.10	82.54	82.45	76.48	80.31	82.64	86.61	81.59	3.12
玩具	79.86	78.85	79.28	79.57	79.50	78.73	79.53	79.33	0.58
纺织品服装	78.54	76.88	78.55	77.10	75.75	76.15	76.15	77.02	1.10
家具	76.49	77.27	77.76	77.08	76.87	76.90	77.18	77.08	0.52
食品接触产品	78.12	76.79	79.31	74.76	77.13	78.68	80.98	77.97	1.88
箱包	73.57	73.53	78.10	76.56	73.77	77.59	76.03	75.59	1.59
鞋类	75.34	75.32	75.30	72.66	72.32	76.15	71.63	74.10	1.40
加工食品	76.46	77.14	77.14	78.35	76.10	77.37	77.47	77.15	1.01

2. 行业结构水平二级指标评测结果分析

行业结构水平的二级指标包括“SS 规模结构”“SO 配套实力”和“SM 市场结构”三个，其得分由对应三级指标得分加权和得到，计算处理得到 2011 年至 2018 年三级指标得分，分别叙述如下。

（1）二级指标“SS 规模结构”评价结果

①“SS 规模结构”指标得分情况分析

二级指标“SS 规模结构”评价得分情况如图 4-11 所示。可以看出，二级指标“SS 规模结构”各年得分普遍都在 80 以上，平均得分达到 81.37，处于良好状态，说明粤港澳大湾区出口产业规模结构较好，大规模企业拉动效应较突出；从得分变化趋势上看，2011 年至 2018 年整体上呈现平稳增长态势，评分变动趋势充分说明当前大中型规模企业出口比重呈现日趋增长趋势，揭示粤港澳大湾区出口产业的行业集中度、企业规模水平等近年一直呈现出处于提升的趋势，一定程度也反映了粤港澳大湾区出口产业结构不断优化调整实际情况。

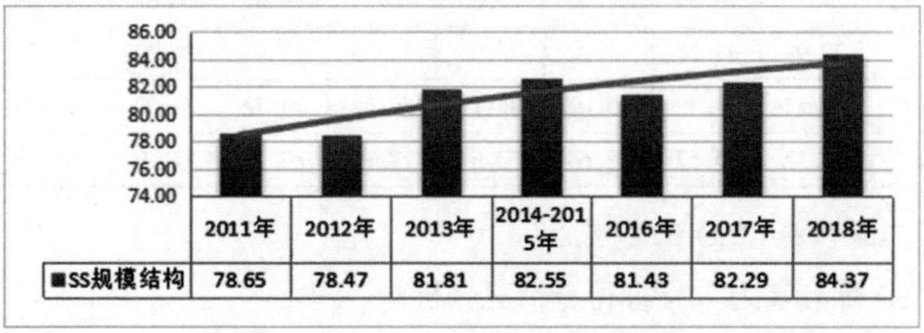

图 4-11　2011—2018 年出口商品“SS 规模结构”评价结果

（2）“SS 规模结构”各行业得分情况分析

表 4-11 给出了 2011—2018 年 12 个行业“SS 规模结构”发展 8 年得分情况，可以看出各行业 8 年得分在［67.70，92.98］区间内变动，仿真饰品行业在 2012 年得分最低，信息技术设备行业 2017 年得分最高；进一步分析得分均值情况，各行业均值在［70.08，90.38］区间内变动，各行业的规模结构水平得分离散程度较大，信息技术设备行业得分均值最高 90.38，说明其规模结构水平非常好；家用电器、照明设备、音视频设备、玩具、纺织品服装 5 个行业得分均值在 80 以上，说明其规模结构水平达到良好状态；其他行业得分分散在 70—80 之间，其规模结构水平一般，仿真饰品行业规模结构水平最低，得分均值也最低。从得分变化趋势来看，除鞋类、仿真饰品行业得分增长趋势不明显以外，其他行业得分都呈现出显著的增长态势。整体而言，粤港澳大湾区出口产业规模结构处于中等偏上水平，产品技术含量高的行业规模结构水平普遍较高，并且大多数行业得分增长态势显著，一定程度揭示了粤港澳大湾区出口产业规模结构正在不断优化提升的态势。

表 4-11　2011—2018 年 12 个受调查行业“SS 规模结构”指数得分情况

	2011 年	2012 年	2013 年	2014—2015 年	2016 年	2017 年	2018 年	2011—2018 年均值	标准差
家用电器	82.83	84.04	87.01	87.19	85.58	86.08	88.77	85.93	1.86
照明设备	78.99	79.49	83.83	84.15	81.39	83.50	83.51	82.12	2.00
音视频设备	85.83	81.46	88.83	87.67	85.16	86.40	87.21	86.08	2.20
仿真饰品	71.77	67.70	68.43	71.77	70.31	70.58	70.01	70.08	1.44
信息技术	86.39	88.87	89.47	91.09	91.47	92.98	92.41	90.38	2.13
玩具	80.93	79.60	81.89	80.73	80.74	81.70	83.66	81.32	1.18
纺织品服装	84.46	79.70	84.09	85.34	83.78	82.69	83.24	83.33	1.68
家具	74.22	75.68	78.23	78.16	77.89	78.95	79.17	77.47	1.69
食品接触产品	77.48	73.84	78.84	79.55	78.20	80.65	80.89	78.49	2.22
箱包	70.98	71.25	77.22	78.03	75.55	78.96	78.29	75.75	3.10
鞋类	74.51	74.89	73.07	74.17	76.02	74.72	74.00	74.48	0.84
加工食品	76.37	75.57	78.64	80.64	78.19	80.91	81.79	78.87	2.19

（2）二级指标“SO 配套实力”

①“SO 配套实力”指标得分情况分析

二级指标“SO 配套实力”评价结果如图 4-12 所示，可以看出各年评价得分全部高于80，处于良好状态，平均得分达到83.21；从得分变化趋势上看2011年至2018年整体上呈现U形的发展态势，最高得分为2011年的85.07，2016年得分最低，为81.21，商品出口企业的配套实力在2011—2016年期间呈现下降趋势，2016年降低至最低点后，从2016—2018年开始呈现回落上升趋势。总体而言，二级指标“SO配套实力”得分处于一种较好的状态，一定程度上说明粤港澳大湾区在长期对外贸易加工中积累了较好的配套结构基础，产业链上、下游各类要素齐全，原材料、零部件的自我配套能力强，虽然当前正经历产业结构调整阵痛期，但雄厚的前期基础和外部环境因素倒逼作用，正在推动粤港澳大湾区在出口产业配套结构不断优化升级。

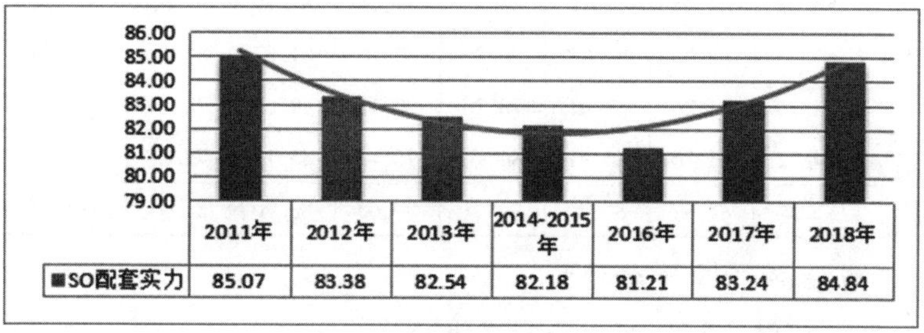

图4-12 2011—2018年出口商品“SO配套实力”评价结果

②“SO配套实力”行业得分情况分析

图4-13和表4-12给出了2011—2018年12个行业SO配套实力8年得分情况，可以看出各行业8年得分在［73.68，88.72］区间内变动，多数行业都存在少数年度得分低于80，只有家用电器、仿真饰品、玩具、加工食品4个行业全部年度得分都高于80，信息技术设备在2014—2015年度得分为最低得分；各行业得分均值在［81.59，84.91］区间内变动，12个出口行业全部都达到良好状态，其中出家用电器行业得分均值最高，纺织品服装行业得分均值最低。在得分变化趋势方面，多数行业都呈现出一定程度的先降后升的趋势，各行业得分最低年份普遍出现在2013年度或2014—2015年度，只有仿真饰品1个行业出现连续波动下降趋势。总体而言，12个出口行业配套能力发展均处于良好水平，与当前粤港澳大湾区各出口行业的配套情况基本相符，面对经济新常态时期国际贸易环境日趋严峻、国内资源禀赋优势消失等因素影响，出口企业生存越来越困难，出口产业配套要素稳定性也受到较大影响，产业配套结构不断变动调整、在波动中曲折演进升级。

表 4-12　2011—2018 年 12 个受调查行业“SO 配套实力”得分情况

	2011 年	2012 年	2013 年	2014—2015 年	2016 年	2017 年	2018 年	2011—2018 年均值	标准差
家用电器	84.58	85.71	85.15	81.41	83.85	87.74	85.96	84.91	1.97
照明设备	87.17	85.86	77.17	83.34	83.62	80.05	83.71	82.99	3.40
音视频设备	86.35	84.36	78.96	85.57	80.44	82.62	85.87	83.45	2.87
仿真饰品	86.41	84.54	84.48	82.15	83.62	81.22	80.56	83.28	2.08
信息技术	85.55	83.28	79.37	73.68	84.01	83.64	88.72	82.61	4.83
玩具	84.59	81.98	83.41	85.91	84.07	82.62	84.82	83.92	1.35
纺织品服装	83.96	80.81	82.94	78.36	79.50	81.26	84.31	81.59	2.25
家具	85.03	84.35	82.12	83.33	79.65	81.79	87.68	83.42	2.59
食品接触产品	86.52	82.72	84.09	76.37	83.16	81.87	83.42	82.59	3.11
箱包	84.75	85.26	87.81	78.26	80.18	79.69	78.17	82.02	3.86
鞋类	84.12	83.76	84.91	84.70	76.18	85.17	79.67	82.64	3.41
加工食品	85.20	84.32	80.70	83.31	80.65	83.70	81.04	82.70	1.88

（3）二级指标“SM 市场结构”

①“SM 市场结构”指标得分情况分析

二级指标“SM 市场结构”在 2011—2018 年间处于中等偏低水平，平均得分为 73.08；从得分变化趋势上看，2011 年至 2018 年呈现出两拨螺旋上升的发展态势，2011 年到 2013 年为第一波，2014 年高位回落后开始第二波提升趋势；最高得分为 2018 年的 75.29，2014—2015 年得分最低为 71.85，评价结果充分揭示了在当前严峻的国内外环境下，出口市场变化起此彼伏、风云莫测，粤港澳大湾区出口产业的市场机构水平也在波动变化、曲折上升。

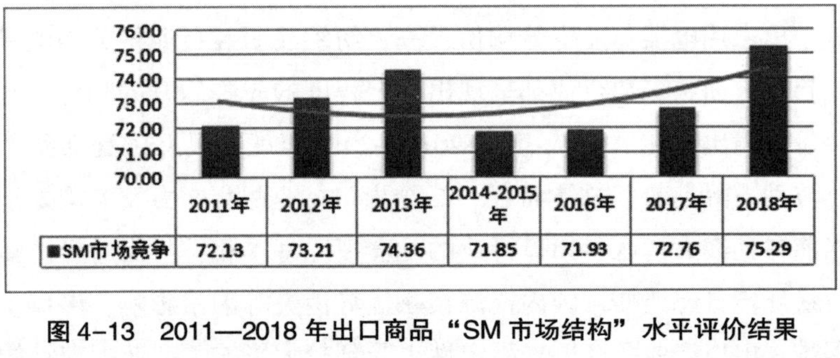

图 4-13　2011—2018 年出口商品“SM 市场结构”水平评价结果

对比 3 个行业结构二级指标评价结果可以看出，“SS 规模结构”，“SO 配套实力”整体水平明显高于行业“SM 市场结构”，说明粤港澳大湾区出口产业市场结构发展滞后于在规模结构和配套结构的发展，长期的外贸加工积累了粤港澳大湾区良好的规模结构和配套实力，同时也在广大出口企业中形成了代工思维痼疾，对海外市场开拓缺乏信心，自主品牌培育投入不足，面对不断加剧的国际贸易摩擦和国内资源禀赋消失显得束手无策，市场结构水平发展波动曲折、增长艰难。

②“SM 市场结构”各行业得分情况分析

表 4-13 给出了 2011—2018 年 12 个行业“SM 市场结构”8 年得分情况，可以看出各行业 8 年得分在［63.71，80.58］区间内变动，各年度得分普遍在 70 分左右徘徊，只有信息技术设备行业在 2018 年度得分达到 80 以上，各行业得分普遍处于中等偏低水平；各行业得分均值在［69.00，74.89］区间内变动，纺织品服装、鞋类行业得分均值低于 70，处于偏低水平，整体而言粤港澳大湾区出口行业市场竞争处于中等偏低水平。在得分变化趋势方面，只有玩具、仿真饰品行业呈现出较明显的连续下降趋势，信息技术设备、家用电器、食品接触产品等 3 个行业呈现明显上升趋势，其他行业普遍呈现较平稳的发展态势。总体而言，12 个出口行业“SM 市场结构”指标得分普遍处于中等偏下水平，基本符合当前粤港澳大湾区出口行业的市场开拓情况，出口企业多数以劳动密集型的加工贸易为主，缺少自主品牌建设，对贸易商和海外品牌依赖非常高，新冠疫情进一步加剧了国际市场低迷的形势，出口行业依然面临严峻挑战。

表 4-13　2011—2018 年 12 个受调查行业“SM 市场结构”指数得分情况

	2011 年	2012 年	2013 年	2014—2015 年	2016 年	2017 年	2018 年	2011—2018 年均值	标准差
家用电器	73.61	74.32	75.84	70.40	69.17	74.04	79.54	73.85	2.96
照明设备	72.61	73.88	74.19	72.33	71.76	75.51	74.35	73.52	0.87
音视频设备	73.99	72.35	79.38	77.45	71.34	72.75	76.95	74.89	1.48
仿真饰品	72.21	74.12	75.21	68.85	69.87	67.67	68.04	70.85	2.09
信息技术	70.98	74.87	78.06	65.04	67.90	72.66	80.58	72.87	4.80
玩具	75.91	75.03	74.32	74.53	75.50	73.59	70.60	74.21	2.66
纺织品服装	69.78	71.17	70.77	68.86	66.13	67.01	70.80	69.22	0.51
家具	73.16	72.77	74.58	72.16	74.20	71.97	70.12	72.71	1.52
食品接触产品	73.39	73.29	76.71	69.42	72.37	74.88	78.29	74.05	2.45
箱包	68.87	68.02	72.77	74.17	68.13	75.03	70.76	71.11	0.94
鞋类	70.56	69.30	71.25	63.71	66.53	71.77	69.85	69.00	0.36
加工食品	71.05	73.27	73.53	73.15	71.34	70.19	72.00	72.08	0.48

3. 行业结构水平三级指标标测结果分析

“行业结构水平 S” 有 7 个三级指标，分别由二级指标 “SS 规模结构”，“SO 配套实力” 和 “SM 市场结构” 分解得到，下面按归属二级指标来组织叙述。

(1) “SS 规模结构” 对应的三级指标的评分情况

二级指标 “规模结构 SS” 包括大型企业比重和 “SS_2企业规模水平” 两个，二个指标的评价结果如图 4-14 所示。三级指标大型企业比重反映的是产值或销售额集中在大规模企业或超大规模企业的程度，评价结果显示 SS_1得分变动区间为 [82.55，84.60]，得分均值为 83.78，说明粤港澳大湾区出口产业的行业集中度水平处于一个比较高的水平；从得分变化趋势来看，2011—2018 年大型企业比重指标得分呈现较明显的平稳增长态势，2017 年达到最高分分值。评价结果说明，在国际国内各类因素倒逼作用下，粤港澳大湾区出口产业正逐渐地向大规模企业集聚，产业集中度正在处于不断提升的态势。三级指标 “SS_2企业规模水平” 反映的是出口企业规模整体水平，其得分区间为 [68.70，79.69]，得分均值为 74.80，说明出口企业规模水平处于中等水平，也揭示了绝大多数出口企业依然为中小规模企业；从 SS_2得分变动趋势来看，2011—2018 年度得分处于波动增长状态，说明了粤港澳大湾区出口企业规模水平处于不断提升的态势。

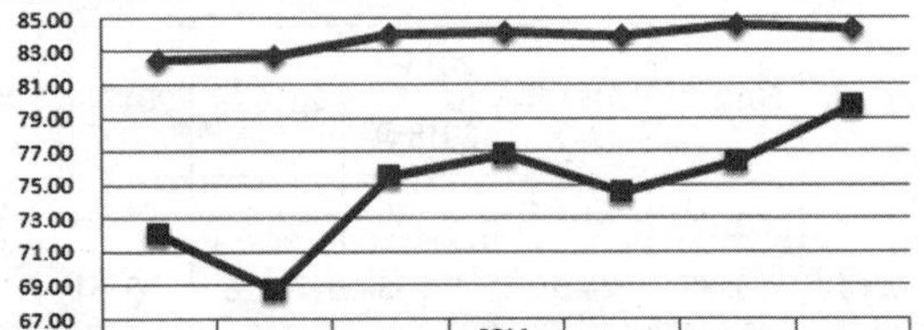

	2011年	2012年	2013年	2014-2015年	2016年	2017年	2018年
SS_1大型企业比重	82.55	82.77	84.03	84.18	83.96	84.60	84.33
SS_2企业规模水平	72.07	68.70	75.47	76.82	74.54	76.32	79.69

图 4-14　2011—2018 年出口商品行业行业结构水平三级指标评价结果

对比两个二级指标评价结果可以发现，三级指标 “SS_2企业规模水平” 评价得分普遍低于大型企业比重指标，说明虽然行业集中度水平较高，出口企业在数量上仍然是中小企业为主体；但从增长速度上来看，“SS_2企业规模水平” 要快于大型企业比重，一定程度上说明行业产值或销售额集中在大型企业程序的增高会提高行业门槛、淘汰小规模企业，加快企业规模水平的提高，推动行业规模结构整体调整。

（2）"SO 配套实力"三级指标得分情况

二级指标"SO 配套实力"对应三级指标有两个："SO_1 关键原材料配套能力"和"SO_2 主要零部件配套能力"，两个指标的评价结果如图 4-15 所示。三级指标"SO_1 关键原材料配套能力"反映的是行业内关键原材料的供应配套发展情况，评价结果显示 SO_1 得分变动区间为［81.19，85.14］，得分均值为 83.37，说明粤港澳大湾区行业内关键原材料的供应配套发展状况良好。从得分变化趋势来看，关键原材料的配套发展情况在 2011—2016 年出现持续的下降，从 2011 年的 84.98 逐渐下降到 2016 年的 81.19，2017—2018 年逐渐回升，在 2018 年达到最高即 85.14，评价结果揭示在 2011—2018 年期间粤港澳大湾区主要出口行业的关键原材料配套能力出现整体性的大波动，一定程度上说明关键原材料供应商和上游企业等产业要素受外部市场因素影响较大。三级指标"SO_2 主要零部件配套能力"反映的是行业内主要零部件的供应配套发展情况，评价结果显示 SO_2 得分变动区间为［81.23，85.16］，得分均值为 83.02，说明粤港澳大湾区行业内主要零部件的供应配套发展状况良好。从 SO_2 得分变动趋势来看，关键零部件的配套能力在 2011—2016 年出现持续的下降，从 2011 年的 85.16 逐渐下降到 2016 年的 81.23，2017—2018 年逐渐回升，在 2018 年达到 84.49，这种变化趋势也说明了粤港澳大湾区的主要出口产品行业的主要零部件配套能力虽然处于良好水平，但受到国际市场的影响较大。

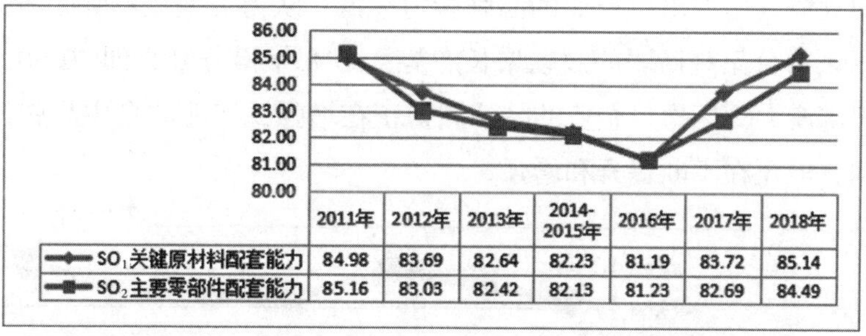

	2011年	2012年	2013年	2014-2015年	2016年	2017年	2018年
SO_1关键原材料配套能力	84.98	83.69	82.64	82.23	81.19	83.72	85.14
SO_2主要零部件配套能力	85.16	83.03	82.42	82.13	81.23	82.69	84.49

图 4-15　2011—2018 年出口商品行业行业结构水平三级指标评价结果

对比两个三级指标评价结果可以发现，原材料配套能力略优于关键零部件的配套能力，除了 2011 年、2016 年"SO_1 关键原材料配套能力"略低于"SO_2 主要零部件配套能力"得分外，"SO_1 关键原材料配套能力"的得分均高于"SO_2 主要零部件配套能力"；在得分趋势方面，"SO_1 关键原材料配套能力"和"SO_2 主要零部件配套能力"在 2011—2018 年期间的变动趋势基本一致，都受外部市场因素影响产生较大波动，也说明良好的外部环境是产业配套结构健康发展的必要条件。

(3)“SM 市场结构”三级指标得分情况

二级指标“SM 市场结构”对应的三级指标有三个：“SM_1市场占有率”“SM_2发达市场比例”“SM_3自主品牌比例”，三个指标的评价结果如图 4-16 所示。三级指标“SM_1市场占有率”反映的是出口商品行业在海外市场的市场占有率情况，评价结果显示 SM_1得分变动区间为［65.97，70.98］，得分均值为 68.86，处于较低的水平；从得分变化趋势来看，2011—2013 年“SM_1市场占有率”指标呈现较明显的增长趋势，在 2013 年达到最高值，2013 年之后呈现微弱的波动下降趋势，评价结果说明粤港澳大湾区出口行业市场占有率水平并不是很理想，且呈现一定的下降态势。三级指标“SM_2发达市场比例”反映的是反映企业市场中出口发达国家所占的比例，评价结果显示“SM_2发达市场比例”的得分变动区间为［80.00，85.09］，得分均值为 81.82，粤港澳大湾区出口发达市场的比例水平处于一个比较高的水平；从得分趋势来看，2011—2013 年“SM_2发达市场比例”指标得分呈现持续的增长态势，2013 年之后出现明显的回落至 2014—2015 年的 80.34，2016—2018 年发达市场比例得分出现回升到 85.09，评价结果说明面对日趋严峻的贸易摩擦、贸易战，粤港澳大湾区面向发达国家或地区的出口在持续增强，出口产业呈现较强竞争力。三级指标“SM_3自主品牌比例”反映的是行业内出口商品的自主品牌比例情况，评价结果显示 SM_3自主品牌比例的得分变动区间为［66.24，70.30］，得分均值为 67.68，说明粤港澳大湾区主要出口行业的品牌能力较低；从得分变化趋势来看，2011—2018 年 SM_3得分呈现微弱的波动增长态势，2018 年得分最高即 70.30，一定程度说明粤港澳大湾区出口企业的品牌意识正在增强，产业的自主品牌比例水平虽然偏弱，但正在不断提升和增强。

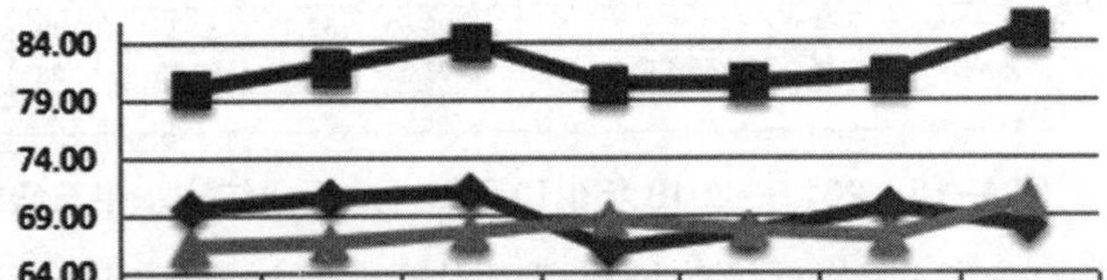

	2011年	2012年	2013年	2014-2015年	2016年	2017年	2018年
SM_1市场占有率	69.53	70.48	70.98	65.97	67.46	69.65	67.95
SM_2发达市场比例	80.00	81.89	83.97	80.34	80.42	81.07	85.09
SM_3自主品牌比例	66.24	66.55	67.46	68.55	67.65	67.03	70.30

图 4-16　2011—2018“SM 市场结构”对应三级指标评价结果

对比三个三级指标评价结果可以发现，粤港澳大湾区出口产业的“SM_2发达市场比例”要明显高于“SM_1市场占有率”和“SM_3自主品牌比例”，且从这三个指标近几年的趋势变化来看，出口发达市场比例的形势仍然较为乐观，而出口的市场占有率和自主品牌比例的改善空间依然非常大。随着我国经济进入新常态时期，过去的比较优势已不再存在，我国出口贸易不仅面临来自新兴发展中国家的产业竞争，也面临着来自发达国家的保护主义和产业回流政策的挑战，近年来我国出口制造业在国际市场上遭到价格歧视和反倾销的案件逐年递增，出口企业的市场开拓日趋艰难、生存压力也与日俱增，对此粤港澳大湾区出口产业必须主动应对，加快产业转型、打造核心竞争优势、提升自主品牌能力，迎接国际市场的新挑战。

（三）出口商品行业质量水平评测结果分析

1. 一级指标“Q 行业质量水平”评测结果分析

（1）质量水平总指数评价情况

质量水平总指数反映出口行业质量整体发展水平情况，数据处理结果如图4-17所示，2011—2018年粤港澳大湾区出口商品的“Q 行业质量水平”总指数整体处于中等水平，平均得分为76.10。从得分变化趋势来看，“Q 行业质量水平”总指数呈现出了两拨波动式增长趋势：2011—2012年得分由75.76增长至76.81，2013—2017年由75.85增长至76.68。当前国际贸易摩擦加剧、中美贸易战不断升级，原有国内资源禀赋优势逐渐消失殆尽，海外市场对环境保护、劳动力保护的要求日趋严格，出口企业生存环境日趋严峻，受此影响出口商品质量发展必然呈现波动曲折态势。

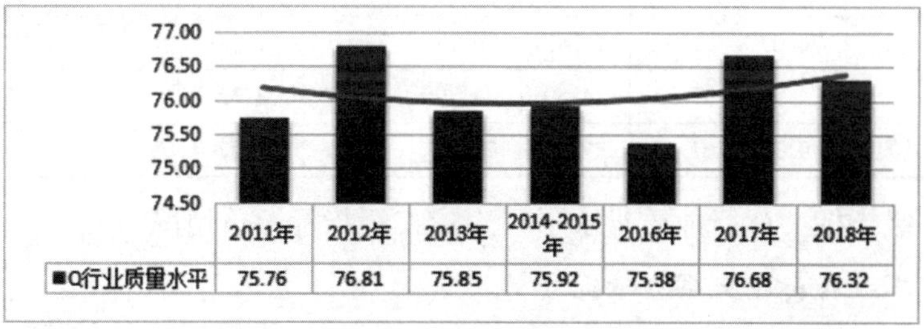

图4-17　2011—2018年“Q 行业质量水平”指数评价结果

（2）各行业发展情况分析

表4-14给出了2011—2018年12个行业的“Q 行业质量水平”总指数各年得分和得分均值情况。可以看出，各行业得分均值在［74.18，79.36］区间内变动，纺织品服装行业、鞋类行业得分均值相对较低，食品、电子信息类行业

得分相对较高，总体上12个行业质量水平发展处于中等水平，说明粤港澳大湾区各行业出口商品质量整体水平仍然不高，传统劳动密集型产业质量水平普遍偏低，而且受传统的出口加工贸易和代工思维影响，迫切需要转变仅把质量发展限定在生产加工一个环节的质量思维。进一步来看“Q行业质量水平”指标各年得分具体情况和发展变动趋势，可以看出各年得分在［70.32，81.67］区间浮动。从得分变动趋势来看，各行业得分波动都较小、变化较平稳，多数行业一定程度上呈现出先下降后回升的变化态势。总体而言，粤港澳大湾区湾区各出口行业质量水平提升空间仍然较大，大多数出口行业得分有一定程度的增长，但发展过程普遍波动曲折，得分都存在不同程度的波动，多数行业在2011—2015年度出现了小幅下降趋势。

表4-14 12个受调查行业“Q行业质量水平”评价结果

行业＼年度	2011年	2012年	2013年	2014—2015年	2016年	2017年	2018年	各年均值	标准差
家用电器	75.74	78.86	78.37	74.19	74.68	75.17	75.64	76.09	1.81
照明设备	75.51	79.15	74.45	75.68	77.21	78.20	75.60	76.54	1.69
音视频设备	76.28	77.44	73.99	75.63	74.35	76.71	72.84	75.32	1.65
仿真饰品	75.80	77.47	78.81	74.80	78.34	74.36	76.06	76.52	1.72
信息技术	75.48	79.79	78.14	75.44	77.07	78.44	81.18	77.93	2.13
玩具	76.43	77.36	77.23	76.66	72.77	75.90	77.94	76.33	1.70
纺织品服装	74.20	75.23	71.45	73.69	74.83	75.53	74.32	74.18	1.36
家具	75.76	77.57	75.24	74.50	74.95	75.92	74.54	75.50	1.06
食品接触产品	76.69	76.20	75.86	73.70	78.36	78.64	77.94	76.77	1.73
箱包	74.07	76.62	77.42	76.78	78.07	77.58	76.61	76.74	1.30
鞋类	74.90	75.95	74.50	74.19	75.77	78.32	70.32	74.85	2.42
加工食品	79.36	81.67	77.98	79.18	77.96	79.57	79.79	79.36	1.25

2. 一级指标“Q行业质量水平”对应二级指标评价情况

（1）二级指标指标得分情况分析

“QC产品合格”是指出口商品性能指标符合性特征，数据处理结果如图4-18所示，该项指标得分普遍处于良好水平，平均得分达81.78；从得分变化趋势来看，2011—2018年整体上呈现一定的先降后升的波动下降态势，2016年到达得分最低点80.30，此后出现一定程度的波动回升趋势。评价结果说明，粤港澳大湾区出口商品合格性处于良好状态，随着出口企业对各类海外质量标准的消化吸收和对产品技术工艺的不断创新升级，出口商品合格水平也必然会持续改善和提高。“QM 市场感知”反映的是市场对产品的感知水平或满足度水平，数据处理结果显示，该项指标各年得分处于中等偏低水平，得分均值为分72.09；从得分变化趋势来看，2011—2018 年整体上呈现波动增长态势。评价结果揭示，海外市场对大湾区出口商品质量的整体感知效果处于中低水平，滞后于产品质量合格水平，从“QM 市场感知”指标得分不断上升的变动趋势来看，大湾区出口产业转型发展正逐步取得较好效果，产品品质正在不断被海外市场认可和接受。二级指标“QS 社会责任”评测的是出口商品在制造过程、性能指标等方面符合绿色节能、环境保护等方面要求的程度，二级指标“QS 社会责任”各年评价得分在［70.96，73.49］区间波动，整体处于中等偏低水平；从得分变化趋势来看，2011—2018 年整体上呈现波动下降态势。评价结果揭示，粤港澳大湾区出口产业社会责任水平有待进一步提升，从得分变动趋势来看出口企业对社会责任水平的发展一定程度上滞后于人类社会发展需求的增长，也必将会制约出口产业的健康可持续发展。

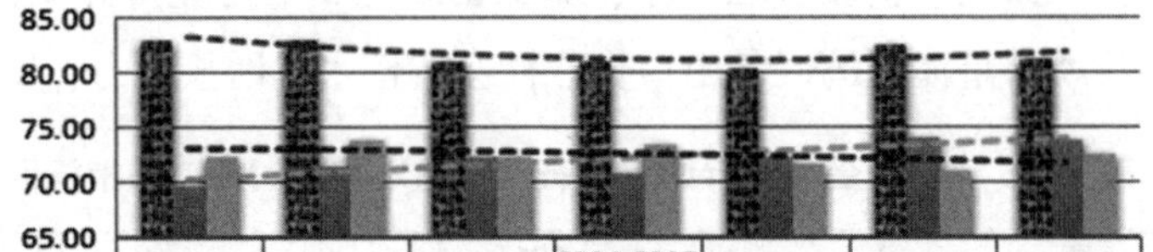

	2011年	2012年	2013年	2014-2015年	2016年	2017年	2018年
QC产品合格	82.91	82.97	81.00	81.13	80.30	82.64	81.26
QM认证基础	69.70	71.54	72.36	70.91	72.46	74.11	73.78
QS社会责任	72.36	73.94	72.43	73.49	71.67	70.96	72.51

图 4-18　2011—2018 年“Q 行业质量水平”对应二级指标评价结果

（2）各行业得分情况分析

12 个受调查出口行业的三个质量水平二级指标各年得分具体情况如表 4-15 所示。对于“QC 产品合格”指标，可以看出各年得分在［74.09，87.85］区间浮动，得分均值在［79.04，84.37］区间波动。从各行业得分变动趋势来看，家用电器、家具等行业呈现明显的连续下降趋势，玩具、纺织品服装等行业都呈现先下降后回升的变化态势，信息技术设备行业得分变化较平稳，只有仿真饰品、箱包两个行业呈现出一定的上升增长趋势。评价结果说明，粤港澳大湾区各出口行业质量合格水平普遍较高但增长提升举步维艰，原因可能是当前国际贸易壁垒措施层次不穷、贸易摩擦不断升级、国内源等资源要素成本不断上升等，导致出口企业生存压力越来越大、质量提升动力不足。

对于“QM 市场感知”指标，各年得分在［66.58，92.46］区间浮动，均值在［69.59，90.40］区间内变动，鞋类行业得分均值最小，除鞋类行业以外其他行业得分均值都略高于70分，整体而言大湾区各出口行业的市场感知质量水平处于中低水平状态。从得分变动趋势来看，12个行业都呈现出一定程度的增长趋势，其中音视频设备、仿真饰品等行业波动相对较大。评价结果说明，粤港澳大湾区各出口企业已开始重视海外市场感知的效用，传统加工贸易思维正在转变，正在逐步提高对海外消费者服务能力水平，不断提升出口商品的海外顾客满意度。

对于“QS 社会责任”指标，可以看出各年得分在［68.38，79.07］区间浮动，得分均值［71.43，74.63］区间波动，行业间的得分均值差距不大，说明粤港澳大湾区各出口行业的社会责任水平普遍处于中等水平，粤港澳大湾区出口商品在符合人类社会发展需求等方面仍然有较大的提升空间。从各行业得分变动趋势来看，家用电器、仿真饰品、信息技术、纺织品服装以及箱包等5个行业呈现倒U形变动趋势，照明设备、音视频设备、玩具、鞋类等4个行业呈现明显的连续下降趋势，家具、食品接触产品、加工食品等3个行业得分变化比较平稳，一定程度上说明粤港澳大湾区各出口行业社会责任水平增长乏力、发展举步维艰。

表4-15　12个受调查行业“Q行业质量水平”对应二级指标评价结果

行业＼年度	2011年	2012年	2013年	2014—2015年	2016年	2017年	2018年	各年均值	标准差
QC产品合格									
家用电器	83.32	84.05	83.71	77.84	80.25	79.86	80.06	81.30	2.21
照明设备	82.45	84.22	78.48	79.94	82.31	85.56	78.76	81.68	2.52
音视频设备	81.83	83.10	80.15	78.96	79.39	81.64	75.50	80.08	2.31
仿真饰品	80.25	79.78	84.11	80.50	87.38	79.15	80.94	81.73	2.73
信息技术	82.14	87.18	82.98	83.50	85.18	82.50	87.08	84.37	1.97
玩具	85.30	83.01	87.85	84.64	74.09	79.60	86.30	82.97	4.36
纺织品服装	79.39	79.49	74.19	79.43	80.40	79.11	81.25	79.04	2.10
家具	83.41	82.85	79.10	77.47	77.83	80.22	78.58	79.92	2.19
食品接触产品	84.36	81.61	78.64	78.38	84.41	85.65	85.21	82.61	2.85
箱包	78.93	79.25	82.83	78.73	85.78	84.80	84.12	82.06	2.81
鞋类	82.24	83.44	81.82	80.31	83.38	81.37	76.15	81.24	2.32
QM市场感知									
加工食品	90.50	92.05	86.33	90.89	89.74	90.83	92.46	90.40	1.87

续表

行业＼年度	2011年	2012年	2013年	2014—2015年	2016年	2017年	2018年	各年均值	标准差
家用电器	69.68	72.40	73.48	70.76	70.31	75.67	73.73	72.29	2.00
照明设备	69.54	72.39	71.24	72.37	72.08	75.75	74.52	72.56	1.90
音视频设备	70.78	70.88	71.86	72.48	69.41	72.22	69.95	71.08	1.08
仿真饰品	70.27	71.99	74.54	68.89	71.17	73.95	69.70	71.50	1.97
信息技术	70.26	75.54	73.34	69.18	69.23	76.84	80.54	73.56	4.01
玩具	70.76	72.23	69.50	70.33	71.30	74.10	72.62	71.55	1.44
纺织品服装	70.42	70.53	71.19	67.17	71.02	72.72	77.92	71.57	3.02
家具	69.24	71.67	73.95	73.17	73.44	74.04	71.54	72.44	1.60
食品接触产品	68.75	69.70	74.34	68.61	70.51	73.57	73.58	71.30	2.29
箱包	68.16	69.73	71.30	75.32	72.74	69.96	72.82	71.43	2.22
鞋类	66.58	68.40	69.81	70.13	70.79	71.98	69.47	69.59	1.60
加工食品	72.17	70.93	73.28	72.45	71.59	73.77	74.27	72.64	1.11
QS 社会责任									
家用电器	71.73	77.86	77.00	74.35	71.66	70.92	71.52	73.58	2.86
照明设备	72.31	79.07	73.27	73.33	75.66	69.20	70.47	73.33	3.28
音视频设备	74.53	74.61	71.68	74.42	72.70	70.37	73.54	73.12	1.63
仿真饰品	75.64	78.04	76.99	73.29	73.51	68.74	76.18	74.63	3.12
信息技术	71.85	74.28	77.10	70.99	74.29	76.45	75.15	74.30	2.24
玩具	70.17	74.08	70.43	72.40	72.54	73.53	70.72	71.98	1.56
纺织品服装	71.04	72.67	69.99	72.79	71.17	71.38	75.94	72.14	1.94
家具	72.18	76.04	71.27	71.78	72.54	70.14	70.29	72.04	1.98
食品接触产品	74.66	74.83	73.37	72.71	78.50	74.97	71.04	74.30	2.33
箱包	73.74	74.64	75.55	75.64	73.08	70.62	70.67	73.42	2.11
鞋类	73.72	73.31	68.82	70.02	70.54	72.33	73.64	71.77	1.97
加工食品	71.60	78.39	70.17	70.08	68.38	70.27	71.14	71.43	3.23

3. 一级指标“Q 行业质量水平”对应三级指标评测结果分析

（1）二级指标“QC 产品合格”对应三级指标评测结果

二级指标“QC 产品合格”对应三级指标评测结果如图 4-19 所示。“QC_1 原材料质量管理水平”得分处于中等偏上水平，平均得分为 78.74；从得分的趋势上看，2011—2018 年整体上呈现波动变动态势，增长趋势不明显。评价结果揭示，大湾区出口产业的原材料质量管理水平仍然有较大提升空间，但受国际国内各方面环境因素影响原材料质量改善动力不足，管理水平增长乏力。

“QC_2 半成品合格水平”得分处于中等水平，平均得分为 79.78；从得分的趋势上面看，2011 至 2018 年整体上呈现出小幅度 U 形变动趋势，2013 年得分最低 77.71，此后一直平稳上升，2018 年达到得分最高点 81.58。评价结果显示，出口企业对半成品质量水平的管控持续改进，整体水平呈波动上升趋势。

“QC_3 成品合格水平”得分处于良好水平，平均得分达 85.29，但 2011 至 2018 年整体上呈现出一定的波动下降态势，说明粤港澳大湾区出口产业成品质量水平整体较好，但增长乏力、发展动力不足，呈现出一定的下降态势。

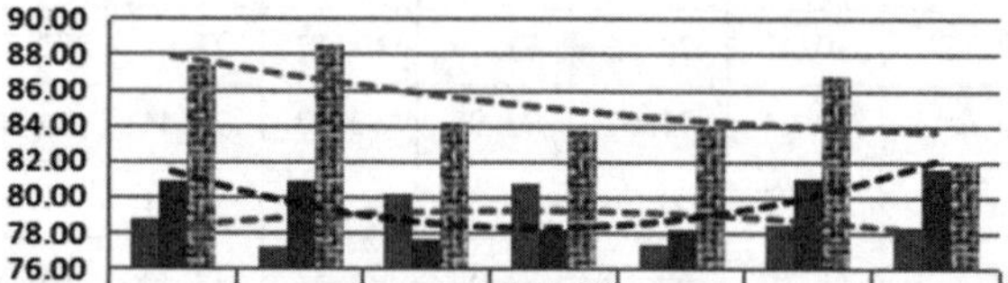

	2011年	2012年	2013年	2014-2015年	2016年	2017年	2018年
QC_1 原材料质量管理水平	78.75	77.26	80.19	80.73	77.38	78.46	78.39
QC_2 半成品合格水平	80.88	80.90	77.71	78.17	78.19	81.03	81.58
QC_3 成品合格水平	87.44	88.60	84.23	83.81	84.05	86.83	82.10

图 4-19　2011—2018 年出口行业质量水平三级指标评价结果

（2）二级指标“QM 市场感知”对应三级指标评测结果

二级指标“QM 市场感知”对应三级指标评测结果如图 4-20 所示。“QM_1 顾客群体特征”得分处于中等水平，平均得分为 73.65；2011 年至 2018 年得分变动整体上比较平稳，总体上有一定的增强趋势。评价结果显示，粤港澳大湾区出口商品主要面对中等偏低端顾客群体，但顾客群体的层次和产品的档次在稳步提升，一定程度上说明大湾区出口商品正不断获得更好市场感知。

“QM_2 市场服务机制”得分处于较低水平，平均得分为 57.94；但从得分的趋势上看，2011—2018 年整体上呈波动上升趋势。评价结果显示，粤港澳大湾区的出口商品市场服务机制仍然非常不足，出口企业在顾客服务机构和制度的建设和完善方面还有很长的路要走，但从得分变动趋势可以看出，出口企业已经开始重视海外市场服务能力的发展，正在持续稳定的改善和提升。

“QM_3 质量事故投诉”得分处于中等偏良好水平，平均得分为 81.97，从得分的趋势上看，2011—2018 年整体上呈现小幅波动上升趋势。评价结果显示，当前粤港澳大湾区的出口商品质量事故投诉情况较为乐观，说明海外市场对大湾区出口商品的负面感知较小，但从当前国际贸易发展趋势来看，世界各国为保护本国产业经济发展，贸易壁垒、贸易摩擦将日趋严峻，质量事故管控将愈来愈难。

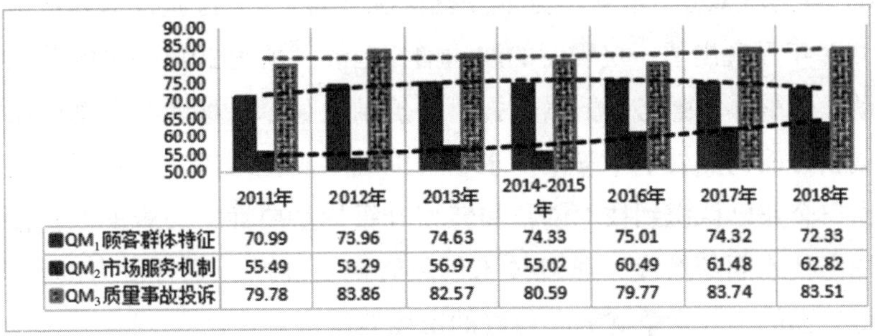

	2011年	2012年	2013年	2014-2015年	2016年	2017年	2018年
QM_1 顾客群体特征	70.99	73.96	74.63	74.33	75.01	74.32	72.33
QM_2 市场服务机制	55.49	53.29	56.97	55.02	60.49	61.48	62.82
QM_3 质量事故投诉	79.78	83.86	82.57	80.59	79.77	83.74	83.51

图 4—20　2011—2018 年出口行业质量水平三级指标评价结果

（3）二级指标"QS 社会责任"对应三级指标评测结果

二级指标"QS 社会责任"对应三级指标评测结果如图 4-21 所示。"QS_1 能耗水平"得分处于中等水平，平均得分为 72.10；从得分变化趋势来看，2011—2018 年整体上呈现波动变化态势，增长趋势不明显；评价结果显示，粤港澳大湾区出口产业能耗结构水平提升空间仍然较大，但在当前经济新常态时期，面对日趋严峻的国际贸易环境，出口企业改善自身能耗水平的动力仍显不足。"QS_2 环保水平"得分同样处于中等水平，平均得分为 72.64 分；从得分变化趋势来看，2011 年至 2018 年整体上呈现波动下降态势；评价结果说明，随着世界各国对资源环境保护日趋重视、保护措施也越来越严格，粤港澳大湾区出口产业环境保护水平上跟进乏力，必须强化出口企业环境保护意识，加强产品制造、运输以及使用等环节的环境保护技术和措施，确保出口商品与环境的和谐性。

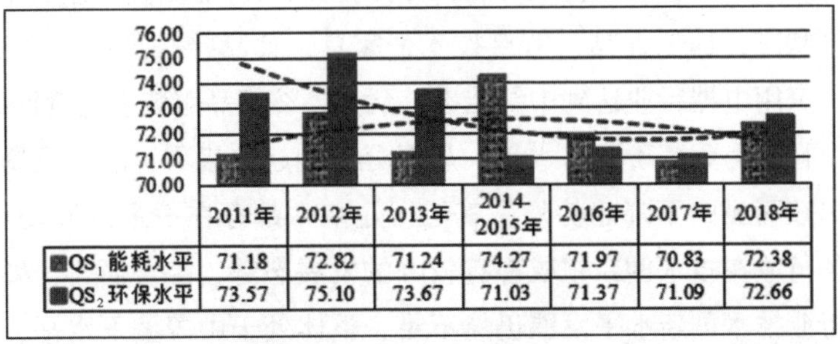

	2011年	2012年	2013年	2014-2015年	2016年	2017年	2018年
QS_1 能耗水平	71.18	72.82	71.24	74.27	71.97	70.83	72.38
QS_2 环保水平	73.57	75.10	73.67	71.03	71.37	71.09	72.66

图 4-21　2011—2018 年"QS 社会责任"对应三级指标评价结果

（四）出口商品行业技术创新水平评测结果分析

1. 一级指标"T 行业技术创新水平"评测结果

（1）评价得分情况分析

"T 行业技术创新水平水平"评价得分情况如图 4-22 所示。数据处理显示，2011—2018 年行业技术创新水平总体处于中等偏下水平状态，分值变化区间为［69.74，73.62］。从各年分值变化情况来看，“T 行业技术创新水平”在 2011—2018 年呈现出了一定程度的波动增长趋势，虽然 2013—2015 年出现了小幅度波动，但整体增强势头依然较强。评价结果显示，粤港澳大湾区出口产业在技术创新方面仍然处于中等偏低水平，但近年来呈现出良好的增长势头，说明湾区出口企业已认识到技术创新和转型升级的重要性，普遍采取积极的应对措施，加强技术创新力度，通过技术创新转向更高端、更有潜力的生产模式，从而获得更强的国际竞争优势和更好的市场地位。

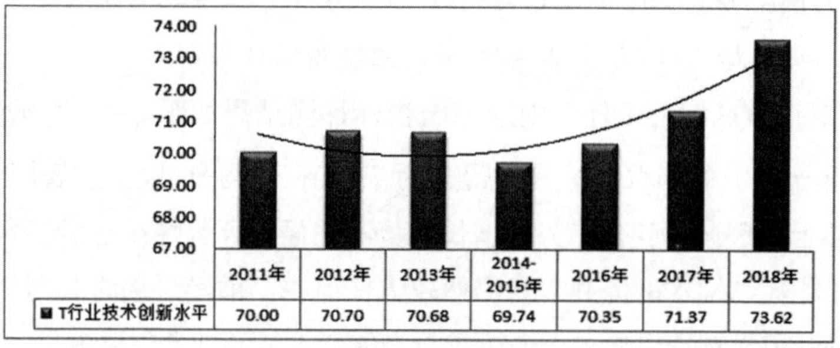

图 4-22　2011—2018 年一级指标“T 行业技术创新水平”评价结果

（2）各行业得分情况分析

表 4-16 给出了 12 个受调查出口商品行业“T 行业技术创新水平”得分情况。可以看出，各行业各年得分在［60.63，77.43］区间浮动，2016 年仿真饰品行业得分最小，信息技术设备行业 2018 年得分最大；各行业得分均值在［67.03，74.23］区间内变动，整体而言湾区各出口行业的技术创新水平处于中等偏低水平状态，加工食品、信息技术、家具、食品接触产品、音视频设备、照明设备、家用电器行业达到中等状态，玩具、纺织品服装、仿真饰品、鞋类、箱包等 5 个行业得分落于及格水平。从得分变动趋势来看，除仿真饰品、家具行业呈现出较明显的下降趋势外，其他行业基本都存在一定的波动增长趋势，整体而言各行业在技术创新领域都有较好的发展态势。综合而言，粤港澳大湾区各出口行业技术创新水平发展仍然不足、整体处于中等偏下水平，但绝大多数行业都呈现出良好的增长势头，这种态势说明，技术创新作为提升产品质量、增加附加值、打造核心竞争力的主要手段，其重要性和价值已经普遍受到广大出口企业的重视。

表 4-16 2011—2018 年 12 个受调查行业“T 行业技术创新水平”得分情况

行业＼年度	2011 年	2012 年	2013 年	2014—2015 年	2016 年	2017 年	2018 年	各年均值	标准差
家用电器	72.03	74.31	75.64	70.73	70.78	70.34	76.52	72.91	2.36
照明设备	70.62	72.12	73.27	69.21	73.16	73.91	72.39	72.10	1.53
音视频设备	71.75	71.15	70.94	74.89	72.21	73.97	74.12	72.72	1.47
仿真饰品	69.06	70.41	69.34	68.11	60.63	65.06	66.62	67.03	3.10
信息技术	71.11	74.13	74.76	68.95	72.22	76.05	77.43	73.52	2.73
玩具	68.13	68.81	66.33	68.72	68.81	66.05	69.12	67.99	1.18
纺织品服装	67.41	67.68	66.25	65.21	67.14	67.35	70.93	67.43	2.36
家具	71.30	71.53	70.39	71.45	69.63	69.82	70.07	70.60	0.75
食品接触产品	70.64	69.64	71.81	70.40	72.31	71.73	75.44	71.71	1.75
箱包	66.26	69.45	68.78	67.94	71.25	65.15	69.07	68.27	1.89
鞋类	68.58	68.87	64.87	65.16	68.26	69.76	67.72	67.60	1.73
加工食品	73.52	75.71	71.70	74.83	73.21	74.85	75.81	74.23	1.38

2. 一级指标“T 行业技术创新水平”对应二级指标评价结果

（1）二级指标得分情况分析

“T 行业技术创新水平”对应的三个二级指标评价结果如图 4-23 所示。先来看“TH 人才结构水平”的评价结果，2011—2018 年指标得分变动区间为［66.37，73.71］，得分均值为 69.04；整体处于较低的合格水平。从得分变化趋势来看，2011—2018 年整体上呈现波动增长的趋势。评价结果揭示，粤港澳大湾区出口产业人才结构水平整体偏低，一定程度上说明出口企业长期以来受加工贸易发展模式和代工思维影响，一直专注于生产加工环节，产品研发创新投入不足，技术人才队伍建设滞后的现状；然而，近年来国际贸易摩擦加剧等因素，进一步让出口企业认识到经济转型发展的必然趋势，也倒逼出口企业主动摒弃传统代工思维，逐步加强人才建设、推动技术创新，加之近年来政府积极引导和推动，相关人才政策和措施不断出台，人才队伍建设环境得到持续改善，人才结构水平不断提升。

再来看“TM 制造技术水平”评价结果，2011—2018 年该指标得分变动区间为［74.19，78.17］，得分均值为 75.44，处于中等偏上水平；从得分变化趋势来看，2011 年至 2018 年整体上呈现下降趋势。评价结果揭示了湾区出口商品行业的制造技术水平处于中等水平、提升空间很大的现状，近年来受国际贸易摩擦、中美贸易战等因素影响，市场前景不明，使得出口企业提升制造技术水平的动力受到一定影响，呈现出了一定的增长无力、甚至是下降的态势。

最后来看“TT 研发创新水平”评价结果，2011—2018 年该指标得分变动区间为［68.07，73.12］，得分均值为 69.22，整体处于较低的合格水平；在得分变化趋势方面，研发创新水平呈现出波动增长的趋势。评价结果揭示，粤港澳大湾区出口产业“TT 研发创新水平”整体偏低，一定程度上是长期以来受加工贸易发展模式和代工思维影响而造成的；近年来国际贸易环境日趋严峻，国际市场竞争日益激烈，进一步让出口企业认识创新发展的重要性，逐步加强人才建设、推动技术创新，加之近年来政府不断出台相关政策和措施、持续改善和优化技术创新环境，“TT 研发创新水平”不断提升的趋势也是必然。

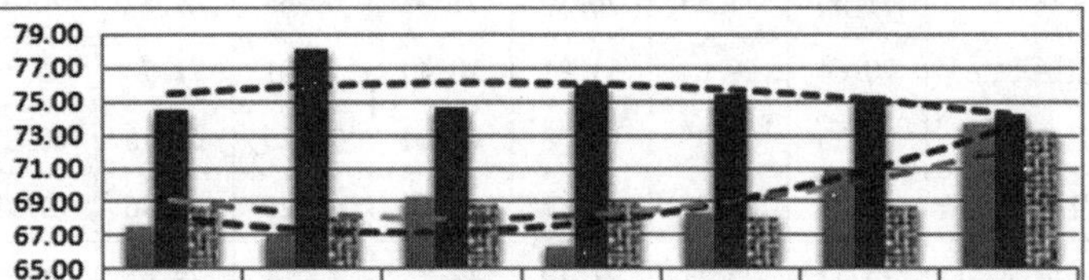

	2011年	2012年	2013年	2014-2015年	2016年	2017年	2018年
TH人才结构水平	67.58	67.05	69.28	66.37	68.39	70.89	73.71
TM制造技术水平	74.44	78.17	74.59	76.02	75.42	75.28	74.19
TT研发创新水平	68.67	68.07	68.87	68.93	68.12	68.77	73.12

图 4-23　2011—2018 年“T 行业技术创新水平”对应二级指标评价结果

（2）各行业得分情况分析

12 个受调查出口商品行业的“T 行业技术创新水平”二级指标得分情况和变动趋势如表 4-16 所示。先来看“TH 人才结构水平”指标的情况，12 个行业各年得分在［60.83，79.64］区间浮动，均值在［65.31，72.54］区间内变动，说明粤港澳大湾区各出口行业的人才结构水平总体处于较低水平状态。从得分变动趋势来看，除仿真饰品行业呈现出较明显的下降趋势外，其他行业基本都存在一定的波动增长趋势，各行业人才结构水平普遍呈现出较好的发展势头。综合而言，粤港澳大湾区各出口行业人才结构整体处于较低水平，但从得分趋势来看近年来但大湾区出口产业人才结构水平正在不断提升优化，说明出口企业已经开始走出加工贸易思维和模式，逐渐重视科技创新和人才建设，加大了对人才队伍建设力度，各出口行业人才结构正以良好的增长趋势、稳步发展。

“TM 制造技术水平”各年得分在［68.49，82.79］区间浮动，得分均值在［72.53，79.71］区间内变动，整体而言各出口行业制造技术处于中等水平状态。从得分变动趋势来看，除纺织品服装、家用电器、照明设备、食品接触产品等 4

个行业处于小幅度波动态势以外，其他行业基本都存在一定的下降趋势，整体而言各行业制造技术水平增长乏力、普遍呈现出波动发展趋势。综合而言，粤港澳大湾区各出口行业制造技术水平提升空间较大，整体呈现出一定的下降态势。

"TT 研发创新水平"各年得分在［54.22，78.54］区间浮动，均值在［60.91，73.51］区间内变动，整体处于较低水平状态。从得分变动趋势来看，大多数行业呈现出较明显的波动，除信息技术、音视频设备和鞋类行业存在一定的波动增长趋势外，其他技术含量较低的行业都呈现出较大的波动下降趋势。综合而言，粤港澳大湾区各出口行业研发创新水平整体处于较低水平，且增长动力不足，面对激烈的国际市场竞争，出口企业必须摒弃传统加工贸易思维，重视科技创新，加大对研发创新方面的投入力度，推动各出口行业技术研发创新水平稳步发展。

表 4-16　2011—2018 年 12 个受调查行业"T 行业技术创新水平"对应二级指标得分情况

年度 行业	2011 年	2012 年	2013 年	2014—2015 年	2016 年	2017 年	2018 年	各年均值	标准差
TH 人才结构水平									
家用电器	67.75	68.84	72.02	66.33	70.05	64.56	75.82	69.34	3.25
照明设备	68.73	68.84	70.99	65.74	72.44	69.35	69.06	69.31	1.80
音视频设备	68.31	66.93	69.63	73.79	72.00	73.68	76.81	71.59	3.02
仿真饰品	66.46	64.72	71.42	66.75	61.00	63.83	64.19	66.43	2.27
信息技术	66.73	69.88	72.69	68.52	72.15	77.53	79.64	72.45	5.54
玩具	66.34	65.44	63.44	62.47	68.27	64.91	69.35	65.75	2.14
纺织品服装	66.56	65.71	67.95	61.41	63.36	68.28	63.87	65.31	2.20
家具	67.90	67.69	68.71	68.01	66.69	70.60	74.94	69.22	2.42
食品接触产品	66.31	67.83	71.14	68.93	71.41	70.84	78.78	70.75	3.48
箱包	64.37	60.85	70.71	65.31	76.01	68.56	70.46	68.04	4.32
鞋类	67.53	66.03	64.62	60.83	64.94	72.18	63.54	65.67	3.07
加工食品	71.19	70.29	69.97	73.24	72.05	74.46	76.58	72.54	2.07
TM 制造技术水平									
家用电器	75.60	79.93	75.17	73.90	74.14	77.35	75.25	75.91	1.82
照明设备	72.60	77.89	74.73	74.16	74.67	76.80	75.13	75.14	1.51
音视频设备	76.36	78.87	75.70	75.25	72.91	75.90	73.19	75.45	1.75
仿真饰品	74.74	78.19	74.69	70.33	68.50	72.79	68.49	72.53	3.14
信息技术	79.11	82.39	82.52	79.53	79.95	80.24	74.20	79.71	2.40
玩具	72.81	76.61	73.07	75.09	77.24	72.74	76.81	74.91	1.75

续表

年度 行业	2011年	2012年	2013年	2014—2015年	2016年	2017年	2018年	各年均值	标准差
纺织品服装	73.66	76.25	73.01	74.24	74.14	72.99	77.17	73.86	1.82
家具	74.99	77.61	73.02	75.76	74.98	73.78	69.84	74.28	2.12
食品接触产品	75.00	76.29	76.93	75.06	76.64	75.46	76.07	75.92	0.66
箱包	70.32	78.06	75.52	77.47	71.67	70.68	72.52	73.75	2.80
鞋类	73.36	77.78	72.64	72.50	75.58	71.43	69.00	73.18	2.46
加工食品	77.48	82.79	74.46	77.71	75.84	76.07	74.99	77.05	2.42
TT研发创新水平									
家用电器	72.95	74.23	78.54	71.41	70.22	69.12	78.09	73.51	3.19
照明设备	70.72	70.68	75.49	67.83	73.68	77.81	60.98	71.03	4.80
音视频设备	71.15	69.93	72.24	75.02	73.26	72.79	73.88	72.61	1.47
仿真饰品	66.91	69.43	63.75	67.06	60.74	57.40	67.42	64.67	3.71
信息技术	68.70	71.06	70.77	67.26	67.88	69.30	71.74	69.53	1.47
玩具	66.05	65.11	64.32	68.61	63.17	62.68	59.99	64.28	2.37
纺织品服装	63.34	62.60	59.43	60.98	64.91	60.86	54.22	60.91	2.99
家具	71.35	70.42	69.49	70.52	68.22	66.66	66.00	68.95	1.77
食品接触产品	70.98	65.76	69.61	67.52	69.40	69.10	70.46	68.97	1.55
箱包	64.74	70.17	63.02	67.92	66.87	65.93	65.21	66.27	2.01
鞋类	65.80	64.65	60.30	62.69	64.48	66.05	66.83	64.40	1.95
加工食品	72.46	75.30	71.12	73.40	72.08	74.59	73.47	73.20	1.26

3. 一级指标“T行业技术创新水平”对应三级指标评测结果

(1) 二级指标“TH人才结构水平”对应三级指标评测结果

二级指标“TH人才结构水平”对应三级指标评价结果如图4-24所示。对于三级指标“TH_1本科以上人员比重”，2011—2018年该指标得分变动区间为[60.47，66.75]，得分均值为63.50；整体处于基本合格的较低水平；从水平变化趋势来看，2011年至2018年整体上呈现波动增长的趋势；评价结果揭示，粤港澳大湾区各出口行业人才学历结构总体上处于偏低水平，提升空间很大，但增长趋势较好。三级指标“TH_2熟练工人稳定性”各年得分变动区间为[70.45，82.58]，得分均值为76.31，整体处于中等偏上水平；从水平变化趋势来看，2011—2018年整体上呈现波动增长的趋势，说明粤港澳大湾区出口产业在长期的加工贸易发展历程中，积累了良好的熟练技术工人基础，制造业技术工人队伍发展稳定，基本形成了一个较好的良性发展态势。

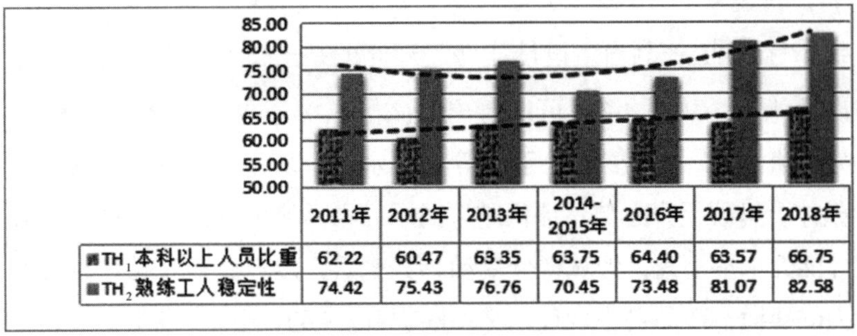

图 4-24　2011—2018 年二级指标“TH 人才结构水平”对应三级指标评价结果

（2）二级指标“TM 制造技术水平”对应三级指标评价情况

“TM_1制造装备水平”评测的是出口商品在制造过程中其硬件设备装备水平情况，从图 4-25 可看出，该指标得分在［73.52，76.22］区间波动，得分均值为 74.79，整体上处于中等水平；从得分变化趋势来看，2011—2018 年整体上呈现先增后降的波动变化趋势；评价结果揭示，粤港澳大湾区出口产业装备制造业水平仍然有较大提升空间，尤其是与发达国家相比还有很大的差距，近年来国际贸易环境日趋严峻，影响了出口企业提升制造装备水平的积极性，同时美国转向“全面遏制中国”战略，也很大程度上制约了我国制造装备水平的快速发展。“TM_2制造工艺水平”评测的出口商品在制造过程中商品达到的性能水平，从图 4-25 可以看出，“TM_2制造工艺水平”评价得分在［74.51，79.96］区间波动，得分均值为 75.85，整体处于中等偏上水平；从得分变化趋势来看，2011 年至 2018 年整体上呈现下降态势，最高得分为 2012 年的 79.96，最低得分为 2018 年的 74.51；评价结果揭示，粤港澳大湾区的出口商品制造工艺水平仍然有待进一步提升，从得分变动趋势来看，出口企业的制造工艺水平发展相对滞后，增长乏力。

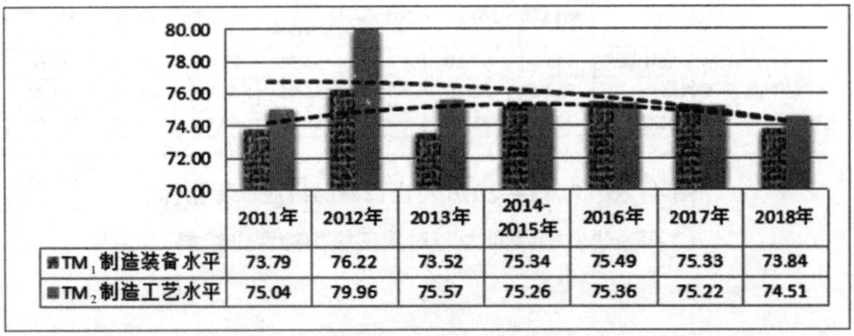

图 4-25　2011—2018 年出口商品行业二级指标“TM_2 制造工艺水平”对应三级指标评价结果

（3）二级指标“TT研发创新水平”对应三级指标评测结果

三级指标“TT_1产品自主设计能力”评测的是出口商品在制造过程中的自我创新与设计能力，从图4-26可以看出，该指标得分在［69.03，79.68］区间波动，得分均值为72.10，整体处于中等偏低水平；从得分变化趋势来看，2011—2018年整体上呈现上升态势；评价结果揭示，粤港澳大湾区出口商品行业的产品自主设计能力水平不高，但从得分变动趋势来看，出口企业正持续加强自身自主设计能力的建设，产品自主设计水平不断提升。“TT_2企业专利量”评测的是出口产业技术创新成果发展情况，可以看出，该指标得分在［62.71，66.08］区间变动，得分均值为64.47，整体上处于偏低水平；从得分变化趋势来看，2011年至2018年整体上处于波动态势，增长不明显。“TT_3技术创新能力”评测的是出口产业的企业研发和创新能力发展情况，可以看出，该指标得分在［68.54，72.95］区间波动，得分均值为70.51，整体上处于中等偏低水平；从得分变化趋势来看，2011年至2018年整体上呈现U形变动态势，但增长不明显；评价结果揭示，粤港澳大湾区出口产业的研发创新能力处于中等偏低水平、提升空间很大，从得分变动趋势来看，出口企业虽然已认识到技术创新和转型发展的重要性，但研发创新本身具有一定市场风险、受各类不稳定因素影响较大，企业技术研发创新的动力仍然不足，产业整体研发创新水平增长不明显，迫切需要相关政府部门出台有效的政策措施加以引导和推动，营造良好的技术创新生态环境。

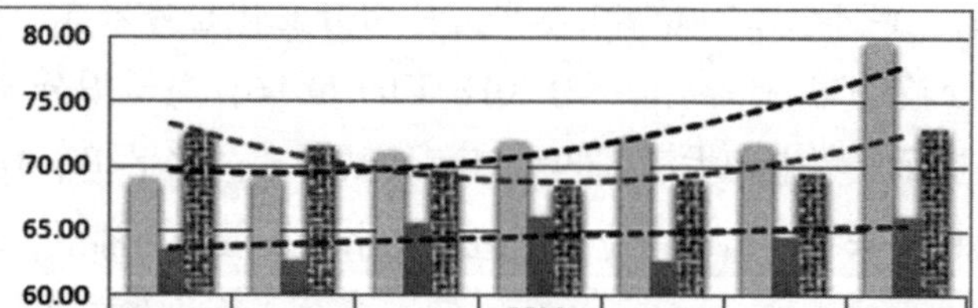

	2011年	2012年	2013年	2014-2015年	2016年	2017年	2018年
TT_1产品自主设计能力	69.03	69.10	71.09	71.90	72.16	71.74	79.68
TT_2企业专利量	63.57	62.76	65.50	66.05	62.71	64.59	66.08
TT_3技术创新能力	72.57	71.54	69.63	68.54	68.90	69.51	72.95

图4-26　2011—2018年出口商品行业二级指标

“TT_3研发创新能力”对应三级指标评价结果

第五章　认证认可对产业结构优化的促进效用分析

产业结构优化是产业高质量发展的重要内容。在产业结构理论中，产业结构合理化是产业结构高端化的基础，产业结构高端化是产业结构合理化的必然结果。认证认可是市场经济运行的基础性制度安排，其核心功能就是传递信任，即向消费者、企业传递真实信息，有效打破信息不对称，抑制产业资源“逆向”组合，引导供需对接和产业资源优化配置，从而促进产业结构合理化，推动产业结构高端化和高质量发展。认证认可亦是促进国际贸易的“世界语言”和“技术语言”，发挥着国际贸易中的“规则”作用，能够推动产业发展与全球产业链有机融合，能够从更高水准上提升产业结构水平，增强产业的国际竞争力。为实证检验认证认可对产业结构优化的促进作用，探究其促进产业高质量发展的影响路径，本书以粤港澳大湾区出口产业为例，从规模结构、配套结构、市场结构等三个方面，分别对微观企业和宏观行业两个层面进行实证分析。在微观层面，以企业为样本对象，采用相关性分析和线性回归分析方法，分析企业认证认可实施应用水平对产业要素优化配置的综合促进效用；在宏观层面，则以行业为样本对象，分析行业认证认可整体水平对产业结构优化的促进效用，主要采用对样本数量要求较少的邓氏灰色关联分析模型进行分析。

一、认证认可对产业结构优化的整体促进效用分析

产业结构整体水平根据一级指标“S 行业结构水平”的评价得分来反映。认证认可对产业结构的整体促进效用分析，主要是通过认证认可各级指标与“S 行业结构水平”总指数的相关性分析、回归分析、灰色关联分析来开展。

（一）微观企业层面促进效用分析

1. 影响作用相关性分析

通过相关性分析计算可以发现，认证认可各级指标都对“S 行业结构水平”存在较强的相关性，即存在较强程度的正向影响作用，具体如表 5-1 所示。

在总体层面上，2011 年至 2018 年的所有年份认证认可总指数与“S 行业结构水平”都在 0.01 水平上显著相关，各年的相关系数都在 0.1 以上，其中 2017 年相关系数最高，达到 0.376，充分说明认证认可在总体上对产业结构存在重要的正向影响作用或促进作用。在一级指标层面上，从 2011 年至 2018 年“S 行业结构水平”与两个一级指标都在 0.01 水平上显著相关；从相关系数来看，与一级指标“B 认证基础”的相关系数在［0.098，0.289］之间，与一级指标“E 认证实施”的相关系数均在 0.1 以上，其中 2014—2015 年度最高达到 0.372，说明二者对产业结构存在较强程度的正向影响作用；对比二个一级指标的相关系数可以发现，一级指标“E 认证实施”与总指数的相关系数在多数年份都高于“B 认证基础”，说明认证实施对产业结构的促进作用更大。最后从二级指标层面分析，可以发现“S 行业结构水平”与 5 个二级指标都存在不同程度的相关性。相关性最强的二级指标是“B_2质量控制标准”和“E_1管理体系认证”“E_2产品认证”，3 个指标各年都与行业结构水平总指数在 0.01 水平上显著相关，并且相关系数也表明其相关程度较强；而“E_1管理体系认证”的相关程度最强，2014—2015 年度相关系数达到 0.579。综合而言，在二级指标层面上认证认可对产业结构存在较强的促进效用，但必须指出的是，“B_3产品检验标准”在 2014—2015 年度对总指数存在显著的负向影响作用，说明其影响效用存在一定的不确定性。

表 5-1　认证认可与出口商品行业结构水平总指数 S 相关性分析情况

		2011 年	2012 年	2013 年	2014—2015 年	2016 年	2017 年	2018 年
B_1企业标准认知	Pearson 相关性	.246**	.242**	.314**	.225**	.161**	0.034	.157**
	显著性（双侧）	0.000	0.000	0.000	0.000	0.000	0.177	0.001
B_2质量控制标准	Pearson 相关性	.065**	.165**	.170**	.234**	.125**	.101**	.204**
	显著性（双侧）	0.003	0.000	0.000	0.000	0.000	0.000	0.000
B_3产品检验标准	Pearson 相关性	.054*	.135**	.174**	-.097**	.087**	.076**	0.033
	显著性（双侧）	0.015	0.000	0.000	0.000	0.001	0.002	0.491
E_1管理体系认证	Pearson 相关性	.063**	.301**	.371**	.579**	.380**	.482**	.300**
	显著性（双侧）	0.004	0.000	0.000	0.000	0.000	0.000	0.000
E_2产品认证	Pearson 相关性	.107**	.077**	.119**	.107**	.181**	.156**	.179**
	显著性（双侧）	0.000	0.005	0.000	0.000	0.000	0.000	0.000

续表

		2011 年	2012 年	2013 年	2014—2015 年	2016 年	2017 年	2018 年
B 认证基础	Pearson 相关性	.148**	.241**	.289**	.182**	.173**	.098**	.196**
	显著性（双侧）	0.000	0.000	0.000	0.000	0.000	0.000	0.000
E 认证实施	Pearson 相关性	.117**	.200**	.287**	.372**	.365**	.391**	.310**
	显著性（双侧）	0.000	0.000	0.000	0.000	0.000	0.000	0.000
认证认可水平总指数 R	Pearson 相关性	.146**	.246**	.360**	.361**	.364**	.376**	.343**
	显著性（双侧）	0.000	0.000	0.000	0.000	0.000	0.000	0.000

**. 在.01 水平（双侧）上显著相关　　*. 在 0.05 水平（双侧）上显著相关

2. 影响作用线性回归分析

以出口行业结构水平总指数为因变量，以 5 个认证认可二级指标为自变量，进行线性回归分析，回归结果如表 5-2 所示。可以看出，在各项认证认可二级指标中，“E_1管理体系认证”对“S 行业结构水平”的影响相对而言最强，2012—2018 年都处于差异极其显著的水平（sig 均小于 0.01），标准回归系数在［0.103，0.524］区间，普遍高于其他指标的回归系数。“B_1企业标准认知”的影响作用仅次于“E_1管理体系认证”，除了 2017 年外，其他各年 sig 值均小于 0.01，标准回归系数落在［0.075，0.381］区间，但 2013 年后各年回归系数普遍不高，说明其具备正向作用但强度趋向减弱。“E_2产品认证”对“S 行业结构水平”也存在一定程度的显著影响作用，虽然回归系数普遍不高，但总体上其促进效用呈现日趋增强趋势。综合而言，在微观层面认证认可对产业结构整体上存在较强的影响作用，其中“E_1管理体系认证”作用最强，“B_1企业标准认知”次之，“E_2产品认证”第三，“B_2质量控制标准”和“B_3产品检验标准”的影响作用相对而言最弱。

表 5-2　认证认可与行业结构水平总指数 S 回归分析情况

认证认可二级指标 \ 年度		2011 年	2012 年	2013 年	2014—2015 年	2016 年	2017 年	2018 年
B_1企业标准认知	标准系数	0.260	0.206	0.381	0.076	0.075	0.008	0.157
	Sig.	0.000	0.000	0.000	0.001	0.003	0.749	0.001
B_2质量控制标准	标准系数	0.008	0.051	−0.002	0.117	0.053	0.083	0.128
	Sig.	0.786	0.096	0.957	0.000	0.044	0.005	0.010

续表

认证认可二级指标 \ 年度		2011 年	2012 年	2013 年	2014—2015 年	2016 年	2017 年	2018 年
B_3产品检验标准	标准系数	-0.026	0.023	0.051	-0.159	-0.020	0.022	-0.041
	Sig.	0.347	0.451	0.071	0.000	0.456	0.454	0.405
E_1管理体系认证	标准系数	0.032	0.231	0.103	0.524	0.417	0.256	0.226
	Sig.	0.167	0.000	0.000	0.000	0.000	0.000	0.000
E_2产品认证	标准系数	0.075	0.000	0.087	0.022	0.155	0.131	0.118
	Sig.	0.002	0.989	0.000	0.361	0.000	0.000	0.013

（二）宏观行业层面促进效用分析

“S 行业结构水平”与认证认可的宏观灰色关联分析结果如表 5-3 所示，可以看出二者间存在一定密切性的关联关系，总体属于比较密切水平。首先，在“R 认证认可水平总指数”层面，从各年关联度均值可以看出，“R 认证认可水平总指数”与“S 行业结构水平”关联度比较密切，各年关联度在［0.7254，0.8260］区间变动，有 4 个年度达到非常密切水平，说明在宏观行业层面认证认可对行业结构的影响作用比较强，认证认可在一定程度上有助于推动产业结构优化发展。在一级指标层面，“B 认证基础”与“S 行业结构水平”关联度相对而言更为密切，各年均值为 0.7556，整体为比较密切水平，仅有 1 年为非常密切水平；“E 认证实施”与“S 行业结构水平”关联度均值为 0.7292，整体为比较密切水平，有 3 个年度跌入一般密切水平；总体而言，认证认可的两个一级指标都对行业结构存在不太高的宏观影响效用，而认证基础的促进效用相对更好。在二级指标层面，各认证认可二级指标与“S 行业结构水平”关联度普遍为一般密切水平和比较密切水平，从关联度均值来看，“E_1管理体系认证”和“E_2产品认证”与行业结构的关联关系均为一般密切水平，其影响作用一般。综合来看，认证认可在宏观层面对行业结构整体水平存在一定的影响效用，认证认可二级指标与“S 行业结构水平”的关联密切性一般，但其影响效用综合到一级指标后，表现出与“S 行业结构水平”更密切的关联度；进一步到认证认可总指数层面，其与“S 行业结构水平”的关联性比一级指标更加密切，展现出对行业结构更好的促进效用；这种由下级指标加权和得到的上级指标，在对行业结构水平的影响作用上大大高于下级指标的影响作用，说明认证认可在宏观层面的对行业结构的促进作用呈现出一种很好的“1+1>2”的效应，能够更好地促进行业结构水平优化。

表 5-3 认证认可与“行业结构水平 S”指标灰色关联分析结果

年度 认证认可二级指标	2011 年	2012 年	2013 年	2014—2015 年	2016 年	2017 年	2018 年	各年均值
B_1企业标准认知	0.7254	0.7171	0.7106	0.6854	0.6100	0.6676	0.7309	0.6924
B_2质量控制标准	0.6906	0.7947	0.8107	0.7500	0.7013	0.7291	0.7463	0.7461
B_3产品检验标准	0.7170	0.7886	0.8580	0.5687	0.7156	0.7739	0.7161	0.7340
E_1管理体系认证	0.6643	0.6505	0.6929	0.7308	0.6678	0.8266	0.6251	0.6940
E_2产品认证	0.6657	0.7550	0.6639	0.6266	0.7428	0.6612	0.7110	0.6895
B 认证基础	0.7167	0.7871	0.8397	0.7036	0.7057	0.7689	0.7672	0.7556
E 认证实施	0.6906	0.7411	0.7468	0.7141	0.7304	0.7401	0.7412	0.7292
认证认可水平总指数 R	0.7675	0.8151	0.8260	0.7254	0.7323	0.8160	0.8012	0.7834

二、认证认可对产业规模结构的促进效用分析

产业规模结构水平通过二级指标“SS 规模结构”及其对应的三级指标“SS_1大型企业比重”和“SS_2企业规模水平”的评价得分来反映，认证认可对产业规模结构的促进效用分析，主要通过认证认可各级指标与产业规模相关指标的相关性分析、回归分析、灰色关联分析来开展。在微观企业层面进行相关性分析和多元线性回归分析，在宏观行业层面采用灰色关联分析方法。

（一）微观企业层面促进效用分析

1. 认证认可与二级指标“SS 规模结构”影响作用分析

（1）影响作用相关性分析

如表 5-4 所示，在认证认可总指数层面上，2011 年至 2018 年认证认可总指数与“SS 规模结构”指标普遍显著相关，2013 年度相关系数最高，达到 0.267，充分说明认证认可在总体上对促进粤港澳大湾区出口企业扩大规模结构上存在重要的正向影响作用。在一级指标层面上，一级指标“B 认证基础”与“SS 规模结构”指标有 4 个年度在 0.01 水平上显著相关，2013 年度相关系数最高，达到 0.197。一级指标“E 认证实施”与“SS 规模结构”指标有 6 个年度显著相关，其中 2013 年度相关系数最高，达到 0.218。分析结果说明，认证认可一级指标对行业规模结构有着一定的正向影响作用，其中“认证实施”的促进效用更强。在二级指标层面上，“E_1管理体系认证”与“SS 规模结构”的相关性最好，所有年度都显著相关，2012 年度相关系数最高，达到 0.398；“E_2产品认证”与“B_2质量控制标准”也表现出较好的相关性，均有 5 个年度与“SS

规模结构”显著相关，但相关系数显示“E_2产品认证”的促进效用更好；“B_3产品检验标准”在2014—2015年度对“SS规模结构”呈现显著的微弱负面效用。综合而言，相关性分析结果显示，认证认可对产业规模结构有着一定的正向促进效用，其中认证实施层面的效用更好。

表5-4 认证认可对二级指标“SS规模结构”影响作用分析

		2011年	2012年	2013年	2014—2015年	2016年	2017年	2018年
B_1企业标准认知	Pearson相关性	0.027	.134**	.203**	.076**	-0.009	0.017	.105*
	显著性（双侧）	0.198	0.000	0.000	0.001	0.690	0.462	0.012
B_2质量控制标准	Pearson相关性	.064**	.139**	.133**	0.019	0.028	.099**	.186**
	显著性（双侧）	0.002	0.000	0.000	0.410	0.207	0.000	0.000
B_3产品检验标准	Pearson相关性	-0.008	.087**	.104**	-.048*	-0.027	.087**	0.044
	显著性（双侧）	0.710	0.000	0.000	0.036	0.228	0.000	0.295
E_1管理体系认证	Pearson相关性	.042*	.398**	.090**	.067**	.062*	.141**	.165**
	显著性（双侧）	0.048	0.000	0.000	0.006	0.010	0.000	0.000
E_2产品认证	Pearson相关性	.105**	0.026	.219**	0.033	.093**	.146**	.137**
	显著性（双侧）	0.000	0.285	0.000	0.183	0.000	0.000	0.002
B认证基础	Pearson相关性	.048*	.162**	.197**	0.013	0.001	.102**	.135**
	显著性（双侧）	0.023	0.000	0.000	0.572	0.976	0.000	0.001
E认证实施	Pearson相关性	.102**	.212**	.218**	0.027	.073**	.199**	.153**
	显著性（双侧）	0.000	0.000	0.000	0.297	0.006	0.000	0.001
认证认可水平总指数R	Pearson相关性	.093**	.230**	.267**	0.009	.054*	.216**	.163**
	显著性（双侧）	0.000	0.000	0.000	0.734	0.041	0.000	0.000

**. 在0.01水平（双侧）上显著相关　　*. 在0.05水平（双侧）上显著相关

（2）影响作用线性回归分析

以“SS规模结构”为因变量，以5个认证认可二级指标为自变量，进行线性回归分析。从表5-5所示的回归分析结果可以看出，“E_1管理体系认证”和“E_2产品认证”两个指标对“SS规模结构”影响最大，4年均处于差异性极其显著水平，从回归系数来看，“E_1管理体系认证”的影响效用相对而言更好。“B_2质量控制标准”也对“SS规模结构”有一定的影响，存在4年的显著回归关系，但标准回归系数普遍较小，说明影响作用不强。“B_3产品检验标准”对“SS规模结构”有显著的负面影响，需要予以关注。综合而言，五个认证认可二级指标中，“E认证实施”对应的二级指标的影响作用更强，其中“E_1管理体系认证”的促进效用最强，“E_2产品认证”次之。

表 5-5　认证认可与二级指标“SS 规模结构”线性回归分析

认证认可二级指标 \ 年度		2011 年	2012 年	2013 年	2014—2015 年	2016 年	2017 年	2018 年
B_1企业标准认知	标准系数	0.027	-0.004	0.173	0.023	-0.011	-0.015	0.039
	Sig.	0.243	0.876	0.000	0.401	0.687	0.565	0.393
B_2质量控制标准	标准系数	0.064	0.063	0.074	-0.030	0.024	0.056	0.107
	Sig.	0.020	0.026	0.013	0.293	0.399	0.054	0.025
B_3产品检验标准	标准系数	-0.104	0.013	0.003	-0.064	-0.060	0.068	-0.055
	Sig.	0.000	0.632	0.929	0.020	0.043	0.021	0.249
E_1管理体系认证	标准系数	0.013	0.246	0.031	0.062	-0.009	0.126	0.123
	Sig.	0.589	0.000	0.236	0.024	0.727	0.000	0.007
E_2产品认证	标准系数	0.111	0.024	0.178	0.009	0.101	0.126	0.047
	Sig.	0.000	0.330	0.000	0.749	0.000	0.000	0.307

2. 认证认可对二级指标“SS 规模结构”对应的三级指标影响分析

(1) 认证认可与三级指标“SS_1大型企业比重”影响作用分析

①影响作用相关性分析

如表 5-6 所示，在认证认可总指数层面上，2011 年至 2018 年认证认可总指数与“SS_1大型企业比重”指标有 5 个年度在 0.01 水平上显著相关，其中 2013 年度相关系数最高，达到 0.186，这充分说明认证认可在总体上能够一定程度地促进大型企业比重的优化，同时存在一定的不确定性。在一级指标层面上，两个认证认可一级指标都与“SS_1大型企业比重”指标存在重要的相关关系，“B 认证基础”指标有 5 个年度在 0.01 水平上显著相关，但有 2 个年度为微弱的显著性负相关；“E 认证实施”只有 3 个年度在 0.01 水平上显著相关，2017 年度相关系数最高，为 0.186。在二级指标层面上，“B_2质量控制标准”和“E_2产品认证”指标的相关性相对最强，“B_2质量控制标准”指标有 5 个年度在 0.01 水平上显著相关，“E_2产品认证”指标有 6 个年度在 0.01 水平上显著相关，其他三个认证认可二级指标与“SS_1大型企业比重”指标也存在一定的相关性，但不确定性更大，并且“B_1企业标准认知”与“SS_1大型企业比重”存在微弱的负相关关系，需要予以关注。

表 5-6 认证认可与三级指标“SS_1 大型企业比重”相关性分析情况

		2011 年	2012 年	2013 年	2014—2015 年	2016 年	2017 年	2018 年
B_1 企业标准认知	Pearson 相关性	-0.016	0.007	.066**	-.069**	-.107**	-0.036	0.039
	显著性（双侧）	0.443	0.757	0.004	0.002	0	0.113	0.345
B_2 质量控制标准	Pearson 相关性	0.035	.097**	.063**	-.086**	-0.01	.052*	.154**
	显著性（双侧）	0.087	0.000	0.006	0.000	0.644	0.021	0.000
B_3 产品检验标准	Pearson 相关性	-0.026	.058**	.096**	-0.001	-0.033	.071**	0.03
	显著性（双侧）	0.207	0.008	0.000	0.961	0.144	0.002	0.47
E_1 管理体系认证	Pearson 相关性	-0.03	.164**	0.000	-0.034	0.035	.050*	0.018
	显著性（双侧）	0.152	0.000	0.984	0.167	0.148	0.039	0.665
E_2 产品认证	Pearson 相关性	.076**	.084**	.207**	0.01	.066**	.196**	.140**
	显著性（双侧）	0.001	0.001	0.000	0.686	0.008	0.000	0.001
B 认证基础	Pearson 相关性	0.013	.084**	.100**	-.076**	-.062**	.047*	0.076
	显著性（双侧）	0.523	0	0	0.001	0.006	0.04	0.067
E 认证实施	Pearson 相关性	.048*	.155**	.170**	-0.034	0.014	.186**	0.049
	显著性（双侧）	0.03	0.000	0.000	0.197	0.599	0.000	0.267
认证认可水平总指数 R	Pearson 相关性	0.033	.148**	.186**	-.073**	-0.005	.176**	0.051
	显著性（双侧）	0.137	0.000	0.000	0.005	0.865	0.000	0.245

**. 在 0.01 水平（双侧）上显著相关　　*. 在 0.05 水平（双侧）上显著相关

②影响作用线性回归分析

以“SS_1 大型企业比重”为因变量，以 5 个认证认可二级指标为自变量，进行线性回归分析。从表 5-7 所示回归分析结果可以看出，“E_2 产品认证”对“SS_1 大型企业比重”的促进效用最好，该指标有 3 个年度处于差异性极其显著水平（Sig. 均小于 0.01），其回归系数在［0.019，0.182］区间。其他认证认可二级指标均与“SS_1 大型企业比重”存在一定的负相关关系，即偶尔会对行业集中度出现负面效应，尤其是“B_1 企业标准认知”，有 3 个年度存在显著的微弱负相关。综合而言，“E 认证实施”对应的二级指标对“SS_1 大型企业比重”的促进效用较好，集中体现在“E2 产品认证”上，说明提升产品认证水平有助于优化行业大型企业集中度。

表 5-7　认证认可与三级指标“SS_1大型企业比重”线性回归分析情况

认证认可二级指标 \ 年度		2011 年	2012 年	2013 年	2014—2015 年	2016 年	2017 年	2018 年
B_1企业标准认知	标准系数	−0.012	−0.016	0.052	−0.062	−0.064	−0.055	−0.008
	Sig.	0.602	0.515	0.056	0.023	0.02	0.034	0.856
B_2质量控制标准	标准系数	0.045	0.036	0.006	−0.122	0.019	−0.007	0.101
	Sig.	0.097	0.21	0.841	0.000	0.511	0.805	0.035
B_3产品检验	标准系数	−0.095	0.024	0.06	0.018	−0.035	0.078	−0.082
	Sig.	0.000	0.383	0.047	0.497	0.241	0.008	0.084
E_1管理体系认证	标准系数	−0.046	0.156	−0.028	−0.019	−0.037	0.044	−0.038
	Sig.	0.044	0.000	0.283	0.48	0.170	0.08	0.407
E_2产品认证	标准系数	0.099	0.041	0.182	0.019	0.059	0.176	0.086
	Sig.	0.000	0.101	0.000	0.494	0.031	0.000	0.061

（2）认证认可对三级指标“SS_2企业规模水平”影响作用分析

①影响作用相关性分析

在认证认可总指数层面上，2011 年至 2018 年认证认可总指数与“SS_2企业规模水平”指标普遍都在 0.01 水平上显著相关，其中 2018 年度相关系数最高，达到 0.291，充分说明认证认可在总体上能够很好地促进企业规模水平的提升。在一级指标层面上，两个认证认可一级指标与“SS_2企业规模水平”在所有年度都存在 0.01 水平上显著相关，从相关系数来看“认证实施”的相关性更好，影响效用更强。在二级指标层面上，“B_1企业标准认知”“B_2质量控制标准”和“E_1管理体系认证”与“SS_2企业规模水平”指标的相关性均非常强，前二者每一年都和“SS_2企业规模水平”指标在 0.01 水平上显著相关，后者有 6 个年度在 0.01 水平上显著相关且相关系数较高，说明存在非常大的正向促进效用。其他两个认证认可二级指标与“企业规模水平”指标也存在一定的相关性，但只有 3 个年度或 2 个年度存在 0.01 水平上的显著性，因此这 2 个指标对“SS_2企业规模水平”的影响作用存在较大的不确定性，需要通过进一步探讨来确定。

表 5-8　认证认可与三级指标“SS_2企业规模水平”相关性回归分析情况

		2011 年	2012 年	2013 年	2014—2015 年	2016 年	2017 年	2018 年
B_1企业标准认知	Pearson 相关性	.094**	.134**	.311**	.181**	.135**	.061**	.176**
	显著性（双侧）	0.000	0.000	0.000	0.000	0.000	0.007	0.000

续表

		2011年	2012年	2013年	2014—2015年	2016年	2017年	2018年
B_2质量控制标准	Pearson 相关性	.090**	.139**	.167**	.113**	.063**	.102**	.160**
	显著性（双侧）	0.000	0.000	0.000	0.000	0.005	0.000	0.000
B_3产品检验标准	Pearson 相关性	0.034	.087**	.065**	-.072**	-0.005	.060**	0.038
	显著性（双侧）	0.103	0.000	0.004	0.002	0.825	0.008	0.366
E_1管理体系认证	Pearson 相关性	.227**	.398**	.182**	.137**	.056*	.170**	.359**
	显著性（双侧）	0.000	0.000	0.000	0.000	0.020	0.000	0.000
E_2产品认证	Pearson 相关性	.085**	0.026	.121**	0.040	.078**	0.021	0.078
	显著性（双侧）	0.000	0.285	0.000	0.103	0.002	0.386	0.075
B 认证基础	Pearson 相关性	.099**	.162**	.246**	.094**	.086**	.112**	.190**
	显著性（双侧）	0.000	0.000	0.000	0.000	0.000	0.000	0.000
E 认证实施	Pearson 相关性	.172**	.212**	.175**	.078**	.113**	.119**	.272**
	显著性（双侧）	0.000	0.000	0.000	0.003	0.000	0.000	0.000
认证认可水平总指数 R	Pearson 相关性	.182**	.230**	.253**	.091**	.103**	.155**	.291**
	显著性（双侧）	0.000	0.000	0.000	0.000	0.000	0.000	0.000

**. 在0.01水平（双侧）上显著相关　　*. 在0.05水平（双侧）上显著相关

②影响作用线性回归分析

以“SS_2企业规模水平”为因变量，以5个认证认可二级指标为自变量，进行线性回归分析。从各年标准回归系数值可以看出，“E_1管理体系认证”对“SS_2企业规模水平”影响最大，该指标有7个年度处于差异性极其显著水平（Sig. 均小于0.01），且该指标回归系数在［0.026，0.372］区间。“B_1企业标准认知”对“SS_2企业规模水平”影响效用排在第二，该指标有4个年度处于差异性极其显著水平，且该指标的标准回归系数在［0.034，0.272］区间。“B_2质量控制标准”也存在一定的影响效用，该指标有3个年度处于差异性极其显著水平，其回归系数在［0.015，0.143］区间。“E_2产品认证”对“SS_2企业规模水平”的回归关系显著性较弱，只有两年呈现显著影响作用。而“B_3产品检验标准”存在3年显著的负向影响作用，说明产品检验标准对企业规模水平的提升产生了负面影响，也揭示了企业检测检验能力不足的现状。总体而言，认证认可对企业规模存在较强的正向促进效用，其中“E_1管理体系认证”的促进效用最强，“B_3产品检验标准”出现一定的负面效用，须予以关注。

表 5-9　认证认可与三级指标“SS_2企业规模水平”线性回归分析情况

认证认可二级指标 \ 年度		2011 年	2012 年	2013 年	2014—2015 年	2016 年	2017 年	2018 年
B_1企业标准认知	标准系数	0.097	0.053	0.272	0.100	0.073	0.034	0.113
	Sig.	0.000	0.022	0.000	0.000	0.009	0.188	0.008
B_2质量控制标准	标准系数	0.062	0.052	0.143	0.085	0.015	0.095	0.062
	Sig.	0.024	0.055	0.000	0.002	0.607	0.001	0.163
B_3产品检验标准	标准系数	-0.050	-0.010	**-0.085**	**-0.121**	**-0.063**	0.025	0.014
	Sig.	0.059	0.710	0.003	0.000	0.033	0.405	0.758
E_1管理体系认证	标准系数	0.199	0.372	0.102	0.115	0.026	0.152	0.358
	Sig.	0.000	0.000	0.000	0.000	0.008	0.000	0.000
E_2产品认证	标准系数	0.042	-0.031	0.075	-0.005	0.105	0.015	-0.037
	Sig.	0.069	0.199	0.003	0.850	0.000	0.566	0.391

（二）宏观行业层面促进效用分析

1. 认证认可与二级指标“SS 规模结构”灰色关联分析

“SS 规模结构”指标与认证认可的宏观灰色关联分析结果如表 5-10 所示，可以看出二者之间的关联关系存在一定的密切性，但总体而言密切程度一般。在总指数层面，“R 认证认可水平总指数”与“SS 规模结构”指标关联度一般，各年关联度在［0.6875，0.8286］区间变动，仅 2012 年关联度达到非常密切水平（>0.8），并且有 2 年的密切性跌入一般密切水平，说明在宏观行业层面认证认可对“SS 规模结构”的促进效用不会很高。在一级指标层面，两个一级指标对“SS 规模结构”的促进效用均不高，相对而言“B 认证基础”的关联关系与之更为密切，但关联度均值为 0.7340，仅有 2012 年度关联度达到非常密切水平；“E 认证实施”与“SS 规模结构”指标关联度在［0.6744，0.8444］区间变动，仅有 2013 年度关联度达到非常密切水平，有 2 年的密切性跌入一般密切水平，说明宏观影响作用不强。再从二级指标层面来看，各认证认可二级指标与“SS 规模结构”指标关联密切性水平不高，其中“B_1企业标准认知”和“E_1管理体系认证”的关联度均值跌入一般密切性水平，并且二者都存在 1 年为弱密切性关联水平的情况。综合而言，认证认可在宏观层面对行业规模结构的优化促进效用不高，但宏观效用存在“1+1>2”的效应，上级指标的效用要大于下级指标的效用之和。

表 5-10 认证认可与“SS 规模结构”指标灰色关联分析结果

认证认可指标 \ 年度	2011 年	2012 年	2013 年	2014—2015 年	2016 年	2017 年	2018 年	各年均值
B_1企业标准认知	0.6432	0.8002	0.8255	0.6016	0.5904	0.6148	0.7455	0.6887
B_2质量控制标准	0.6478	0.7900	0.7985	0.6966	0.7105	0.6931	0.7266	0.7233
B_3产品检验标准	0.6619	0.7780	0.8058	0.6633	0.7039	0.7190	0.7124	0.7206
E_1管理体系认证	0.6413	0.7859	0.8662	0.5610	0.6598	0.7076	0.6481	0.6957
E_2产品认证	0.6871	0.8318	0.6733	0.7146	0.6930	0.6354	0.7042	0.7056
B 认证基础	0.6855	0.7976	0.8175	0.7079	0.6785	0.7128	0.7385	0.7340
E 认证实施	0.6744	0.8444	0.7636	0.7118	0.6817	0.7163	0.7441	0.7338
认证认可水平总指数 R	0.6893	0.8286	0.7961	0.7001	0.6875	0.7696	0.7793	0.7501

2. 认证认可与“SS 规模结构”对应三级指标灰色关联分析

(1) 认证认可与三级指标“SS_1企业规模水平”灰色关联分析

如表 5-11 所示，在认证认可总指数层面上，从 2011 至 2018 年关联度均值可以看出，认证认可水平总指数与“SS_1大型企业比重”指标关联度一般，各年关联度在［0.6635.7578］区间变动，2017 年度关联度最高 0.7578，说明在宏观行业层面认证认可对“SS_1大型企业比重”影响作用不强，认证认可相关制度和体系有待进一步改革提升。在一级指标层面上，两个认证认可一级指标的促进效用都不强，相较而言“E 认证实施”与“SS_1大型企业比重”的关联关系稍好些，各年关联度均值为 0.7184，促进效用一般；“B 认证基础”与“SS_1大型企业比重”关联度均值为 0.6944，其宏观影响作用更弱。在二级指标层面上，5 个认证认可二级指标的宏观效用均偏弱；“E_2产品认证”的效用相对突出，与“SS_1大型企业比重”指标关联度一般，各年均值为 0.7219，说明其宏观行业层面影响作用一般；其他四个指标关联度更小，对“SS_1大型企业比重”影响作用更弱，说明在四个方面的相关工作都有待加强，认证认可相关制度和体系有待进一步改革提升。

表 5-11 认证认可与“SS_1大型企业比重”指标灰色关联分析结果

认证认可指标 \ 年度	2011 年	2012 年	2013 年	2014—2015 年	2016 年	2017 年	2018 年	各年均值
B_1企业标准认知	0.6403	0.7133	0.6583	0.5681	0.5758	0.6224	0.7220	0.6429
B_2质量控制标准	0.6702	0.7242	0.6926	0.6749	0.6930	0.6905	0.7235	0.6956
B_3产品检验标准	0.6530	0.6896	0.7234	0.7104	0.6853	0.7263	0.6925	0.6972

续表

年度 认证认可指标	2011 年	2012 年	2013 年	2014—2015 年	2016 年	2017 年	2018 年	各年均值
E_1管理体系认证	0.6383	0.7069	0.6415	0.5858	0.6625	0.7019	0.6408	0.6540
E_2产品认证	0.6726	0.7507	0.7617	0.7730	0.6905	0.7153	0.6896	0.7219
B 认证基础	0.6680	0.7032	0.7137	0.6951	0.6617	0.6923	0.7270	0.6944
E 认证实施	0.6514	0.7420	0.7592	0.6922	0.6600	0.8068	0.7174	0.7184
认证认可水平总指数 R	0.6820	0.7387	0.7254	0.6865	0.6635	0.7578	0.7391	0.7133

（2）认证认可与三级指标“SS_2企业规模水平”灰色关联分析

“R 行业发展水平总指数”指标与认证认可灰色关联分析结果如表 5-12 所示，可以看出二者之间的关联关系存在一定的密切性，但总体而言密切程度一般。首先，在总指数层面，“R 认证认可水平总指数”与“SS_2企业规模水平”各年关联度在［0.6434，0.8076］区间变动，关联度均值为 0.7271，说明认证认可总体上对“SS_2企业规模水平”影响作用不强。在一级指标层面，“B 认证基础”对“SS_2企业规模水平”的关联关系稍好，与“SS_2企业规模水平”各年关联度均值为 0.7445，整体为比较密切水平；“E 认证实施”关联度均值为 0.6993，整体为一般密切水平；整体而言两个认证认可一级指标的宏观效用均偏弱。在二级指标层面上，“B_1企业标准认知”与“SS_2企业规模水平”指标关联度最好，关联度均值为 0.7741，整体为比较接近非常密切关联水平，有三年达到 0.8 以上，说明其对“SS_2企业规模水平”的宏观影响作用偏好；其他四个指标关联度均一般，对“SS_1大型企业比重”的影响作用偏弱，有待改善。

表 5-12　认证认可与“SS_2企业规模水平”指标灰色关联分析结果

年度 认证认可指标	2011 年	2012 年	2013 年	2014—2015 年	2016 年	2017 年	2018 年	各年均值
B_1企业标准认知	0.7690	0.6322	0.8398	0.7447	0.8246	0.8211	0.7874	0.7741
B_2质量控制标准	0.5957	0.6838	0.7417	0.7731	0.6310	0.7743	0.7466	0.7066
B_3产品检验标准	0.6872	0.7333	0.7921	0.6845	0.6586	0.7511	0.7298	0.7195
E_1管理体系认证	0.6761	0.6256	0.7381	0.7153	0.7326	0.7916	0.7000	0.7113
E_2产品认证	0.5680	0.6222	0.6483	0.7066	0.6932	0.6252	0.7117	0.6536
B 认证基础	0.6643	0.6876	0.7962	0.7481	0.7177	0.8059	0.7917	0.7445
E 认证实施	0.6175	0.6348	0.7316	0.7513	0.7299	0.6598	0.7705	0.6993
认证认可水平总指数 R	0.6434	0.6497	0.7711	0.7616	0.7387	0.7179	0.8076	0.7271

三、认证认可对产业配套结构的促进效用分析

产业配套结构水平是通过二级指标“配套实力”及其对应三级指标“SO_1关键原材料配套”和“SO_2主要零部件配套”的评价得分来反映，认证认可促进效用分析也是通过认证认可各级指标与产业配套结构相关指标的相关性分析、回归分析、灰色关联分析来开展。

（一）微观企业层面促进效用分析

1. 认证认可与二级指标“SO 配套实力”影响作用分析

（1）影响作用相关性分析

如表 5-13 所示，在认证认可总指数层面上，“R 认证认可水平总指数”与“SO 配套实力”普遍在 0.01 水平上显著相关，2016 年相关系数最高，达 0.402，说明认证认可在总体上对粤港澳大湾区的出口行业的配套结构水平存在重要的正向促进作用。在一级指标层面上，两个认证认可一级指标均展现出较好的正向影响作用；“B 认证基础”有 7 年与“SO 配套实力”在 0.01 水平上显著相关，“E 认证实施”只有 6 年，说明前者的效用更明显。在二级指标层面上，5 个认证认可二级指标都对配套结构有较好的促进效用，其中“E_1管理体系认证”的促进效用最好，有 7 年与“SO 配套实力”在 0.01 水平上显著相关，相关系数最大为 0.646，呈现非常强的促进效用；“B_1企业标准认知”的促进效用仅次之，有 7 年在 0.01 水平上显著相关，相关系数最大达 0.498；其他 3 个认证认可二级指标均有较好的促进作用，但不确定性稍大。总体而言，认证认可对行业配套结构有较好的促进效用，其中“E_1管理体系认证”的效用最好。

表 5-13　认证认可与“SO 配套实力”相关性分析情况

		2011 年	2012 年	2013 年	2014—2015 年	2016 年	2017 年	2018 年
B_1企业标准认知	Pearson 相关性	.412**	.498**	.101**	.146**	.104**	.028	.338**
	显著性（双侧）	.000	.000	.000	.000	.000	.250	.000
B_2质量控制标准	Pearson 相关性	.051*	.106**	.078**	.160**	.077**	.044	.112**
	显著性（双侧）	.014	.000	.001	.000	.001	.066	.009
B_3产品检验标准	Pearson 相关性	.068**	.284**	.131**	.024	.132**	.026	.074
	显著性（双侧）	.001	.000	.000	.325	.000	.277	.080

续表

		2011 年	2012 年	2013 年	2014—2015 年	2016 年	2017 年	2018 年
E_1管理体系认证	Pearson 相关性	.015	.134**	.639**	.633**	.613**	.646**	.296**
	显著性（双侧）	.474	.000	.000	.000	.000	.000	.000
E_2产品认证	Pearson 相关性	.053*	.008	.059*	.100**	.089**	.063*	-.018
	显著性（双侧）	.018	.759	.015	.000	.001	.015	.688
B 认证基础	Pearson 相关性	.167**	.220**	.136**	.164**	.139**	.043	.160**
	显著性（双侧）	.000	.000	.000	.000	.000	.076	.000
E 认证实施	Pearson 相关性	.024	.032	.401**	.399**	.421**	.409**	.145**
	显著性（双侧）	.275	.193	.000	.000	.000	.000	.001
认证认可水平总指数 R	Pearson 相关性	.079**	.116**	.393**	.385**	.402**	.362**	.182**
	显著性（双侧）	.000	.000	.000	.000	.000	.000	.000

**. 在 0.01 水平（双侧）上显著相关　　*. 在 0.05 水平（双侧）上显著相关

（2）影响作用线性回归分析

如表 5-14 所示，以“SO 配套实力”为因变量，以 5 个认证认可二级指标作为自变量，进行线性回归分析。可以看出，“E_1管理体系认证”对“SO 配套实力”影响最大，该指标有 6 年都处于差异性极其显著水平，回归系数最大达 0.699。其次是“B_1企业标准认知”，该指标有 4 年都处于差异性极其显著水平。然后是“E_2产品认证”，该指标有 3 年都处于差异性显著水平以上，但回归系数普遍较小，说明其影响效用偏弱。“B_2质量控制标准”和“B_3产品检验标准”均有 2 年差异性显著水平的回归关系，存在回归系数为负数，认证认可产生了一定负面影响。综合而言，认证认可对“SO 配套实力”的促进效用集中在“E_1管理体系认证”和“B_1企业标准认知”上面。

表 5-14　认证认可与“SO 配套实力”线性回归分析情况

认证认可二级指标 \ 年度		2011 年	2012 年	2013 年	2014—2015 年	2016 年	2017 年	2018 年
B_1企业标准认知	标准系数	0.405	0.315	0.143	0.006	-0.018	0.006	0.256
	Sig.	0.000	0.000	0.000	0.794	0.351	0.752	0.000
B_2质量控制标准	标准系数	0.005	0.030	-0.068	0.031	-0.002	-0.022	0.116
	Sig.	0.844	0.273	0.004	0.150	0.921	0.329	0.010
B_3产品检验标准	标准系数	-0.041	0.027	0.027	-0.007	0.052	0.008	-0.113
	Sig.	0.097	0.322	0.242	0.740	0.012	0.727	0.011

续表

年度 认证认可二级指标		2011 年	2012 年	2013 年	2014—2015 年	2016 年	2017 年	2018 年
E_1管理体系认证	标准系数	−0.047	0.003	0.609	0.638	0.699	0.659	0.216
	Sig.	0.025	0.888	0.000	0.000	0.000	0.000	0.000
E_2产品认证	标准系数	0.013	−0.037	0.053	−0.003	0.067	0.074	−0.081
	Sig.	0.542	0.122	0.009	0.892	0.001	0.000	0.058

2. 认证认可与二级级指标“SO 配套实力”对应的三级指标影响作用分析

(1) 认证认可与三级指标“SO_1关键原材料配套”影响作用分析

①影响作用相关性分析

如表 5-15 所示，在总指数层面上，认证认可总指数与“SO_1关键原材料配套”有 7 年在 0.01 水平上显著相关，2016 年相关系数最高，达到 0.387，充分说明认证认可在总体上对粤港澳大湾区的出口行业的关键原材料配套水平存在重要的正向促进作用。在一级指标层面上，两个认证认可一级指标对关键原材料配套都有较好的促进效用，“B 认证基础”有 7 年与“SO_1关键原材料配套”在 0.01 水平上显著相关，而“E 认证实施”只有 6 年，“B 认证基础”的效用更明显。在二级指标层面上，5 个认证认可二级指标都对配套结构有较好的促进效用，其中“E_1管理体系认证”的促进效用最好，有 7 年与“SO_1关键原材料配套”在 0.01 水平上显著相关，相关系数最大为 0.615，呈现非常强的促进效用；“B_1企业标准认知”的促进效用仅次之，有 7 年在 0.01 水平上显著相关，相关系数最大达 0.478；其他 3 个认证认可二级指标均有较好的相关关系，但不确定性稍大。总体而言，认证认可对“SO_1关键原材料配套”有较好的促进效用，其中“E_1管理体系认证”的效用最好。

表 5-15 认证认可与“SO_1关键原材料配套”相关性分析情况

		2011 年	2012 年	2013 年	2014—2015 年	2016 年	2017 年	2018 年
B_1企业标准认知	Pearson 相关性	.396**	.478**	.092**	.135**	.122**	.004	.343**
	显著性（双侧）	.000	.000	.000	.000	.000	.863	.000
B_2质量控制标准	Pearson 相关性	.026	.094**	.071**	.138**	.081**	.030	.120**
	显著性（双侧）	.214	.000	.002	.000	.001	.212	.005
B_3产品检验标准	Pearson 相关性	.063**	.266**	.122**	.034	.143**	.015	.072
	显著性（双侧）	.002	.000	.000	.163	.000	.529	.092

续表

		2011 年	2012 年	2013 年	2014—2015 年	2016 年	2017 年	2018 年
E_1管理体系认证	Pearson 相关性	-.004	.114**	.605**	.615**	.549**	.575**	.297**
	显著性（双侧）	.857	.000	.000	.000	.000	.000	.000
E_2产品认证	Pearson 相关性	.039	-.017	.060*	.082**	.091**	.069**	.007
	显著性（双侧）	.079	.487	.013	.001	.001	.007	.877
B 认证基础	Pearson 相关性	.143**	.196**	.125**	.151**	.153**	.020	.168**
	显著性（双侧）	.000	.000	.000	.000	.000	.400	.000
E 认证实施	Pearson 相关性	.002	-.001	.383**	.365**	.395**	.373**	.160**
	显著性（双侧）	.946	.968	.000	.000	.000	.000	.000
认证认可水平总指数 R	Pearson 相关性	.050*	.083**	.366**	.353**	.387**	.321**	.199**
	显著性（双侧）	.023	.001	.000	.000	.000	.000	.000

**. 在 0.01 水平（双侧）上显著相关　　*. 在 0.05 水平（双侧）上显著相关

②影响作用线性回归分析

如表 5-16 所示，以“SO_1关键原材料配套”为因变量，以 5 个认证认可二级指标为自变量，进行线性回归分析。可以看出，“E_1管理体系认证”对“SO_1关键原材料配套”影响最大，有 6 个年度都处于差异性极其显著水平，回归系数最大为 0.659，说明“E_1管理体系认证”促进效用非常大。其次是“B_1企业标准认知”，该指标有 4 个年度在 0.01 水平上的显著回归关系。“E_2产品认证”也呈现一定的影响作用，与“SO_1关键原材料配套”有 3 个年度存在 0.05 水平上的回归关系，但其标准回归系数较小，且有 1 年存在微弱负面影响，说明其影响作用存在较大不确定性。“B_2质量控制标准”和“B_3产品检验标准”影响作用均非常弱，且存在较大的不确定性。

表 5-16　认证认可与“SO_1关键原材料配套”线性回归分析情况

认证认可二级指标＼年度		2011 年	2012 年	2013 年	2014—2015 年	2016 年	2017 年	2018 年
B_1企业标准认知	标准系数	0.387	0.301	0.132	-0.003	0.004	0.006	0.256
	Sig.	0.000	0.000	0.000	0.879	0.855	0.752	0.000
B_2质量控制标准	标准系数	-0.024	0.034	-0.064	0.027	0.001	-0.022	0.116
	Sig.	0.344	0.215	0.008	0.227	0.948	0.329	0.010
B_3产品检验标准	标准系数	-0.026	0.017	-0.003	0.007	0.064	0.008	-0.113
	Sig.	0.306	0.528	0.887	0.741	0.005	0.727	0.011

续表

认证认可二级指标 \ 年度		2011 年	2012 年	2013 年	2014—2015 年	2016 年	2017 年	2018 年
E_1管理体系认证	标准系数	−0.062	−0.016	0.576	0.608	0.632	0.659	0.216
	Sig.	0.004	0.494	0.000	0.000	0.000	0.000	0.000
E_2产品认证	标准系数	0.008	−0.055	0.063	−0.023	0.068	0.074	−0.081
	Sig.	0.726	0.024	0.003	0.305	0.001	0.000	0.058

3. 认证认可与三级指标"SO_2主要零部件配套"影响作用分析

(1) 影响作用相关性分析

如表 5-17 所示，在总指数层面上，认证认可指数总水平与"SO_2主要零部件配套"各年都在 0.01 水平上显著相关，2013 年相关系数最高，达到 0.392，充分说明认证认可在总体上对粤港澳大湾区的出口行业的主要零部件配套水平存在较强的正向影响作用。在一级指标层面上，两个认证认可一级指标均对"SO_2主要零部件配套"有很好的促进效用，一级指标"B 认证基础"与"SO_2主要零部件配套"有 8 年在 0.01 水平上的显著相关，而"E 认证实施"只有 6 年，但"E 认证实施""与"SO_2主要零部件配套"更高。在二级指标层面上，5 个认证认可二级指标都对配套结构有一定的促进效用，其中"E_1管理体系认证"的促进效用最好，有 7 年与"SO_2主要零部件配套"在 0.01 水平上显著相关，相关系数最大为 0.649，呈现非常强的促进效用；"B_1企业标准认知"的促进效用仅次之，也有 7 年在 0.01 水平上显著相关，相关系数最大达 0.492；其他 3 个认证认可二级指标均有较好的相关关系，但不确定性稍大，其促进效用需进一步分析。

表 5-17 认证认可与"SO_2主要零部件配套"相关性分析情况

		2011 年	2012 年	2013 年	2014—2015 年	2016 年	2017 年	2018 年
B_1企业标准认知	Pearson 相关性	.383**	.492**	.108**	.144**	.074**	.051*	.296**
	显著性（双侧）	.000	.000	.000	.000	.002	.034	.000
B_2质量控制标准	Pearson 相关性	.074**	.113**	.084**	.166**	.066**	.054*	.090*
	显著性（双侧）	.000	.000	.000	.000	.006	.025	.036
B_3产品检验标准	Pearson 相关性	.065**	.288**	.136**	.012	.107**	.038	.070
	显著性（双侧）	.002	.000	.000	.623	.000	.119	.102

续表

		2011 年	2012 年	2013 年	2014—2015 年	2016 年	2017 年	2018 年
E_1管理体系认证	Pearson 相关性	.035	.149**	.613**	.582**	.618**	.649**	.263**
	显著性（双侧）	.090	.000	.000	.000	.000	.000	.000
E_2产品认证	Pearson 相关性	.062**	.034	.056*	.108**	.076**	.048	-.043
	显著性（双侧）	.005	.160	.020	.000	.004	.061	.323
B 认证基础	Pearson 相关性	.174**	.231**	.144**	.161**	.110**	.063**	.132**
	显著性（双侧）	.000	.000	.000	.000	.000	.009	.002
E 认证实施	Pearson 相关性	.048*	.066**	.390**	.400**	.402**	.398**	.111*
	显著性（双侧）	.031	.007	.000	.000	.000	.000	.011
认证认可水平总指数 R	Pearson 相关性	.102**	.144**	.392**	.386**	.375**	.365**	.142**
	显著性（双侧）	.000	.000	.000	.000	.000	.000	.001

**. 在 0.01 水平（双侧）上显著相关　　*. 在 0.05 水平（双侧）上显著相关

（2）影响作用线性回归分析

以"SO_2主要零部件配套"为因变量，以 5 个认证认可二级指标为自变量，进行线性回归分析，结果如表 5-18 所示。可以看出，"E_1管理体系认证"对"SO_2主要零部件配套"影响最大，有 7 年存在 0.01 水平上的显著回归关系，标准回归系数最大达 0.696，说明存在很大的促进效用。其次是"B_1企业标准认知"，该指标有 7 个年度处于在 0.01 水平上显著回归关系。其他 3 个认证认可二级指标促进效用都较弱，与"SO_2主要零部件配套"普遍都有 2—3 年存在差异性显著的回归关系，但标准化回归系数普遍较小，且均出现负向影响作用。综合来说，在微观层面认证认可对"SO_2主要零部件配套"结构存在较强的影响作用，其中，"E_1管理体系认证"作用最强，"B_1企业标准认知"次之。

表 5-18　认证认可与"SO_2主要零部件配套"线性回归分析情况

认证认可二级指标＼年度		2011 年	2012 年	2013 年	2014—2015 年	2016 年	2017 年	2018 年
B_1企业标准认知	标准系数	0.375	0.309	0.143	0.017	-0.040	0.032	0.219
	Sig.	0.000	0.000	0.000	0.418	0.045	0.102	0.000
B_2质量控制标准	标准系数	0.038	0.023	-0.067	0.036	-0.004	-0.009	0.099
	Sig.	0.131	0.398	0.005	0.107	0.858	0.676	0.028
B_3产品检验标准	标准系数	-0.054	0.035	0.059	-0.020	0.035	0.013	-0.101
	Sig.	0.031	0.188	0.010	0.357	0.098	0.552	0.025

续表

认证认可二级指标 \ 年度		2011年	2012年	2013年	2014—2015年	2016年	2017年	2018年
E_1管理体系认证	标准系数	-0.024	0.025	0.597	0.612	0.696	0.661	0.199
	Sig.	0.260	0.291	0.000	0.000	0.000	0.000	0.000
E_2产品认证	标准系数	0.018	-0.015	0.037	0.016	0.057	0.054	-0.100
	Sig.	0.411	0.532	0.069	0.456	0.004	0.007	0.022

（二）宏观行业层面促进效用分析

1. 认证认可与二级指标“SO 配套实力”灰色关联分析

“配套实力”指标与认证认可灰色关联分析结果如表 5-19 所示，可以看出二者之间的关联关系存在一定的密切性，总体而言宏观效用一般。首先在总指数层面，“R 认证认可水平总指数”与“配套实力”各年关联度在［0.6731，0.8566］区间变动，关联度均值为 0.7560，整体处于比较密切水平，2016—2018 年连续 3 年的关联度都达到非常密切水平，说明认证认可对“配套实力”有较强的促进效用。在一级指标层面宏观促进效用。在一级指标层面，“B 认证基础”与“SO 配套实力”指标关联度均值为 0.7677，处于比较密切水平，但各年度只有 1 年达到非常密切关联水平，说明认证基础对“配套实力”宏观影响作用不强；“E 认证实施”与“配套实力”关联度均值仅为 0.7087，说明其影响作用更弱。在二级指标层面，“B_3产品检验标准”与“配套实力”关联度最好，各年均值为 0.7658，其促进效用相对较好，但不高；“B_2质量控制标准”与“配套实力”关联度均值为 0.7343，其影响作用一般；其他认证认可二级指标的宏观效用均偏弱，其中“E_2产品认证”与“配套实力”关联度均值为 0.6589，宏观影响作用最小。

表 5-19　认证认可与“SO 配套实力”指标灰色关联分析结果

认证认可指标 \ 年度	2011年	2012年	2013年	2014—2015年	2016年	2017年	2018年	各年均值
B_1企业标准认知	**0.8347**	0.7297	0.6416	0.6959	0.5882	0.6684	0.8495	0.7154
B_2质量控制标准	0.6895	0.7485	0.7355	0.6925	0.7261	0.7592	0.7888	0.7343
B_3产品检验标准	0.7835	0.8354	0.7306	0.5828	0.7713	0.8279	0.8292	0.7658
E_1管理体系认证	0.6225	0.5859	0.7344	0.7681	0.7634	0.8309	0.6978	0.7147
E_2产品认证	0.5926	0.6996	0.5521	0.5487	0.7490	0.7159	0.7541	0.6589
B 认证基础	0.7425	0.7908	0.7143	0.7234	0.7975	0.7697	0.8357	0.7677

续表

年度 认证认可指标	2011年	2012年	2013年	2014—2015年	2016年	2017年	2018年	各年均值
E认证实施	0.6056	0.6352	0.7161	0.6674	0.7843	0.8005	0.7518	0.7087
认证认可水平总指数R	0.6814	0.6731	0.7282	0.6970	0.8500	0.8566	0.8059	0.7560

2. 认证认可与"配套实力"对应三级指标灰色关联分析

（1）认证认可与三级指标"SO配套实力"灰色关联分析

"SO_1关键原材料配套"与认证认可灰色关联分析结果如表5-20所示，可以看出二者之间的关联关系存在一定的密切性，总体而言密切程度一般。在总指数层面，"R认证认可水平总指数"与"SO_1关键原材料配套"各年关联度在［0.6649，0.8535］区间变动，关联度均值0.7758，接近非常密切水平，有4年关联度达到非常密切水平，说明认证认可对关键原材料配套的宏观促进效用较好。在一级指标层面，"B认证基础"的宏观效用更好，"B认证基础"与"SO_1关键原材料配套"关联度均值为0.7914，接近非常密切水平，说明有较好的促进效用；"E认证实施"的关联度均值仅为0.7282，其宏观影响作用较弱。在二级指标层面，"B_3产品检验标准"的宏观效用相对更好，与"SO_1关键原材料配套"关联度均值为0.7840，且有4年关联度达到非常密切水平，说明其宏观促进效用较好；"B_1企业标准认知""B_2质量控制标准""E_1管理体系认证"均呈现出一定的宏观促进效用，关联度均值在0.75左右；"E_2产品认证"对"SO_1关键原材料配套"的宏观促进效用较弱，关联度均值仅为为0.6821，跌入一般密切性关联水平，说明产品认证对行业配套水平的促进效用不足。

表5-20 认证认可与"SO_1关键原材料配套"指标灰色关联分析结果

年度 认证认可指标	2011年	2012年	2013年	2014—2015年	2016年	2017年	2018年	各年均值
B_1企业标准认知	0.8329	0.7261	0.8128	0.7042	0.6428	0.6825	0.8770	0.7540
B_2质量控制标准	0.6854	0.7525	0.8177	0.7105	0.7124	0.7674	0.8103	0.7509
B_3产品检验标准	0.7618	0.8328	0.8470	0.6050	0.7550	0.8392	0.8473	0.7840
E_1管理体系认证	0.6307	0.6078	0.8401	0.7978	0.8146	0.8353	0.7147	0.7487
E_2产品认证	0.5828	0.7010	0.6782	0.5661	0.7574	0.7155	0.7739	0.6821
B认证基础	0.7220	0.7807	0.8305	0.7450	0.8188	0.7759	0.8667	0.7914
E认证实施	0.5959	0.6462	0.7775	0.6937	0.8156	0.7940	0.7743	0.7282
认证认可水平总指数R	0.6649	0.6801	0.8321	0.7211	0.8487	0.8535	0.8301	0.7758

(2) 认证认可与三级指标"SO_2主要零部件配套"灰色关联分析

"SO_2主要零部件配套"指标与认证认可灰色关联分析结果如表5-21所示，可以看出认证认可对"SO_2主要零部件配套"有一定的宏观效用，但效用水平一般。在总指层面数，"R认证认可水平总指数"与"SO_2主要零部件配套"各年关联度在[0.6827，0.8595]区间变动，关联度均值为0.7630，处于比较密切水平，有3年关联度达到非常密切水平，说明认证认可总体上对"SO_2主要零部件配套"存在一定的宏观影响效用。在一级指标层面，"B认证基础"的宏观效用明显更好，与"SO_2主要零部件配套"关联度均值为0.7742，说明其宏观效用水平偏好；而"E认证实施"的关联均值仅为0.7075，接近一般密切性水平，说明其宏观效用水平偏弱。在二级指标层面，"B_3产品检验标准"的宏观促进效用最好，与"SO_2主要零部件配套"的关联度均值为0.7759，处于比较密切关联水平；"B_2质量控制标准"也有一定的促进效用，与"主SO_2要零部件配套"关联度均值为0.7463。"B_1企业标准认知"与"E_1管理体系认证"的促进效用偏弱，与"SO_2主要零部件配套"关联度均值在0.72左右，说明其宏观影响作用不强。二级指标"E_2产品认证"对"SO_2主要零部件配套"的促进效用最弱，关联度均值仅为为0.6775，跌入一般密切性关联水平。

表5-21 认证认可与"SO_2主要零部件配套"指标灰色关联分析结果

年度 认证认可指标	2011年	2012年	2013年	2014—2015年	2016年	2017年	2018年	各年均值
B_1企业标准认知	0.8336	0.7176	0.8220	0.7149	0.5370	0.6527	0.8204	0.7283
B_2质量控制标准	0.7005	0.7485	0.8133	0.6968	0.7504	0.7507	0.7640	0.7463
B_3产品检验标准	0.8104	0.8291	0.8227	0.5817	0.7799	0.8163	0.7914	0.7759
E_1管理体系认证	0.6211	0.5634	0.8583	0.7491	0.6998	0.8197	0.6801	0.7131
E_2产品认证	0.6088	0.7138	0.6757	0.5539	0.7428	0.7180	0.7294	0.6775
B认证基础	0.7732	0.7739	0.8302	0.7208	0.7543	0.7640	0.8027	0.7742
E认证实施	0.6221	0.6370	0.7689	0.6645	0.7287	0.8037	0.7279	0.7075
认证认可水平总指数R	0.7076	0.6827	0.8110	0.6974	0.8067	0.8595	0.7758	0.7630

四、认证认可对产业市场结构的促进效用分析

产业市场结构水平是通过二级指标"SM市场结构"及其对应三级指标"SM_1市场占有率""SM_2发达市场比例"和"SM_3自主品牌比例"的评价得分来反映，认证认可的促进效用同样也是通过认证认可各级指标与产业市场结构

相关指标的相关性分析、回归分析、灰色关联分析来开展。

（一）微观企业层面促进效用分析

1. 认证认可与二级指标“SM 市场结构”影响作用分析

（1）影响作用相关性分析

如表 5-22 所示，在总指数层面上，“R 认证认可水平总指数”与“SM 市场结构”总指数各年都在 0.01 水平上显著相关，2018 年的相关系数最高，为 0.280，充分说明认证认可在总体上对市场结构存在重要的正向影响作用。在一级指标层面上，“E 认证实施”的促进效用最好，与“SM 市场结构”每年都在 0.01 水平上显著相关，相关系数最高为 0.262，说明其影响作用较大；“B 认证基础”与“SM 市场结构”有 7 年都在 0.01 水平上显著相关，相关系数在［0.062，0.220］之间，说明也存在一定的促进效用，但相较于“E 认证实施”偏弱。在二级指标层面上，5 个二级指标都对“SM 市场结构”存在较好的促进效用，其中“E_1 管理体系认证”的促进效用最强，与“SM 市场结构”各年都在 0.01 水平上显著相关，相关系数最高达 0.309；其他 4 个认证认可二级指标也呈现出一定的促进效用，效用强度普遍不高，且存在一定的不确定性。

表 5-22　认证认可与“SM 市场结构”相关性分析情况

		2011 年	2012 年	2013 年	2014—2015 年	2016 年	2017 年	2018 年
B_1 企业标准认知	Pearson 相关性	.107**	.121**	.269**	.152**	.153**	0.029	0.083
	显著性（双侧）	0.000	0.000	0.000	0.000	0.000	0.223	0.072
B_2 质量控制标准	Pearson 相关性	0.033	.090**	.118**	.176**	.077**	.061**	0.063
	显著性（双侧）	0.125	0.000	0.000	0.000	0.001	0.009	0.174
B_3 产品检验标准	Pearson 相关性	.070**	.119**	.118**	-.089**	0.029	0.037	0.052
	显著性（双侧）	0.001	0.000	0.000	0.000	0.227	0.118	0.255
E_1 管理体系认证	Pearson 相关性	.092**	.225**	.123**	.309**	.096**	.135**	.201**
	显著性（双侧）	0.000	0.000	0.000	0.000	0.000	0.000	0.000
E_2 产品认证	Pearson 相关性	.087**	.067*	.054*	.072**	.129**	.122**	.174**
	显著性（双侧）	0.000	0.014	0.033	0.005	0.000	0.000	0.000
B 认证基础	Pearson 相关性	.093**	.148**	.220**	.115**	.117**	.062**	.096*
	显著性（双侧）	0.000	0.000	0.000	0.000	0.000	0.009	0.036
E 认证实施	Pearson 相关性	.127**	.145**	.097**	.205**	.182**	.171**	.262**
	显著性（双侧）	0.000	0.000	0.000	0.000	0.000	0.000	0.000

续表

		2011 年	2012 年	2013 年	2014—2015 年	2016 年	2017 年	2018 年
认证认可水平总指数 R	Pearson 相关性	. 137**	. 167**	. 176**	. 203**	. 190**	. 178**	. 280**
	显著性（双侧）	0. 000	0. 000	0. 000	0. 000	0. 000	0. 000	0. 000

**. 在 0. 01 水平（双侧）上显著相关　　*. 在 0. 05 水平（双侧）上显著相关

（2）影响作用线性回归分析

以“SM 市场结构”为因变量，以 5 个认证认可二级指标为自变量，进行线性回归分析。从表 5-23 所示的回归分析结果可以看出，首先，“E_1管理体系认证”的影响作用相对最好，有 6 个年度的回归关系处于差异性极其显著水平，回归系数在［0. 036，0. 243］区间，说明推进管理体系认证能够对出口行业的市场结构水平起到积极作用。其次，“B_1企业标准认知”对“市场结构 SM”也存在一定的影响，有 5 个年度回归关系处于差异性极其显著水平，但回归系数普遍不高，说明促进效用不强。“E_2产品认证”也存在一定的促进效用，有 4 个年度存在非常显著的回归关系。“B_2质量控制标准”和“B_3产品检验标准”仅有 1—2 个年度处于差异性极其显著水平，但影响作用较弱，甚至出现负向影响。综合来看，认证认可对市场结构有一定的促进作用。“E_1管理体系认证”促进效用最强，“B_1企业标准认知”和“E_2产品认证”次之。

表 5-23　认证认可与“SM 市场结构”回归分析情况

认证认可二级指标 ＼ 年度		2011 年	2012 年	2013 年	2014—2015 年	2016 年	2017 年	2018 年
B_1企业标准认知	标准系数	0. 110	0. 099	0. 291	0. 084	0. 116	0. 013	0. 082
	Sig.	0. 000	0. 000	0. 000	0. 002	0. 000	0. 624	0. 091
B_2质量控制标准	标准系数	-0. 038	-0. 002	0. 009	0. 141	0. 054	0. 078	0. 028
	Sig.	0. 171	0. 949	0. 754	0. 000	0. 065	0. 011	0. 577
B_3产品检验标准	标准系数	0. 051	0. 038	0. 039	-0. 202	-0. 054	-0. 005	0. 050
	Sig.	0. 062	0. 215	0. 189	0. 000	0. 066	0. 862	0. 321
E_1管理体系认证	标准系数	0. 092	0. 161	0. 036	0. 243	0. 101	0. 052	0. 138
	Sig.	0. 000	0. 000	0. 173	0. 000	0. 000	0. 008	0. 005
E_2产品认证	标准系数	0. 058	0. 027	0. 024	0. 040	0. 120	0. 104	0. 181
	Sig.	0. 018	0. 340	0. 355	0. 138	0. 000	0. 000	0. 000

2. 认证认可与二级指标“SM 市场结构”对应三级指标影响作用分析

（1）认证认可与三级指标“SM_1 市场占有率”影响作用分析

①影响作用相关性分析

如表 5-24 所示，相关性分析结果显示，认证认可各级指标与“SM_1 市场占有率”都存在不同程度的影响作用。在总指数面上，认证认可水平总指数与“SM_1 市场占有率”有 7 年在 0.01 水平上显著相关，相关系数普遍小于 0.1，说明认证认可总体上能够推动市场占有率的改善，但效用强度较弱。在一级指标层面上，“E 认证实施”与“SM_1 市场占有率”有 7 年都显著相关，相关系数普遍大于 0.1，且有不断增强趋势，说明认证实施都有助于企业开拓国际市场、提供市场占有率水平；而“B 认证基础”的促进效用明显偏弱。在二级指标层面上，“E_1 管理体系认证”的影响相对最强，与相关系数最大为 0.231，呈现较好的促进效用；“B_1 企业标准认知”和“SM_1 市场占有率”有 6 年都存在 0.01 水平上的显著相关，展现出一定的促进效用；“E_2 产品认证”与“SM_1 市场占有率”仅有 4 年显著性相关，但相关系统普遍偏低，其促进效用较弱；“B_2 质量控制标准”“B_3 产品检验标准”的影响作用存在负面效用，对“SM_1 市场占有率”促进效用大打折扣。

表 5-24　认证认可与三级指标“SM_1 市场占有率”相关性分析情况

		2011 年	2012 年	2013 年	2014—2015 年	2016 年	2017 年	2018 年
B_1 企业标准认知	Pearson 相关性	.070**	0.040	.216**	.149**	.087**	−0.003	.216**
	显著性（双侧）	0.001	0.083	0.000	0.000	0.000	0.889	0.000
B_2 质量控制标准	Pearson 相关性	0.000	−0.037	.045*	.105**	−.056*	−0.015	0.041
	显著性（双侧）	0.989	0.106	0.048	0.000	0.015	0.515	0.330
B_3 产品检验标准	Pearson 相关性	0.023	0.002	0.028	−.145**	−.064**	−0.034	0.069
	显著性（双侧）	0.271	0.940	0.221	0.000	0.005	0.134	0.096
E_1 管理体系认证	Pearson 相关性	.053*	.099**	.119**	.231**	.129**	.145**	.205**
	显著性（双侧）	0.011	0.000	0.000	0.000	0.000	0.000	0.000
E_2 产品认证	Pearson 相关性	0.033	0.003	.073**	0.005	.065*	.056*	.113**
	显著性（双侧）	0.137	0.897	0.003	0.855	0.010	0.022	0.008
B 认证基础	Pearson 相关性	0.037	0.001	.125**	0.044	−0.023	−0.025	.121**
	显著性（双侧）	0.072	0.950	0.000	0.056	0.319	0.279	0.004

续表

		2011 年	2012 年	2013 年	2014—2015 年	2016 年	2017 年	2018 年
E 认证实施	Pearson 相关性	.060**	0.044	.106**	.129**	.104**	.106**	.219**
	显著性（双侧）	0.007	0.080	0.000	0.000	0.000	0.000	0.000
认证认可水平总指数 R	Pearson 相关性	.064**	0.038	.148**	.110**	.073**	.074**	.247**
	显著性（双侧）	0.004	0.132	0.000	0.000	0.006	0.004	0.000

**. 在 0.01 水平（双侧）上显著相关　　*. 在 0.05 水平（双侧）上显著相关

②影响作用线性回归分析

以"SM_1市场占有率"为因变量，以 5 个认证认可二级指标为自变量，进行线性回归分析。从表 5-25 所示回归分析结果可以看出，"B_1企业标准认知"对"SM_1市场占有率"影响最大，该指标有 6 个年度都处于差异性极其显著水平，其标准回归系数在［-0.007，0.238］区间。其次是"E_1管理体系认证"，该指标有 5 个年度都处于差异性极其显著水平，标准回归系数在［0.048，0.221］区间。"E_2产品认证"也呈现出一定的促进效用，有 4 个年度都处于差异性显著水平，其回归系数在［0.005，0.118］区间。"B_2质量控制标准"和"B_3产品检验标准"的回归关系显著性差，且出现负面影响作用，说明这两项指标的促进效用较差。综合来看，认证认可对"SM_1市场占有率"有一定的促进作用，其中"B_1企业标准认知"的促进作用最强，"E_1管理体系认证"次之。

表 5-25　认证认可与出口商品行业"SM_1市场占有率"线性回归分析情况

认证认可二级指标 \ 年度		2011 年	2012 年	2013 年	2014—2015 年	2016 年	2017 年	2018 年
B_1企业标准认知	标准系数	0.071	0.074	0.238	0.084	0.114	-0.007	0.190
	Sig.	0.002	0.004	0.000	0.001	0.000	0.799	0.000
B_2质量控制标准	标准系数	-0.033	-0.062	0.012	0.077	-0.069	-0.010	0.020
	Sig.	0.236	0.035	0.689	0.005	0.017	0.741	0.657
B_3产品检验标准	标准系数	0.023	-0.013	-0.040	-0.232	-0.073	-0.054	0.002
	Sig.	0.390	0.648	0.177	0.000	0.013	0.073	0.958
E_1管理体系认证	标准系数	0.055	0.087	0.048	0.221	0.072	0.138	0.130
	Sig.	0.016	0.001	0.065	0.000	0.007	0.000	0.003
E_2产品认证	标准系数	0.019	0.005	0.055	0.013	0.070	0.055	0.118
	Sig.	0.429	0.844	0.037	0.633	0.010	0.038	0.008

3. 认证认可与三级指标"SM_2发达市场比例"影响作用分析

(1) 影响作用相关性分析

如表 5-26 所示，在总体层面上，认证认可水平总指数与"SM_2发达市场比例"有 7 年显著相关，2012 年的相关系数最高，达到 0.248，说明认证认可总体上能够促进出口商品企业更好地开拓发达国家市场。在一级指标层面上，"E 认证实施"与"SM_2发达市场比例"也存在 7 年显著性相关。"B 认证基础"相关系数最高达 0.214，"E 认证实施"相关系数最高达 0.217，说明认证认可为企业提供更有力的国际市场开拓能力力。在二级指标层面上，"E_2产品认证"的促进效用最好，与"SM_2发达市场比例"则有 7 年存显著相关的情况，相关系数最高达 0.216，说明其对出口企业的发达国家市场开拓能力有非常好的促进效用；其余 4 项认证认可二级制都与"SM_2发达市场比例"有 5 年在 0.01 水平上的显著相关，从相关系数来看，"B_1企业标准认知"和"B_2质量控制标准"的促进效用更好。综合来看，认证认可对"SM_2发达市场比例"有很好的促进效用，能够有效提升出口企业对发达国家市场开拓能力，其中"E_2产品认证"方面的效用最好。

表 5-26　认证认可与三级指标"SM_2发达市场比例"相关性分析情况

		2011 年	2012 年	2013 年	2014—2015 年	2016 年	2017 年	2018 年
B_1企业标准认知	Pearson 相关性	.056**	.131**	.147**	.098**	.093**	-0.011	.097*
	显著性（双侧）	0.009	0.000	0.000	0.000	0.000	0.651	0.034
B_2质量控制标准	Pearson 相关性	.138**	.164**	.135**	.107**	.130**	0.013	0.003
	显著性（双侧）	0.000	0.000	0.000	0.000	0.000	0.569	0.943
B_3产品检验标准	Pearson 相关性	.094**	.138**	.127**	-0.022	.092**	.053*	.142**
	显著性（双侧）	0.000	0.000	0.000	0.351	0.000	0.024	0.002
E_1管理体系认证	Pearson 相关性	.061**	.217**	.066**	.136**	-0.006	-0.02	.141**
	显著性（双侧）	0.004	0.000	0.008	0.000	0.796	0.422	0.003
E_2产品认证	Pearson 相关性	.166**	.156**	.079**	.062*	.196**	.216**	.128**
	显著性（双侧）	0.000	0.000	0.001	0.009	0.000	0.000	0.007
B 认证基础	Pearson 相关性	.148**	.214**	.184**	.089**	.151**	0.027	.098*
	显著性（双侧）	0.000	0.000	0.000	0.000	0.000	0.245	0.032
E 认证实施	Pearson 相关性	.163**	.217**	.067*	.083**	.199**	.166**	.182**
	显著性（双侧）	0.000	0.000	0.010	0.002	0.000	0.000	0.000

续表

		2011年	2012年	2013年	2014—2015年	2016年	2017年	2018年
认证认可水平总指数R	Pearson 相关性	.181**	.248**	.146**	.096**	.225**	.149**	.193**
	显著性（双侧）	0.000	0.000	0.000	0.000	0.000	0.000	0.000

**. 在0.01水平（双侧）上显著相关　　*. 在0.05水平（双侧）上显著相关

（2）影响作用线性回归分析

以“SM_2发达市场比例”为因变量，以5个认证认可二级指标为自变量，进行线性回归分析。从表5-27所示回归分析结果可以看出，“E_2产品认证”对“SM_1市场占有率”影响最大，有4个年度都处于差异性极其显著水平（Sig<0.01），标准回归系数最大达0.205，呈现较好的促进效用。其次是“B_1企业标准认知”，有4个年度都处于差异性显著水平（Sig<0.05），标准回归系数最大达0.182。“B_2质量控制标准”效用排在第3，有3个年度都处于差异性及其显著水平，其回归系数最大为0.117。最后是“E_1管理体系认证”和“B_3产品检验标准”，这两项指标有3个年度处于差异性显著水平，且标准回归系数较小，说明这两项指标对出口产业规模结构影响篇弱。综合来看，五个认证认可二级指标均对发达市场比例存在一定促进效用，但都存在一定的不确定性；“E_2产品认证”的影响作用更突出，“B_1企业标准认知”次之，“E_1管理体系认证”和“B_3产品检验标准”的影响相对最弱。

表5-27　认证认可与出口商品行业“SM_2发达市场比例”线性回归分析情况

认证认可二级指标 \ 年度		2011年	2012年	2013年	2014—2015年	2016年	2017年	2018年
B_1企业标准认知	标准系数	0.037	0.104	0.182	0.067	0.031	−0.014	0.039
	Sig.	0.106	0.000	0.000	0.017	0.259	0.598	0.420
B_2质量控制标准	标准系数	0.089	0.036	0.044	0.089	0.117	−0.008	−0.068
	Sig.	0.001	0.235	0.154	0.002	0.000	0.777	0.188
B_3产品检验标准	标准系数	−0.008	0.052	0.089	−0.087	0.004	0.009	0.138
	Sig.	0.758	0.083	0.003	0.002	0.878	0.762	0.007
E_1管理体系认证	标准系数	0.017	0.138	−0.026	0.062	0.029	−0.014	0.117
	Sig.	0.459	0.000	0.327	0.026	0.271	0.580	0.017
E_2产品认证	标准系数	0.136	0.106	0.021	0.030	0.182	0.205	0.108
	Sig.	0.000	0.000	0.437	0.290	0.000	0.000	0.030

4. 认证认可与三级指标“SM_3自主品牌比例”影响作用分析

(1) 影响作用相关性分析

如表 5-28 所示，在总体层面上，认证认可水平总指数与“SM_3自主品牌比例”相关性并不显著，仅有两年显著相关，这说明认证认可对促进出口商品自主品牌发展的作用偏弱。在一级指标层面上，“B 认证基础”与“SM_3自主品牌比例”仅有 3 年显著性相关，而“E 认证实施”只有 1 年显著相关，说明认证认可对品牌发展的促进效用不强。在二级指标层面上，“B_1企业标准认知”和“E_1管理体系认证”与“SM_3自主品牌比例”均存在 6 年在 0.01 水平上的显著相关，但相关系数普遍不高，说明二者对“SM_3自主品牌比例”的影响一般。“B_2质量控制标准”有 4 年显著相关，其中 2011 年为显著负相关，促进效用较弱。另外，“B_3产品检验标准”和“E_2产品认证”与“SM_3自主品牌比例”均只有一年显著相关，“E_2产品认证”与“SM_3自主品牌比例”是显著负相关。综合而言，认证认可对出口商品的品牌培养促进效用不足，“B_1企业标准认知”和“E_1管理体系认证”的影响作用相对较好，存在一定的促进效用。

表 5-28　认证认可与三级指标“SM_3自主品牌比例”相关性分析情况

		2011 年	2012 年	2013 年	2014—2015 年	2016 年	2017 年	2018 年
B_1企业标准认知	Pearson 相关性	.065**	-0.025	.124**	.081**	.078**	.059**	-0.053
	显著性（双侧）	0.002	0.261	0.000	0.000	0.001	0.009	0.205
B_2质量控制标准	Pearson 相关性	-.054**	0.009	0.022	.108**	0.032	.108**	0.075
	显著性（双侧）	0.010	0.692	0.350	0.000	0.155	0.000	0.074
B_3产品检验标准	Pearson 相关性	0.020	0.023	.053*	-0.018	-0.010	0.034	0.000
	显著性（双侧）	0.346	0.309	0.022	0.432	0.656	0.136	0.998
E_1管理体系认证	Pearson 相关性	.089**	.080**	.051*	.213**	.074**	.121**	0.026
	显著性（双侧）	0.000	0.000	0.036	0.000	0.002	0.000	0.550
E_2产品认证	Pearson 相关性	-0.034	-0.024	0.005	0.009	-0.029	-.077**	0.050
	显著性（双侧）	0.126	0.322	0.833	0.726	0.253	0.002	0.247
B 认证基础	Pearson 相关性	0.005	0.003	.083**	.081**	0.043	.100**	0.017
	显著性（双侧）	0.819	0.879	0.000	0.000	0.060	0.000	0.692
E 认证实施	Pearson 相关性	0.032	0.016	0.029	.120**	0.013	0.006	0.042
	显著性（双侧）	0.152	0.520	0.260	0.000	0.631	0.818	0.336
认证认可水平总指数 R	Pearson 相关性	0.030	0.019	0.049	.127**	0.023	.064*	0.053
	显著性（双侧）	0.172	0.445	0.060	0.000	0.384	0.014	0.225

**. 在 0.01 水平（双侧）上显著相关　*. 在 0.05 水平（双侧）上显著相关

（2）影响作用线性回归分析

以"SM_3 自主品牌比例"为因变量，以 5 个认证认可二级指标为自变量，进行线性回归分析。从表 5-29 所示回归分析结果可以看出，"E_1 管理体系认证"对"SM_3 自主品牌比例"影响最大，有 6 个年度处于差异性极其显著水平（Sig<0.01），标准回归系数最大为 0.187]，呈现对品牌发展的一定促进效用。"B_1 企业标准认知"和"B_2 质量控制标准"均有 3 个年度处于差异性极其显著水平，但这两项指标回归系数偏小，且 2011 年"B_2 质量控制标准"的回归系数为负，说明二者的促进效用较弱。"B_3 产品检验标准"和"E_2 产品认证"仅有 1 个年度处于差异性极其显著水平，且标准回归系数偏小，且"E_2 产品认证"的回归系数为负，说明其对出口商品品牌促进效用较差。综合来看，认证认可对出口商品的品牌发展促进效用不足，"E_1 管理体系认证"的影响作用相对更好些，其他认证认可二级指标的促进效用均较弱或很差。

表 5-29　认证认可与出口商品行业"SM_3 自主品牌比例"线性回归分析情况

认证认可二级指标 \ 年度		2011 年	2012 年	2013 年	2014—2015 年	2016 年	2017 年	2018 年
B_1 企业标准认知	标准系数	0.084	−0.034	0.119	0.034	0.075	0.042	−0.044
	Sig.	0.000	0.184	0.000	0.211	0.007	0.102	0.333
B_2 质量控制标准	标准系数	−0.124	0.018	−0.030	0.086	0.036	0.130	0.073
	Sig.	0.000	0.538	0.331	0.002	0.212	0.000	0.130
B_3 产品检验标准	标准系数	0.094	0.019	0.007	−0.069	−0.054	0.022	0.017
	Sig.	0.000	0.506	0.821	0.011	0.067	0.455	0.716
E_1 管理体系认证	标准系数	0.134	0.075	0.052	0.187	0.075	0.098	−0.005
	Sig.	0.000	0.003	0.053	0.000	0.005	0.000	0.914
E_2 产品认证	标准系数	−0.056	−0.039	−0.018	−0.015	−0.044	−0.093	0.047
	Sig.	0.016	0.132	0.508	0.575	0.106	0.000	0.313

（二）宏观行业层面促进效用分析

1. 认证认可与二级指标"SM 市场结构"灰色关联分析

"SM 市场结构"指标与认证认可灰色关联分析结果如表 5-30 所示，可以看出二者之间的关联关系存在一定的密切性，但总体而言其密切程度偏弱。首先，在总指数层面，从各年关联度均值可以看出，"R 认证认可水平总指数"与"SM 市场结构"指标关联度一般，各年关联度在［0.7150，0.8314］区间变动，2013—2018年之间的关联度在不断下降，说明在宏观行业层面认证认可对市场结构优化的促进效用有待进一步改善。在一级指标层面，“B认证基础”与市场结构的关联关系相对较好，各年均值为0.7726，比较接近非常密切水平，各年度关联度在［0.7172，0.8547］之间波动；“E认证实施”与市场结构指标关联度偏低，各年均值为0.7137，各年关联度在［0.6498，0.7572］区间变动。在二级指标层面，“B_1企业标准认知”“B_2质量控制标准”“B_3产品检验标准”与市场结构水平指标关联度均在0.7—0.75之间，其宏观效用不强；而“E_1管理体系认证”“E_2产品认证”与市场结构水平指标的关联度在0.65—0.7之间，说明二者对市场结构水平效用水平偏弱，认证认可行业实施应用的相关制度措施对出口产业结构优化发展需求的符合性不足，改善和提升空间仍然较大。

表5-30　认证认可与“SM市场结构”指标灰色关联分析结果

认证认可指标 \ 年度	2011年	2012年	2013年	2014—2015年	2016年	2017年	2018年	各年均值
B_1企业标准认知	0.6874	0.7016	0.8468	0.7637	0.7629	0.7492	0.7172	0.7470
B_2质量控制标准	0.6060	0.7680	0.7699	0.7622	0.6251	0.8007	0.7295	0.7231
B_3产品检验标准	0.7097	0.8312	0.8249	0.6075	0.6647	0.8231	0.7006	0.7374
E_1管理体系认证	0.5727	0.5922	0.7623	0.8202	0.6971	0.8017	0.6491	0.6993
E_2产品认证	0.6016	0.6843	0.6085	0.6325	0.7007	0.6887	0.6997	0.6594
B认证基础	0.7172	0.7743	0.8547	0.7397	0.7370	0.8194	0.7661	0.7726
E认证实施	0.6498	0.6663	0.7103	0.7064	0.7527	0.7572	0.7533	0.7137
认证认可水平总指数R	0.7150	0.7293	0.7651	0.7316	0.7519	0.8314	0.7746	0.7570

2. 认证认可与“SM市场结构”对应三级指标评测结果

（1）认证认可与三级指标“SM_1市场占有率”灰色关联分析

“SM_1市场占有率”指标与认证认可灰色关联分析结果如表5-31所示，可以看出二者之间的关联关系存在一定的密切性，但总体而言密切程度一般。首先在总指数层面，“R认证认可水平总指数”与“SM_1市场占有率”指标关联度一般，各年关联度在［0.6496，0.8536］区间变动，关联度均值仅为0.7207，说明效用水平偏弱。在一级指标层面，两个认证认可一级指标的促进效用均较弱，“B认证基础”对“SM_1市场占有率”的关联关系相对好些，与“SM_1市场占有率”各年关联度在［0.6364，0.8193］区间变动，关联度均值仅为0.7148；“E认证实施”与“SM_1市场占有率”的关联度均值更低，仅为

0.6935。在二级指标层面，五个二级指标的宏观效用均较低，关联度均值普遍都在0.7以下，“E_2产品认证”的效用相对好些，“SM_1市场占有率”的关联度均值为0.7008。综合，来看认证认可对出口商品市场占有率的宏观效用不足，提升空间比较大。

表5-31　认证认可与“SM_1市场占有率”指标灰色关联分析结果

认证认可指标＼年度	2011年	2012年	2013年	2014—2015年	2016年	2017年	2018年	各年均值
B_1企业标准认知	0.6292	0.5915	0.6230	0.7567	0.7163	0.5613	0.7876	0.6665
B_2质量控制标准	0.6922	0.6787	0.7021	0.7136	0.6633	0.6258	0.7960	0.6960
B_3产品检验标准	0.6743	0.6562	0.6395	0.7464	0.6894	0.6072	0.8186	0.6902
E_1管理体系认证	0.6063	0.7130	0.6135	0.6515	0.6395	0.6316	0.8007	0.6652
E_2产品认证	0.6385	0.7531	0.7258	0.6347	0.6517	0.7036	0.7985	0.7008
B认证基础	0.7129	0.7144	0.6914	0.7342	0.6948	0.6364	0.8193	0.7148
E认证实施	0.6585	0.7147	0.6836	0.6449	0.6474	0.6892	0.8163	0.6935
认证认可水平总指数R	0.6857	0.7285	0.7438	0.6934	0.6902	0.6496	0.8536	0.7207

（2）认证认可与三级指标“SM_2发达市场比例”灰色关联分析

在总指数层面，可以看出，“R认证认可水平总指数”与“SM_2发达市场比例”关联度均值为0.7412，处于一般密切关联水平，各年关联度在［0.6961，0.7951］区间变动，说明认证认可在总体层面对“SM_2发达市场比例”的宏观效用不强。在一级指标层面，“B认证基础”宏观效用相对好些，与“SM_2发达市场比例”的关联度均值达到0.7773，接近非常密切关联关系，各年关联度在［0.7400，0.8154］区间变动，说明“B认证基础”对“SM_2发达市场比例”有着比较好的影响作用；而“E认证实施”与“SM_2发达市场比例”的关联度均值仅为0.7176，宏观促进效用明显偏弱。在二级指标层面，“B_3产品检测标准”对“SM_2发达市场比例”的促进效用相对更好，与“SM_2发达市场比例”的关联度均值仅为0.7709，呈现较好的宏观效用；“B_1企业标准认知”对“SM_2发达市场比例”也表现出较好的影响作用，二者整体达到比较密切关联水平；其他3个认证认可二级指标的宏观影响作用均偏弱，促进效用提升空间较大。

表 5-32　认证认可与"SM_2发达市场比例"指标灰色关联分析结果

认证认可指标＼年度	2011 年	2012 年	2013 年	2014—2015 年	2016 年	2017 年	2018 年	各年均值
B_1企业标准认知	0.7538	0.7671	0.7680	0.7616	0.7803	0.7878	0.7181	0.7624
B_2质量控制标准	0.7315	0.7445	0.7334	0.7114	0.7771	0.7422	0.7365	0.7395
B_3产品检验标准	0.7484	0.8069	0.7874	0.7593	0.7941	0.7811	0.7189	0.7709
E_1管理体系认证	0.6775	0.6360	0.7230	0.6396	0.6844	0.7233	0.7226	0.6866
E_2产品认证	0.7004	0.7160	0.7413	0.6859	0.7046	0.7845	0.7032	0.7194
B 认证基础	0.7430	0.7984	0.8072	0.7577	0.8154	0.7794	0.7400	0.7773
E 认证实施	0.7020	0.6737	0.7603	0.6668	0.6973	0.7797	0.7435	0.7176
认证认可水平总指数 R	0.7138	0.7099	0.7665	0.6961	0.7520	0.7951	0.7552	0.7412

（3）认证认可与三级指标"SM_3自主品牌比例"灰色关联分析

"SM_3自主品牌比例"指标与认证认可灰色关联分析结果如表 5-33 所示，可以看出二者之间的关联关系偏弱。首先，在总指数层面，"R 认证认可水平总指数"与"SM_3自主品牌比例"指标关联度偏弱，各年关联度在［0.6634，0.7355］区间变动。在一级指标层面，一级指标"B 认证基础"与"SM_3自主品牌比例"平均关联度只有 0.7000，各年关联度在［0.6686，0.7234］区间变动，说明其宏观效用偏弱；"E 认证实施"与"SM_3自主品牌比例"平均关联度为 0.6699，各年关联度在［0.6307，0.7089］区间变动，说明"E 认证实施"对自主品牌发展的促进效用比较弱。在二级指标层面，"B_1企业标准认知"对"SM_3自主品牌比例"的宏观效用相对好些，与"SM_3自主品牌比例"平均关联度为 0.7244，各年关联度在［0.6282，0.8263］区间变动，说明"B_1企业标准认知"对"SM_3自主品牌比例"的影响作用偏弱；其他四个认证认可二级指标对"SM_3自主品牌比例"的宏观影响更弱，多数为一般密切关联水平，宏观促进效用提升空间较大。

表 5-33　认证认可与“SM_3自主品牌比例”指标灰色关联分析结果

年度 认证认可指标	2011 年	2012 年	2013 年	2014—2015 年	2016 年	2017 年	2018 年	各年均值
B_1企业标准认知	0.7170	0.7512	0.7061	0.8263	0.7216	0.7202	0.6282	0.7244
B_2质量控制标准	0.6957	0.6856	0.6911	0.7153	0.6931	0.6975	0.6677	0.6923
B_3产品检验标准	0.7006	0.7328	0.6888	0.7602	0.7063	0.7114	0.6609	0.7087
E_1管理体系认证	0.6981	0.6921	0.7119	0.6411	0.6568	0.6552	0.6427	0.6711
E_2产品认证	0.6927	0.6800	0.7128	0.6204	0.6429	0.6371	0.6809	0.6667
B 认证基础	0.6998	0.7181	0.6944	0.7234	0.6881	0.7073	0.6686	0.7000
E 认证实施	0.7015	0.6879	0.7089	0.6307	0.6481	0.6400	0.6725	0.6699
认证认可水平总指数 R	0.7232	0.7076	0.7355	0.7038	0.6634	0.6695	0.6717	0.6964

第六章 认证认可对产业质量发展水平的促进效用分析

产业质量发展水平是产业高质量发展的重要体现，主要体现在产品对相关技术标准和规范的符合性、产品对社会责任要求的符合性、市场对产品的感知水平等方面。认证认可作为国家质量基础设施（NQI）的重要组成部分，是国际通行的质量市场治理机制，它依据标准、法规等要求进行全套质量管理“体检”，并借助市场信任传递机制向市场提供质量信任信息、促进优质产品获得更好的市场回报，促使企业更倾向于向社会提供高质量的产品，形成良性的市场质量治理机制。为此，本书提出重要假设：认证认可能够有效促进产业质量进步。本章以粤港澳大湾区出口产业为例，从产品合格、市场感知、社会责任等三个方面，分微观企业和宏观行业两个层面实证分析认证认可对产业发展质量水平的促进效用，在微观层面，以企业为样本对象，采用相关性分析和线性回归分析方法，分析企业认证认可发展水平对产业质量发展的促进效用；在宏观层面，以行业为样本对象，采用邓氏灰色关联分析模型，实证认证认可对产业宏观质量的促进效用。

一、认证认可对产业质量发展水平的整体促进效用分析

产业质量整体水平通过一级指标“行业质量水平 Q”总指数的评价得分来反映，认证认可对产业质量发展的整体促进效用分析，主要通过认证认可各级指标与“行业质量水平 Q”的相关性分析、回归分析、灰色关联分析来开展。

（一）微观企业层面促进效用分析

1. 影响作用相关性分析

在认证认可总指数层面上，2011—2018 年所有年份认证认可总指数与“行业质量水平 Q”总指数都在 0.01 水平上显著相关，各年的相关系数都在 0.200 以上，其中 2018 年的相关系数最高达到 0.295，充分说明认证认可在总体上对“行业质量水平 Q”存在较强的正向促进作用。在一级指标层面上，所有年度两个一级指标与“行业质量水平 Q”都在 0.01 水平上显著相关，且相关系数普

遍大于 0.150，说明二者与“行业质量水平 Q”存在一定程度的正向影响作用，对比相关系数可以发现，“B 认证基础”的促进作用要好于“E 认证实施”。在二级指标层面上，除“E_2产品认证”外其余二级指标都与“行业质量水平 Q”存在 0.01 水平上的显著相关性，其中相关性最强的是“B_1企业标准认知”和“E_1管理体系认证”；二级指标“E_2产品认证”只在 2011—2012 年与“行业质量水平 Q”存在显著的相关性，这在一定程度上说明产品认证的效用易受到外部贸易环境影响，尤其是近年来国际贸易摩擦、中美贸易战等越演越烈，一定程度影响了产品认证的质量信任传递效用。综合而言，相关性分析显示认证认可对产业质量整体水平存在较好的正向促进效用，说明认证认可能够通过推进各类质量标准、行业规范的应用和管理体系的建立，能够带来对产业质量发展的很好促进效用。

表 6-1　认证认可与一级指标“行业质量水平 Q”相关性分析情况

认证认可各级指标 \ 年度		2011 年	2012 年	2013 年	2014—2015 年	2016 年	2017 年	2018 年
B_1企业标准认知	Pearson 相关性	.362**	.358**	.301**	.266**	.244**	.204**	.368**
	显著性（双侧）	.000	.000	.000	.000	.000	.000	.000
B_2质量控制标准	Pearson 相关性	.179**	.221**	.116**	.213**	.162**	.187**	.223**
	显著性（双侧）	.000	.000	.000	.000	.000	.000	.000
B_3产品检验标准	Pearson 相关性	.158**	.181**	.095**	.074**	.186**	.134**	.350**
	显著性（双侧）	.000	.000	.000	.004	.000	.000	.000
E_1管理体系认证	Pearson 相关性	.140**	.252**	.214**	.300**	.324**	.262**	.189**
	显著性（双侧）	.000	.000	.000	.000	.000	.000	.000
E_2产品认证	Pearson 相关性	.134**	.078**	.050	.036	.045	-.017	.065
	显著性（双侧）	.000	.002	.064	.200	.124	.539	.225
B 认证基础	Pearson 相关性	.282**	.341**	.229**	.260**	.260**	.248**	.435**
	显著性（双侧）	.000	.000	.000	.000	.000	.000	.000
E 认证实施	Pearson 相关性	.174**	.178**	.166**	.172**	.150**	.131**	.156**
	显著性（双侧）	.000	.000	.000	.000	.000	.000	.004
认证认可水平总指数 R	Pearson 相关性	.246**	.278**	.226**	.237**	.213**	.209**	.295**
	显著性（双侧）	.000	.000	.000	.000	.000	.000	.000

**. 在 0.01 水平（双侧）上显著相关　　*. 在 0.05 水平（双侧）上显著相关

2. 影响作用线性回归分析

以“行业质量水平 Q”作为因变量，以 5 个认证认可二级指标作为自变量进行线性回归分析，回归结果如表 6-2 所示。可以看出，“B_1企业标准认知”对“行业质量水平 Q”促进效用最大，所有年度回归关系都为差异极其显著水平，回归系数普遍高于 0.1，说明加强企业标准认知能够很好地促进行业质量进步。“E_1管理体系认证”的影响作用仅次于“B_1企业标准认知”，2011—2017 年都处于差异极其显著水平，标准回归系数普遍不高。“B_2质量控制标准”和“B_3产品检验标准”也对行业质量水平有一定促进作用，但它们回归关系的显著性存在较大的不确定性，标准回归系数普遍不高，充分说明相关标准实际应用的效果存在很大的提升空间。“E_2产品认证”对“行业质量水平 Q”影响作用较弱，各年的回归关系都没有达到差异性显著水平（Sig 均大于 0.05），说明产品认证的质量促进效用受贸易环境影响，没有得到充分的显现。

综上认证认可与一级指标“行业质量水平 Q”的相关性分析与线性回归分析可知，在微观层面，认证认可对“行业质量水平 Q”有较强的正向促进作用；而综合各级指标的效用来看，认证认可的质量促进效用集中体现在“B_1企业标准认知”和“E_1管理体系认证”两项二级指标上，说明提高企业对标准的认知和加强管理体系认证一定程度上能够有助于行业质量水平的提高。

表 6-2　认证认可与“行业质量水平 Q”线性回归分析情况

认证认可二级指标 \ 年度		2011 年	2012 年	2013 年	2014—2015 年	2016 年	2017 年	2018 年
B_1企业标准认知	标准系数	.206	.142	.086	.110	.120	.169	.287
	Sig.	.000	.000	.000	.000	.000	.000	.000
B_2质量控制标准	标准系数	.021	.036	.018	.049	.016	.118	.070
	Sig.	.053	.006	.084	.000	.272	.000	.167
B_3产品检验标准	标准系数	.047	.047	-.017	.016	.045	.008	.299
	Sig.	.004	.002	.208	.308	.012	.804	.000
E_1管理体系认证	标准系数	.033	.073	.060	.114	.102	.257	.093
	Sig.	.001	.000	.000	.000	.000	.000	.063
E_2产品认证	标准系数	.013	-.006	.010	-.016	-.004	-.049	.025
	Sig.	.137	.505	.199	.194	.753	.071	.603

（二）宏观行业层面影响作用分析

“行业质量水平 Q”指标与认证认可灰色关联分析结果如表 6-3 所示，可以看出二者之间存在一定的密切性，总体而言关联程度属于比较密切。在“认证认可水平总指数 R”层面，关联度均值达到 0.8361，处于非常密切水平，各年关联度在［0.7328，0.8790］区间变动，除2012年外其他各年均在0.8以上，说明在宏观行业层面上认证认可对产业质量发展有很好的宏观促进效用。在一级指标层面，两个认证认可一级指标与“行业质量水平Q”的关联度都不高，相对而言“E认证实施”与之的关联关系更为密切，关联度均值达到0.7254，属于比较密切水平，而“B认证基础”的关联度均值仅为0.6886，处于一般密切水平。从二级指标层面来看，“E_2产品认证”对“行业质量水平Q”的宏观关联效用最为密切，关联度均值达到0.7757，处于比较密切水平，7个调查年度中有4个年度达到非常密切关联关系；其他认证认可二级指标对“行业质量水平Q”的宏观关联效用普遍偏低，各项指标均有1—2个年度与行业质量之间呈现弱密切关联水平；其中“E_1管理体系认证”的宏观效用水平最低，平均灰色关联度为0.6536，为一般密切关联水平，且有2个年度跌入弱密切关联水平。综合来看，在宏观层面认证认可对行业质量存在较好的促进效用，但在细节层面只有“E_2产品认证”存在较好的宏观促进效用，其他二级指标的宏观效用普遍不明显，这与微观促进效用结构有所不同。

表6-3　认证认可与“行业质量水平Q”指标灰色关联分析结果

认证认可二级指标 \ 年度	2011年	2012年	2013年	2014—2015年	2016年	2017年	2018年	各年均值
B_1企业标准认知	.6875	.7782	.7945	.6963	.5742	.7845	.7802	.7279
B_2质量控制标准	.7914	.7420	.8377	.5756	.5943	.7315	.8087	.7259
B_3产品检验标准	.5966	.6362	.8538	.7611	.6877	.7983	.7338	.7239
E_1管理体系认证	.5904	.7858	.6157	.5831	.6552	.6100	.7352	.6536
E_2产品认证	.7611	.8017	.8604	.7024	.6521	.8153	.8366	.7757
B认证基础	.6137	.6925	.6921	.6961	.7170	.6590	.7495	.6886
E认证实施	.6817	.7457	.7479	.7117	.6775	.7045	.8089	.7254
认证认可水平总指数R	.8593	.7328	.8591	.8105	.8641	.8790	.8476	.8361

二、认证认可对产品合格水平的促进效用分析

产品合格通过二级指标“产品合格QC”及其对应三级指标“原材料质量管理水平QC_1”“半成品合格水平QC_2”“成品合格水平QC_3”的评价得分来反映，认证认可对产品合格的促进效用分析，主要是通过认证认可各级指标与产品合格相关指标的相关性分析、回归分析、灰色关联分析来开展的。

（一）微观企业层面促进效用分析

1. 认证认可与二级指标“产品合格 QC”影响作用分析

（1）影响作用相关性分析

在认证认可总指数的层面上，2011—2018 年认证认可总指数与“产品合格 QC”指标都在 0.01 水平上显著相关，相关系数普遍都在 0.1 以上，2018 年度相关系数最高达到 0.233，充分说明认证认可在总体上能够很好地促进行业产品合格水平的提升。在一级指标层面上，“B 认证基础”的促进效用更好，其所有年度都与“产品合格 QC”在 0.01 水平上显著相关，相关系数普遍接近 0.2；而“E 认证实施”与“产品合格 QC”只有 5 个年度的相关性在 0.01 水平上显著相关，相关系数均小于 0.2，也说明“E 认证实施”对于提高产品的合格水平有一定的促进作用。在二级指标的层面上，“B 认证基础”对应的二级指标对产品合格质量均展现出一定促进效用，“B_2质量控制标准”“B_3产品检验标准”与“产品合格 QC”指标相关性相对最强，各年都在 0.01 水平上显著相关，而“B_1企业标准认知”只有 6 年在 0.01 水平上显著相关，但 3 项二级指标在 2017 年的相关系数为负，说明其对产品合格质量的影响作用存在一定的不确定性；“E 认证实施”对应的二级指标中仅有“E_1质量管理体系认证”呈现一定的促进效用，其有 6 年与“产品合格 QC”在 0.01 水平上显著相关，而二级指标“E_2产品认证”对“产品合格 QC”仅有 1 年在 0.01 的水平上和 1 年在 0.05 的水平上显著相关，说明其影响作用较弱。

表 6-4 认证认可与二级指标“产品合格 QC”相关性分析情况

认证认可各级指标 \ 年度		2011 年	2012 年	2013 年	2014—2015 年	2016 年	2017 年	2018 年
B_1企业标准认知	Pearson 相关性	.201**	.187**	.043	.289**	.119**	-.091**	.133**
	显著性（双侧）	.000	.000	.076	.000	.000	.000	.002
B_2质量控制标准	Pearson 相关性	.148**	.172**	.108**	.240**	.155**	-.070**	.147**
	显著性（双侧）	.001	.000	.000	.000	.000	.003	.000
B_3产品检验标准	Pearson 相关性	.276**	.136**	.121**	.075**	.118**	-.129**	.120**
	显著性（双侧）	.000	.000	.000	.002	.000	.000	.004
E_1质量管理体系认证	Pearson 相关性	.118**	.174**	.093**	.253**	.294**	.032	.142**
	显著性（双侧）	.009	.000	.000	.000	.000	.180	.001
E_2产品认证	Pearson 相关性	.073	.047	.041	.029	-.038	.112**	.110*
	显著性（双侧）	.113	.055	.116	.266	.155	.000	.011

续表

认证认可各级指标 \ 年度		2011 年	2012 年	2013 年	2014—2015 年	2016 年	2017 年	2018 年
B 认证基础	Pearson 相关性	.288**	.195**	.126**	.279**	.181**	.138**	.193**
	显著性（双侧）	.000	.000	.000	.000	.000	.000	.000
E 认证实施	Pearson 相关性	.119**	.112**	.129**	.143**	.049	-.011	.179**
	显著性（双侧）	.010	.000	.000	.000	.079	.633	.000
认证认可水平总指数 R	Pearson 相关性	.209**	.164**	.156**	.246**	.115**	-.091**	.233**
	显著性（双侧）	.000	.000	.000	.000	.000	.000	.000

**. 在 0.01 水平（双侧）上显著相关　　*. 在 0.05 水平（双侧）上显著相关

（2）影响作用线性回归分析

以“产品合格 QC”为因变量，以 5 个认证认可的二级指标为自变量，与“产品合格 QC”进行线性回归分析，结果如表 6-5 所示。可以看出，“B_1企业标准认知”对“产品合格 QC”的影响相对其他指标而言最大，有 6 年回归关系为差异性极其显著水平（Sig. <0.01），回归系数普遍在 0.1 以上，2017 年存在微弱负向影响效用。“E_1管理体系认证”对“产品合格 QC”存在一定的促进效用，有 4 个年度达到 0.01 水平上的显著性回归，标准回归系数普遍大于 0.1。“B_2质量控制标准”和“B_3产品检验标准”对产品合格质量也表现出一定的促进效用，但存在较大的不确定性，二者均只有 4 个年度达到 0.01 水平上的显著性回归，且在 2017 年回归系数为负数。“E_2产品认证”对“产品合格 QC”的影响作用较弱，并且仅有 2 个年度存在显著性回归关系，且在 2016 年呈现出显著的微弱负向效用。综合而言，认证认可对“产品合格 QC”存在一定的正向促进效用，主要体现在“B_1企业标准认知”和“E_1管理体系认证”两个二级指标方面，说明提高企业对认证标准的认知和大力推进管理体系认证，能够在微观层面更好地促进产品合格水平的发展。

表 6-5　认证认可与二级指标“产品合格 QC”线性回归分析

认证认可二级指标 \ 年度		2011 年	2012 年	2013 年	2014—2015 年	2016 年	2017 年	2018 年
B_1企业标准认知	标准系数	.138	.123	.021	.121	.110	-.077	.121
	Sig.	.000	.000	.473	.008	.000	.001	.008
B_2质量控制标准	标准系数	.118	.102	.062	.068	.106	-.042	.068
	Sig.	.000	.000	.049	.159	.000	.080	.159

续表

认证认可二级指标 \ 年度		2011年	2012年	2013年	2014—2015年	2016年	2017年	2018年
B_3产品检验标准	标准系数	.081	.014	.041	.261	.039	-.106	.261
	Sig.	.002	.614	.185	.000	.197	.000	.000
E_1管理体系认证	标准系数	.057	.105	.112	.069	.144	.025	.069
	Sig.	.008	.000	.000	.132	.000	.282	.132
E_2产品认证	标准系数	.031	-.012	.048	-.013	-.077	.093	-.013
	Sig.	.181	.635	.086	.780	.006	.000	.780

2. 认证认可与“产品合格QC”对应三级指标影响分析

二级指标“产品合格QC”对应的三级指标共有三个：“原材料质量管理水平QC_1”“半成品合格水平QC_2”“成品合格水平QC_3”。以下的相关分析和回归分析用来探析认证认可对这三个指标的微观影响。

3. 认证认可对三级指标“原材料质量管理水平QC_1”影响作用分析

（1）影响作用相关性分析

从总指数层面上，认证认可总指数与“原材料质量管理水平QC_1”有5年在0.01的水平上显著相关，相关系数均在0.1以上，说明认证认可在总体上能促进企业原材料质量管理水平的提升。在一级指标层面上，“B认证基础”的相关性关系更好，与“原材料质量管理水平QC_1”除了2017年以外均在0.01的水平上显著相关，相关系数普遍接近0.2，说明该指标对于改善企业原材料质量管理水平有着重要的正向作用；“E认证实施”与“原材料质量管理水平QC_1”于2011—2015年均在0.01的水平上显著相关，2017—2018年度在0.05的水平上显著相关，2017年度出现微弱负相关特性，整体上看“E认证实施”的影响作用呈现波动的下降趋势。在二级指标层面，“B_3产品检验标准”与“原材料质量管理水平QC_1”的相关性相对最好，所有年度都存在显著相关性，其中有6年在0.01的水平上显著相关，相关系数最大为0.331，说明该项指标有着较好的正向促进效用；“B_1企业标准认知”也对原材料质量存在较好的影响效用，各年度均显著相关，相关系数最大达到0.34；其他认证认可二级指标也对“原材料质量管理水平QC_1”存在一定的促进效用，但显著性方面存在一定的不确定性。

表 6-6　认证认可与三级指标“原材料质量管理水平 QC_1”相关性分析情况

		2011 年	2012 年	2013 年	2014—2015 年	2016 年	2017 年	2018 年
B_1企业标准认知	Pearson 相关性	.204**	.340**	.047*	.177**	.045*	.047*	.264**
	显著性（双侧）	.000	.000	.041	.000	.046	.049	.000
B_2质量控制标准	Pearson 相关性	.198**	.169**	.121**	.185**	.146**	.037	.241**
	显著性（双侧）	.000	.000	.000	.000	.000	.125	.000
B_3产品检验标准	Pearson 相关性	.162**	.331**	.147**	.281**	.123**	.050*	.261**
	显著性（双侧）	.000	.000	.000	.000	.000	.035	.000
E_1管理体系认证	Pearson 相关性	.120**	.174**	.110**	.072**	.162**	-.02	.057
	显著性（双侧）	.000	.000	.000	.001	.000	.412	.18
E_2产品认证	Pearson 相关性	.116**	.061*	.078**	.081**	.054*	.015	.232**
	显著性（双侧）	.000	.013	.001	.000	.028	.533	.000
B 认证基础	Pearson 相关性	.250**	.210**	.143**	.237**	.146**	-.011	.300**
	显著性（双侧）	.000	.000	.000	.000	.000	.658	.000
E 认证实施	Pearson 相关性	.142**	.096**	.156**	.082**	.019	-.057*	.109*
	显著性（双侧）	.000	.000	.000	.000	.465	.017	.013
认证认可水平总指数 R	Pearson 相关性	.210**	.138**	.178**	.146**	.077*	.047*	.195**
	显著性（双侧）	.000	.000	.000	.000	.004	.049	.000

**. 在 0.01 水平（双侧）上显著相关　　*. 在 0.05 水平（双侧）上显著相关

（2）影响作用线性回归分析

以“原材料质量管理水平 QC_1”为因变量，以 5 个认证认可的二级指标为自变量，进行线性回归分析，结果如表 6-7 所示。从线性回归结果可以看出，5 个认证认可二级指标对原材料质量的影响效用均存在一定的不确定性，回归关系的显著性水平普遍不高，相对而言“B_3产品检验标准”与“原材料质量管理水平 QC_1”的回归关系更好些，有 4 年在 0.05 的水平上显著回归，回归系数相对较大。“B_1企业标准认知”“B_2质量控制标准”也呈现出 4 年的 0.05 水平上的显著回归，但回归系数普遍较小，说明其影响程度不高。“E_1管理体系认证”也对原材料质量存在一定的影响效用，但不确定性更大，2016 年出现微弱的负向影响作用。“E_2产品认证”的影响作用相对最小，仅有 2 年与“原材料质量管理水平 QC_1”呈现出显著的回归关系。

表 6-7　认证认可与三级指标"原材料质量管理水平 QC_1"回归分析

认证认可二级指标 \ 年度		2011 年	2012 年	2013 年	2014—2015 年	2016 年	2017 年	2018 年
B_1企业标准认知	标准系数	.031	.075	.018	.078	.054	.045	.078
	Sig.	.157	.009	.512	.002	.048	.063	.002
B_2质量控制标准	标准系数	.067	.062	.05	.052	.101	.024	.052
	Sig.	.013	.013	.101	.006	.000	.317	.006
B_3产品检验标准	标准系数	.183	.054	.048	.207	.055	.046	.207
	Sig.	.000	.005	.108	.090	.031	.059	.001
E_1管理体系认证	标准系数	-.003	.062	.121	.036	-.056	-.020	.036
	Sig.	.890	.013	.000	.020	.034	.396	.023
E_2产品认证	标准系数	.010	.014	.071	.149	.013	.024	.149
	Sig.	.677	.576	.008	.487	.617	.310	.001

4. 认证认可对三级指标"半成品合格水平 QC_2"影响作用分析

（1）影响作用相关性分析

在总指数的层面上，认证认可总指数与"半成品合格水平 QC_2"指标有 1 年在 0.05 水平上和有 5 年在 0.01 水平上显著相关，展现出较好的显著相关性，相关系数普遍在 0.1 以上，说明认证认可在一定程度上促进半成品合格水平改善。在一级指标层面上，"B 认证基础"的促进效用相对更好，与"半成品合格水平 QC_2"有 6 年在 0.01 水平上显著相关，且相关系数平均都在 0.1 以上，说明"B 认证基础"在一定程度上对于提高半成品合格水平有着显著的促进作用；"E 认证实施"仅有 3 年在 0.01 水平上显著相关，相关性存在较大的不确定性。在二级指标层面上，"B_1企业标准认知"的相关性相对更强，与"半成品合格水平 QC_2"有 5 年在 0.01 水平上显著相关，2014—2015 年度相关系数最高达到 0.197，说明其对半成品质量的促进效用明显；"B_2质量控制标准""B_3产品检验标准""E_1管理体系认证"也对半成品合格水平的提升有一定的促进作用，都有 4 年与"半成品合格水平 QC_2"在 0.01 的水平上显著正向相关，但又都存在一定的不确定性；"E_2产品认证"只有 2 年的数据与"半成品合格水平 QC_2"存在显著相关，其相关性存在较大的不确定性。

表 6-8 认证认可与三级指标"半成品合格水平 QC_2"相关性分析

认证认可各级指标 \ 年度		2011 年	2012 年	2013 年	2014—2015 年	2016 年	2017 年	2018 年
B_1企业标准认知	Pearson 相关性	.197**	.116**	−0.02	.197**	.158**	.057*	.139**
	显著性（双侧）	.000	.000	.397	.000	.000	.018	.002
B_2质量控制标准	Pearson 相关性	.133**	.109**	−.028	.133**	.160**	.060*	.096*
	显著性（双侧）	.000	.000	.247	.000	.000	.012	.03
B_3产品检验标准	Pearson 相关性	.058**	.052*	0.025	.058**	.120**	−.116**	.222**
	显著性（双侧）	.005	.018	.305	.005	.000	.000	.000
E_1管理体系认证	Pearson 相关性	.121**	.123**	−.012	.121**	.187**	.046	.098*
	显著性（双侧）	.000	.000	.638	.000	.000	.055	.028
E_2产品认证	Pearson 相关性	.096**	.014	−.021	.096**	−.034	−.038	.022
	显著性（双侧）	.000	.579	.408	.000	.203	.108	.633
B 认证基础	Pearson 相关性	.168**	.127**	−.034	.168**	.199**	.116**	.212**
	显著性（双侧）	.000	.000	.159	.000	.000	.000	.000
E 认证实施	Pearson 相关性	.129**	.064**	−.025	.129**	.048	−.009	.074
	显著性（双侧）	.000	.009	.359	.000	.084	.693	.107
认证认可水平总指数 R	Pearson 相关性	.170**	.106**	−.035	.170**	.111**	.057*	.143**
	显著性（双侧）	.000	.000	.191	.000	.000	.057*	.002

**. 在 0.01 水平（双侧）上显著相关　　*. 在 0.05 水平（双侧）上显著相关

（2）影响作用线性回归分析

以"半成品合格水平 QC_2"为因变量，以 5 个认证认可的二级指标为自变量，进行线性回归分析，分析结果如表 6-9 所示。从线性回归结果可以看出，5 个认证认可二级指标对原材料质量的影响效用均存在较大的不确定性，回归关系的显著性水平普遍不高。相较而言，"B_1企业标准认知"的影响作用更强，与因变量"半成品合格水平 QC_2"有 4 年在 0.01 水平上呈现显著回归关系，回归系数普遍在 0.1 左右。"B_2质量控制标准""B_3产品检验标准""E_1管理体系认证"与因变量"半成品合格水平 QC_2"有 3 年在 0.01 水平上呈现显著回归关系，说明存在一定的影响作用，但也有一定的不确定性。而"E_2产品认证"与"半成品合格水平 QC_2"回归关系不显著，仅在 2016 年出现 0.05 水平上的显著性影响，但回归系数为−0.064，呈微弱负面效应。

表 6-9 认证认可与三级指标“半成品合格水平 QC_2”回归分析

认证认可二级指标 \ 年度		2011 年	2012 年	2013 年	2014—2015 年	2016 年	2017 年	2018 年
B_1企业标准认知	标准系数	.159	.089	-.015	.228	.105	.046	.076
	Sig.	.000	.002	.590	.100	.000	.015	.100
B_2质量控制标准	标准系数	.099	.091	-.016	.129	.105	.036	.034
	Sig.	.000	.000	.609	.484	.000	.140	.484
B_3产品检验标准	标准系数	-.019	.002	-.013	-.04	.123	.107	.034
	Sig.	.477	.942	.686	.000	.228	.000	.000
E_1管理体系认证	标准系数	.071	.079	-.013	-.04	.036	.107	.228
	Sig.	.002	.002	.865	.118	.000	.036	.118
E_2产品认证	标准系数	.039	-.028	-.015	.145	-.064	-.025	-.048
	Sig.	.095	.266	.585	.312	.021	.291	.312

5. 认证认可对三级指标“成品合格水平 QC_3”影响作用分析

(1) 影响作用相关性分析

在总指数层面上，除了 2017 年外认证认可总指数与“成品合格水平 QC_3”各年均在 0.01 水平上显著相关，2013 年相关系数最高达到 0.198，说明认证认可在总体上对促进粤港澳大湾区出口商品成品合格水平存在重要的正向影响作用。在一级指标层面上，“B 认证基础”与“成品合格水平 QC_3”存在更强的相关关系，所有年度均在 0.01 水平上显著相关，2013 年度相关系数最高达 0.244，但是 2017 年其相关系数为负，总体而言“B 认证基础”对成品合格质量有着重要的正向促进作用，但伴随着不稳定的因素；“E 认证实施”与“成品合格水平 QC_3”有 4 年在 0.01 水平上和 1 年在 0.05 的水平上显著相关，且相关系数普遍小于 0.1，说明“E 认证实施”对于产品合格质量有着较弱的正向作用。在二级指标层面上，“B 认证基础”对应的二级指标呈现出的影响效用更好，其中“B_2质量控制标准”与“成品合格水平 QC_3”的相关性最好，所有年度都显著相关，且其中有 6 年在 0.01 的水平上显著相关；“B_1企业标准认知”“B_3产品检验标准”“E_1管理体系认证”与“成品合格水平 QC_3”都有 6 年在 0.01 的水平上显著相关，说明它们对成品合格质量的改善也存在显著的促进作用。而“E_2产品认证”对“成品合格水平 QC_3”仅 2 年在 0.01 的水平上和 1 年在 0.05 的水平上显著相关，说明“E_2产品认证”对“成品合格水平 QC_3”存在一定的影响，但是该影响作用的不确定性较高。

表 6-10　认证认可与三级指标"成品合格水平 QC_3"相关性分析

认证认可各级指标 \ 年度		2011 年	2012 年	2013 年	2014—2015 年	2016 年	2017 年	2018 年
B_1企业标准认知	Pearson 相关性	.147**	.074**	.166**	.147**	.085**	.017	.185**
	显著性（双侧）	.000	.001	.000	.000	.000	.478	.000
B_2质量控制标准	Pearson 相关性	.133**	.119**	.199**	.133**	.102**	.067**	.098*
	显著性（双侧）	.000	.000	.000	.000	.000	.005	.026
B_3产品检验标准	Pearson 相关性	.108**	.030	.160**	.108**	.083**	.125**	.224**
	显著性（双侧）	.000	.181	.000	.000	.001	.000	.000
E_1管理体系认证	Pearson 相关性	.069**	.113**	.216**	.069**	.319**	.026	.131**
	显著性（双侧）	.001	.000	.000	.001	.000	.276	.003
E_2产品认证	Pearson 相关性	.068**	.036	–.026	.068**	–.058*	–.021	.027
	显著性（双侧）	.003	.147	.316	.003	.028	.387	.551
B 认证基础	Pearson 相关性	.171**	.125**	.244**	.171**	.124**	–.148**	.230**
	显著性（双侧）	.000	.000	.000	.000	.000	.000	.000
E 认证实施	Pearson 相关性	.080**	.088**	.102**	.080**	.05	.012	.101*
	显著性（双侧）	.000	.000	.000	.000	.072	.607	.027
认证认可水平总指数 R	Pearson 相关性	.130**	.124**	.198**	.130**	.097**	.017	.172**
	显著性（双侧）	.000	.000	.000	.000	.000	.478	.000

**. 在 0.01 水平（双侧）上显著相关　　*. 在 0.05 水平（双侧）上显著相关

（2）认证认可与三级指标"成品合格水平 QC_3"回归分析

以"成品合格水平 QC_3"为因变量，以 5 个认证认可的二级指标为自变量，进行线性回归分析，分析结果如表 6-11 所示。从线性回归分析结果可以看出，"B_1企业标准认知"的影响作用最好，有 5 年在 0.01 水平上呈现显著回归关系，回归系数在 0.1 左右；"E_1管理体系认证"和"B_2质量控制标准"的影响作用仅次于"B_1企业标准认知"，与因变量"成品合格水平 QC_3"均有 5 年显著性回归关系，其中 4 年在 0.01 水平上显著相关，回归系数在 0.1 左右。"B_3产品检验标准"与"成品合格水平 QC_3"均有 4 年 0.01 水平上的显著性回归关系，也存在一定的促进效用，但不确定性较大。"E_2产品认证"对"成品合格水平 QC_3"存在微弱的负面效应，2014—2017 年均与"成品合格水平 QC_3"存在 0.01 水平上的显著性回归关系，但回归系数为负，说明存在较大不确定性的负面影响作用。

表 6-11 认证认可与出口商品行业“成品合格水平 QC_3”线性回归分析情况

认证认可二级指标 \ 年度		2011 年	2012 年	2013 年	2014—2015 年	2016 年	2017 年	2018 年
B_1企业标准认知	标准系数	.084	.100	.092	.228	.090	.006	.114
	Sig.	.000	.001	.001	.000	.001	.786	.013
B_2质量控制标准	标准系数	.081	.076	.174	.129	.061	.045	.036
	Sig.	.003	.003	.000	.000	.036	.065	.456
B_3产品检验标准	标准系数	.071	-.008	.075	-.041	.036	.117	.216
	Sig.	.008	.786	.010	.095	.233	.000	.000
E_1管理体系认证	标准系数	.028	.087	.196	.145	.192	.030	.105
	Sig.	.223	.001	.000	.000	.000	.205	.022
E_2产品认证	标准系数	.009	-.007	-.085	-.086	-.092	-.008	-.050
	Sig.	.714	.775	.001	.001	.001	.746	.278

（二）宏观行业层面促进效用分析

1. 认证认可与二级指标“产品合格 QC”灰色关联分析

认证认可与“产品合格 QC”各级指标灰色关联分析结果如表 6-12 所示，从总体来看认证认可与产品合格质量之间的关联关系为比较密切水平。首先，在总指数层面，“认证认可水平总指数 R”与“产品合格 QC”的各年关联度在［0.7004，0.7808］区间变动，均值为 0.7445，处于比较密切水平。在一级指标层面，相对而言“B 认证基础”对“产品合格 QC”的宏观效应更好，与“产品合格 QC”各年关联度处于［0.6860　0.8528］区间，关联度均值达到 0.7901，接近非常密切水平，并且有 4 年呈现非常密切关联水平，说明“B 认证基础”对产品合格质量的宏观影响作用较好；“E 认证实施”的影响作用较为一般，关联度均值为 0.7066，偏向于一般密切水平。在二级指标层面，相对而言二级指标“B_1企业标准认知”的宏观影响效用最强，关联度均值达到 0.8053，为非常密切性水平，说明其对产品合格质量有着较强的宏观促进效用；“B_3产品检验标准”也对产品合格质量存在较好的宏观影响效用，虽然关联度均值仅为 0.7544，但与“产品合格 QC”有 4 个年度存在非常密切水平的关联关系；“B_2质量控制标准”“E_1管理体系认证”与“产品合格 QC”的关联关系为比较密切水平，存在一定的宏观影响效用；“E_2产品认证”与“产品合格 QC”的关联度均值仅为 0.6741，说明两者的关联水平偏弱。综合而言，认证认可对产品合格质量的宏观促进效用主要体现在认证基础方面，尤其是提高企业标准认知水平能更好地促进产品合格水平的改善。

表 6-12 认证认可与“产品合格 QC”指标灰色关联分析结果

认证认可指标＼年度	2011 年	2012 年	2013 年	2014—2015 年	2016 年	2017 年	2018 年	各年均值
B_1企业标准认知	.8035	.7383	.8154	.8346	.8382	.8168	.7904	.8053
B_2质量控制标准	.7289	.7740	.8220	.7137	.6214	.7741	.7989	.7476
B_3产品检验标准	**.8048**	**.8584**	**.8324**	.6097	.6374	.7303	.8076	.7544
E_1管理体系认证	.6803	.6487	.8188	.8100	.7348	.7633	.7314	.7410
E_2产品认证	.6906	.7332	.6518	.6070	.6945	.6124	.7289	.6741
B 认证基础	**.8339**	**.8064**	**.8528**	.7207	.6860	.7841	.8465	.7901
E 认证实施	.6932	.7204	.7086	.7121	.7335	.6517	.7269	.7066
认证认可水平总指数 R	.7808	.7485	.7640	.7366	.7152	.7004	.7662	.7445

2. 认证认可与“产品合格 QC”对应三级指标灰色关联分析

“产品合格 QC”对应三级指标共有三个：“原材料质量管理 QC_1”、“半成品合格水平 QC_2”、“成品合格水平 QC_3”，下面给出它们的宏观灰色关联分析结果。

（1）认证认可与三级指标“原材料质量管理 QC_1”灰色关联分析

认证认可与“原材料质量管理 QC_1”指标灰色关联分析结果如表 6-13 所示，总体来看认证认可与原材料质量管理之间的关联密切性不高，认证认可的宏观影响效用不强。首先，在总指数层面，“认证认可水平总指数 R”与“原材料质量管理 QC_1”的关联度均值为 0.7283，处于比较密切关联水平，关联度呈现逐年递增趋势，说明认证认可在总体层面原材料质量的宏观影响不断增强。在一级指标层面，“B 认证基础”的影响效用更好，与“原材料质量管理 QC_1”的关联度均值达到 0.7782，并且呈不断增强趋势，说明“B 认证基础”对原材料质量管理水平存在日益增强的促进效用；而“E 认证实施”的影响作用整体偏弱。在二级指标层面，“B 认证基础”对应的二级指标具有更好的影响效用，其中“B_1企业标准认知”的影响作用相对最强，与“原材料质量管理 QC_1”的关联度值为 0.7760，有 3 年呈非常密切关联水平；而“E 认证实施”对应的二级指标影响效用普遍偏弱，二者与原材料质量管理的关系均为一般密切水平，其中“E_2产品认证”的关联水平最弱，有 3 年为弱密切关联水平，说明产品认证对原材料质量管理的宏观促进效用不足。

表 6-13　认证认可与"原材料质量管理 QC_1"指标灰色关联分析结果

认证认可指标 \ 年度	2011 年	2012 年	2013 年	2014—2015 年	2016 年	2017 年	2018 年	各年均值
B_1企业标准认知	.8053	.7372	.7995	.8111	.6444	.7950	.8397	.7760
B_2质量控制标准	.6839	.7677	.6843	.6710	.7382	.8377	.8429	.7465
B_3产品检验标准	.7203	.8128	.7256	.5590	.7323	.7963	.8530	.7428
E_1管理体系认证	.5920	.5793	.7458	.7224	.7862	.7821	.6918	.6999
E_2产品认证	.5265	.7230	.5783	.5724	.7493	.6156	.7914	.6509
B 认证基础	.6730	.7960	.7272	.7007	.7926	.8573	.9007	.7782
E 认证实施	.5339	.6443	.6323	.6914	.7530	.6956	.7835	.6763
认证认可水平总指数 R	.5947	.7006	.6671	.7150	.8016	.7719	.8470	.7283

（2）认证认可与三级指标"半成品合格水平 QC_2"灰色关联分析

认证认可与"半成品合格水平 QC_2"指标灰色关联分析结果如表 6-14 所示，从总体来看二者之间关联关系的密切性不高。首先，在总指数层面，"认证认可水平总指数 R"与"半成品合格水平 QC_2"的关联度在［0.6844，0.8108］区间变动，均值为0.7458，处于比较密切关联水平。在一级指标层面，"B 认证基础"的影响作用相对更好，与"半成品合格水平 QC_2"的关联度均值为0.7728，有3年呈现非常密切关联关系，"B 认证基础"对于半成品质量存在一定强的促进效用；而"E 认证实施"的影响作用偏向于一般，关联度均值为0.7192。在二级指标层面，"B_1企业标准认知"对半成品质量的宏观影响效用相对最强，与"半成品合格水平 QC_2"的关联度均值为0.7732，处于比较密切关联水平；"E_2产品认证"的影响作用最弱，各年关联度均值仅有0.6933。

表 6-14　认证认可与"半成品合格水平 QC_2"指标灰色关联分析结果

认证认可指标 \ 年度	2011 年	2012 年	2013 年	2014—2015 年	2016 年	2017 年	2018 年	各年均值
B_1企业标准认知	.7467	.7424	.7292	.8168	.8118	.7838	.7816	.7732
B_2质量控制标准	.7614	.7939	.7303	.7361	.6124	.7603	.8129	.7439
B_3产品检验标准	.7745	.8464	.7258	.6522	.6276	.7376	.7956	.7371
E_1管理体系认证	.7284	.6763	.8005	.8190	.6615	.8021	.7336	.7459
E_2产品认证	.7570	.7459	.6450	.6440	.6885	.6485	.7242	.6933
B 认证基础	.8041	.8216	.7442	.7558	.6741	.7794	.8302	.7728
E 认证实施	.7341	.7623	.6879	.7373	.7029	.6907	.7190	.7192

续表

年度 认证认可指标	2011年	2012年	2013年	2014—2015年	2016年	2017年	2018年	各年均值
认证认可水平总指数R	.8108	.7902	.7049	.7483	.6844	.7207	.7616	.7458

(3) 认证认可与三级指标“成品合格水平 QC_3”灰色关联分析

认证认可各与“成品合格水平 QC_3”指标灰色关联分析结果如表6-15所示，从总体来看认证认可对成品合格质量的影响效用不高。首先，在总指数层面，“认证认可水平总指数R”与“成品合格水平 QC_3”关联度在［0.6528，0.7881］区间变动，均值为0.7324，处于比较密切关联水平。在一级指标层面，“B认证基础”的影响作用相对最强，与“成品合格水平 QC_3”的关联度均值达到0.7569，有3年达到非常密切关联水平，其说明“B认证基础”对于成品合格质量有着一定强度的正向影响；而“E认证实施”的影响作用倾向于一般。在二级指标层面，“B_1企业标准认知”与“成品合格水平 QC_3”的关联密切性最高，关联度均值达到0.7708，其宏观影响效用在所有认证认可二级指标中相对最好；“E_2产品认证”对“成品合格水平 QC_3”的影响作用最弱，二者关联度均值仅有0.6715，处于一般密切关联水平，说明产品认证在宏观质量促进效用不足。

表6-15 认证认可与“成品合格水平 QC_3”指标灰色关联分析结果

年度 认证认可指标	2011年	2012年	2013年	2014—2015年	2016年	2017年	2018年	各年均值
B_1企业标准认知	.7423	.7250	.7610	.8022	.8109	.7863	.7679	.7708
B_2质量控制标准	.7230	.7808	.7957	.7112	.6120	.7086	.7892	.7315
B_3产品检验标准	.7392	.8375	.7947	.6364	.6234	.6746	.7820	.7268
E_1管理体系认证	.7287	.6581	.7731	.7860	.7100	.7059	.7111	.7247
E_2产品认证	.6975	.7282	.6475	.6299	.6832	.5827	.7312	.6715
B认证基础	.7761	.8109	.8161	.7127	.6654	.7171	.8001	.7569
E认证实施	.7163	.7275	.7255	.7006	.7106	.6149	.7171	.7018
认证认可水平总指数R	.7744	.7526	.7881	.7196	.6836	.6528	.7560	.7324

三、认证认可对市场感知的促进效用分析

市场感知通过二级指标“市场感知QM”及其对应三级指标“顾客群体特征 QM_1”“市场服务机制 QM_2”和“质量事故投诉 QM_3”的评价得分来反映，

认证认可对市场感知的促进效用分析，主要是通过认证认可各级指标与市场感知相关指标的相关性分析、回归分析、灰色关联分析来开展的。在微观企业层面进行相关性分析和多元线性回归分析，在宏观行业层面采用灰色关联分析方法。

（一）微观企业层面促进效用分析

1. 认证认可对二级指标“市场感知 QM”影响作用分析

（1）影响作用相关性分析

在总指数层面上，“认证认可水平总指数 R”与“市场感知 QM”指标有 6 年在 0.01 水平上、1 年在 0.05 水平上显著相关，且 4 个年度的相关系数都在 0.2 以上，相关系数最高达 0.267，说明认证认可在总体上对促进大湾区出口企业市场感知水平存在较好促进作用。在一级指标层面上，两个认证认可一级指标均表现出较好的正向作用，“B 认证基础”与“市场感知 QM”指标各年均在 0.01 水平上显著相关，其中 2012 年相关系数最高，达到 0.219；“E 认证实施”与“市场感知 QM”指标除了 2016 年在 0.05 的水平上显著之外，其他年度均在 0.01 水平上显著，相关系数最高，达到 0.266，说明其对企业市场感知能力具有较好正向促进作用。在二级指标层面上，“B_1企业标准认知”“B_2质量控制标准”“B_3产品检验标准”“E_1质量管理体系认证”与“市场感知 QM”都有 6 年在 0.01 的水平上显著相关。其中，“B_1企业标准认知”的相关系数除了 2017 年外都在 0.1 以上，并在 2011 年最大达到 0.226，说明企业标准认知、质量控制标准、产品检验标准、质量管理体系认证对企业市场感知存在较强的影响作用。“E_2产品认证”与“市场感知 QM”有 4 年在 0.01 的水平、有 1 年在 0.05 的水平上显著相关，说明企业产品认证情况与企业市场感知具有一定的相关性，但影响作用较弱。

表 6-16　认证认可与二级指标“市场感知 QM”相关性分析情况

认证认可各级指标 \ 年度		2011 年	2012 年	2013 年	2014—2015 年	2016 年	2017 年	2018 年
B_1企业标准认知	Pearson 相关性	.226**	.177**	.207**	.197**	.124**	.048*	.130**
	显著性（双侧）	.000	.000	.000	.000	.000	.036	.005
B_2质量控制标准	Pearson 相关性	.131**	.147**	.101**	.099**	-.030	.061**	.120**
	显著性（双侧）	.000	.000	.000	.000	.182	.007	.009

续表

认证认可各级指标 \ 年度		2011 年	2012 年	2013 年	2014—2015 年	2016 年	2017 年	2018 年
B_3产品检验标准	Pearson 相关性	.072**	.164**	.070*	.087**	.130**	.111**	.196**
	显著性（双侧）	.001	.000	.002	.000	.000	.000	.000
E_1质量管理体系认证	Pearson 相关性	.103**	.232**	.092**	.210**	.004	.236**	.169**
	显著性（双侧）	.000	.000	.000	.000	.876	.000	.000
E_2产品认证	Pearson 相关性	.117**	.093**	.043	.174**	.052*	.111**	.064
	显著性（双侧）	.000	.000	.074	.000	.037	.000	.179
B 认证基础	Pearson 相关性	.179**	.219**	.169**	.172**	.087**	.102**	.208**
	显著性（双侧）	.000	.000	.000	.000	.000	.000	.000
E 认证实施	Pearson 相关性	.135**	.179**	.077**	.266**	.059*	.240**	.172**
	显著性（双侧）	.000	.000	.003	.000	.027	.000	.000
认证认可水平总指数 R	Pearson 相关性	.180**	.233**	.139**	.267**	.060*	.231**	.234**
	显著性（双侧）	.000	.000	.000	.000	.024	.000	.000

**. 在 0.01 水平（双侧）上显著相关　　*. 在 0.05 水平（双侧）上显著相关

（2）影响作用线性回归分析

以“市场感知 QM”为因变量，以 5 个认证认可的二级指标作为自变量，与“市场感知 QM”进行线性回归分析，结果如表 6-17 所示。可以看出，“B_1企业标准认知”对“市场感知 QM”影响最大，与“市场感知 QM”有 5 年存在 0.01 水平上显著的回归关系，2013 年回归系数最高，达 0.225，呈现较大促进效用。“E_1管理体系认证”的影响作用仅次之，有 3 年存在 0.01 水平上显著的回归关系，2017 年标准回归系数达 0.246，说明其有着较强影响，但存在较大不确定性。“B_3产品检验标准”对“市场感知 QM”也存在一定的影响，但回归系数偏小且不确定性较大。“E_2产品认证”仅有 2 年存在 0.01 水平上显著的回归关系，说明其影响存在非常大的不确定性。“B_2质量控制标准”呈显著微弱负面影响，对“市场感知 QM”的促进效用最差。

表 6-17　认证认可与“市场感知 QM”线性回归分析情况

认证认可二级指标 \ 年度		2011 年	2012 年	2013 年	2014—2015 年	2016 年	2017 年	2018 年
B_1企业标准认知	标准系数	.201	.153	.225	.188	.072	.010	.099
	Sig.	.000	.000	.000	.000	.009	.698	.044

续表

认证认可二级指标 \ 年度		2011 年	2012 年	2013 年	2014—2015 年	2016 年	2017 年	2018 年
B_2质量控制标准	标准系数	.086	.021	.044	-.073	-.152	-.028	.057
	Sig.	.002	.464	.142	.007	.000	.329	.259
B_3产品检验标准	标准系数	-.012	.095	-.005	.007	.138	.076	.160
	Sig.	.667	.001	.869	.786	.000	.009	.002
E_1管理体系认证	标准系数	.035	.162	.035	.171	.039	.246	.121
	Sig.	.124	.000	.183	.000	.144	.000	.015
E_2产品认证	标准系数	.059	.031	.012	.167	.021	.115	.041
	Sig.	.012	.218	.639	.000	.425	.000	.401

2. 认证认可对“市场感知 QM”对应三级指标影响分析

二级指标“市场感知 QM”对应的三级指标共有三个：“顾客群体特征 QM_1”“市场服务机制 QM_2”和“质量事故投诉 QM_3”。以下通过相关分析和回归分析来探索认证认可对这三个指标存在的不同程度的影响。

（1）认证认可对三级指标“顾客群体特征 QM_1”影响作用分析

①影响作用相关性分析

在总指数层面上，“认证认可水平总指数 R”与“顾客群体特征 QM_1”各年都在 0.01 水平上显著相关，2018 年的相关系数最高，达到 0.233，说明认证认可总体上能够很好地促进出口企业顾客群体特征的优化。在一级指标层面上，“B 认证基础”和“E 认证实施”都展现出很好的促进效用，所有年度都与“顾客群体特征 QM_1”都在 0.01 水平上显著相关；“B 认证基础”与“顾客群体特征 QM_1”的相关系数相对更好些，最高达 0.198，而“E 认证实施”最高只有 0.179，综合而言二者都有助于企业更好地向高端市场传递质量信任信息，从而达到优化顾客群体特征的作用。在二级指标层面上，“B_1企业标准认知”的促进效用最强，和“顾客群体特征 QM_1”所有年份都在 0.01 的水平上显著相关，2013 年相关系数最高，达到 0.365，说明该指标有着较好的正向促进作用；“E_1质量管理体系认证”的效用仅次之，与“顾客群体特征 QM_1”除了 2016 年外都在 0.01 水平上显著相关，2017 年相关系数最高，达到 0.206；“B_2质量控制标准”与“顾客群体特征 QM_1”有 5 年在 0.01 水平上显著相关，2018 年相关系数最高达 0.147，说明其一定程度上也能够有效促进市场档次优化。而“B_3产品检验标准”和“E_2产品认证”与“顾客群体特征 QM_1”的相关性显著程度相对偏低，都有 3 年在 0.01 的水平上显著相关，说明对“顾客群体特征 QM_1”存在一定的促进效用，但显著性不高、存在一定不确定性。

表 6-18 认证认可与三级指标“顾客群体特征 QM_1”相关性分析情况

认证认可各级指标 \ 年度		2011 年	2012 年	2013 年	2014—2015 年	2016 年	2017 年	2018 年
B_1企业标准认知	Pearson 相关性	.147**	.140**	.365**	.161**	.257**	.145**	.133**
	显著性（双侧）	.000	.000	.000	.000	.000	.000	.002
B_2质量控制标准	Pearson 相关性	.047*	.094**	.079**	.064**	.033	.074**	.147**
	显著性（双侧）	.023	.000	.001	.005	.145	.001	.000
B_3产品检验标准	Pearson 相关性	.053*	.074**	.01	-.026	.041	.083**	.120**
	显著性（双侧）	.011	.001	.671	.258	.068	.000	.004
E_1质量管理体系认证	Pearson 相关性	.097**	.185**	.174**	.178**	.003	.206**	.142**
	显著性（双侧）	.000	.000	.000	.000	.886	.000	.001
E_2产品认证	Pearson 相关性	.099**	.067**	.036	.03	.063*	.067**	.110*
	显著性（双侧）	.000	.006	.141	.218	.011	.006	.011
B 认证基础	Pearson 相关性	.102**	.139**	.198**	.085**	.131**	.140**	.193**
	显著性（双侧）	.000	.000	.000	.000	.000	.000	.000
E 认证实施	Pearson 相关性	.119**	.133**	.127**	.111**	.105**	.171**	.179**
	显著性（双侧）	.000	.000	.000	.000	.000	.000	.000
认证认可水平总指数 R	Pearson 相关性	.142**	.154**	.192**	.116**	.116**	.202**	.233**
	显著性（双侧）	.000	.000	.000	.000	.000	.000	.000

**. 在 0.01 水平（双侧）上显著相关　　*. 在 0.05 水平（双侧）上显著相关

②影响作用线性回归分析

以“顾客群体特征 QM_1”为因变量，以 5 个认证认可的二级指标为自变量，进行线性回归分析，结果如表 6-19 所示。可以看出，在 5 个认证认可二级指标中，“B_1企业标准认知”和“E_1管理体系认证”的促进效用相对最强，和因变量“顾客群体特征 QM_1”都有 6 年存在 0.01 水平上的显著回归关系，其中“B_1企业标准认知”的标准回归系数普遍要高，呈现出较好的促进效用。“B_2质量控制标准”“B_3产品检验标准”“E_2产品认证”均存在负向的回归系数，其中“B_2质量控制标准”在四个年度出现负效应，说明其促进效用较差、且存在很大的不确定性。

表 6-19 认证认可与“顾客群体特征 QM_1”线性回归分析情况

认证认可二级指标 \ 年度		2011 年	2012 年	2013 年	2014—2015 年	2016 年	2017 年	2018 年
B_1企业标准认知	标准系数	.161	.112	.383	.117	.206	.124	.098
	Sig.	.000	.000	.000	.000	.000	.000	.026
B_2质量控制标准	标准系数	-.022	-.001	.020	-.017	-.010	.009	.121
	Sig.	.411	.980	.476	.531	.726	.749	.009
B_3产品检验标准	标准系数	.042	.018	-.088	-.031	-.060	.047	.080
	Sig.	.119	.519	.002	.245	.037	.110	.085
E_1管理体系认证	标准系数	.065	.135	.097	.181	.086	.205	.101
	Sig.	.004	.000	.000	.000	.001	.000	.024
E_2产品认证	标准系数	.062	.035	.030	-.012	.029	.053	.068
	Sig.	.008	.159	.224	.661	.273	.041	.130

（2）认证认可对三级指标“市场服务机制 QM_2”影响作用分析

①影响作用相关性分析

在总指数层面上，认证认可总指数与“市场服务机制 QM_2”指标除 2016 年外均在 0.01 的显著性水平上显著相关，除 2016 年外相关系数均在 0.1 以上，在 2014—2015 年达到最大值 0.254，说明认证认可对改善市场服务机制具有明显的影响作用。在一级指标层面上，“B 认证基础”的效用相对更好，与“市场服务机制 QM_2”每年都在 0.01 水平上显著相关，相关系数最大为 0.198，但有一定的下降趋势；“E 认证实施”除 2016 年外的其他年份都在 0.01 水平上显著性相关，说明改善认证基础以及加强认证实施都有助于企业更好地完善市场服务机制。在二级指标层面，“B_1企业标准认知”的效用相对最好，与“市场服务机制 QM_2”除 2017 年外的各年份均在 0.01 水平上显著相关，相关系数在 2013 年最高达 0.365，2017 年出现显著的负相关情况，但总体上“B_1企业标准认知”对“市场服务机制 QM_2”有较好的促进效用；“E_1质量管理体系认证”与“市场服务机制 QM_2”除了 2016 年在 0.05 水平上显著相关外，其余年份都在 0.01 水平上显著相关，且相关系数最高达 0.202，但 2016 年出现负相关情况；此外，“B_3产品检验标准”与“市场服务机制 QM_2”有 5 个年度都在 0.01 水平上显著相关，2018 年相关系数达到最大值 0.221；“E_2产品认证”与“市场服务机制 QM_2”有 5 年在 0.01 的显著性水平上、有 1 年在 0.05 的水平上显著相关；说明“B_3产品检验标准”“E_2产品认证”对市场服务机制有一定的影响作用，但是也存在着一些不确定性。

表 6-20　认证认可与三级指标“市场服务机制 QM_2”相关性分析情况

认证认可各级指标 \ 年度		2011 年	2012 年	2013 年	2014—2015 年	2016 年	2017 年	2018 年
B_1企业标准认知	Pearson 相关性	.200**	.143**	.365**	.141**	.074**	-.024	.190**
	显著性（双侧）	.000	.000	.000	.000	.001	.296	.000
B_2质量控制标准	Pearson 相关性	.123**	.118**	.079**	.087**	-.037	0.04	.069
	显著性（双侧）	.000	.000	.001	.000	.105	.077	.096
B_3产品检验标准	Pearson 相关性	.025	.156**	.01	.117**	.146**	.115**	.221**
	显著性（双侧）	.236	.000	.671	.000	.000	.000	.000
E_1质量管理体系认证	Pearson 相关性	.095**	.202**	.174**	.173**	-.056*	.141**	.150**
	显著性（双侧）	.000	.000	.000	.000	.021	.000	.000
E_2产品认证	Pearson 相关性	.081**	.080**	.036	.188**	.051*	.102**	.127**
	显著性（双侧）	.000	.001	.141	.000	.039	.000	.003
B 认证基础	Pearson 相关性	.147**	.184**	.198**	.158**	.072**	.059**	.195**
	显著性（双侧）	.000	.000	.000	.000	.001	.009	.000
E 认证实施	Pearson 相关性	.105**	.156**	.127**	.260**	.042	.179**	.179**
	显著性（双侧）	.000	.000	.000	.000	.111	.000	000
认证认可水平总指数 R	Pearson 相关性	.139**	.200**	.192**	.254**	.04	.159**	.222**
	显著性（双侧）	.000	.000	.000	.000	.13	.000	.000

**. 在 0.01 水平（双侧）上显著相关　　*. 在 0.05 水平（双侧）上显著相关

②影响作用线性回归分析

以“市场服务机制 QM_2”为因变量，以 5 个认证认识的二级指标为自变量，进行线性回归分析，从表 6-21 所示回归分析结果可以看出，5 个认证认可二级指标对市场服务机制均存在一定的促进效用，但回归关系的显著性不稳定，“B_1企业标准认知”“B_2质量控制标准”“B_3产品检验标准”对“市场服务机制 QM_2”均在部分年度存在负效应。相对而言，“B_1企业标准认知”的促进效用最好，与“市场服务机制 QM_2”有 6 年在 0.01 水平上显著回归关系，呈现较明显的促进效用。“E_1管理体系认证”与“市场服务机制 QM_2”只有 4 个年度在 0.01 水平上显著的回归关系，说明促进效用存在一定不确定性。其他三个认证认可二级指标对“市场服务机制 QM_2”的正向影响作用均不足、不确定性高，且“B_2质量控制标准”“B_3产品检验标准”均存在 2 年的负面效用。

表 6-21 认证认可与“市场服务机制 QM_2”线性回归分析情况

认证认可二级指标 \ 年度		2011 年	2012 年	2013 年	2014—2015 年	2016 年	2017 年	2018 年
B_1企业标准认知	标准系数	.175	.124	.383	.137	.011	-.080	.138
	Sig.	.000	.000	.000	.000	.677	.002	.002
B_2质量控制标准	标准系数	.122	.010	.020	-.074	-.161	-.021	-.017
	Sig.	.000	.721	.476	.006	.000	.466	.718
B_3产品检验标准	标准系数	-.083	.095	-.088	.018	.174	.088	.13
	Sig.	.002	.001	.002	.492	.000	.003	.005
E_1管理体系认证	标准系数	.039	.144	.097	.130	.003	.145	.075
	Sig.	.084	.000	.000	.000	.904	.000	.089
E_2产品认证	标准系数	.036	.025	.030	.196	.033	.106	.103
	Sig.	.121	.327	.224	.000	.219	.000	.022

（3）认证认可对三级指标“质量事故投诉 QM_3”影响作用分析

①影响作用相关性分析

在总指数层面上，认证认可总指数与“质量事故投诉 QM_3”的相关关系均不显著，并且有 5 年的相关系数为负值，说明了认证认可对改善出口“质量事故投诉 QM_3”缺乏影响。在一级指标层面上，2 个认证认可一级指标的促进效用均非常差，“B 认证基础”仅有 2 年在 0.05 的水平上显著相关，且 2016 年的相关系数为负；而“E 认证实施”仅 2017 年在 0.05 的水平上显著相关。在二级指标层面上，只有“E_1管理体系认证”与“质量事故投诉 QM_3”存在 3 年 0.01 水平上和 1 年 0.05 水平上的显著相关，且有 2 年相关系数为负，说明“E_1质量管理体系认证”对“质量事故投诉 QM_3”的促进效用较差，其余四个认证认可二级指标仅个别年份存在显著相关性，并且多数为负面影响，说明其促进效用仍然非常差。

表 6-22 认证认可与三级指标“质量事故投诉 QM_3”相关性分析情况

认证认可各级指标 \ 年度		2011 年	2012 年	2013 年	2014—2015 年	2016 年	2017 年	2018 年
B_1企业标准认知	Pearson 相关性	.042*	-.001	-.045*	.189	-.085**	-.008	-.051
	显著性（双侧）	.04	.962	.048	.536	.000	.710	.266
B_2质量控制标准	Pearson 相关性	.031	.024	-.02	-.737**	-.026	-.005	.051
	显著性（双侧）	.13	.281	.388	.004	.252	.837	.264

续表

认证认可各级指标 \ 年度		2011年	2012年	2013年	2014—2015年	2016年	2017年	2018年
B_3产品检验标准	Pearson 相关性	.053**	.016	-.03	-.288	-.039	-.003	-.041
	显著性（双侧）	.01	.464	.193	.339	.080	.891	.375
E_1质量管理体系认证	Pearson 相关性	-.057**	-.047*	-.031	-.338	.160**	.068**	-.021
	显著性（双侧）	.006	.033	.203	.259	.000	.005	.663
E_2产品认证	Pearson 相关性	.031	-.018	-.033	-.204	-.062*	.011	-.033
	显著性（双侧）	.165	.469	.166	.503	.012	.647	.485
B 认证基础	Pearson 相关性	.061**	.028	-.041	-.442	-.062**	-.007	-.012
	显著性（双侧）	.003	.214	.071	.131	.005	.754	.801
E 认证实施	Pearson 相关性	-.001	-.028	-.039	-.490	-.046	.064*	-.026
	显著性（双侧）	.96	.246	.133	.089	.081	.013	.589
认证认可水平总指数 R	Pearson 相关性	.025	-.008	-.049	-.339	-.047	.043	-.025
	显著性（双侧）	.266	.743	.06	.257	.073	.093	.608

**. 在 0.01 水平（双侧）上显著相关　　*. 在 0.05 水平（双侧）上显著相关

②影响作用线性回归分析

以“质量事故投诉 QM_3”为因变量，以 5 个认证认可的二级指标为自变量，进行线性回归分析，结果如表 6-23 所示。从线性回归结果可以看出，5 个认证认可二级指标普遍仅有个别年份与“质量事故投诉 QM_3”存在 0.05 水平上显著回归关系，并且回归系数普遍偏小甚至为负数，说明其影响效用非常不足、不确定性非常大。综合而言，认证认可对改善“质量事故投诉 QM_3”的促进效用非常差，一定程度上说明国际贸易摩擦中的非市场因素降低了认证认可的市场效用。

表 6-23　认证认可与“质量事故投诉 QM_3”线性回归分析情况

认证认可二级指标 \ 年度		2011年	2012年	2013年	2014—2015年	2016年	2017年	2018年
B_1企业标准认知	标准系数	.043	.013	-.039	.365	-.018	.017	-.037
	Sig.	.057	.607	.158	.169	.522	.515	.464
B_2质量控制标准	标准系数	.009	.025	.011	-.997	-.022	-.039	.063
	Sig.	.736	.382	.713	.020	.448	.181	.235
B_3产品检验标准	标准系数	.060	.032	-.027	-.018	.017	-.019	-.036
	Sig.	.025	.256	.382	.954	.571	.533	.500

续表

认证认可二级指标 \ 年度		2011 年	2012 年	2013 年	2014—2015 年	2016 年	2017 年	2018 年
E_1管理体系认证	标准系数	-.072	-.036	-.012	.138	.026	.094	-.013
	Sig.	.001	.157	.648	.708	.323	.000	.806
E_2产品认证	标准系数	.016	-.029	-.023	.283	-.064	.029	-.027
	Sig.	.490	.264	.393	.426	.019	.265	.597

（二）宏观行业层面促进效用分析

1. 认证认可与二级指标“市场感知 QM”灰色关联分析

认证认可与“市场感知 QM”指标灰色关联分析结果如表 6-24 所示，从总体来看认证认可与市场感知之间的关联关系存在一定的密切性。首先，在总指数层面，从各年关联度均值可以看出，“认证认可总指数 R”与“市场感知 QM”指标关联度均值为 0.7684，处于比较密切关联水平，各年关联度在［0.7037，0.8301］区间变动，总体而言认证认可的宏观效用不高。在一级指标层面，“B 认证基础”对“市场感知 QM”宏观促进效用更好，与“市场感知 QM”的关联度均值为 0.7928，接近非常密切关联水平，呈现出较好的宏观效用；而“E 认证实施”与“市场感知 QM”指标关联度均值为 0.7221，处于比较密切关联水平，各年关联度在［0.6390，0.8059］区间变动，对“市场感知 QM”的影响作用不强。从二级指标层面来看，“B_1企业标准认知”与“市场感知 QM”的关联关系最密切，其各年关联度均值为 0.7997，接近非常密切关联水平，宏观效用较好；“B_3产品检验标准”与“市场感知 QM”各年关联度在［0.6844，0.8697］区间变动，各年均值为 0.7698，处于比较密切关联水平，说明也有相对较好的宏观促进效用；“B_1企业标准认知”“B_2质量控制标准”“B_3产品检验标准”“E_1管理体系认证”与“市场感知 QM”均为比较密切水平关联关系，宏观效用均不高；“E_2产品认证”对“市场感知 QM”的关联关系一般密切，其宏观效用偏弱。综合而言，认证认可对市场感知存在一定的宏观促进效用，主要集中在“B_1企业标准认知”指标的效用上。

表 6-24 认证认可与“市场感知 QM”指标灰色关联分析结果

认证认可指标 \ 年度	2011 年	2012 年	2013 年	2014—2015 年	2016 年	2017 年	2018 年	各年均值
B_1企业标准认知	.8340	.7218	.8576	.7573	.8137	.7272	.8864	.7997
B_2质量控制标准	.6948	.7263	.7775	.7824	.6128	.8203	.7895	.7434

续表

年度 认证认可指标	2011 年	2012 年	2013 年	2014—2015 年	2016 年	2017 年	2018 年	各年均值
B_3产品检验标准	.7480	.7958	.8332	.6844	.6409	.8697	.8167	.7698
E_1管理体系认证	.6509	.5948	.8052	.7752	.7245	.8267	.7581	.7336
E_2产品认证	.6234	.6808	.6221	.6913	.6913	.6591	.7670	.6764
B 认证基础	.7228	.7554	.8501	.7962	.7034	.8820	.8399	.7928
E 认证实施	.6390	.6737	.7013	.8059	.7352	.7313	.7684	.7221
认证认可水平总指数 R	.7141	.7037	.7412	.8272	.7392	.8301	.8232	.7684

2. 认证认可与“市场感知 QM”对应三级指标灰色关联分析

“市场感知 QM”对应三级指标共有三个：“顾客群体特征 QM_1”“市场服务机制 QM_2”“质量事故投诉 QM_3”，下面给出它们的宏观关联分析结果。

(1) 认证认可与三级指标“顾客群体特征 QM_1”灰色关联分析

认证认可与“顾客群体特征 QM_1”指标灰色关联分析结果如表 6-25 所示，总体来看认证认可与顾客群体特征之间的关联关系密切性不高，宏观效用偏低。首先，在总指数层面，“认证认可水平总指数 R”与“顾客群体特征 QM_1”各年关联度在［0.6812，0.8150］区间变动，关联度均值为 0.7338，说明认证认可在总体层面对顾客群体特征的宏观影响偏弱。在一级指标层面，2 个认证认可一级指标对“顾客群体特征 QM_1”的宏观效用均不强，“B 认证基础”与“顾客群体特征 QM_1”关联度各年均值为 0.7771，处于比较密切水平，各年关联度在［0.6799，0.8624］区间变动，具有一定的不稳定性；“E 认证实施”与“顾客群体特征 QM_1”各年关联度在［0.6404，0.7690］区间变动，关联度均值为 0.7018，其宏观效用偏弱。从二级指标层面来看，“B_1企业标准认知”与“顾客群体特征 QM_1”的关联关系最密切，各年关联度在［0.7252，0.8795］区间变动，其各年均值为 0.8111，处于非常密切关联水平，呈现出较好的宏观影响效用；“B_3产品检验标准”与“顾客群体特征 QM_1”指标各年关联度在［0.6354，0.8646］区间变动，各年均值为 0.7528，整体处于中等的宏观影响效用；“B_2质量控制标准”“E_1管理体系认证”与“顾客群体特征 QM_1”的关联度处于比较密切水平，其宏观效用一般；“E_2产品认证”与“顾客群体特征 QM_1”关联都均值为 0.6703，其宏观效用偏弱。综合而言，认证认可对“顾客群体特征 QM_1”的宏观影响不高，但“B_1企业标准认知”的促进效用较好。

表 6-25　认证认可与“顾客群体特征 QM_1”指标灰色关联分析结果

认证认可指标＼年度	2011 年	2012 年	2013 年	2014—2015 年	2016 年	2017 年	2018 年	各年均值
B_1企业标准认知	.7626	.7252	.8775	.7996	.7975	.8355	.8795	.8111
B_2质量控制标准	.6751	.7723	.7629	.7450	.6044	.8204	.7459	.7323
B_3产品检验标准	.7126	.8646	.7864	.6647	.6354	.7616	.8445	.7528
E_1管理体系认证	.6556	.5952	.7888	.7513	.6527	.8097	.7347	.7126
E_2产品认证	.6346	.7102	.6561	.6617	.6654	.6065	.7573	.6703
B 认证基础	.7009	.8104	.8115	.7598	.6799	.8624	.8150	.7771
E 认证实施	.6513	.6404	.7309	.7690	.7037	.6591	.7584	.7018
认证认可水平总指数 R	.6812	.6975	.7517	.7805	.6823	.7286	.8150	.7338

（2）认证认可与三级指标“市场服务机制 QM_2”灰色关联分析

认证认可与“市场服务机制 QM_2”指标灰色关联分析结果如表 6-26 所示，总体来看认证认可与市场服务机制之间的关联度偏低。在总指数层面，“认证认可水平总指数 R”与“市场服务机制 QM_2”各年关联度在［0.6627，0.7964］区间变动，关联度均值为 0.7190，说明认证认可总体上对市场服务机制的促进效用偏弱。在一级指标层面，“E 认证实施”“B 认证基础”与“市场服务机制 QM_2”的关联关系均偏弱，宏观效用不足。在二级指标层面，5 个认证认可 2 级指标的宏观效用均偏弱、“B_1企业标准认知”“B_3产品检验标准”与“市场服务机制 QM_2”的关联关系均处于比较密切水平，各年关联度波动性较大，二者宏观效用均处于偏低水平；其他认证认可二级指标与“市场服务机制 QM_2”关联关系均处于一般密切性水平，宏观影响效用较弱。综合而言，认证认可对“市场服务机制 QM_2”的宏观促进效用可以定性为较弱。

表 6-26　认证认可与“市场服务机制 QM_2”指标灰色关联分析结果

认证认可指标＼年度	2011 年	2012 年	2013 年	2014—2015 年	2016 年	2017 年	2018 年	各年均值
B_1企业标准认知	.7696	.7515	.6961	.6797	.7106	.5089	.8103	.7038
B_2质量控制标准	.7212	.6890	.7362	.6837	.6915	.5785	.7821	.6975
B_3产品检验标准	.7652	.7462	.7190	.6462	.7241	.6239	.7614	.7123
E_1管理体系认证	.6752	.6675	.6556	.6866	.7136	.6016	.7497	.6785
E_2产品认证	.6461	.6932	.6233	.6592	.7061	.6717	.7543	.6791
B 认证基础	.7552	.7323	.7404	.6566	.7334	.5854	.7934	.7138

续表

年度 认证认可指标	2011年	2012年	2013年	2014—2015年	2016年	2017年	2018年	各年均值
E认证实施	.6884	.7042	.6505	.6750	.7269	.7877	.7769	.7157
认证认可水平总指数R	.7183	.7336	.6915	.6627	.7372	.6930	.7964	.7190

（3）认证认可与三级指标“质量事故投诉 QM_3”灰色关联分析

认证认可与“质量事故投诉 QM_3”指标灰色关联分析结果如表6-27所示，总体来看认证认可与质量事故投诉之间的关联关系密切性一般。在总指数层面，从各年关联度均值可以看出，“认证认可水平总指数R”与“质量事故投诉 QM_3”指标关联度较强，各年关联度在［0.6863，0.8064］区间变动，各年均值为0.7369，处于比较密切的关联水平，其宏观促进效用不强。在一级指标层面，“B认证基础”与“质量事故投诉 QM_3”的关联关系更密切，各年关联度在［0.6903，0.8944］区间变动，各年均值为0.7807，接近非常密切关联水平，呈现出较好的宏观效用；而“E认证实施”与“质量事故投诉 QM_3”的关联度均值仅为0.6923，宏观效用偏弱。在二级指标层面，“B_1企业标准认知”与“质量事故投诉 QM_3”各年关联度在［0.6767，0.8617］区间变动，均值为0.7906，呈现出较好的宏观效用；“B_2质量控制标准”与“质量事故投诉 QM_3”的关联度均值为0.7428，“B_3产品检验标准”的关联度均值为0.7446，“E_1管理体系认证”的关联度均值为0.7164，三者均处于比较密切的关联水平，促进效用不高；“E_2产品认证”与“质量事故投诉 QM_3”的关联度均值跌入0.6529，呈现出较弱的宏观效用。综合而言，认证认可对“质量事故投诉 QM_3”宏观影响效用一般，但“B_1企业标准认知”却有较好的促进效用。

表6-27 认证认可与“质量事故投诉 QM_3”指标灰色关联分析结果

年度 认证认可指标	2011年	2012年	2013年	2014—2015年	2016年	2017年	2018年	各年均值
B_1企业标准认知	.8433	.6767	.8049	.7604	.7383	.8617	.8487	.7906
B_2质量控制标准	.7032	.7301	.7748	.7203	.6103	.8300	.8311	.7428
B_3产品检验标准	.7771	.7898	.7842	.6235	.6340	.7951	.8088	.7446
E_1管理体系认证	.6243	.6026	.8211	.7523	.7033	.8011	.7101	.7164
E_2产品认证	.6153	.6610	.6086	.6232	.6569	.6611	.7440	.6529
B认证基础	.7339	.7392	.7976	.7414	.6903	.8680	.8944	.7807
E认证实施	.6391	.6426	.6736	.7508	.6784	.7065	.7553	.6923
认证认可水平总指数R	.7101	.6863	.7240	.7714	.6987	.7614	.8064	.7369

四、认证认可对社会责任的促进效用分析

社会责任是通过二级指标“社会责任 QS”及其对应的三级指标“能耗水平 QS_1”和“环保水平 QS_2”的评价得分来反映的，认证认可对社会责任的促进效用分析，主要通过认证认可各级指标与社会责任相关指标的相关性分析、回归分析、灰色关联分析来开展。

（一）微观企业层面促进效用分析

1. 认证认可对二级指标“社会责任 QS”影响作用分析

（1）影响作用相关性分析

在总指数层面上，2011—2018 年认证认可总指数与“社会责任 QS”指标均在 0.01 的水平上显著相关，2013 年度相关系数最高，达到 0.211，充分说明认证认可在总体上对企业社会责任水平有着重要的正向影响作用。在一级指标层面上，“B 认证基础”的效用相对更好，与“社会责任 QS”各年都在 0.01 水平上显著相关，其中 2012 年度相关系数最高，达到 0.270，相关性分析结果说明“B 认证基础”对于强化企业社会责任有着明显的正向作用；“E 认证实施”与“社会责任 QS”指标有 6 年在 0.01 的水平上和 1 年在 0.05 的水平上显著相关，其中 2013 年度相关系数最高，达到 0.171，说明“E 认证实施”也存在较强的影响。在二级指标层面上，“B_1企业标准认知”“E_1质量管理体系认证”与“社会责任 QS”指标的相关性最为显著，所有年度均在 0.01 的显著性水平上显著相关，“B_1企业标准认知”在 2012 年度相关系数最高，达到 0.377，“E_1质量管理体系认证”的相关系数在 2013 年最高，为 0.22，说明二者对“社会责任 QS”有着很好的促进作用。“B_3产品标准检验”与“社会责任 QS”指标有 5 年在 0.01 的水平上和 2 年在 0.05 的水平上显著相关，说明“B_3产品标准检验”也有较好促进效用；“B_2质量控制标准”“E_2产品认证”与“社会责任 QS”分别有 5 年在 0.01 的水平、4 年在 0.05 的水平上显著相关，说明这两个指标也对“社会责任 QS”有一定的促进效用，但有一定的不确定性。

表 6-28　认证认可与“社会责任 QS”相关性分析情况

认证认可各级指标 \ 年度		2011 年	2012 年	2013 年	2014—2015 年	2016 年	2017 年	2018 年
B_1企业标准认知	Pearson 相关性	.309**	.377**	.257**	.143**	.238**	.279**	.205**
	显著性（双侧）	.000	.000	.000	.000	.000	.000	.000

续表

认证认可各级指标 \ 年度		2011年	2012年	2013年	2014—2015年	2016年	2017年	2018年
B_2质量控制标准	Pearson 相关性	.034	.135**	.080**	.061*	.093**	.094**	.086
	显著性（双侧）	.105	.000	.001	.014	.000	.000	.052
B_3产品检验标准	Pearson 相关性	.073**	.121**	.053*	.124**	.135**	.066**	.094*
	显著性（双侧）	.000	.000	.028	.000	.000	.006	.032
E_1质量管理体系认证	Pearson 相关性	.056**	.124**	.220**	.117**	.133**	.121**	.146**
	显著性（双侧）	.007	.000	.000	.000	.000	.000	.001
E_2产品认证	Pearson 相关性	.059**	.038	.083**	.055*	.084**	.021	.077
	显著性（双侧）	.008	.122	.001	.036	.003	.412	.090
B 认证基础	Pearson 相关性	.154**	.270**	.171**	.136**	.196**	.207**	.143**
	显著性（双侧）	.000	.000	.000	.000	.000	.000	.001
E 认证实施	Pearson 相关性	.088**	.085**	.171**	.097**	.158**	.094**	.112*
	显著性（双侧）	.000	.001	.000	.000	.000	.001	.014
认证认可水平总指数 R	Pearson 相关性	.123**	.174**	.211**	.108**	.194**	.163**	.148**
	显著性（双侧）	.000	.000	.000	.000	.000	.000	.001

**. 在 0.01 水平（双侧）上显著相关　　*. 在 0.05 水平（双侧）上显著相关

（2）影响作用线性回归分析

以“社会责任 QS”作为因变量，以 5 个认证认可二级指标作为自变量与“社会责任 QS”进行线性回归分析，结果如表 6-29 所示。可以看出，“B_1企业标准认知”的影响最大，与“社会责任 QS”有 6 年存在 0.01 水平上的回归关系，2012 年回归系数高达 0.346，说明该指标对“社会责任 QS”促进效用非常强。“E_1管理体系认证”的效用排在第二，与“社会责任 QS”有 4 年在 0.01 水平上的回归关系，回归系数最大为 0.184，呈现出一定的促进效用，但显著性稍弱。其他 3 个认证认可二级指标的影响效用均偏弱，回归关系的显著性均非常弱，个别年份还出现负向效用。综合而言，认证认可对“社会责任 QS”促进效用主要集中体现在“B_1企业标准认知”和“E_1管理体系认证”两个指标上。

表 6-29　认证认可与“社会责任 QS”线性回归分析情况

认证认可二级指标 \ 年度		2011年	2012年	2013年	2014—2015年	2016年	2017年	2018年
B_1企业标准认知	标准系数	.312	.346	.207	.066	.168	.295	.122
	Sig.	.000	.000	.000	.022	.000	.000	.009

续表

认证认可二级指标 \ 年度		2011 年	2012 年	2013 年	2014—2015 年	2016 年	2017 年	2018 年
B_2质量控制标准	标准系数	-.074	.017	.055	-.01	-.029	.030	.049
	Sig.	.005	.525	.072	.732	.335	.305	.317
B_3产品检验标准	标准系数	.057	.053	-.059	.034	.081	-.006	.029
	Sig.	.026	.045	.047	.237	.009	.836	.553
E_1管理体系认证	标准系数	.053	.051	.184	.121	.146	.109	.079
	Sig.	.014	.031	.000	.000	.000	.000	.090
E_2产品认证	标准系数	.007	-.019	.042	.012	.040	.022	.033
	Sig.	.757	.418	.111	.672	.159	.416	.480

2. 认证认可对“社会责任 QS”对应三级指标影响分析

二级指标“社会责任 QS”对应三级指标有两个：“能耗水平 QS_1”“环保水平 QS_2”，下面通过相关分析和回归分析来探析认证认可对二者的微观影响作用。

(1) 认证认可对三级指标“能耗水平 QS_1”影响作用分析

①影响作用相关性分析

在总指数层面上，认证认可总指数与“能耗水平 QS_1”在 2011—2018 年中有 5 年在 0.01 水平上显著相关，其中 2013 年的相关系数最高，达到 0.159，说明认证认可总体上能够促进企业能耗水平的优化。在一级指标层面上，“B 认证基础”的效用相对更好，与“能耗水平 QS_1”在 2011—2018 年中有 6 年在 0.01 的水平上、有 1 年在 0.05 的水平上显著相关，相关系数最高达 0.236；“E 认证实施”与“能耗水平 QS_1”在 2011—2018 年中有 4 年在 0.01 的水平上、有 1 年在 0.05 的水平上显著相关，相关系数最高达 0.113；说明两个认证认可指标都能起到改善企业能耗水平的作用。在二级指标层面上，“B_1企业标准认知”的效用最好，各年与“能耗水平 QS_1”均在 0.01 的水平上显著相关，其中 2012 年相关系数最高，达到 0.487；“B_3产品检验标准”的效用排在第二，与“能耗水平 QS_1”有 6 年在 0.01 水平上显著相关，其中 2012 年系数达到最大，为 0.291；“B_2质量控制标准”与“能耗水平 QS_1”有 5 年在 0.01 的水平上显著相关，也存在较好的促进效用，但不确定性稍大；“E_1质量管理体系认证”与“能耗水平 QS_1”有 3 年在 0.01 的水平、有 2 年在 0.05 的水平上显著相关，说明该指标对企业能耗水平的提升具有一定的影响，但显著性不高。“E_2产品认证”与“能耗水平 QS_1”在2011—2018年中相关性均不显著，说明在统计上该指标对企业能耗水平的影响不显著。

表6-30 认证认可与三级指标“能耗水平 QS_1”相关性分析情况

认证认可各级指标 \ 年度		2011年	2012年	2013年	2014—2015年	2016年	2017年	2018年
B_1企业标准认知	Pearson相关性	.358**	.487**	.240**	.064**	.149**	.182**	.207**
	显著性（双侧）	.000	.000	.000	.005	.000	.000	.000
B_2质量控制标准	Pearson相关性	.028	.113**	.091**	.064**	.066**	.075**	.003
	显著性（双侧）	.173	.000	.000	.005	.003	.001	0.94
B_3产品检验标准	Pearson相关性	.094**	.291**	.091**	.147**	.106**	.098**	.058
	显著性（双侧）	.000	.000	.000	.000	.000	.000	.206
E_1质量管理体系认证	Pearson相关性	.046*	.174**	.171**	.035	.079**	.055*	.07
	显著性（双侧）	.024	.000	.000	.157	.001	.022	.136
E_2产品认证	Pearson相关性	.022	.024	.028	.036	.027	.047	.046
	显著性（双侧）	.325	.336	.244	.134	.276	.052	.33
B认证基础	Pearson相关性	.151**	.236**	.168**	.129**	.131**	.155**	.092*
	显著性（双侧）	.000	.000	.000	.000	.000	.000	.044
E认证实施	Pearson相关性	.048*	.065**	.113**	.006	.093**	.069**	.047
	显著性（双侧）	.030	.008	.000	.816	.000	.008	.333
认证认可水平总指数R	Pearson相关性	.090**	.140**	.159**	.027	.108**	.114**	.064
	显著性（双侧）	.000	.000	.000	.306	.000	.000	.186

**. 在0.01水平（双侧）上显著相关　　*. 在0.05水平（双侧）上显著相关

②影响作用线性回归分析

以“能耗水平 QS_1”为因变量，以5个认证认可的二级指标为自变量，进行线性回归分析，结果如表6-31所示。可以看出，5个认证认可二级指标对能耗水平的影响效应存在不确定性，回归关系的显著性水平不高。其中，“B_1企业标准认知”的影响效用最好，与因变量“能耗水平 QS_1”有5年存在0.01的水平上显著回归关系，标准系数最高值0.326，说明该指标对“能耗水平 QS_1”的影响较大，但稳定性不高。“B_2质量控制标准”“B_3产品检验标准”“E_1管理体系认证”“E_2产品认证”与“能耗水平 QS_1”在2011—2018年仅有1—2个年度在0.05的水平上显著相关，且都存在负面影响，说明这三个指标的影响作用不确定性高。

表 6-31　认证认可与“能耗水平 QS_1”线性回归分析情况

认证认可二级指标＼年度		2011 年	2012 年	2013 年	2014—2015 年	2016 年	2017 年	2018 年
B_1企业标准认知	标准系数	.326	.292	.239	-.005	.053	.154	.170
	Sig.	.000	.000	.000	.857	.054	.000	.001
B_2质量控制标准	标准系数	-.053	.009	-.011	-.007	-.010	.016	-.066
	Sig.	.041	.756	.700	.808	.732	.594	.203
B_3产品检验标准	标准系数	.042	.049	-.002	.111	.053	.024	.019
	Sig.	.104	.068	.948	.000	.072	.420	.716
E_1管理体系认证	标准系数	.037	.046	.133	.042	.103	.048	.010
	Sig.	.091	.058	.000	.120	.000	.059	.837
E_2产品认证	标准系数	-.025	-.026	.001	-.050	.022	.033	.036
	Sig.	.259	.286	.976	.071	.424	.200	.468

（3）认证认可对三级指标“环保水平 QS_2”影响作用分析

①影响作用相关性分析

在总指数层面上，认证认可总指数与“环保水平 QS_2”各年均在 0.01 的显著性水平上显著，2013 年相关系数达到最大 0.227，说明认证认可对改善环保水平具有较好的正向影响作用。在一级指标层面上，“B 认证基础”的效用更好，与“环保水平 QS_2”各年都在 0.01 水平上显著相关，相关系数普遍在 0.2 左右，呈现较强的促进效用；“E 认证实施”与“环保水平 QS_2”只有 6 年都在 0.01 水平上显著相关，相关系数多小于 0.1，说明“E 认证实施”也有一定的促进效用。在二级指标层面，“B_1企业标准认知”影响作用相对最强，各年都与“环保水平 QS_2”在 0.01 的水平上显著相关，相关系数在［0.192，0.536］区间变动，说明其对企业环保水平有非常好的正向促进作用；“E_1管理体系认证”的效用排在第二，与“环保水平 QS_2”有 6 个年度在 0.01 的水平上显著相关，呈现较好的促进作用；“B_2质量控制标准”和“B_3产品检验标准”也有较好的促进作用，二者与“环保水平 QS_2”均有 5 个年度在 0.01 水平上显著相关，说明提升企业的质量控制标准和产品检验标准对环保水平也有一定的促进效用；“E_2产品认证”与“环保水平 QS_2”仅有 3 年在 0.01 水平上显著相关，说明其促进效用存在较大不确定性。

表 6-32　认证认可与三级指标“环保水平 QS_2”相关性分析情况

认证认可各级指标 \ 年度		2011 年	2012 年	2013 年	2014—2015 年	2016 年	2017 年	2018 年
B_1企业标准认知	Pearson 相关性	.433**	.536**	.226**	.192**	.304**	.396**	.299**
	显著性（双侧）	.000	.000	.000	.000	.000	.000	.000
B_2质量控制标准	Pearson 相关性	.024	.136**	.093**	.066**	.099**	.108**	.101*
	显著性（双侧）	.251	.000	.000	.003	.000	.000	.028
B_3产品检验标准	Pearson 相关性	.082**	.305**	.108**	.028	.100**	.107**	.114*
	显著性（双侧）	.000	.000	.000	.224	.000	.000	.012
E_1管理体系认证	Pearson 相关性	.031	.174**	.200**	.140**	.151**	.135**	.159**
	显著性（双侧）	.135	.000	.000	.000	.000	.000	.001
E_2产品认证	Pearson 相关性	.062**	.045	.141**	.026	.077**	.038	.036
	显著性（双侧）	.005	.067	.000	.283	.002	.122	.448
B 认证基础	Pearson 相关性	.168**	.275**	.187**	.115**	.206**	.275**	.211**
	显著性（双侧）	.000	.000	.000	.000	.000	.000	.000
E 认证实施	Pearson 相关性	.058**	.084**	.205**	.085**	.176**	.097**	.097*
	显著性（双侧）	.009	.001	.000	.001	.000	.000	.046
认证认可水平总指数 R	Pearson 相关性	.100**	.180**	.227**	.074**	.196**	.189**	.153**
	显著性（双侧）	.000	.000	.000	.004	.000	.000	.002

**. 在 0.01 水平（双侧）上显著相关　　*. 在 0.05 水平（双侧）上显著相关

②影响作用线性回归分析

以“环保水平 QS_2”为因变量，以 5 个认证认可的二级指标为自变量，进行线性回归分析，结果如表 6-33 所示。可以看出，“B_1企业标准认知”对“环保水平 QS_2”的影响最大，所有年度的回归关系都在 0.01 水平上显著，标准系数最大值为 0.390，呈现出较强的影响作用。“E_1管理体系认证”的影响作用排第二，与“环保水平 QS_2”有 4 年存在 0.01 水平上显著回归关系，标准系数最大为 0.159，说明该指标存在一定的促进作用，但有较大的不确定性。“E_2产品认证”只有 2 个年存在 0.05 显著水平上的回归关系，对“环保水平 QS_2”影响具有很大不确定性。“B_2质量控制标准”和“B_3产品检验标准”对“环保水平 QS_2”回归关系的显著性和强度均非常弱，并且呈现出一定的负面影响。综合而言，认证认可对“环保水平 QS_2”的促进效用主要集中在“B_1企业标准认知”上面。

表 6-33　认证认可与“环保水平 QS_2”线性回归分析情况

认证认可二级指标 \ 年度		2011 年	2012 年	2013 年	2014—2015 年	2016 年	2017 年	2018 年
B_1 企业标准认知	标准系数	.379	.366	.121	.088	.222	.390	.230
	Sig.	.000	.000	.000	.001	.000	.000	.000
B_2 质量控制标准	标准系数	-.063	.021	.049	-.006	-.032	.012	.012
	Sig.	.013	.442	.105	.830	.243	.649	.809
B_3 产品检验标准	标准系数	.018	.054	-.026	-.105	.002	-.010	.065
	Sig.	.479	.038	.384	.000	.950	.724	.201
E_1 管理体系认证	标准系数	.001	.036	.159	.138	.137	.135	.075
	Sig.	.958	.125	.000	.000	.000	.000	.131
E_2 产品认证	标准系数	.021	-.013	.106	.014	.067	.010	-.001
	Sig.	.328	.568	.000	.614	.010	.673	.984

（二）宏观行业层面促进效用分析

1. 认证认可与二级指标“社会责任 QS”灰色关联分析

认证认可与“社会责任 QS”指标的宏观灰色关联分析结果如表 6-34 所示，可以看出二者之间的宏观关联关系较弱。首先，在总指数层面，认证认可总指数与“社会责任 QS”关联度均值为 0.6932，各年关联度在［0.6442，0.7560］区间变动，说明其宏观效应偏弱。在一级指标层面，两个认证认可一级指标的宏观效用均偏弱，“B 认证基础”与“社会责任 QS”关联度均值为 0.7299，处于比较密切关联水平；“E 认证实施”的关联度均值为 0.6581。在二级指标层面上，“B_1 企业标准认知”的宏观效用相对最好，但与“社会责任 QS”各年关联度均值为 0.7366，处于比较密切关联水平，对社会责任的宏观影响偏弱；“B_3 产品检验标准”与“社会责任 QS”关联度均值为 0.7339，处于比较密切关联水平，其关联效应同样偏弱。其他认证认可二级指标的宏观效用均较弱，“E_1 管理体系认证”与“社会责任 QS”关联度均值仅为 0.6197，关联密切性最弱，各年关联度在［0.5641，0.6917］区间变动，说明管理体系认证对社会责任的宏观影响不足。总体而言，认证认可对社会责任的宏观促进效用非常不足，认证认可相关宏观政策和制度的改善空间很大。

表 6-34　认证认可与“社会责任 QS”指标的宏观灰色关联分析结果

认证认可指标 \ 年度	2011 年	2012 年	2013 年	2014—2015 年	2016 年	2017 年	2018 年	各年均值
B_1企业标准认知	.7927	.6521	.6454	.7199	.7946	.7357	.7737	.7366
B_2质量控制标准	.6690	.6861	.6438	.6819	.6729	.6974	.6666	.6740
B_3产品检验标准	.7394	.7086	.6976	.7458	.7808	.7253	.7398	.7339
E_1管理体系认证	.6917	.5901	.6067	.6700	.5763	.5641	.6392	.6197
E_2产品认证	.6248	.6801	.7549	.7121	.5963	.5537	.6429	.6521
B 认证基础	.7117	.7774	.7019	.7222	.7290	.7434	.7239	.7299
E 认证实施	.6427	.6511	.7070	.7616	.6178	.6020	.6244	.6581
认证认可水平总指数 R	.6895	.7027	.7009	.7560	.6818	.6442	.6771	.6932

2. 认证认可与“社会责任 QS”对应三级指标灰色关联分析

“社会责任 QS”对应三级指标共有两个：“能耗水平 QS_1”“环保水平 QS_2”，下面给出它们的宏观灰色关联分析结果。

（1）认证认可与三级指标“能耗水平 QS_1”灰色关联分析

认证认可与“能耗水平 QS_1”灰色关联分析结果如表 6-35 所示，总体来看认证认可与能耗水平之间的宏观关联关系偏弱。在总指数层面，认证认可总指数与“能耗水平 QS_1”各年关联度在［0.6665，0.7514］区间变动，评价关联度为均值 0.7152，说明认证认可总体上对能耗水平的宏观促进效用偏低。在一级指标层面，两个认证认可一级指标的宏观效用均偏弱，“B 认证基础”的效用稍好，与“能耗水平 QS_1”关联度均值为 0.7271，处于比较密切关联水平；而“E 认证实施”的关联度均值为 0.6790。在二级指标层面，“B_3产品检验标准”促进效用最好，与“能耗水平 QS_1”关联度均值为 0.7433，处于比较密切的关联水平，其宏观促进效用不强；“B_1企业标准认知”的关联度均值为 0.7398，处于比较密切的关联水平，其宏观效用偏弱；其他认证认可二级指标的宏观效用均处于较弱状态，其中“E_1管理体系认证”的效用最弱，与“能耗水平 QS_1”的关联度均值仅为 0.6344。综合而言，认证认可对能耗水平的宏观促进效用非常不足。

表 6-35　认证认可与“能耗水平 QS_1”指标灰色关联分析结果

认证认可指标 \ 年度	2011 年	2012 年	2013 年	2014—2015 年	2016 年	2017 年	2018 年	各年均值
B_1企业标准认知	.7640	.6857	.7394	.6686	.8021	.6946	.8244	.7398
B_2质量控制标准	.6558	.6411	.6963	.6579	.6695	.7203	.6991	.6771
B_3产品检验标准	.7142	.6726	.7508	.7111	.7953	.7669	.7921	.7433
E_1管理体系认证	.6756	.6337	.6238	.6286	.6115	.5711	.6967	.6344
E_2产品认证	.6367	.7152	.6725	.7100	.6573	.5881	.6542	.6620
B 认证基础	.6930	.6917	.7227	.6901	.7575	.7694	.7652	.7271
E 认证实施	.6590	.6816	.7163	.7124	.6872	.6080	.6886	.6790
认证认可水平总指数 R	.6926	.7061	.7514	.7150	.7510	.6665	.7239	.7152

（2）认证认可与三级指标“环保水平 QS_2”灰色关联分析

认证认可与“环保水平 QS_2”指标宏观灰色关联分析结果如表 6-36 所示，可以看出二者之间的关联关系存在一定的密切性。在总指数层面，“认证认可水平总指数 R”与“环保水平 QS_2”的关联度均值为 0.6894，各年关联度在［0.6164，0.7506］区间变动，说明认证认可总体上对环境保护水平的宏观效用较弱。在一级指标层面，两个认证认可一级指标的宏观效用均偏弱，“认证基础 B”与“环保水平 QS_2”关联度均值为 0.7102，处于比较密切的关联水平；而“E 认证实施”的关联度均值为 0.6501，处于一般密切的关联度水平，宏观效用较弱。在二级指标层面上，“B_3产品检验标准”的宏观效用相对最好，与“环保水平 QS_2”关联度均值为 0.7261，处于比较密切的关联水平，宏观影响作用不足；“B_1企业标准认知”的关联度均值为 0.7157，也处于比较密切的关联水平，宏观影响作用视为偏弱；其他认证认可二级指标的宏观效用均处于较弱状态，其中“E_1管理体系认证”的效用最弱，与“环保水平 QS_2”的关联度均值仅为 0.6335。综合而言，认证认可对环保水平的宏观促进效用非常不足。

表 6-36　认证认可与“环保水平 QS_2”指标宏观灰色关联分析结果

认证认可指标 \ 年度	2011 年	2012 年	2013 年	2014—2015 年	2016 年	2017 年	2018 年	各年均值
B_1企业标准认知	.7979	.5965	.5848	.7959	.7405	.7370	.7570	.7157
B_2质量控制标准	.6766	.6804	.6050	.7078	.6846	.6733	.6619	.6699
B_3产品检验标准	.7625	.6721	.6266	.7644	.7431	.7781	.7358	.7261
E_1管理体系认证	.6751	.6318	.6254	.6736	.5640	.5797	.6851	.6335

续表

认证认可指标 \ 年度	2011 年	2012 年	2013 年	2014—2015 年	2016 年	2017 年	2018 年	各年均值
E_2产品认证	.6157	.7491	.7332	.6574	.5418	.5684	.6275	.6419
B 认证基础	.7499	.7055	.6421	.7486	.7018	.7209	.7027	.7102
E 认证实施	.6374	.7275	.7051	.6806	.5548	.5732	.6720	.6501
认证认可水平总指数 R	.6917	.7331	.6965	.7506	.6164	.6505	.6873	.6894

第七章　认证认可对产业技术创新的促进效用分析

产业技术创新是产业高质量发展的驱动力，技术创新水平是产业高质量发展的核心体现。认证认可是产业技术创新的最好催化剂，对于产业技术创新有着基础性的技术保障作用，能够对产业技术创新起到很好的规范、导向作用，有助于形成良好的技术创新激励制度，能够促进市场对创新结果的认可、有效降低企业技术创新风险，形成良好的产业创新发展机制。为此，本书提出重要假设：认证认可制度作为市场经济运行的基础性制度安排，能够对产业技术创新起到很好的促进效用，能够促进人才结构水平的优化、制造业技术水平的提高、研发创新水平的进步，从而促进行业整体技术创新水平和能力的提升。本章以粤港澳大湾区出口产业为例，从人才结构、制造技术、研发创新等三个方面，分微观企业和宏观行业两个层面进实证认证认可对产业技术创新水平的促进效用。

一、认证认可对产业技术创新的整体促进效用分析

产业技术创新整体水平是一级指标“行业技术创新水平 T”总指数的评价得分来反映，认证认可对产业技术创新的整体促进效用，主要通过认证认可各级指标与“T 行业技术创新水平”的相关性分析、回归分析、灰色关联分析来展开。

（一）微观企业层面促进效用分析

1. 影响作用相关性分析

在认证认可总指数层面上，2011 年至 2018 年认证认可总指数与“行业技术创新水平”指标都在 0.01 水平上显著相关，各年相关系数都在 0.2 以上，2016 年相关系数最高 0.329，说明认证认可在总体上对技术创新水平存在很强的促进作用。在一级指标层面上，两个认证认可一级指标都与“行业技术创新水平”指标存在非常显著的相关关系，“E 认证实施”的相关性更好，与“行业技术创新水平”每一年度都在 0.01 水平上显著相关，相关系数普遍都大于

0.2，2016 年度最高 0.311；"B 认证基础"与"行业技术创新水平"指标有 6 个年度在 0.01 水平上显著相关，2012 年度相关系数最高 0.218；综合来说，两个二级指标均对技术创新表现出较好的促进效用，"E 认证实施"对技术创新的促进作用要大于"B 认证基础"。在二级指标层面上，5 个认证认可二级指标都不同程度与"行业技术创新水平 Q"存在相关性，"E_1管理体系认证"相关性最强，每年都和"行业技术创新水平"在 0.01 水平上显著相关，相关系数普遍都在 0.2 以上，2017 年度相关系数达到 0.576，说明其对行业技术创新水平有非常强的促进作用；其他 4 个二级指标在大多数年份都与"行业技术创新水平"指标也存在较好的相关性，同时也存在一定不确定性，需要进一步探讨以确定。必须指出的是，"E_2产品认证"在 2017 年度对行业技术创新水平存在显著的微弱负向影响作用，虽然相关系数非常低，但也增强了指标影响作用的不确定性。

表 7-1 认证认可与一级指标"行业技术创新水平 T"相关性分析情况

认证认可各级指标 \ 年度		2011 年	2012 年	2013 年	2014—2015 年	2016 年	2017 年	2018 年
B_1企业标准认知	Pearson 相关性	.264**	.274**	.327**	.210**	.251**	.075**	.083
	显著性（双侧）	.000	.000	.000	.000	.000	.004	.075
B_2质量控制标准	Pearson 相关性	.112**	.134**	.091**	.161**	.111**	.140**	.093*
	显著性（双侧）	.000	.000	.000	.000	.000	.000	.048
B_3产品检验标准	Pearson 相关性	.098**	.085**	.090**	.012	.114**	.089**	.045
	显著性（双侧）	.000	.000	.000	.649	.000	.001	.338
E_1管理体系认证	Pearson 相关性	.249**	.282**	.332**	.378**	.372**	.576**	.270**
	显著性（双侧）	.000	.000	.000	.000	.000	.000	.000
E_2产品认证	Pearson 相关性	.093**	.049	.085**	.032	.151**	-.060*	.102*
	显著性（双侧）	.000	.059	.002	.260	.000	.031	.034
B 认证基础	Pearson 相关性	.191**	.218**	.219**	.179**	.200**	.147**	.114*
	显著性（双侧）	.000	.000	.000	.000	.000	.000	.015
E 认证实施	Pearson 相关性	.201**	.176**	.230**	.218**	.311**	.267**	.228**
	显著性（双侧）	.000	.000	.000	.000	.000	.000	.000
认证认可水平总指数 R	Pearson 相关性	.239**	.229**	.274**	.235**	.329**	.285**	.238**
	显著性（双侧）	.000	.000	.000	.000	.000	.000	.000

**. 在 0.01 水平（双侧）上显著相关　　*. 在 0.05 水平（双侧）上显著相关

2. 影响作用线性回归分析

以“行业技术创新水平 T”为因变量，以 5 个认证认可二级指标为自变量进行线性回归分析，结果如表 7-2 所示。可以看出，“E_1管理体系认证”对“行业技术创新水平 T”影响作用最大，所有年度都呈现出非常显著的回归关系，标准回归系数全部大于 0.2，2013 年最高达 0.574。“B_1企业标准认知”也具有较好的回归效应，有 5 个年度都呈现非常显著的回归关系，标准系数在 0.2 左右，2017 年最高达 0.281，呈现出对技术创新较强的影响力。“B_3产品检验标准”和“E_2产品认证”对“行业技术创新水平 T”影响的显著性非常低，7 年中只有 2 年达到 Sig. <0.05 水平的显著性，并且“E_2产品认证”出现负面影响效应。“B_3产品检验标准”与“行业技术创新水平 T”在所有年度的回归关系都不显著，说明该指标的影响作用非常弱。综合而言，认证认可对行业技术创新水平有着非常重要的影响作用，主要体现在“E_1管理体系认证”和“B_1企业标准认知”两项指标上面。

表 7-2　认证认可与一级指标“行业技术创新水平 T”线性回归分析情况

认证认可二级指标 \ 年度		2011 年	2012 年	2013 年	2014—2015 年	2016 年	2017 年	2018 年
B_1企业标准认知	标准系数	.239	.221	.281	.114	.149	.035	.032
	Sig.	.000	.000	.000	.000	.000	.126	.515
B_2质量控制标准	标准系数	.017	.041	-.034	.053	.068	.061	.036
	Sig.	.511	.152	.258	.055	.024	.017	.475
B_3产品检验标准	标准系数	.038	.024	-.003	-.031	-.040	.026	.036
	Sig.	.137	.393	.910	.247	.188	.303	.476
E_1管理体系认证	标准系数	.223	.224	.250	.339	.328	.574	.242
	Sig.	.000	.000	.000	.000	.000	.000	.000
E_2产品认证	标准系数	.014	-.021	.056	-.017	.121	-.066	.031
	Sig.	.532	.408	.029	.532	.000	.004	.522

（二）宏观行业层面的影响作用分析

宏观行业层面影响作用分析，是通过认证认可各级指标与“行业技术创新 T”指标的灰色关联分析来展开的，分析结果如表 7-3 所示，可以看出二者之间存在一定密切性的关联关系，但总体而言密切程度不高。在总指数层面，从各年关联度均值可以看出，“认证认可水平总指数 R”与“行业技术创新水平 T”总体上处于比较密切关联水平，关联度均值为 0.7667，2013 年和 2018 年达到非常密切关联水平，说明在宏观层面认证认可对行业技术创新存在一定的促进作用。在一级指标层面，“B 认证基础”与行业技术创新的关联关系相对更密切，关联度均值为 0.7680，处于比较密切关联水平，有 3 年关联关系达到非常密切水平；而一级指标“E 认证实施”与行业技术创新的关联关系相对偏弱，各年均值为 0.7354，无达到非常密切关联水平的年度。再从二级指标层面来看，各认证认可二级指标对技术创新的影响作用普遍不高，“E_2产品认证”与“行业技术创新水平 T”的关联度跌入一般密切水平。综合来看，认证认可对技术创新存在一定宏观促进效用，但在底层二级指标层面上宏观影响效用一般，高阶指标的效用相对更好，说明在宏观层面存在一定的“1+1>2”的效用。

表 7-3　认证认可与“行业技术创新水平 T”指标灰色关联分析结果

年度 认证认可指标	2011 年	2012 年	2013 年	2014—2015 年	2016 年	2017 年	2018 年	各年均值
B_1企业标准认知	0.6932	0.7678	0.6443	0.6895	0.7025	0.7760	0.7658	0.7199
B_2质量控制标准	0.6638	0.8072	0.7690	0.7467	0.6470	0.7879	0.7925	0.7449
B_3产品检验标准	0.7030	0.8306	0.7784	0.6049	0.6568	0.7541	0.7599	0.7268
E_1管理体系认证	0.6537	0.6417	0.6579	0.7358	0.7159	0.8315	0.7485	0.7121
E_2产品认证	0.6668	0.7605	0.7242	0.6729	0.6920	0.6243	0.6882	0.6898
B 认证基础	0.7460	0.8257	0.7678	0.6898	0.7241	0.8182	0.8042	0.7680
E 认证实施	0.7153	0.7303	0.7406	0.7324	0.7644	0.6777	0.7874	0.7354
认证认可水平总指数 R	0.7641	0.7800	0.8031	0.7497	0.7333	0.7282	0.8082	0.7667

二、认证认可对人才结构水平的促进效用分析

人才是技术创新的关键资源，产业人才结构水平是通过二级指标“人才结构 TH”及其三级指标“本科以上人员比重 TH_1”和“熟练工人稳定性 TH_2”的评价得分来反映，认证认可对产业人才结构的促进效用分析，主要是相关性分析、回归分析、灰色关联分析来开展。在微观企业层面进行相关性分析和多元线性回归分析，在宏观行业层面采用灰色关联分析方法。

（一）微观企业层面促进效用分析

1. 认证认可与二级指标“人才结构水平 TH”影响作用分析

（1）影响作用相关性分析

在总指数层面上，“认证认可水平总指数 R”与“人才结构水平 TH”指标各年都在 0.01 水平上显著相关，各年相关系数都在 0.1 以上，最高达 0.211，

说明认证认可在总体上对人才结构水平存在着重要的正向影响作用。在一级指标层面，两个认证认可一级指标都与“人才结构水平 TH”大都在 0.01 水平上显著相关，且相关系数普遍大于 0.1；相比而言“E 认证实施”的促进效用更好，各年都与人才结构在 0.01 水平上显著相关，相关系数全部大于 0.1，最高达 0.200；而“B 认证基础”与“人才结构水平 TH”有 6 个年度在 0.01 水平上显著相关，相关系数也普遍低于“E 认证实施”；说明认证实施和认证基础均有助于改善行业人才结构，但认证实施的效用更好。在二级指标层面上，“E_1管理体系认证”的影响作用最强，各年都与“人才结构水平 TH”在 0.01 水平上显著相关，2017 年相关系数达 0.530，说明该指标有非常强的促进效用；“B_1企业标准认知”和“B_2质量控制标准”也表现出较好的促进效用，均有 5 个年都与“人才结构水平 TH”都在 0.01 水平上显著相关，但相关系数普遍在 0.1 左右，说明影响相对一般；其他二级指标的影响作用的显著性存在较大的不确定性，相关系数普遍不高，并且“E_2产品认证”出现显著的负面影响效应。综合而言，认证认可在微观层面对人才结构有着重要的影响作用，其促进效用主要集中在“E_1管理体系认证”“B_1企业标准认知”和“B_2质量控制标准”等指标层面。

表 7-4 认证认可与二级指标“人才结构水平 TH”相关性分析情况

认证认可各级指标 \ 年度		2011 年	2012 年	2013 年	2014—2015 年	2016 年	2017 年	2018 年
B_1企业标准认知	Pearson 相关性	.164**	.091**	.174**	.132**	.114**	.046	.114*
	显著性（双侧）	.000	.000	.000	.000	.000	.070	.012
B_2质量控制标准	Pearson 相关性	.112**	.104**	.058*	.133**	.075**	.117**	.036
	显著性（双侧）	.000	.000	.017	.000	.004	.000	.436
B_3产品检验标准	Pearson 相关性	.072**	.070**	.088**	−.007	.066*	.028	.071
	显著性（双侧）	.000	.002	.000	.798	.012	.271	.119
E_1管理体系认证	Pearson 相关性	.145**	.149**	.150**	.308**	.298**	.530**	.146**
	显著性（双侧）	.000	.000	.000	.000	.000	.000	.001
E_2产品认证	Pearson 相关性	.073**	.04	.042	.065*	.03	−.130**	.093*
	显著性（双侧）	.001	.104	.102	.019	.302	.000	.047
B 认证基础	Pearson 相关性	.146**	.124**	.139**	.129**	.112**	.098**	.106*
	显著性（双侧）	.000	.000	.000	.000	.000	.000	.020

续表

认证认可各级指标＼年度		2011 年	2012 年	2013 年	2014—2015 年	2016 年	2017 年	2018 年
E 认证实施	Pearson 相关性	.141**	.112**	.108**	.200**	.190**	.181**	.146**
	显著性（双侧）	.000	.000	.000	.000	.000	.000	.002
认证认可水平总指数 R	Pearson 相关性	.169**	.138**	.136**	.211**	.199**	.194**	.170**
	显著性（双侧）	.000	.000	.000	.000	.000	.000	.000

**. 在 0.01 水平（双侧）上显著相关　　*. 在 0.05 水平（双侧）上显著相关

（2）影响作用线性回归分析

以“人才结构水平 TH”为因变量，以 5 个认证认可的二级指标为自变量，进行线性回归分析，分析如表 7-5 所示。分析结果显示，“E_1管理体系认证”对“人才结构水平 TH”的影响作用最强，有 6 年存在 Sig.<0.01 水平上的回归关系，标准系数最高达 0.535。“B_1企业标准认知”和“B_2质量控制标准”也对人才结构存在一定影响作用，但其显著性存在较大的不确定性。“E_2产品认证”在 2017 年与“人才结构水平 TH”呈现出显著的负向回归关系，展现出一定负面效用。综合而言，认证认可有着较强的人才结构优化促进效用，主要体现在“E_1管理体系认证”指标层面，促进管理体系认证发展有助于提升出口企业的人才结构水平。

表 7-5　认证认可与二级指标“人才结构水平 TH”线性回归分析情况

认证认可二级指标＼年度		2011 年	2012 年	2013 年	2014—2015 年	2016 年	2017 年	2018 年
B_1企业标准认知	标准系数	0.113	0.046	0.157	0.085	0.021	0.015	0.091
	Sig.	.000	0.065	.000	0.002	0.470	0.506	0.056
B_2质量控制标准	标准系数	0.068	0.052	−0.036	0.054	0.085	0.080	−0.006
	Sig.	0.011	0.069	0.253	0.055	0.005	0.002	0.904
B_3产品检验标准	标准系数	0.002	0.038	0.039	−0.035	−0.033	−0.02	0.068
	Sig.	0.936	0.171	0.210	0.206	0.286	0.431	0.169
E_1管理体系认证	标准系数	0.143	0.136	0.087	0.253	0.326	0.535	0.104
	Sig.	.000	.000	0.002	.000	.000	.000	0.029
E_2产品认证	标准系数	0.016	−0.006	0.035	0.030	0.016	−0.134	0.057
	Sig.	0.493	0.825	0.194	0.281	0.556	.000	0.241

2. 认证认可与“人才结构水平 TH”对应三级指标影响分析

二级指标“人才结构水平 TH”对应三级指标共有两个：“本科以上人员比重 TH_1”“熟练工人稳定性 TH_2”，以下以相关性分析、回归分析为主要方法，分析认证认可对二者的微观层面影响作用。

（1）认证认可对三级指标“本科以上人员比重 TH_1”影响作用分析

①影响作用相关性分析

在总指数的层面上“认证认可水平总指数 R”与“本科以上人员比重 TH_1”各年的显著相关，其中 6 年在 0.01 水平上显著相关，相关系数普遍在 0.1 左右，最高达到 0.238，揭示出认证认可在总体上对促进企业高层次人才发展存在着重要的影响作用。在一级指标的层面上，两个认证认可的二级指标都与“本科以上人员比重 TH_1”存在 6 个年度在 0.01 水平上显著相关，从相关系数来看“E 认证实施”的影响作用要稍好。在二级指标的层面上，“E_1管理体系认证”的影响作用相对最强、最突出，与“本科以上人员比重 TH_1”每年在 0.01 水平上显著相关，相关系数最高达到 0.511，说明其对高层次人才发展促进效用非常好；“B_2质量控制标准”也有较显著的影响作用，与“本科以上人员比重 TH_1”有 6 个年度在 0.01 水平上显著相关，当相关系数普遍偏低，说明其影响强的较弱；其他认证认可二级指标均与“本科以上人员比重 TH_1”存在一定相关性，但其显著性存在一定的不确定性，相关系数也普遍不高。综合而言，认证认可能够促进企业高层次人才发展，主要体现在“E_1管理体系认证”指标的效用上。

表 7-6 认证认可与三级指标“本科以上人员比重 TH_1”相关性分析情况

认证认可各级指标 \ 年度		2011 年	2012 年	2013 年	2014—2015 年	2016 年	2017 年	2018 年
B_1企业标准认知	Pearson 相关性	.103**	.104**	.189**	.059*	.170**	0.039	0.069
	显著性（双侧）	.000	.000	.000	0.016	.000	0.103	0.109
B_2质量控制标准	Pearson 相关性	.088**	.131**	.108**	.082**	.070**	.089**	0.046
	显著性（双侧）	.000	.000	.000	0.001	0.004	.000	0.288
B_3产品检验标准	Pearson 相关性	.065**	.102**	.137**	0.046	.117**	0.024	0.078
	显著性（双侧）	0.002	.000	.000	0.059	.000	0.320	0.073
E_1管理体系认证	Pearson 相关性	.112**	.245**	.102**	.261**	.388**	.511**	.116**
	显著性（双侧）	.000	.000	.000	.000	.000	.000	0.008
E_2产品认证	Pearson 相关性	.085**	.067**	.102**	.081**	0.024	-.088**	0.038
	显著性（双侧）	.000	0.006	.000	0.002	0.369	0.001	0.399
B 认证基础	Pearson 相关性	.116**	.152**	.192**	.091**	.154**	.075**	.088*
	显著性（双侧）	.000	.000	.000	.000	.000	0.002	0.044

续表

认证认可各级指标 \ 年度		2011年	2012年	2013年	2014—2015年	2016年	2017年	2018年
E认证实施	Pearson相关性	.139**	.172**	.134**	.195**	.223**	.206**	0.087
	显著性（双侧）	.000	.000	.000	.000	.000	.000	0.053
认证认水平总指数R	Pearson相关性	.157**	.192**	.186**	.186**	.238**	.204**	.109*
	显著性（双侧）	.000	.000	.000	.000	.000	.000	0.015

**. 在0.01水平（双侧）上显著相关　　*. 在0.05水平（双侧）上显著相关

②影响作用线性回归分析

以“本科以上人员比重TH_1”为因变量，以“5个认证认可的二级指标为自变量，进行线性回归分析，分析如表7-7所示。分析结果显示，“E_1管理体系认证”和因变量“本科以上人员比重TH_1”的回归关系最好，有5年在0.01水平上显著，回归系数普遍大于0.2，2017年达到最高0.517，这与相关性分析基本一致。“B_1企业标准认知”与“本科以上人员比重TH_1”有4年存在较显著的回归关系，但其标准回归系数普遍偏低，说明其影响作用不高，且存在一定的不确定性。其他认证认可二级指标与“本科以上人员比重TH_1”只有1—2年存在较显著的回归关系，且回归系数不高，说明其影响作用弱且不确定性高。综合而言，认证认可对“本科以上人员比重TH_1”的促进效用，主要体现在“E_1管理体系认证”指标的效用上。

表7-7　认证认可与三级指标“本科以上人员比重TH_1”线性回归分析情况

认证认可二级指标 \ 年度		2011年	2012年	2013年	2014—2015年	2016年	2017年	2018年
B_1企业标准认知	标准系数	0.071	0.049	0.171	−0.002	0.106	0.017	0.041
	Sig.	0.001	0.044	.000	0.938	.000	0.440	0.377
B_2质量控制标准	标准系数	0.047	0.045	0.006	0.009	0.008	0.065	.000
	Sig.	0.082	0.115	0.849	0.745	0.774	0.010	0.996
B_3产品检验标准	标准系数	0.013	0.028	0.070	0.004	0.024	−0.003	0.085
	Sig.	0.628	0.315	0.018	0.867	0.369	0.919	0.079
E_1管理体系认证	标准系数	0.118	0.212	0.035	0.250	0.392	0.517	0.072
	Sig.	.000	.000	0.188	.000	.000	.000	0.123
E_2产品认证	标准系数	0.041	0.018	0.075	0.043	−0.007	−0.094	0.012
	Sig.	0.077	0.463	0.004	0.110	0.785	.000	0.798

（2）认证认可对三级指标“熟练工人稳定性 TH_2”影响作用分析

①影响作用相关性分析

在总指数的层面上“认证认可水平总指数 R”与“熟练工人稳定性 TH_2”指标有 5 年在 0.05 水平上显著相关，相关系数普遍在 0.1 以下，说明认证认可一定程度上对提高熟练工人稳定性存在影响，但效用水平偏弱。在一级指标的层面上，一级指标“B 认证基础”与“熟练工人稳定性 TH_2”指标有 5 年在 0.05 水平上显著相关，相关系数全部小于 0.1，说明“B 认证基础”对熟练工人稳定性有着较弱的影响作用。一级指标“E 认证实施”与“熟练工人稳定性 TH_2”指标只有 3 年在 0.05 水平上显著相关，说明相关性存在更大的不确定性，相关系数也普遍较小。在二级指标的层面上，“E_1 管理体系认证”与“熟练工人稳定性 TH_2”指标相关性相对较强，有 4 年在 0.01 水平上显著相关，相关系数最高达到 0.306，说明该指标对熟练工人稳定性有着一定的促进效用，但存在一定的不确定性。“B_1 企业标准认知”、“B_2 质量控制标准”、“B_3 产品检验标准”、“E_2 产品认证”只有 1-3 年的数据与“熟练工人稳定性 TH_2”存在显著相关，说明其相关性不确定性高，促进效用不足。

表 7-8　认证认可与三级指标“熟练工人稳定性 TH_2”相关性分析情况

认证认可各级指标 \ 年度		2011 年	2012 年	2013 年	2014—2015 年	2016 年	2017 年	2018 年
B_1 企业标准认知	Pearson 相关性	.116**	0.037	.090**	.149**	−0.019	0.043	0.061
	显著性（双侧）	.000	0.094	.000	.000	0.457	0.081	0.282
B_2 质量控制标准	Pearson 相关性	.080**	.051*	0.023	.087**	.062*	0.044	0.039
	显著性（双侧）	.000	0.023	0.344	.000	0.015	0.073	0.495
B_3 产品检验标准	Pearson 相关性	.046*	0.025	0.035	−.074**	0.003	0.021	−0.055
	显著性（双侧）	0.027	0.267	0.148	0.003	0.901	0.388	0.335
E_1 管理体系认证	Pearson 相关性	.108**	0.037	.116**	.148**	0.027	.306**	0.052
	显著性（双侧）	.000	0.099	.000	.000	0.303	.000	0.372
E_2 产品认证	Pearson 相关性	0.034	0.014	−0.006	0.01	0.052	−.161**	.124*
	显著性（双侧）	0.123	0.579	0.808	0.716	0.061	.000	0.037
B 认证基础	Pearson 相关性	.099**	.056*	.063**	.071**	0.026	.054*	0.021
	显著性（双侧）	.000	0.012	0.008	0.004	0.304	0.027	0.714
E 认证实施	Pearson 相关性	.082**	0.037	.057*	.060*	0.033	0.040	0.109
	显著性（双侧）	.000	0.133	0.035	0.032	0.251	0.142	0.07

续表

认证认可各级指标 \ 年度		2011年	2012年	2013年	2014—2015年	2016年	2017年	2018年
认证认可水平总指数R	Pearson 相关性	.103**	.052*	.059*	.091**	0.032	.057*	0.101
	显著性（双侧）	.000	0.032	0.027	0.001	0.273	0.036	0.093

**. 在0.01水平（双侧）上显著相关　　*. 在0.05水平（双侧）上显著相关

②影响作用线性回归分析

以“熟练工人稳定性 TH_2”为因变量，以5个认证认可的二级指标为自变量，进行线性回归分析，分析如表7-9所示。分析结果显示，“E_1管理体系认证”“B_1企业标准认知”和因变量“熟练工人稳定性 TH_2”均有4年的0.01水平上的显著性回归关系，标准系数最大值分别为0.321和0.165，显然“E_1管理体系认证”的影响效用最好。“B_2质量控制标准”“B_3产品检验标准”和“E_2产品认证”和因变量“熟练工人稳定性 TH_2”只有1—2年存在显著性回归关系，且回归系数普遍偏低，它们的影响作用存在很大的不确定性，并且“E_2产品认证”在2017年呈现负向效用。综合而言，认证认可对“熟练工人稳定性 TH_2”的促进效用一般，主要体现在“E_1管理体系认证”的促进效用上，但也存在一定不确定性。

表7-9　认证认可与三级指标“熟练工人稳定性 TH_2”线性回归分析情况

认证认可二级指标 \ 年度		2011年	2012年	2013年	2014—2015年	2016年	2017年	2018年
B_1企业标准认知	标准系数	0.078	0.013	0.074	0.165	−0.097	0.020	0.098
	Sig.	0.001	0.594	0.010	.000	0.001	0.446	0.110
B_2质量控制标准	标准系数	0.050	0.037	−0.030	0.062	0.108	0.039	0.048
	Sig.	0.066	0.200	0.358	0.032	0.001	0.175	0.452
B_3产品检验标准	标准系数	−0.002	0.028	−0.005	−0.065	−0.055	0.001	−0.118
	Sig.	0.929	0.322	0.876	0.022	0.087	0.980	0.060
E_1管理体系认证	标准系数	0.102	0.037	0.083	0.078	0.042	0.321	0.018
	Sig.	.000	0.143	0.003	0.006	0.153	.000	0.780
E_2产品认证	标准系数	−0.005	−0.011	0.005	−0.013	0.037	−0.165	0.116
	Sig.	0.821	0.676	0.849	0.650	0.206	.000	0.062

（二）宏观行业层面促进效用分析

1. 认证认可与二级指标“人才结构水平 TH”灰色关联分析

在总指数层面上，“认证认可水平总指数 R”与“人才结构水平 TH”，各年关联度在［0.6410，0.8291］区间变动，平均关联度为 0.7473，说明在宏观层面认证认可对人才结构促进效用不高。在一级指标层面，“B 认证基础”与“人才结构水平 TH”平均关联度为 0.7726，各年关联度在［0.6944，0.8680］区间变动，说明“B 认证基础”促进效用不高；而“E 认证实施”的平均关联度更小 0.7106，影响偏弱。在二级指标，“B_1企业标准认知”与“B_3产品检验标准”对人才结构的影响作用相对更好，但总体而言促进效用水平不高，二者与“人才结构水平 TH”关联度均处于比较密切性水平；其他认证认可二级指标的宏观促进效用更低，其中“E_2产品认证”平均关联度仅为 0.6868，跌入一般密切性关联水平，宏观效用最低。

表 7-10　认证认可与“人才结构水平 TH”指标灰色关联分析结果

认证认可指标 \ 年度	2011 年	2012 年	2013 年	2014—2015 年	2016 年	2017 年	2018 年	各年均值
B_1企业标准认知	0.7992	0.7029	0.8173	0.6729	0.7415	0.7581	0.8361	0.7611
B_2质量控制标准	0.7030	0.7755	0.8024	0.7352	0.7428	0.6972	0.7826	0.7484
B_3产品检验标准	0.7705	0.8339	0.8493	0.6117	0.7307	0.6623	0.8040	0.7518
E_1管理体系认证	0.6442	0.6336	0.7874	0.7917	0.7979	0.6788	0.7672	0.7287
E_2产品认证	0.6303	0.7206	0.7025	0.6551	0.7572	0.5813	0.7609	0.6868
B 认证基础	0.7649	0.7870	0.8680	0.6944	0.7766	0.6986	0.8187	0.7726
E 认证实施	0.6500	0.6980	0.7525	0.6963	0.7708	0.6066	0.8001	0.7106
认证认可水平总指数 R	0.7089	0.7610	0.8074	0.7083	0.7753	0.6410	0.8291	0.7473

2. 认证认可与“人才结构水平 TH”对应三级指标灰色关联分析

二级指标“人才结构水平 TH”对应三级指标共有两个：“本科以上人员比重 TH_1”、“熟练工人稳定性 TH_2”，下面分别阐述认证认可对二者的宏观效用。

（1）认证认可与三级指标“本科以上人员比重 TH_1”灰色关联分析

认证认可与“本科以上人员比重 TH_1”指标的灰色关联分析结果如表 7-11 所示。可以看出，认证认可与“本科以上人员比重 TH_1”之间宏观关联密切性偏低。在总指数层面，“认证认可水平总指数 R”与“本科以上人员比重 TH_1”各年关联度在［0.7070，0.8224］区间变动，整体处于一般密切性关联关系，说明在宏观层面认证认可对提升行业学历结构水平存在一定的促进作用。在一级指标层面，“B 认证基础”与“本科以上人员比重 TH_1”关联度均值为 0.7873，接近非常密切性关联水平；而“E 认证实施”的关联情况显示其促进效用偏弱。在二级指标层面，“B_3产品检验标准”与学历结构的关联关系最密切，与“本科以上人员比重 TH_1”的关联度均值为 0.7571，说明该指标存在一定的宏观影响，但效用不高；“B_1企业标准认知”与“本科以上人员比重 TH_1”的关联度均值为 0.410，也存在一定宏观促进效用；其他认证认可二级指标对学历结构的宏观影响均偏弱。

表 7-11 认证认可与“本科以上人员比重 TH_1”指标灰色关联分析结果

认证认可指标 \ 年度	2011 年	2012 年	2013 年	2014—2015 年	2016 年	2017 年	2018 年	各年均值
B_1企业标准认知	0.741	0.7013	0.6458	0.5892	0.7585	0.7800	0.8457	0.7410
B_2质量控制标准	0.6926	0.7540	0.7166	0.7074	0.7639	0.7488	0.7837	0.6926
B_3产品检验标准	0.7571	0.8237	0.7316	0.7500	0.7727	0.7380	0.8012	0.7571
E_1管理体系认证	0.6157	0.6129	0.6042	0.5755	0.7644	0.8003	0.8011	0.6157
E_2产品认证	0.6461	0.6766	0.7476	0.7291	0.7403	0.6789	0.7625	0.6461
B 认证基础	0.7873	0.8062	0.6986	0.7225	0.7658	0.7623	0.8112	0.7873
E 认证实施	0.6517	0.6764	0.7397	0.7356	0.7463	0.7271	0.8014	0.6517
认证认可水平总指数 R	0.7583	0.7070	0.7417	0.7103	0.7475	0.7428	0.8224	0.7583

（2）认证认可与三级指标“熟练工人稳定性 TH_2”灰色关联分析

认证认可与“熟练工人稳定性 TH_2”指标灰色关联分析结果如表 7-12 所示，可以看出认证认可对“熟练工人稳定性 TH_2”有着一定的影响，效用水平一般。在总指数层面，“认证认可水平总指数 R”与“熟练工人稳定性 TH_2”关联度在［0.6844，0.8108］区间变动，均值为 0.7458，说明在宏观行业层面认证认可对出口企业熟练工人稳定性影响作用一般。在一级指标层面，“B 认证基础”与“熟练工人稳定性 TH_2”的关联关系更密切，二者关联度均值为 0.7728，有 3 年达到非常密切性水平，说明该指标对熟练工人稳定性存在一定的宏观影响，但效用水平不高；而“E 认证实施”的关联度均值为 0.7192，说明其促进效用偏弱。从二级指标层面来看，相对而言“B_1企业标准认知”与“熟练工人稳定性 TH_2”的关联关系最密切，关联度均值为 0.7732；“E_1管理体系认证”表现出一定的促进效用，虽然平均关联度仅为 0.7459，但有 3 年达到非常密切关联水平；其他认证认可二级指标的宏观促进效用普遍偏低，而“E_2产品认证”相对而言影响作用最弱。

表 7-12 认证认可与“熟练工人稳定性 TH_2”指标灰色关联分析结果

认证认可指标 \ 年度	2011 年	2012 年	2013 年	2014—2015 年	2016 年	2017 年	2018 年	各年均值
B_1企业标准认知	.7467	.7424	.7292	.8168	.8118	.7838	.7816	.7732
B_2质量控制标准	.7614	.7939	.7303	.7361	.6124	.7603	.8129	.7439
B_3产品检验标准	.7745	.8464	.7258	.6522	.6276	.7376	.7956	.7371
E_1管理体系认证	.7284	.6763	.8005	.8190	.6615	.8021	.7336	.7459
E_2产品认证	.7570	.7459	.6450	.6440	.6885	.6485	.7242	.6933
B 认证基础	.8041	.8216	.7442	.7558	.6741	.7794	.8302	.7728
E 认证实施	.7341	.7623	.6879	.7373	.7029	.6907	.7190	.7192
认证认可水平总指数 R	.8108	.7902	.7049	.7483	.6844	.7207	.7616	.7458

三、认证认可对制造技术水平的促进效用分析

制造技术水平是通过二级指标“制造技术水平 TM”及其对应三级指标“制造装备水平 TM_1”、“制造工艺水平 TM_2”的评价得分来反映，认证认可对制造技术水平的促进效用分析，微观企业层面通过相关性分析和多元线性回归分析来展开，在宏观行业层面通过灰色关联分析方法展开。

（一）微观企业层面促进效用分析

1. 认证认可对二级指标“制造技术水平 TM”影响作用分析

（1）影响作用相关性分析

在总体层面，“认证认可水平总指数 R”与“制造技术水平 TM”有 6 年在 0.01 水平上显著相关，相关系数普遍在 0.2 左右，最高达 0.237，说明认证认可总体上对企业制造技术水平有较好的促进效用。在一级指标层面上，两个认证认可一级指标均表现出对制造技术水平较好的正向促进效用，二者均与“制造技术水平 TM”有 6 个年度在 0.01 水平上显著相关，但“B 认证基础”相关系数普遍要高些。在二级指标层面上，“B_1企业标准认知”“E_1管理体系认证”与“制造技术水平 TM”指标均存在较强相关性，其他三个认证认可二级指标与“制造技术水平 TM”指标也存在一定的相关关系，但有较大的不确定性。综合而言，认证认可对企业制造技术水平的提升有较好的促进效用，主要集中在“B_1企业标准认知”和“E_1管理体系认证”两个二级指标的促进效用上。

表 7-13　认证认可与二级指标"制造技术水平 TM"相关性分析情况

认证认可各级指标 \ 年度		2011 年	2012 年	2013 年	2014—2015 年	2016 年	2017 年	2018 年
B_1企业标准认知	Pearson 相关性	.197**	.215**	.394**	.235**	.276**	.163**	-.082*
	显著性（双侧）	.000	.000	.000	.000	.000	.000	0.05
B_2质量控制标准	Pearson 相关性	.109**	.113**	.128**	.139**	.086**	.084**	-0.01
	显著性（双侧）	.000	.000	.000	.000	.000	.000	0.77
B_3产品检验标准	Pearson 相关性	.104**	.086**	.066**	0.028	0.037	.088**	-.110**
	显著性（双侧）	.000	.000	0.004	0.215	0.098	.000	0.01
E_1管理体系认证	Pearson 相关性	.202**	.300**	.180**	.223**	.071**	.257**	-0.02
	显著性（双侧）	.000	.000	.000	.000	0.003	.000	0.67
E_2产品认证	Pearson 相关性	.092**	.040	-0.028	-0.004	.116**	.099**	0.02
	显著性（双侧）	.000	.108	0.253	0.869	.000	.000	0.58
B 认证基础	Pearson 相关性	.173**	.188**	.259**	.179**	.166**	.154**	-.093*
	显著性（双侧）	.000	.000	.000	.000	.000	.000	0.03
E 认证实施	Pearson 相关性	.171**	.177**	.073**	.102**	.189**	.222**	-0.02
	显著性（双侧）	.000	.000	0.005	.000	.000	.000	0.64
认证认可水平总指数 R	Pearson 相关性	.207**	.209**	.163**	.133**	.195**	.237**	-0.08
	显著性（双侧）	.000	.000	.000	.000	.000	.000	0.09

**. 在 0.01 水平（双侧）上显著相关　　*. 在 0.05 水平（双侧）上显著相关

（2）影响作用线性回归分析

以"制造技术水平 TM"为因变量，以 5 个认证认可二级指标为自变量，进行线性回归分析，分析结果如表 7-14 所示。可以看出，"B_1企业标准认知"对"制造技术水平 TM"的影响相对最强，所有年度均存在 0.01 水平上显著回归关系，回归系数最高达 0.397，显示出非常强的促进效用，但在 2018 年存在异常的负面效用，带来一定的不确定性。其次，"E_1管理体系认证"也表现出较强的促进效用，有 6 年存在 0.01 水平上显著回归关系，标准回归系数最高达 0.265，说明该指标的促进效用较好。其他认证认可二级指标对"制造技术水平 TM"的影响普遍较弱，且不确定性高。

表 7-14 认证认可与“制造技术水平 TM”线性回归分析情况

认证认可二级指标 \ 年度		2011 年	2012 年	2013 年	2014—2015 年	2016 年	2017 年	2018 年
B_1企业标准认知	标准系数	0. 183	0. 172	0. 397	0. 137	0. 190	0. 130	−0. 162
	Sig.	. 000	. 000	. 000	. 000	. 000	. 000	. 000
B_2质量控制标准	标准系数	0. 024	−0. 003	0. 034	0. 066	0. 040	−0. 012	−0. 049
	Sig.	0. 373	0. 925	0. 229	0. 015	0. 157	0. 679	0. 301
B_3产品检验标准	标准系数	0. 041	0. 019	−0. 048	−0. 041	−0. 096	0. 030	−0. 063
	Sig.	0. 113	0. 480	0. 080	0. 122	0. 001	0. 304	0. 182
E_1管理体系认证	标准系数	0. 172	0. 263	0. 104	0. 205	0. 105	0. 265	0. 017
	Sig.	. 000	. 000	. 000	. 000	. 000	. 000	0. 713
E_2产品认证	标准系数	0. 025	−0. 012	−0. 053	−0. 066	0. 117	0. 083	0. 024
	Sig.	0. 264	0. 631	0. 031	0. 012	. 000	0. 001	0. 600

2. 认证认可对“制造技术水平 TM”对应三级指标影响分析

“制造技术水平 TM”对应三级指标共有两个：“制造装备水平 TM_1”“制造工艺水平 TM_2”，下面通过相关性分析和回归分析来揭示认证认可对其的影响。

(1) 认证认可对三级指标“制造装备水平 TM_1”影响作用分析

①影响作用相关性分析

在总指数层面上，“认证认可水平总指数 R”与“制造装备水平 TM_1”有 6 年在 0. 01 水平上显著相关，相关系数最高达到 0. 211，说明认证认可总体上对提升制造装备水平起到较好的促进作用。在一级指标层面，两个认证认可一级指标均表现出对制造装备水平较好的正向促进效用，二者均与“制造装备水平 TM_1”有 6 年在 0. 01 水平上显著相关，相关系数普遍大于 0. 1，但“B 认证基础”在 2018 年呈现显著负相关。在二级指标层面上，“B_1企业标准认知”与“E_1管理体系认证”均表现出较强的促进效用，二者与“制造装备水平 TM_1”指标均有 6 年在 0. 01 水平上显著相关；其他三个认证认可二级指标与“制造装备水平 TM_1”的相关关系有较大的不确定性。综合而言，认证认可对企业制造装备水平有较好的促进效用，主要体现在“B_1企业标准认知”和“E_1管理体系认证”的促进效用上。

表 7-15 认证认可与三级指标"制造装备水平 TM_1"相关性分析情况

认证认可各级指标 \ 年度		2011 年	2012 年	2013 年	2014—2015 年	2016 年	2017 年	2018 年
B_1企业标准认知	Pearson 相关性	.144**	.174**	.373**	.224**	.246**	.148**	-.094*
	显著性（双侧）	.000	.000	.000	.000	.000	.000	0.03
B_2质量控制标准	Pearson 相关性	.083**	.093**	.128**	.145**	.086**	.075**	-0.01
	显著性（双侧）	.000	.000	.000	.000	.000	0.001	0.87
B_3产品检验标准	Pearson 相关性	.094**	.072**	.067**	0.032	0.022	.087**	-.122**
	显著性（双侧）	.000	.002	0.003	0.157	0.318	.000	0.00
E_1管理体系认证	Pearson 相关性	.142**	.277**	.185**	.227**	.064**	.247**	-0.03
	显著性（双侧）	.000	.000	.000	.000	0.008	.000	0.54
E_2产品认证	Pearson 相关性	.097**	.030	-0.030	0.013	.127**	.078**	0.02
	显著性（双侧）	.000	.233	0.212	0.598	.000	0.001	0.66
B 认证基础	Pearson 相关性	.139**	.156**	.251**	.181**	.147**	.143**	-.101*
	显著性（双侧）	.000	.000	.000	.000	.000	.000	0.02
E 认证实施	Pearson 相关性	.151**	.158**	.077**	.121**	.192**	.196**	-0.03
	显著性（双侧）	.000	.000	0.003	.000	.000	.000	0.52
认证认可水平总指数 R	Pearson 相关性	.180**	.185**	.164**	.151**	.196**	.211**	-0.08
	显著性（双侧）	.000	.000	.000	.000	.000	.000	0.07

**. 在 0.01 水平（双侧）上显著相关　　*. 在 0.05 水平（双侧）上显著相关

②影响作用线性回归分析

以"制造装备水平 TM_1"为因变量，以 5 个认证认可二级指标为自变量，进行线性回归分析，分析结果如表 7-16 所示。可以看出，"B_1企业标准认知"对"制造装备水平 TM_1"的影响最强，每年都存在 0.01 水平上显著回归关系，2013 年回归系数最高 0.379，显示非常强的促进效用，但在 2018 年出现异常的负面效用，带来一定的不确定性。其次，"E_1管理体系认证"也表现出较强的促进效用，有 6 年存在 0.01 水平上显著回归关系，回归系数最高达 0.252，揭示出较好的正向促进效用。其他认证认可二级指标对"制造装备水平 TM_1"的影响普遍较弱且不确定性高。

表 7-16　认证认可与“制造装备水平 TM_1”线性回归分析情况

认证认可二级指标 \ 年度		2011 年	2012 年	2013 年	2014—2015 年	2016 年	2017 年	2018 年
B_1企业标准认知	标准系数	0.130	0.137	0.379	0.118	0.177	0.115	-0.162
	Sig.	.000	.000	.000	.000	.000	.000	.000
B_2质量控制标准	标准系数	0.010	-0.010	0.033	0.074	0.062	-0.012	-0.029
	Sig.	0.702	0.720	0.238	0.007	0.026	0.676	0.541
B_3产品检验标准	标准系数	0.059	0.030	-0.043	-0.032	-0.119	0.036	-0.078
	Sig.	0.026	0.273	0.120	0.230	.000	0.216	0.102
E_1管理体系认证	标准系数	0.119	0.249	0.108	0.213	0.105	0.252	0.006
	Sig.	.000	.000	.000	.000	.000	.000	0.900
E_2产品认证	标准系数	0.046	-0.018	-0.049	-0.051	0.126	0.060	0.023
	Sig.	0.044	0.455	0.047	0.054	.000	0.019	0.617

2. 认证认可对三级指标“制造工艺水平 TM_2”影响作用分析

(1) 影响作用相关性分析

在总指数层面上，“认证认可水平总指数 R”与“制造工艺水平 TM_2”各年均在 0.01 水平上显著相关，相关系数最高达到 0.246，说明认证认可在总体上对粤港澳大湾区出口企业的制造工艺水平有较强的促进效用。在一级指标层面上，两个认证认可一级指标均表现出较好的促进效用，与“制造工艺水平 TM_2”各年均在 0.01 水平上显著相关，但从相关系数看“B 认证基础”的影响作用更强。在二级指标层面上，“B_1企业标准认知”“B_2质量控制标准”“E_1管理体系认证”等 3 个指标都与“制造工艺水平 TM_2”有较强的相关性，各年均与“制造工艺水平 TM_2”在 0.01 水平上显著相关，从相关系数来看，“B_1企业标准认知”的促进效用最高，“E_1管理体系认证”仅次之。其他两个认证认可二级指标与“制造工艺水平 TM_2”指标也存在一定相关性，但只有 4—5 年显著，说明其影响存在不确定性。

表 7-17　认证认可与三级指标“制造工艺水平 TM_2”相关性分析情况

认证认可各级指标 \ 年度		2011 年	2012 年	2013 年	2014—2015 年	2016 年	2017 年	2018 年
B_1企业标准认知	Pearson 相关性	.200**	.206**	.382**	.229**	.282**	.167**	.229**
	显著性（双侧）	.000	.000	.000	.000	.000	.000	.000

续表

认证认可各级指标 \ 年度		2011年	2012年	2013年	2014—2015年	2016年	2017年	2018年
B_2质量控制标准	Pearson相关性	.108**	.118**	.118**	.125**	.084**	.087**	.125**
	显著性（双侧）	.000	.000	.000	.000	.000	.000	.000
B_3产品检验标准	Pearson相关性	.090**	.091**	.060**	0.024	.048*	.083**	0.024
	显著性（双侧）	.000	.000	0.009	0.288	0.034	.000	0.288
E_1管理体系认证	Pearson相关性	.215**	.261**	.162**	.203**	.070**	.250**	.203**
	显著性（双侧）	.000	.000	.000	.000	0.003	.000	.000
E_2产品认证	Pearson相关性	.067**	.060*	−0.024	−0.020	.104**	.112**	−0.020
	显著性（双侧）	0.003	.013	0.331	0.414	.000	.000	0.414
B认证基础	Pearson相关性	.168**	.189**	.246**	.167**	.174**	.155**	.167**
	显著性（双侧）	.000	.000	.000	.000	.000	.000	.000
E认证实施	Pearson相关性	.152**	.173**	.064*	.077**	.171**	.230**	.077**
	显著性（双侧）	.000	.000	0.013	0.003	.000	.000	0.003
认证认可水平总指数R	Pearson相关性	.187**	.199**	.151**	.107**	.178**	.246**	.107**
	显著性（双侧）	.000	.000	.000	.000	.000	.000	.000

**. 在0.01水平（双侧）上显著相关　*. 在0.05水平（双侧）上显著相关

（2）影响作用线性回归分析

以“制造工艺水平TM_2”为因变量，以5个认证认可二级指标为自变量，进行线性回归分析，分析结果如表7-18所示。可以看出，“B_1企业标准认知”对“制造工艺水平TM_2”的影响较大，各年都存在非常显著的回归关系，回归系数最大达0.383，说明该指标对制造工艺水平的促进效用非常大。“E_1管理体系认证”的促进效用排在第二，存在6年非常显著的回归关系，标准回归系数最高达0.258，说明加强管理体系认证能很好促进企业制造工艺水平提升。其他三个认证认可二级指标的促进效用均较弱且不确定性较高，其中“E_2产品认证”存在2年显著的微弱负面效用，说明产品认证的效用受到了一定的外部因素影响。

表 7-18 认证认可与“制造工艺水平 TM_2”线性回归分析情况

认证认可二级指标 \ 年度		2011 年	2012 年	2013 年	2014—2015 年	2016 年	2017 年	2018 年
B_1企业标准认知	标准系数	0.196	0.157	0.383	0.145	0.183	0.139	-0.137
	Sig.	.000	.000	.000	.000	.000	.000	0.003
B_2质量控制标准	标准系数	0.029	0.007	0.032	0.055	0.012	-0.011	-0.062
	Sig.	0.264	0.787	0.257	0.043	0.663	0.707	0.191
B_3产品检验标准	标准系数	0.016	0.002	-0.050	-0.047	-0.062	0.023	-0.048
	Sig.	0.536	0.949	0.075	0.077	0.030	0.428	0.313
E_1管理体系认证	标准系数	0.186	0.222	0.092	0.182	0.096	0.258	0.024
	Sig.	.000	.000	.000	.000	.000	.000	0.603
E_2产品认证	标准系数	0.001	0.015	-0.052	-0.076	0.101	0.098	0.018
	Sig.	0.973	0.535	0.034	0.005	.000	.000	0.700

（二）宏观行业层面促进效用分析

1. 认证认可与二级指标“制造技术水平 TM”灰色关联分析

认证认可与“制造技术水平 TM”指标灰色关联分析结果如表 7-19 所示，可以看出，认证认可对制造技术水平存在一定宏观促进效用，但总体效用程度一般。在总指数层面，“认证认可水平总指数 R”与“制造技术水平 TM”指标关联度较为密切，关联度均值为 0.7710，最高达到 0.8761，说明从宏观行业层面认证认可对制造技术水平有着一定的促进效用。在一级指标层面，“B 认证基础”与“制造技术水平 TM”的关联关系更加密切，关联度均值为 0.7983，接近非常密切水平；而“E 认证实施”的关联度均值为 0.7418，说明在宏观影响作用不强。在二级指标层面，“B_1企业标准认知”与“制造技术水平 TM”之间的关联性最强，关联度均值为 0.7896，年度最高达 0.8968，说明加强企业标准认知对制造技术水平有着较好的促进效用；“B_3产品检验标准”的宏观效用排在第二，关联度均值为 0.7756，且有 5 年关联度达到非常密切水平，说明其对制造技术水平的宏观促进作用较强。“B_2质量控制标准”与“E_1管理体系认证”也表现出一定的宏观效用，但总体效用水平不高。“E_2产品认证”的宏观效用偏弱，与“制造技术水平 TM”的关联度均值为 0.6875，为一般密切性水平，说明在产品认证对“制造技术水平 TM”的影响作用偏弱，产品认证的效用提升空间较大。

表 7-19 认证认可与“制造技术水平 TM”指标灰色关联分析结果

认证认可指标＼年度	2011 年	2012 年	2013 年	2014—2015 年	2016 年	2017 年	2018 年	各年均值
B_1企业标准认知	0.7311	0.7440	0.8968	0.7723	0.8888	0.6922	0.8023	0.7896
B_2质量控制标准	0.5999	0.7664	0.7454	0.7142	0.8453	0.7957	0.8190	0.7551
B_3产品检验标准	0.6774	0.8177	0.8001	0.6111	0.8430	0.8443	0.8358	0.7756
E_1管理体系认证	0.6437	0.6314	0.8130	0.7558	0.8552	0.8512	0.7063	0.7509
E_2产品认证	0.5796	0.7165	0.6253	0.6119	0.8563	0.6421	0.7805	0.6875
B 认证基础	0.6649	0.7911	0.8161	0.7116	0.8701	0.8520	0.8825	0.7983
E 认证实施	0.6697	0.6914	0.7113	0.7388	0.8753	0.7290	0.7772	0.7418
认证认可水平总指数 R	0.6744	0.7281	0.7514	0.7397	0.8761	0.8061	0.8212	0.7710

2. 认证认可与“制造技术水平 TM”对应三级指标灰色关联分析

（1）认证认可与三级指标“制造装备水平 TM_1”灰色关联分析

在总指数层面，“认证认可水平总指数 R”与“制造装备水平 TM_1”处于比较密切关联水平，关联度均值为 0.7519，最高达 0.8109，说明从宏观行业层面认证认可对“制造装备水平 TM_1”的影响作用有一定影响。在一级指标层面，“B 认证基础”对“制造装备水平 TM_1”宏观影响更好些，与“制造装备水平 TM_1”关联度均值为 0.7784，宏观效用较强；而“E 认证实施”的关联度均值仅为 0.7171，对制造装备水平促进作用不强。在二级指标层面，5 个认证认可二级指标对制造装备水平的宏观效用都不强，从关联度均值来看，“B_1企业标准认知”与“制造装备水平 TM_1”的关联度均值最高为 0.7607，整体效用相对最好；从达到非常密切性水平年度数来看，“B_3产品检验标准”表现最好，与“制造装备水平 TM_1”有 4 年关联度达到非常密切水平，说明其宏观促进效用更突出；其他三个认证认可二级指标的宏观效用均一般，其中“E_2产品认证”与“制造装备水平 TM_1”的关联关系最弱，关联度均值为 0.6647，说明产品认证相关的宏观政策措施有较大改善空间。

表 7-20 认证认可与“制造装备水平 TM_1”指标灰色关联分析结果

认证认可指标＼年度	2011 年	2012 年	2013 年	2014—2015 年	2016 年	2017 年	2018 年	各年均值
B_1企业标准认知	0.6381	0.7583	0.8966	0.7749	0.7669	0.6997	0.7902	0.7607
B_2质量控制标准	0.6343	0.7819	0.7397	0.7177	0.6262	0.7847	0.8243	0.7298
B_3产品检验标准	0.6300	0.8011	0.8003	0.6145	0.6230	0.8322	0.8340	0.7336

续表

认证认可指标 \ 年度	2011 年	2012 年	2013 年	2014—2015 年	2016 年	2017 年	2018 年	各年均值
E_1管理体系认证	0.6324	0.6462	0.8140	0.7561	0.6584	0.8367	0.6941	0.7197
E_2产品认证	0.6082	0.7305	0.6236	0.6146	0.6548	0.6467	0.7745	0.6647
B 认证基础	0.7174	0.8040	0.8094	0.7166	0.6900	0.8406	0.8711	0.7784
E 认证实施	0.6678	0.7024	0.7096	0.7434	0.7039	0.7253	0.7671	0.7171
认证认可水平总指数 R	0.7046	0.7408	0.7530	0.7441	0.7076	0.8022	0.8109	0.7519

（2）认证认可与三级指标“制造工艺水平 TM_2”灰色关联分析

在总指数层面，“认证认可水平总指数 R”与“制造工艺水平 TM_2”关联度均值为 0.7442，最高达到 0.8264，说明从认证认可在总体层面对制造工艺水平的宏观影响作用不强。在一级指标层面，“B 认证基础”的宏观效用相关更好些，“B 认证基础”对“制造工艺水平 TM_2”的关联度均值为 0.7686，而“E 认证实施”的关联度均值仅为 0.7136，二者对制造工艺水平促进作用均不强。在二级指标层面，5 个认证认可二级指标对制造工艺水平的宏观效用都不高，从关联度均值来看，“B_1企业标准认知”的宏观影响相对最好，与“制造工艺水平 TM_2”的关联度均值为 0.7757，比较接近非常密切关联水平；从达到非常密切性水平年度数来看，“B_3产品检验标准”表现更有效的宏观促进效用，与“制造工艺水平 TM_2”有 4 年关联度达到非常密切水平；“B_2质量控制标准”“E_1管理体系认证”与“制造工艺水平 TM_2”的关联关系接近一般密切水平，对制造工艺水平的宏观效用明显不高；“E_2产品认证”与“制造工艺水平 TM_2”关联度均值为 0.6599，其宏观影响作用依旧偏弱，如何改善产品认证对制造技术的效用是一个重要课题。

表 7-21　认证认可与“制造工艺水平 TM_2”指标灰色关联分析结果

认证认可指标 \ 年度	2011 年	2012 年	2013 年	2014—2015 年	2016 年	2017 年	2018 年	各年均值
B_1企业标准认知	0.7495	0.7367	0.8977	0.7636	0.7832	0.6893	0.8096	0.7757
B_2质量控制标准	0.6021	0.7538	0.7511	0.7107	0.6220	0.7920	0.8161	0.7211
B_3产品检验标准	0.6888	0.8238	0.8006	0.6079	0.6277	0.8394	0.8345	0.7461
E_1管理体系认证	0.6634	0.6277	0.8124	0.7566	0.6558	0.8562	0.7202	0.7275
E_2产品认证	0.5858	0.7095	0.6271	0.6091	0.6596	0.6417	0.7864	0.6599
B 认证基础	0.6629	0.7791	0.8166	0.7070	0.6907	0.8483	0.8757	0.7686

续表

认证认可指标 \ 年度	2011 年	2012 年	2013 年	2014—2015 年	2016 年	2017 年	2018 年	各年均值
E 认证实施	0.6444	0.6866	0.7132	0.7348	0.7033	0.7317	0.7809	0.7136
认证认可水平总指数 R	0.6612	0.7171	0.7504	0.7358	0.7091	0.8096	0.8264	0.7442

四、认证认可对研发创新水平的促进效用分析

研发创新水平是通过二级指标“研发创新水平 TT”及其对应三级指标“产品自主设计能力 TT_1”“企业专利量 TT_2”和“技术创新能力 TT_3”的评价得分来反映，认证认可对研发创新水平的促进效用分析，主要是通过认证认可各级指标与研发创新水平各级指标的相关性分析、回归分析、灰色关联分析来开展。

（一）微观企业层面促进效用分析

1. 认证认可对二级指标“研发创新水平 TT”影响作用分析

（1）影响作用相关性分析

在总指数层面上，“认证认可水平总指数 R”与“研发创新水平 TT”各年都在 0.01 水平上显著相关，相关系数都在 0.15 以上，最高达到 0.276，充分说明认证认可在总体上对促进粤港澳大湾区出口行业的研发创新水平存在重要的正向影响作用。在一级指标层面，两个认证认可一级指标都与“研发创新水平 TT”指标存在重要的相关关系，“E 认证实施”的促进效用相对更好，与“研发创新水平 TT”每年都在 0.01 水平上显著相关，相关系数最高达 0.256，说明“E 认证实施”对研发创新有着较强的正向促进作用；“B 认证基础”与“研发创新水平 TT”有 6 个年度在 0.01 水平上显著相关，相关系数最高达到 0.182，说明其对提高研发创新水平也有着重要正向促进作用。在二级指标层面，5 个二级指标都在不同程度上对“研发创新水平 TT”有促进作用，“E_1 管理体系认证”的效用相对最强，与“研发创新水平 TT”各年都在 0.01 水平上显著相关，相关系数最高达到 0.435，说明其促进效用非常强；其他 4 个认证认可二级指标对研发创新有着一定的促进作用，但存在不同程度的不确定性，其中“B_1 企业标准认知”的影响效用较强，“E_2 产品认证”的不确定性最大。

表 7-22　认证认可与二级指标“研发创新水平 TT”相关性分析情况

认证认可各级指标＼年度		2011 年	2012 年	2013 年	2014—2015 年	2016 年	2017 年	2018 年
B_1企业标准认知	Pearson 相关性	.236**	.232**	.211**	.171**	.141**	-.037	.130**
	显著性（双侧）	.000	.000	.000	.000	.000	.128	.003
B_2质量控制标准	Pearson 相关性	.036	.082**	.096**	.135**	.097**	.070**	.109*
	显著性（双侧）	.087	.000	.000	.000	.000	.004	.012
B_3产品检验标准	Pearson 相关性	.051*	.055*	.101**	.084**	.097**	.060*	.035
	显著性（双侧）	.015	.018	.000	.001	.000	.014	.418
E_1管理体系认证	Pearson 相关性	.187**	.188**	.302**	.308**	.407**	.435**	.285**
	显著性（双侧）	.000	.000	.000	.000	.000	.000	.000
E_2产品认证	Pearson 相关性	.044	.046	.129**	.065*	.117**	-.007	.067
	显著性（双侧）	.055	.067	.000	.014	.000	.797	.139
B 认证基础	Pearson 相关性	.119**	.165**	.177**	.182**	.147**	.051*	.137**
	显著性（双侧）	.000	.000	.000	.000	.000	.038	.002
E 认证实施	Pearson 相关性	.128**	.126**	.256**	.210**	.252**	.232**	.219**
	显著性（双侧）	.000	.000	.000	.000	.000	.000	.000
认证认可水平总指数 R	Pearson 相关性	.152**	.171**	.276**	.223**	.263**	.215**	.238**
	显著性（双侧）	.000	.000	.000	.000	.000	.000	.000

**. 在 0.01 水平（双侧）上显著相关　　*. 在 0.05 水平（双侧）上显著相关

（2）影响作用线性回归分析

以“研发创新水平 TT”作为因变量，以 5 个认证认可二级指标作为自变量进行线性回归分析，分析结果如表 7-23。可以看出，“E_1管理体系认证”对“研发创新水平 TT”影响最大，所有年度都在 0.01 水平以上的显著回归关系，回归系数普遍大于 0.2，说明管理体系认证对研发创新有较强的促进效用。其次是“B_1企业标准认知”，有 6 个年度回归关系在 0.01 水平以上的显著回归关系，回归系数最高达 0.240，说明其对“研发创新水平 TT”影响较大，但该指标在 2017 年呈负面影响，增加了其效用的不确定性。“E_2产品认证”有 2 年在 0.01 水平以上显著的回归关系，说明其有一定的促进效用，但不确定性很大。其他两个认证认可二级指标的影响作用显著性较差，对研发创新的促进效用可视为不明显或非常弱。

表 7-23　认证认可与"研发创新水平 TT"线性回归分析情况

认证认可二级指标 \ 年度		2011 年	2012 年	2013 年	2014—2015 年	2016 年	2017 年	2018 年
B_1企业标准认知	标准系数	.240	.199	.156	.083	.128	-.054	.083
	Sig.	.000	.000	.000	.002	.000	.023	.065
B_2质量控制标准	标准系数	-.039	.027	-.015	.018	.013	.016	.063
	Sig.	.140	.354	.617	.516	.640	.542	.184
B_3产品检验标准	标准系数	.030	.014	.010	.017	-.004	.062	.015
	Sig.	.250	.614	.741	.520	.902	.023	.750
E_1管理体系认证	标准系数	.172	.136	.256	.285	.287	.434	.249
	Sig.	.000	.000	.000	.000	.000	.000	.000
E_2产品认证	标准系数	-.006	-.002	.102	.008	.084	-.018	-.002
	Sig.	.805	.936	.000	.751	.001	.446	.958

2. 认证认可对"研发创新水平 TT"对应三级指标影响分析

二级指标"研发创新水平 TT"对应三级指标共有三个："产品自主设计能力 TT_1""企业专利量 TT_2"和"技术创新能力 TT_3"，以下的相关性分析和回归分析，来揭示认证认可对这三个指标的影响效用。

(1) 认证认可对三级指标"产品自主设计能力 TT_1"影响作用分析

①影响作用相关性分析

在总指数层面，"认证认可水平总指数 R"与"产品自主设计能力 TT_1"普遍在 0.01 水平上显著相关，说明认证认可总体上对产品自主设计有一定的促进效用，但存在一定的不确定性。在一级指标层面上，两个认证认可一级指标都对"产品自主设计能力 TT_1"存在一定的促进效用，但都有一定的不确定性；"E 认证实施"的促进效用相对更好，与"产品自主设计能力 TT_1"有 5 年都在 0.01 水平上显著相关，而"B 认证基础"只有 4 年。在二级指标层面，"E_1管理体系认证"的效用相对最强，与"产品自主设计能力 TT_1"有 6 年在 0.01 水平上显著相关，相关系数最高达到 0.203，说明其促进效用较好；"B_1企业标准认知"也存在一定的促进效用，有 5 年在 0.01 水平上显著相关，但 2017 年存在微弱的显著负相关；其他 3 个认证认可二级指标的促进作用显著性较差，不确定性也较大。

表 7-24　认证认可与三级指标“产品自主设计能力 TT_1”相关性分析情况

认证认可各级指标 \ 年度		2011 年	2012 年	2013 年	2014—2015 年	2016 年	2017 年	2018 年
B_1 企业标准认知	Pearson 相关性	.028	.062**	.120**	.107**	.121**	-.077**	.076
	显著性（双侧）	.181	.006	.000	.000	.000	.001	.102
B_2 质量控制标准	Pearson 相关性	-.02	.043	.071**	.109**	.041	.026	.069
	显著性（双侧）	.34	.058	.002	.000	.072	.247	.14
B_3 产品检验标准	Pearson 相关性	.043*	.037	.069**	.071**	.021	-.016	-.053
	显著性（双侧）	.039	.103	.003	.002	.366	.493	.256
E_1 管理体系认证	Pearson 相关性	.118**	.090**	.037	.203**	.194**	.169**	.166**
	显著性（双侧）	.000	.000	.134	.000	.000	.000	.000
E_2 产品认证	Pearson 相关性	.001	.007	.116**	.009	.049	-.076**	.098*
	显著性（双侧）	.975	.776	.000	.711	.051	.002	.043
B 认证基础	Pearson 相关性	.02	.060**	.116**	.135**	.076**	-.021	.041
	显著性（双侧）	.338	.007	.000	.000	.001	.352	.377
E 认证实施	Pearson 相关性	.070**	.041	.105**	.122**	.125**	.016	.146**
	显著性（双侧）	.002	.097	.000	.000	.000	.534	.003
认证认可水平总指数 R	Pearson 相关性	.069**	.060*	.131**	.133**	.139**	.001	.128**
	显著性（双侧）	.002	.016	.000	.000	.000	.977	.009

**. 在 0.01 水平（双侧）上显著相关　　*. 在 0.05 水平（双侧）上显著相关

②影响作用线性回归分析

以“产品自主设计能力 TT_1”为因变量，以 5 个认证认可的二级指标为自变量，进行线性回归分析，分析结果如表 7-25 所示。可以看出，5 项认证认可二级指标中，“E_1 管理体系认证”的促进效用最高，有 5 年与“产品自主设计能力 TT_1”存在 0.01 水平上的回归关系，回归系数最大达 0.216，说明存在较好的促进效用。其次是“B_1 企业标准认知”，但只有 3 个年度回归关系在 0.01 水平以上的显著，回归系数普遍不高，并且在 2017 年呈微弱负面影响，说明其影响较弱且不确定性高。其他认证认可二级指标的影响作用普遍不强，且不确定性很大。综合而言，认证认可对“产品自主设计能力 TT_1”的促进效用主要体现在“E_1 管理体系认证”指标上。

表 7-25 认证认可与"产品自主设计能力 TT_1"线性回归分析情况

认证认可二级指标 \ 年度		2011 年	2012 年	2013 年	2014—2015 年	2016 年	2017 年	2018 年
B_1企业标准认知	标准系数	0.04	0.027	0.145	0.062	0.15	-0.094	0.057
	Sig.	0.072	0.283	0.000	0.021	0.000	0.000	0.26
B_2质量控制标准	标准系数	-0.085	0.031	-0.005	0.039	0	0.039	-0.008
	Sig.	0.002	0.284	0.861	0.153	0.987	0.184	0.883
B_3产品检验标准	标准系数	0.089	0.027	0.012	-0.023	-0.018	-0.002	-0.073
	Sig.	0.001	0.336	0.7	0.394	0.536	0.95	0.165
E_1管理体系认证	标准系数	0.145	0.057	-0.032	0.216	0.069	0.169	0.135
	Sig.	0.000	0.025	0.232	0.000	0.01	0.000	0.009
E_2产品认证	标准系数	-0.025	-0.017	0.108	-0.035	0.066	-0.093	0.051
	Sig.	0.282	0.502	0.000	0.194	0.015	0.000	0.317

（2）认证认可对三级指标"企业专利量 TT_2"影响作用分析

①影响作用相关性分析

在总指数层面，"认证认可水平总指数 R"与"企业专利量 TT_2"各年都在 0.01 水平上显著相关，2017 年相关系数最高 0.229，说明认证认可在总体层面对提升企业专利水平有较好的促进作用。在一级指标层面上，"E 认证实施"对"企业专利量 TT_2"的促进效用最强，各年都在 0.01 水平上显著相关，说明认证实施能够很好地提高企业的专利水平；"B 认证基础"也存在一定的促进效用，但也存在一定的不确定性。在二级指标层面上，"E_1管理体系认证"的促进效用最强，与"企业专利量 TT_2"各年都在 0.01 水平上显著相关，相关系数也显示较强的影响作用；"E_2产品认证"和"B_3产品检验标准"均有 6 年在 0.05 水平上显著的相关，也显示出一定促进效用；"B_1企业标准认知"和"B_2质量控制标准"也表现出一定的促进效用，但效用强度不高且有较大的不确定性。

表 7-26 认证认可与三级指标"企业专利量 TT_2"相关性分析情况

认证认可各级指标 \ 年度		2011 年	2012 年	2013 年	2014—2015 年	2016 年	2017 年	2018 年
B_1企业标准认知	Pearson 相关性	.050*	.067**	.111**	0.02	.094**	0.012	0.026
	显著性（双侧）	0.017	0.003	0.000	0.388	0.000	0.589	0.547

续表

认证认可各级指标 \ 年度		2011 年	2012 年	2013 年	2014—2015 年	2016 年	2017 年	2018 年
B_2质量控制标准	Pearson 相关性	.070**	.085**	.064**	.116**	0.022	.088**	0.02
	显著性（双侧）	0.001	0.000	0.006	0.000	0.35	0.000	0.638
B_3产品检验标准	Pearson 相关性	.048*	.054*	.087**	.049*	−0.015	.125**	.086*
	显著性（双侧）	0.024	0.018	0.000	0.033	0.521	0.000	0.043
E_1管理体系认证	Pearson 相关性	.174**	.209**	.194**	.107**	.152**	.155**	.238**
	显著性（双侧）	0.000	0.000	0.000	0.000	0.000	0.000	0.000
E_2产品认证	Pearson 相关性	.046*	.055*	.115**	.107**	.142**	.130**	0.05
	显著性（双侧）	0.041	0.027	0.000	0.000	0.000	0.000	0.259
B 认证基础	Pearson 相关性	.088**	.099**	.115**	.094**	0.037	.108**	0.074
	显著性（双侧）	0.000	0.000	0.000	0.000	0.105	0.000	0.08
E 认证实施	Pearson 相关性	.137**	.142**	.176**	.139**	.129**	.213**	.209**
	显著性（双侧）	0.000	0.000	0.000	0.000	0.000	0.000	0.000
认证认可水平总指数 R	Pearson 相关性	.147**	.153**	.183**	.140**	.094**	.229**	.217**
	显著性（双侧）	0.000	0.000	0.000	0.000	0.000	0.000	0.000

**. 在 0.01 水平（双侧）上显著相关　*. 在 0.05 水平（双侧）上显著相关

②影响作用线性回归分析

以“企业专利量 TT_2”为因变量，以 5 个认证认可的二级指标为自变量，进行线性回归分析，分析结果如表 7-27 所示。可以看出，“E_1管理体系认证”对“企业专利量 TT_2”的促进效用最强，存在 6 年 0.01 水平上显著的回归关系，回归系数最大为 0.233，说明其促进效用较好。“E_2产品认证”的影响作用仅次于“E_1管理体系认证”，其促进效用强度不高且存在较大的不确定性。“B 认证基础”对应二级指标的促进效用都存在很大的不确定性，且显著前提下的回归系数普遍不高，说明认证基础对“企业专利量 TT_2”的影响作用较弱。

表 7-27　认证认可与“企业专利量 TT_2”线性回归分析情况

认证认可二级指标 \ 年度		2011 年	2012 年	2013 年	2014—2015 年	2016 年	2017 年	2018 年
B_1企业标准认知	标准系数	0.049	0.033	0.102	−0.072	0.02	0.002	0.008
	Sig.	0.03	0.195	0.000	0.009	0.482	0.942	0.861
B_2质量控制标准	标准系数	0.02	0.047	−0.034	0.087	0.012	0.022	−0.006
	Sig.	0.463	0.108	0.265	0.002	0.692	0.441	0.902

续表

认证认可二级指标 \ 年度		2011年	2012年	2013年	2014—2015年	2016年	2017年	2018年
B_3产品检验标准	标准系数	0.027	-0.001	0.025	0.006	-0.101	0.103	0.091
	Sig.	0.308	0.972	0.412	0.838	0.001	0.000	0.055
E_1管理体系认证	标准系数	0.172	0.176	0.156	0.116	-0.026	0.154	0.233
	Sig.	0.000	0.000	0.000	0.000	0.327	0.000	0.000
E_2产品认证	标准系数	0.006	0.018	0.082	0.062	0.179	0.123	0.018
	Sig.	0.811	0.474	0.002	0.023	0.000	0.000	0.703

(3) 认证认可对三级指标“技术创新能力 TT_3”影响作用分析

①影响作用相关性分析

在总指数层面，“认证认可水平总指数R”与“技术创新能力 TT_3”各年都在0.01水平上显著相关，相关系数最大为0.292，且有小幅波动增长趋势，说明认证认可在总体上对技术创新有较好的促进作用。在一级指标层面，两个认证认可二级指标都表现出较好的促进效用，均与“技术创新能力 TT_3”有6年都在0.01水平上显著相关，但从相关系数来看，“E认证实施”的效用更强。在二级指标层面，“E_1管理体系认证”对技术创新促进效用最大，各年均在0.01水平上显著相关，相关系数最大为0.542，说明其影响作用非常大；“B_1企业标准认知”也表现出较好的促进效用，与“技术创新能力 TT_3”有5年在0.01水平上显著相关，相关系数最大为0.474，呈现出较强的影响作用，但有一定的减弱趋势；其他认证认可二级指标也存在一定的促进效用，但相关系数普遍偏弱，显著性普遍不高。综合来看，认证认可对技术创新有着重要的促进效用，主要体现在管理体系认证上。

表7-28 认证认可与三级指标“技术创新能力 TT_3”相关性分析情况

认证认可各级指标 \ 年度		2011年	2012年	2013年	2014—2015年	2016年	2017年	2018年
B_1企业标准认知	Pearson 相关性	.367**	.474**	.190**	.164**	.058*	0.011	.209**
	显著性（双侧）	.000	.000	.000	.000	0.015	0.642	.000
B_2质量控制标准	Pearson 相关性	.042*	.079**	.079**	.084**	.069**	0.038	.093*
	显著性（双侧）	0.043	.000	0.001	0.001	0.004	0.113	0.029
B_3产品检验标准	Pearson 相关性	0.033	.257**	.067**	.103**	.113**	0.044	0.063
	显著性（双侧）	0.105	.000	0.007	.000	.000	0.065	0.14

续表

认证认可各级指标＼年度		2011 年	2012 年	2013 年	2014—2015 年	2016 年	2017 年	2018 年
E_1管理体系认证	Pearson 相关性	.097**	.183**	.434**	.281**	.542**	.485**	.219**
	显著性（双侧）	.000	.000	.000	.000	.000	.000	.000
E_2产品认证	Pearson 相关性	.056*	0.034	.066*	.058*	0.006	0	−0.023
	显著性（双侧）	0.011	0.166	0.011	0.026	0.818	0.997	0.605
B 认证基础	Pearson 相关性	.135**	.199**	.147**	.160**	.112**	0.045	.120**
	显著性（双侧）	.000	.000	.000	.000	.000	0.062	0.005
E 认证实施	Pearson 相关性	.068**	.091**	.290**	.177**	.225**	.262**	.101*
	显著性（双侧）	0.002	.000	.000	.000	.000	.000	0.021
认证认可水平总指数 R	Pearson 相关性	.105**	.149**	.292**	.188**	.239**	.242**	.124**
	显著性（双侧）	.000	.000	.000	.000	.000	.000	0.005

**. 在 0.01 水平（双侧）上显著相关　　*. 在 0.05 水平（双侧）上显著相关

②影响作用线性回归分析

以“技术创新能力 TT_3”为因变量，以 5 个认证认可的二级指标为自变量，进行线性回归分析，分析结果如表 7-29 所示。可以看出，“E_1管理体系认证”对技术创新促进效用最大，存在 6 年 0.01 水平上显著的回归关系，回归系数最大为 0.489，且有一定的增强势头，说明其促进效用较好。“B_1企业标准认知”也表现出较好的促进效用，与“技术创新能力 TT_3”有 6 年在 0.05 水平上显著回归关系，相关系数最大为 0.366，说明有较强的影响作用，但存在一定的减弱趋势。其他认证认可二级指标的回归系数普遍较小、显著性普遍较弱，其影响作用均较弱。

表 7-29　认证认可与“技术创新能力 TT_3”线性回归分析情况

认证认可二级指标＼年度		2011 年	2012 年	2013 年	2014—2015 年	2016 年	2017 年	2018 年
B_1企业标准认知	标准系数	0.366	0.291	0.056	0.103	0.058	−0.002	0.138
	Sig.	0.000	0.000	0.024	0.000	0.019	0.915	0.002
B_2质量控制标准	标准系数	−0.001	−0.002	0.028	−0.046	−0.013	−0.015	0.074
	Sig.	0.968	0.939	0.309	0.09	0.607	0.557	0.11
B_3产品检验标准	标准系数	−0.064	0.01	−0.015	0.065	0.074	0.049	−0.051
	Sig.	0.011	0.72	0.577	0.015	0.005	0.064	0.274
E_1管理体系认证	标准系数	0.034	0.085	0.455	0.241	0.438	0.489	0.17
	Sig.	0.108	0.000	0.000	0.000	0.000	0.000	0.000

续表

认证认可二级指标 \ 年度		2011年	2012年	2013年	2014—2015年	2016年	2017年	2018年
E_2产品认证	标准系数	0.018	-0.011	0.03	0.008	-0.027	-0.008	-0.072
	Sig.	0.407	0.663	0.212	0.755	0.259	0.744	0.108

（二）宏观行业层面促进效用分析

1. 认证认可与二级指标“研发创新水平TT”灰色关联分析

认证认可与“研发创新水平TT”指标的宏观灰色关联分析结果如表7-30所示，可以看出，认证认可对“研发创新水平TT”的宏观促进效用不高。在总指数层面，“认证认可水平总指数R”与“研发创新水平TT”关联度均值为0.7350，处于比较密切水平，只有1年关联度达到非常密切水平，说明在宏观行业层面认证认可对研发创新水平影响作用不强。在一级指标层面，一级指标“B认证基础”与研发创新水平指标关联度偏低，关联度均值为0.7219，最高达到0.7963；“E认证实施”与研发创新水平指标关联度一般，关联度均值为0.7395；综合而言，两个认证认可一级指标对研发创新的促进效用均偏弱。在二级指标层面，5个认证认可二级指标对“研发创新水平TT”的宏观影响效用均较弱，各年关联度和关联度均值都普遍处于一般密切水平，说明它们的宏观促进效用比较弱。

表7-30　认证认可与“研发创新水平TT”指标的宏观灰色关联分析结果

认证认可指标 \ 年度	2011年	2012年	2013年	2014—2015年	2016年	2017年	2018年	各年均值
B_1企业标准认知	0.6363	0.7631	0.5436	0.6332	0.6659	0.6750	0.6618	0.6541
B_2质量控制标准	0.6721	0.7367	0.6514	0.7661	0.6739	0.7333	0.7524	0.7123
B_3产品检验标准	0.6700	0.7423	0.6222	0.6536	0.6674	0.7240	0.6765	0.6794
E_1管理体系认证	0.7073	0.6978	0.6144	0.6407	0.6882	0.7662	0.6908	0.6865
E_2产品认证	0.7332	0.7081	0.7200	0.6854	0.7034	0.6314	0.6670	0.6926
B认证基础	0.7125	0.7963	0.6031	0.7486	0.7413	0.7386	0.7130	0.7219
E认证实施	0.7816	0.7542	0.7425	0.7537	0.7367	0.6920	0.7159	0.7395
认证认可水平总指数R	**0.8061**	0.7565	0.6802	0.7447	0.7382	0.7057	0.7139	0.7350

2. 认证认可与“研发创新水平TT”对应三级指标灰色关联分析

（1）认证认可与三级指标“产品自主设计能力TT_1”灰色关联分析

认证认可与“产品自主设计能力TT_1”指标灰色关联分析结果如表7-31所

示，可以看出认证认可对“产品自主设计能力 TT_1”宏观促进效用偏弱。在总指数层面，“认证认可水平总指数 R”与“产品自主设计能力 TT_1”各年关联度在［0.5619，0.7076］区间变动，关联度均值仅为 0.6204，说明在认证认可总体上对产品自主设计能力宏观促进作用较弱。在一级指标层面，两个认证认可二级指标对“产品自主设计能力 TT_1”的影响均一般，“E 认证实施”关联度均值为 0.7485，“B 认证基础”关联度均值为 0.7274，“E 认证实施”的促进效用稍好。在二级指标层面，“E_2 产品认证”的宏观影响最强，关联度均值为 0.7775，比较接近非常密切水平，并有 4 年关联度水平达到非常密切水平，说明其对产品自主设计能力的宏观影响较好，与微观分析结果相反。其他认证认可二级指标对“产品自主设计能力 TT_1”的宏观影响均一般或偏弱。

表 7-31　认证认可与“产品自主设计能力 TT_1”指标灰色关联分析结果

认证认可指标＼年度	2011 年	2012 年	2013 年	2014—2015 年	2016 年	2017 年	2018 年	各年均值
B_1 企业标准认知	0.7689	0.7782	0.8071	0.7329	0.5742	0.6377	0.7802	0.7256
B_2 质量控制标准	0.8531	0.7420	0.8482	0.6207	0.5943	0.6574	0.8087	0.7321
B_3 产品检验标准	0.6884	0.6362	0.8627	0.7948	0.6877	0.7384	0.7338	0.7346
E_1 管理体系认证	0.6827	0.7858	0.6346	0.6275	0.6552	0.7092	0.7352	0.6900
E_2 产品认证	0.8309	0.8017	0.8699	0.7401	0.6521	0.7113	0.8366	0.7775
B 认证基础	0.7016	0.6925	0.7094	0.7338	0.7170	0.7653	0.7495	0.7242
E 认证实施	0.7625	0.7457	0.7632	0.7489	0.6775	0.7328	0.8089	0.7485
认证认可水平总指数 R	0.5873	0.6351	0.6359	0.6465	0.5619	0.5688	0.7076	0.6204

（2）认证认可与三级指标“企业专利量 TT_2”灰色关联分析

认证认可与“企业专利量 TT_2”指标灰色关联分析结果如表 7-32 所示，可以看出认证认可对“企业专利量 TT_2”宏观促进效用不足。在总指数层面，“认证认可水平总指数 R”与“企业专利量 TT_2”的关联度均值为 0.6250，属于一般密切水平，说明认证认可在总体层面对专利量的宏观影响较弱。在一级指标层面，两个认证认可二级指标的宏观影响均偏弱，“E 认证实施”的效用稍好，关联度均值为 0.7252，密切程度一般，促进效用不足。在二级指标层面，除“E_2 产品认证”的宏观影响稍好外，其他认证认可二级指标均呈现较弱的宏观促进效用。

表 7-32　认证认可与“企业专利量 TT_2”指标灰色关联分析结果

认证认可指标＼年度	2011 年	2012 年	2013 年	2014—2015 年	2016 年	2017 年	2018 年	各年均值
B_1企业标准认知	0.6875	0.7782	0.7945	0.6963	0.5742	0.6029	0.7802	0.7020
B_2质量控制标准	0.7914	0.7420	0.8377	0.5756	0.5943	0.6230	0.8087	0.7104
B_3产品检验标准	0.5966	0.6362	0.8538	0.7611	0.6877	0.7109	0.7338	0.7114
E_1管理体系认证	0.5904	0.7858	0.6157	0.5831	0.6552	0.6798	0.7352	0.6636
E_2产品认证	0.7611	0.8017	0.8604	0.7024	0.6521	0.6792	0.8366	0.7562
B 认证基础	0.6137	0.6925	0.6921	0.6961	0.7170	0.7392	0.7495	0.7000
E 认证实施	0.6817	0.7457	0.7479	0.7117	0.6775	0.7028	0.8089	0.7252
认证认可水平总指数 R	0.5592	0.7206	0.5565	0.6330	0.6501	0.5806	0.6748	0.6250

（3）认证认可与三级指标“技术创新能力 TT_3”灰色关联分析

认证认可与“技术创新能力 TT_3”指标灰色关联分析结果如表 7-33 所示，可以看出，认证认可对“技术创新能力 TT_3”宏观促进效用不强。首先，在总指数层面，“认证认可水平总指数 R”与“技术创新能力 TT_3”的关联度均值为 0.7386，属于比较密切水平，其宏观影响作用不高。在一级指标层面，两个认证认可二级指标的宏观影响同样都偏弱，其中“E 认证实施”的效用稍好，关联度均值为 0.7294，处于比较密切水平，宏观效用不足。在二级指标层面，“E_2产品认证”的宏观影响稍好，关联度均值为 0.7607，处于比较密切水平；其他认证认可二级指标对“技术创新能力 TT_3”均呈现较弱的宏观促进效用。

表 7-33　认证认可与“技术创新能力 TT_3”指标灰色关联分析结果

认证认可指标＼年度	2011 年	2012 年	2013 年	2014—2015 年	2016 年	2017 年	2018 年	各年均值
B_1企业标准认知	0.6875	0.7782	0.7945	0.6963	0.6370	0.5742	0.7802	0.7068
B_2质量控制标准	0.7914	0.742	0.8377	0.5756	0.6568	0.5943	0.8087	0.7152
B_3产品检验标准	0.5966	0.6362	0.8538	0.7611	0.7378	0.6877	0.7338	0.7153
E_1管理体系认证	0.5904	0.7858	0.6157	0.5831	0.7086	0.6552	0.7352	0.6677
E_2产品认证	0.7611	0.8017	0.8604	0.7024	0.7107	0.6521	0.8366	0.7607
B 认证基础	0.6137	0.6925	0.6921	0.6961	0.7648	0.7170	0.7495	0.7037
E 认证实施	0.6817	0.7457	0.7479	0.7117	0.7322	0.6775	0.8089	0.7294
认证认可水平总指数 R	0.8053	0.7903	0.6130	0.7202	0.7712	0.7629	0.7076	0.7386

第八章　认证认可对产业高质量发展促进效用分析总结

前面从行业结构、质量水平、技术创新等 3 个方面，实证分析了认证认可对粤港澳大湾区出口产业高质量发展的宏微观促进效用。为整体性评析认证认可对高质量发展的促进作用，本章进一步对前面分析结果进行概括性总结，并融合认证认可对出口产业发展总指数的影响作用，按自上而下的方式组织，形成对认证认可对产业高质量发展促进效应的综合性归结。

一、认证认可对产业高质量发展水平整体促进效用分析

粤港澳大湾区出口产业高质量发展整体水平是“高质量发展水平总指数 SQT”的评价得分来反映，认证认可对产业高质量发展水平的整体促进效用，主要通过认证认可各级指标与“高质量发展水平总指数 SQT”的相关性分析、回归分析、灰色关联分析来展开。

（一）微观企业层面促进效用分析

微观企业层面的促进作用分析，采用相关性分析方法和回归分析法，应用 SPSS 软件具，分析认证认可各级指标对“高质量发展水平总指数 SQT”的影响作用及其作用强度，进而评判认证认可的促进效用。

1. 促进效用相关性分析

相关性分析结果发现，认证认可各级指标都对出口产业质量发展总指数存在较强的正相关性，即存在较强程度正向促进效用，具体如表 8-1 所示。

在总指数层面上，认证认可总指数与“高质量发展水平总指数 SQT”每年都在 0.01 水平上显著相关，各年的相关系数都在 0.2 以上，2018 年相关系数最高，达到 0.455，说明认证认可在总体上对大湾区出口产业高质量发展存在很强的正向促进效用。在一级指标层面上，两个一级指标与“高质量发展水平总指数 SQT”各年都存在 0.01 水平上显著相关；一级指标“B 认证基础”的相关系数在［0.227，0.385］之间，“E 认证实施”的相关系数均在［0.211，0.363］之间，二者对产业高质量发展都存在较强的正向促进效用。在二级指标

层面，5 个认证认可二级指标都在不同程度上与“高质量发展水平总指数 SQT”相关，其中“E_1质量管理体系认证”的相关性最强，所有年度均在 0.01 水平上显著相关，相关系数普遍较高，2017 年度最高为 0.589，说明其对出口产业高质量发展都有着非常大的促进作用；“B_1企业标准认知”的促进效用排在第二，“B_2质量控制标准”排在第三，二者各年都与“高质量发展水平总指数 SQT”在 0.01 水平上显著相关，且相关系数普遍较高。其余两个指标也存在一定的促进效用，但影响强度普遍偏弱，“B_3产品检验标准”在 2014—2015 年度对出口产业发展存在显著的负向促进效用，增强了该项指标促进效用的不确定性。

表 8-1　认证认可与出口产业“高质量发展水平总指数 SQT”相关性分析情况

认证认可指标 \ 年度		2011 年	2012 年	2013 年	2014—2015 年	2016 年	2017 年	2018 年
B_1企业标准认知	Pearson 相关性	.396**	.401**	.417**	.295**	.316**	.145**	.290**
	显著性（双侧）	.000	.000	.000	.000	.000	.000	.000
B_2质量控制标准	Pearson 相关性	.153**	.210**	.153**	.252**	.185**	.198**	.301**
	显著性（双侧）	.000	.000	.000	.000	.000	.000	.000
B_3产品检验标准	Pearson 相关性	.123**	.159**	.145**	-.066*	.202**	.137**	.212**
	显著性（双侧）	.000	.000	.000	.024	.000	.000	.000
E_1质量管理体系认证	Pearson 相关性	.202**	.339**	.404**	.543**	.462**	.589**	.390**
	显著性（双侧）	.000	.000	.000	.000	.000	.000	.000
E_2产品认证	Pearson 相关性	.132**	.067*	.110**	0.06	.150**	0.016	.156**
	显著性（双侧）	.000	.025	.000	.054	.000	.593	.009
B 认证基础	Pearson 相关性	.267**	.341**	.314**	.243**	.307**	.227**	.385**
	显著性（双侧）	.000	.000	.000	.000	.000	.000	.000
E 认证实施	Pearson 相关性	.211**	.214**	.288**	.332**	.363**	.335**	.360**
	显著性（双侧）	.000	.000	.000	.000	.000	.000	.000
认证认可水平总指数 R	Pearson 相关性	.270**	.306**	.363**	.360**	.424**	.371**	.455**
	显著性（双侧）	.000	.000	.000	.000	.000	.000	.000

**. 在 0.01 水平（双侧）上显著相关　*. 在 0.05 水平（双侧）上显著相关

2. 促进效用的线性回归分析

以“高质量发展水平总指数 SQT”为因变量，以 5 个认证认可二级指标为自变量，进行线性回归分析，分析结果如表 8-2 所示。从表 8-2 可以看出，首先在各项认证认可二级指标中，“E_1管理体系认证”对“高质量发展水平总指数 SQT”的影响最强，各年 Sig 多小于 0.01，标准回归系数在［0.148，0.578］区间，普遍高于其他指标的回归系数，且有一定的波动增长趋势。其次，“B_1 企业标准认知”的影响作用仅次于“E_1 管理体系认证”，各年影响效用都处于极其显著水平（Sig 均小于 0.01），标准回归系数落在［0.087，0.356］区间，2011 年、2013 年达到最高。结合 5 个认证认可二级指标对“高质量发展水平总指数 SQT”的相关性分析来看，在微观层面认证认可对出口产业高质量发展存在较强的促进效用，从细节来看，“E_1 管理体系认证”的促进作用最强，“B_1 企业标准认知”次之，“B_2 质量控制标准”也有一定促进效用，而“B_3 产品检验标准”“E_2 产品认证”对“高质量发展水平总指数 SQT”的促进效用偏弱，且存在一定的不确定性。

表 8-2　认证认可与出口产业“高质量发展水平总指数 SQT”线性回归分析情况

认证认可二级指标 \ 年度		2011 年	2012 年	2013 年	2014—2015 年	2016 年	2017 年	2018 年
B_1 企业标准认知	标准系数	.356	.350	.356	.175	.198	.087	.211
	Sig.	.000	.000	.000	.000	.000	.000	.000
B_2 质量控制标准	标准系数	.031	.068	-.001	.139	.105	.112	.147
	Sig.	.259	.027	.970	.000	.000	.000	.009
B_3 产品检验标准	标准系数	.032	.057	.006	-.106	.031	.011	.117
	Sig.	.234	.058	.825	.000	.000	.668	.031
E_1 管理体系认证	标准系数	.148	.244	.295	.469	.398	.578	.286
	Sig.	.000	.000	.000	.000	.310	.000	.000
E_2 产品认证	标准系数	.043	-.044	.080	-.014	.114	-.003	.084
	Sig.	.074	.113	.002	.600	.000	.889	.112

（二）宏观行业层面促进效用灰色关联分析

认证认可对出口产业高质量发展水平的宏观效用分析，是以行业为样本对象，本项研究共有 12 个样本行业数据，属于小样本条件下的分析，为此本书采用对样本数量要求较少的邓氏灰色关联分析模型来分析宏观促进效用，结果如表 8-3。

在总指数层面，“认证认可水平总指数 R”与“高质量发展水平总指数 SQT”关联度较高，各年关联度在［0.7348，0.8329］区间变动，平均关联度为 0.7820，接近非常密切关联水平。在一级指标层面，“B 认证基础”对高质量发展呈现较强的促进效用，与“高质量发展水平总指数 SQT”关联度均值为

0.8004，处于非常密切关联水平；而“E 认证实施”的影响作用较弱，为中等偏低密切性水平。在二级指标层面，5 个认证认可二级指标与“高质量发展水平总指数 SQT”的关联度普遍偏低，其中“E_2产品认证”最低，关联度均值为 0.6792，处于一般密切性水平，说明其影响效用较弱；而“B 认证基础”对应的三个二级指标，与“高质量发展水平总指数 SQT”的关联度处于比较密切性水平，对产业高质量发展的促进效用一般，但 3 个指标加权和得到的“B 认证基础”却表现出更好的影响效用，呈现一定的“1+1>2”效用。综合而言，认证认可对产业高质量发展水平存在一定的宏观促进效用，主要集中体现在一级指标“B 认证基础”的促进效用上。

表 8-3　认证认可与出口产业“高质量发展水平总指数 SQT”灰色关联分析

认证认可指标 \ 年度	2011 年	2012 年	2013 年	2014—2015 年	2016 年	2017 年	2018 年	各年均值
B_1企业标准认知	0.7413	0.7504	0.7573	0.7263	0.6811	0.7711	0.7761	0.7434
B_2质量控制标准	0.6755	0.8061	0.8263	0.6917	0.6492	0.8042	0.7187	0.7388
B_3产品检验标准	0.7197	0.8503	0.8695	0.5733	0.6860	0.8157	0.7449	0.7513
E_1管理体系认证	0.6367	0.6298	0.7195	0.8021	0.7260	0.8552	0.7086	0.7254
E_2产品认证	0.6280	0.7427	0.6798	0.6170	0.6993	0.6645	0.7234	0.6792
B 认证基础	0.7658	0.8252	0.8524	0.7192	0.7691	0.8435	0.8274	0.8004
E 认证实施	0.6435	0.6970	0.7740	0.7242	0.7655	0.7236	0.8281	0.7366
认证认可水平总指数 R	0.7546	0.7616	0.8234	0.7348	0.7594	0.8073	0.8329	0.7820

二、认证认可对出口行业结构优化促进效用总结

（一）微观层面促进效用总结

1. 相关性分析总结

为更好地总结说明微观层面认证认可的质量促进作用，本书引入显著性概率和平均相关系数两个统计变量对 2011—2018 年的相关性分析结果进行汇总分析。显著性概率是指 8 个年度相关性分析中，在 0.05 水平以上显著性相关的年度比例，表示呈现显著性的可能性或概率；平均相关系数是指所有在 0.05 水平

以上显著性相关年度的相关系数的均值，用来表示 8 个年度整体显著相关程度大小。按照以上思路，对 2011—2018 年的相关性分析结果进行汇总，得出认证认可各级指标对行业结构水平各级指标的平均相关系数和显著性概率情况如表 8-4，下面根据表 8-4 自上而下分析认证认可的质量促进作用。

（1）认证认可总指数的促进效用总结分析

从表 8-4 可以看出，认证认可水平总指数对行业结构水平有着非常重要的正向促进作用。首先，认证认可总指数与“2T 行业结构水平”总指数的显著性概率为 100%，平均相关系数达到 0.3137，揭示认证认可对粤港澳大湾区出口商品行业结构水平的正向影响非常大。在行业结构水平二级指标层面，认证认可总指数与“SO 配套实力”“SM 市场结构”的相关显著性概率达到 100%，而“SS 规模结构”的相关显著性为 85.71%，说明认证认可对规模结构、配套实力、市场结构方面都存在重要的促进作用，但对规模结构的促进作用要更加明显。更为细节的行业结构水平三级指标层面，绝大多数三级指标都与认证认可水平总指数的显著性概率达到 100%，显示出较明显的促进效用，只有“SS_1大型企业比重”与“认证认可水平总指数 R”的显著性概率偏低 57.14%。综合而言，认证认可在总体上能够很好地促进粤港澳大湾区出口产业的结构水平提升，尤其是在配套结合和市场结构的优化升级方面，认证认可的市场信任传递功能能够得到充分彰显，而在规模结构方面认证认可的促进效用略有不足。

（2）认证认可一级指标的促进效用总结分析

在行业结构水平总指数层面，两个认证认可一级指标对其的影响作用非常显著，显著性概率都达到 100%，但从平均相关系数来看，“E 认证实施”促进效用更好。在行业结构二级指标层面，两个认证认可一级指标的促进效用也表现出一定的差异性，“E 认证实施”的促进效用要稍好于“B 认证基础”；在对“SM 市场结构”的影响效用方面，两个认证认可一级指标的显著性概率均为 100%，平均相关系数均大于 0.1，“E 认证实施”略高；在对“SS 规模结构”和“SO 配套实力”促进效用方面，两个认证认可一级指标均潜在一定的不确定性，“E 认证实施”的平均相关系数要更高。在更为细节的行业结构三级指标层面，在对“SS 规模结构”的三级指标影响方面，“B 认证基础”的显著性稍好，“E 认证实施”的平均相关系数更高，但两个认证认可一级指标对“SS_1大型企业比重”的影响均存在较大不确定性；在对“SO 配套实力”的三级指标影响方面，与“SS 规模结构”基本相似，对“SO_1关键原材料配套能力”促进效用有一定的不确定性；在对“SM 市场结构”的三级指标影响方面，“E 认证实施”促进效用明显更好，“B 认证基础”对“SM_1市场占有率”的影响不确定性非常大。综合而言，两个认证认可一级指标均有较好的促进效用，“E 认证实施”更好。

（3）认证认可二级指标的促进效用总结分析

从表 8-4 可以看出，5 个认证认可二级指标中，“E 认证实施”对应二级指标对粤港澳大湾区出口产业结构水平的促进作用相对更好，其中“E_1管理体系认证”相对最强，与“S 行业结构水平”总指数的显著性概率达到 100%，平均相关系数达到 0.3537，说明存在非常强促进效用；与二级指标“SS 规模结构”“SM 市场结构”“SO 配套实力”的显著性概率普遍非常高，但在行业结构三级指标层面上，显著性概率普遍不高，尤其是对“SS_1大型企业比重”的影响不确定性大。“E_2产品认证”也表现出较好的促进效用，与“S 行业结构水平”相关性的显著性概率达到 100%，其影响效用主要集中在“SM 市场结构”上，尤其是对“SM_2发达市场比例”和“SM_3自主品牌比例”的影响方面，显著性概率均达到 100%。“B_2质量控制标准”与“S 行业结构水平”相关性的显著性概率也达到 100%，其影响效用主要体现在对“SS_2 企业规模水平”和“SO_2主要零部件配套能力”方面，显著性概率均为 100%。其他认证认可二级指标也对产业结构各级指标存在一定的促进效用，但显著性普遍存在更大的不确定性。

综合而言，在细节层面各认证认可二级指标均表现出一定的产业结构促进效用，其中“E_1管理体系认证”表现出非常强的促进效用，“E_2产品认证”和“B_2质量控制标准”也有较好的促进效用。充分说明，认证认可作为一种国际通行的市场治理工具，能够很好地促进产业要素结构的优化演进，提升产业的规模结构和配套结构，能够借助市场信任传递职能提升企业市场竞争力，推动产业市场结构优化。

2. 线性回归分析总结

（1）认证认可对出口行业结构水平一级指标与二级指标的促进效用总结

认证认可对出口产业结构水平的回归分析，是以 5 个认证认可二级指标为回归变量，量化评测认证认可对出口产业结构水平的促进效用，本书以显著性概率和平均回归系数来总结这种促进效用，具体如表 8-5 所示。结果显示，5 个认证认可二级指标中“E_1管理体系认证”对出口产业结构水平的促进效用最好，与“S 行业结

表 8-4　认证认可与“出口 S 行业结构水平”微观层面相关性分析结果汇总

认证认可指标 \ 行业结构水平指标		S 行业结构水平	SS 规模结构	SO 配套实力	SM 市场结构	SS_1 大型企业比重	SS_2 企业规模水平	SO_1 关键原材料配套能力	SO_2 主要零部件配套能力	SM_1 市场占有率	SM_2 发达市场比例	SM_3 自主品牌比例
认证认可水平总指数 R	平均相关系数	0. 3137	0. 1705	0. 2741	0. 1901	0. 1093	0. 1864	0. 2513	0. 2723	0. 1193	0. 1769	0. 1769
	显著性概率	100. 00%	85. 71%	100. 00%	100. 00%	57. 14%	100. 00%	100. 00%	100. 00%	85. 71%	100. 00%	100. 00%
B 认证基础	平均相关系数	0. 1896	0. 1288	0. 1643	0. 1216	0. 0186	0. 1413	0. 1560	0. 1450	0. 1230	0. 1473	0. 1473
	显著性概率	100. 00%	71. 43%	85. 71%	100. 00%	71. 43%	100. 00%	85. 71%	100. 00%	28. 57%	85. 71%	85. 71%
E 认证实施	平均相关系数	0. 2917	0. 1595	0. 3550	0. 1699	0. 1398	0. 1630	0. 3352	0. 2593	0. 1207	0. 1539	0. 1539
	显著性概率	100. 00%	85. 71%	71. 43%	100. 00%	57. 14%	100. 00%	71. 43%	100. 00%	85. 71%	100. 00%	100. 00%
B_1 企业标准认知	平均相关系数	0. 2242	0. 1295	0. 2665	0. 1604	-0. 0367	0. 1560	0. 2610	0. 2211	0. 1476	0. 1037	0. 1037
	显著性概率	85. 71%	57. 14%	85. 71%	71. 43%	42. 86%	100. 00%	85. 71%	100. 00%	71. 43%	85. 71%	85. 71%
B_2 质量控制标准	平均相关系数	0. 1520	0. 1242	0. 0973	0. 1044	0. 0560	0. 1191	0. 1008	0. 0924	0. 0313	0. 1348	0. 1348
	显著性概率	100. 00%	71. 43%	85. 71%	71. 43%	71. 43%	100. 00%	71. 43%	100. 00%	42. 86%	71. 43%	71. 43%
B_3 产品检验标准	平均相关系数	0. 0715	0. 0575	0. 1538	0. 0545	0. 0750	0. 0350	0. 1485	0. 1490	-0. 1045	0. 1077	0. 1077
	显著性概率	85. 71%	57. 14%	57. 14%	57. 14%	42. 86%	57. 14%	57. 14%	57. 14%	28. 57%	85. 71%	85. 71%
E_1 管理体系认证	平均相关系数	0. 3537	0. 1379	0. 4935	0. 1687	0. 1070	0. 2184	0. 4592	0. 4790	0. 1401	0. 1242	0. 1242
	显著性概率	100. 00%	100. 00%	85. 71%	100. 00%	28. 57%	100. 00%	85. 71%	85. 71%	100. 00%	71. 43%	71. 43%
E_2 产品认证	平均相关系数	0. 1323	0. 1400	0. 0728	0. 1007	0. 1282	0. 0947	0. 0755	0. 0755	0. 0768	0. 1433	0. 1433
	显著性概率	100. 00%	71. 43%	71. 43%	100. 00%	85. 71%	42. 86%	57. 14%	57. 14%	57. 14%	100. 00%	100. 00%

构水平”的显著性概率达85.71%，平均回归系数为0.2928；在行业结构水平二级指标层面，“E_1管理体系认证”对配套实力与市场结构的影响也呈现较显著性，但规模结构的影响存在较大的不确定性。其他认证认可二级指标都对行业结构一二级指标存在一定的影响作用，但都存在一定程度上的不确定性，其中“B_1企业标准认知”的促进效用相对更好，尤其是在整体层面与“S行业结构水平”的显著性概率达85.71%；而“B_3产品检验标准”对行业结构各个方面都存在一定的负面影响。综合而言，回归分析显示认证认可对产业结构水平有着一定的促进效用，主要体现在“E_1管理体系认证”和“B_1企业标准认知”等指标方面。

表8-5 认证认可与出口“S行业结构水平”一级指标和二级指标回归分析结果汇总

认证认可二级指标＼技术创新指标		S行业结构水平	SS规模结构	SO配套实力	SM市场结构
B_1企业标准认知	平均回归系数	0.1925	0.1730	0.2798	0.1400
	显著性概率	85.71%	14.29%	57.14%	71.43%
B_2质量控制标准	平均回归系数	0.0953	0.0770	0.0240	0.1095
	显著性概率	57.14%	57.14%	28.57%	28.57%
B_3产品检验标准	平均回归系数	-0.1590	-0.0400	-0.0305	-0.2020
	显著性概率	14.29%	57.14%	28.57%	14.29%
E_1管理体系认证	平均回归系数	0.2928	0.1393	0.4623	0.1312
	显著性概率	85.71%	57.14%	85.71%	85.71%
E_2产品认证	平均回归系数	0.1132	0.1290	0.0647	0.1158
	显著性概率	71.43%	57.14%	42.86%	57.14%

（2）认证认可对出口行业结构水平三级指标的促进效用总结

从表8-6所示回归分析结果汇总可以看出，5个认证认可的二级指标均对行业结构三级指标有一定的影响作用，但都存在更大不确定性。“E_1管理体系认证”的促进效用最为突出，除了对“SS_1大型企业比重”和“SM_2发达市场比例”的回归关系显著性较弱外，对其他行业结构三级指标都有较好的促进效用，其中对“SO配套实力”对应的三级指标促进效用最强，平均相关系数达到0.4以上。“B_1企业标准认知”和“E_2产品认证”也有相对较明显的促进效用，但二者都对个别行业结构三级指标存在负面效用。其他认证认可二级指标对行业结构三级指标的影响存在更大的不确定性，并且存在对多个行业结构三级指标的负向效用。综合而言，认证认可对行业结构三级指标的促进效用相比行业结构一二级指标有所偏弱，尤其是在回归关系的显著性方面，不确定性有所增大，这种情况也反映出认证认可对行业结构的促进效用存在一定的“1+1>2”的效应，即三级指标的影响效用综合到二级指标层面呈现出“1+1>2”的效果。

表 8-6 认证认可与出口产业规模结构水平三级指标回归分析结果汇总

认证认可指标 \ 规模结构水平三级指标		SS_1大型企业比重	SS_2企业规模水平	SO_1关键原材料配套	SO_2主要零部件配套	SM_1市场占有率	SM_2发达市场比例	SM_3自主品牌比例
B_1企业标准认知	平均回归系数	-0.0603	0.1180	0.2690	0.2012	0.1285	0.1177	0.0927
	显著性概率	42.86%	85.71%	57.14%	71.43%	85.71%	42.86%	42.86%
B_2质量控制标准	平均回归系数	-0.0105	0.0963	0.0260	0.0160	-0.0180	0.0983	0.0307
	显著性概率	28.57%	57.14%	28.57%	28.57%	42.86%	42.86%	42.86%
B_3产品检验标准	平均回归系数	0.0143	-0.0897	-0.0245	-0.0320	-0.1525	0.0467	0.0125
	显著性概率	42.86%	42.86%	28.57%	42.86%	28.57%	42.86%	28.57%
E_1管理体系认证	平均回归系数	0.0550	0.2163	0.4382	0.5530	0.1172	0.1057	0.1138
	显著性概率	28.57%	85.71%	85.71%	71.43%	85.71%	42.86%	71.43%
E_2产品认证	平均回归系数	0.1290	0.0900	0.0375	0.0037	0.0745	0.1474	-0.0745
	显著性概率	57.14%	28.57%	57.14%	42.86%	57.14%	71.43%	28.57%

3. 认证认可对粤港澳大湾区出口行业结构水平促进效用总结

综合来看，认证认可在微观企业层面对出口产业规模结构水平存在重要的促进效用。在整体层面认证认可对出口产业规模结构水平的促进效用要强于细节，在细节的二级指标层面只有“B_1企业标准认知”和“E_1质量管理体系认证”的促进效用较强，但各项二级指标的综合影响存在“1+1>2”的效果，但认证认可对“SS_1大型企业比重”和“SM_2发达市场比例”的效用较弱，应予以关注。

（二）宏观层面促进效用灰色关联分析总结

本书以平均关联度和密切性概率两个变量为依据对灰色关联分析进行总结，其中平均关联度为所有年度关联度的平均值，密切性概率是指 2011 年至 2018 年关联性呈现非常密切的年度数量占总年度数量的比例。通过对前面灰色关联分析数据统计和汇总，得到认证认可与产业结构水平各级指标的平均关联度和密切性概率，如表 8-7 所示。从总结分析数据可以看出，在宏观层面认证认可的对粤港澳大湾区出口产业结构水平存在一定的促进效应，对比微观层面促进效用，其强度和显著性有所减弱或稀释，下面进行具体分析。

1. 认证认可总指数宏观促进效用的灰色关联分析总结

从表 8-7 可以看出，宏观层面“认证认可水平总指数 R”对出口产业结构水平的促进效用不强，与产业结构各级指标的平均关联度普遍处于比较密切水平。首先，“认证认可水平总指数 R”与“S 行业结构水平”的平均关联度为 0. 7834，接近非常密切水平，但密切性概率为 57. 14%，存在较大的不确定性。在行业结构二级、三级指标层面，认证认可对行业配套结构的宏观影响作用要相对更好，但总体促进效用不强，“认证认可水平 R”与“SO 配套实力”的密切性概率为 42. 86%，平均关联度为 0. 7560，对三级指标“SO_1关键原材料配套能力”的促进效用相对最突出；而认证认可对规模结构和市场结构的宏观影响效用更弱，二者均有三级指标出现密切性概率为 0. 00%。综合而言，认证认可在总体层面对产业结构水平促进效用的提升空间还很大，但产业结构各级指标与“认证认可水平总指数 R”之间的关联关系存在一定的“1+1>2”效应。

2. 认证认可一级指标宏观促进效用的灰色关联分析总结

两个认证认可一级指标对产业结构水平的宏观影响不强，虽然平均关联度均处于比较密切水平，但两者与行业结构各级指标的密切性概率均非常小，相对而言“B 认证基础”都促进效用更好些。就“B 认证基础”而言，其与“S 行业结构水平”的平均关联度为 0. 7556，但密切性概率仅为 14. 29%；在细节层面，“B 认证基础”对“SO_1关键原材料配套能力”的影响最大，平均关联度达到 0. 7914，但密切性概率仅为 42. 86%，说明认证基础宏观促进效用偏弱。就“E 认证实施”而言，与行业结构各级指标关联作用更弱，密切性概率普遍非常小，宏观效用明显不足。

3. 认证认可二级指标宏观促进效用的灰色关联分析总结

认证认可二级指标的宏观促进效用普遍偏弱，与“S 行业结构水平”的平均关联度都在 0. 6—0. 7 水平，密切性概率普遍为 0%或 14. 29%，“B 认证基础”对应二级指标的影响作用相对更好。“B_3产品检验标准”的促进效用最好，“B_1企业标准认知”仅次之，但二者与行业结构各级指标的平均关联度普遍偏低，密切性概率最大仅为 42. 86%或 57. 14%，说明影响作用偏弱且不确定性高。“E_1质量管理体系认证”和“E_2产品认证”的影响作用更弱，密切性概率普遍为 0. 00%，平均关联度普遍偏低，这与微观层面影响作用分析正好相反。

表 8-7　认证认可与出口产业规模结构水平宏观层面灰色关联分析结果汇总

认证认可指标 \ 规模结构水平指标		行业结构水平 S	SS 规模结构	SO 配套实力	SM 市场结构	SS_1大型企业比重	SS_2企业规模水平	SO_1关键原材料配套能力	SO_2主要零部件配套能力	SM_1市场占有率	SM_2发达市场比例	SM_3自主品牌比例
B_1企业标准认知	平均关联度	0.6924	0.6887	0.7154	0.7470	0.6429	0.7741	0.7540	0.7283	0.6665	0.7624	0.7244
	密切性概率	0.00%	28.57%	28.57%	14.29%	0.00%	42.86%	42.86%	42.86%	0.00%	0.00%	14.29%
B_2质量控制标准	平均关联度	0.7461	0.7233	0.7343	0.7231	0.6956	0.7066	0.7509	0.7463	0.6960	0.7395	0.6923
	密切性概率	14.29%	0.00%	0.00%	14.29%	0.00%	0.00%	28.57%	14.29%	0.00%	0.00%	0.00%
B_3产品检验标准	平均关联度	0.7340	0.7206	0.7658	0.7374	0.6972	0.7195	0.7840	0.7759	0.6902	0.7709	0.7087
	密切性概率	14.29%	14.29%	42.86%	42.86%	0.00%	0.00%	57.14%	57.14%	14.29%	14.29%	0.00%
E_1管理体系认证	平均关联度	0.6940	0.6957	0.7147	0.6993	0.6540	0.7113	0.7487	0.7131	0.6652	0.6866	0.6711
	密切性概率	14.29%	14.29%	14.29%	28.57%	0.00%	0.00%	42.86%	28.57%	14.29%	0.00%	0.00%
E_2产品认证	平均关联度	0.6895	0.7056	0.6589	0.6594	0.7219	0.6536	0.6821	0.6775	0.7008	0.7194	0.6667
	密切性概率	0.00%	14.29%	0.00%	0.00%	0.00%	0.00%	0.00%	0.00%	0.00%	0.00%	0.00%
B 认证基础	平均关联度	0.7556	0.7340	0.7677	0.7726	0.6944	0.7445	0.7914	0.7742	0.7148	0.7773	0.7000
	密切性概率	14.29%	14.29%	14.29%	28.57%	0.00%	14.29%	42.86%	28.57%	14.29%	28.57%	0.00%
E 认证实施	平均关联度	0.7292	0.7338	0.7087	0.7137	0.7184	0.6993	0.7282	0.7075	0.6935	0.7176	0.6699
	密切性概率	0.00%	14.29%	14.29%	0.00%	14.29%	0.00%	14.29%	14.29%	14.29%	0.00%	0.00%
认证认可水平总指数 R	平均关联度	0.7834	0.7501	0.7560	0.7570	0.7133	0.7271	0.7758	0.7630	0.7207	0.7412	0.6964
	密切性概率	57.14%	14.29%	42.86%	14.29%	0.00%	14.29%	57.14%	42.86%	14.29%	0.00%	0.00%

4. 认证认可对行业结构水平的宏观促进效用总结

总体而言，在宏观层面认证认可出口产业结构水平存在着一定促进效用，但对比微观促进效用，其强度和显著性有所减弱或稀释。首先，“认证认可总指数 R”对出口产业结构水平的宏观促进效用不强，尤其是在“SS 规模结构”“SM 市场结构”方面，提升空间还很大；但出口产业结构水平各级指标与“认证认可总指数 R”在关联关系上，从下级指标到上级指标的综合过程中存在一定的“1+1>2”效应。在认证认可一级指标层面上，对产业结构水平的促进效用主要体现在“B 认证基础”对“SO 配套实力”的影响效应方面，其他方面的影响效用均比较弱。在认证认可二级指标层面，“B_3产品检验标准”的影响效用比较突出，主要体现在对“SO 配套实力”及其对应的三级指标的宏观影响效用方面，但效用水平不高，其他认证认可二级指标表现更一般。

三、认证认可对行业质量发展促进效用总结

认证认可对产业质量发展水平的微观层面促进作用分析，同样采用显著性概率和平均相关系数两个统计变量，对 2011—2018 年的相关性分析和回归分析结果进行汇总，得出认证认可各级指标对行业质量发展水平各级指标的平均相关系数和显著性概率情况如表 8-8 所示，下面对相关性分析和回归分析进行叙述。

（一）微观层面促进效用总结

1. 相关性分析总结

（1）“认证认可水平总指数 R”对“行业质量水平 Q”促进效用总结分析

从表 8-8 可以看出，认证认可总指数对出口产业质量发展水平有着非常强而重要的正向促进作用。首先，“认证认可总指数 R”与“行业质量水平 Q”总指数的显著性概率为 100%，平均相关系数达到 0.2420，揭示认证认可对出口产业质量发展水平的正向影响较大。在行业质量二级指标层面上，认证认可总指数与“QC 产品合格”“QM 市场感知”“QS 社会责任”的相关显著性概率分别为 100%、100%、100%，平均相关系数都大于 0.1，说明认证认可对出口商品的产品合格水平、市场感知水平、社会责任水平的提升都存在较好的促进作用。在行业质量三级指标层面，“认证认可总指数 R”同样表现出较强的促进效用，尤其是对“QC_1原材料质量管理水平”“QM_1顾客群体特征”“QS_2环保水平”的影响效用，显著性概率全部达到 100%；但“认证认可总指数 R”对

“QM_3质量事故投诉”影响效用极低，显著性概率为 0；此外对“QS_1能耗水平”的影响效用也存在一定的不确定性，显著性概率只有 57.14%。

（2）认证认可一级指标的行业质量水平促进效用总结分析

两个认证认可一级指标对行业质量水平均有较好的促进效用，“B 认证基础”相对要更好。首先，在对“行业质量水平 Q”总指数影响方面，两个认证认可一级指标的显著性概率都达到 100%，而“B 认证基础”的平均相关系数更高。在行业质量二级指标方面，“B 认证基础”对 3 个行业质量二级指标的影响非常显著，显著性概率全部为 100%，而“E 认证实施”与“QC 产品合格”的相关性概率未达到 100%，且平均相关系数均低于“B 认证基础”。在行业质量三级指标方面，“B 认证基础”的促进效用相对最好，呈现出较强促进效用，其中对“QS 社会责任”对应三级指标的促进效用最好，显著性概率均为 100%，与“QM_1顾客群体特征”和“QM_2市场服务机制”的显著性概率也达到 100%，但对“QC 产品合格”对应三级指标的影响存在一定的不确定性，对“QM_3质量事故投诉”影响非常弱；“E 认证实施”也有较好促进效用，但其效用普遍低于“B 认证基础”。

（3）认证认可二级指标的产业质量发展水平促进效用总结分析

从表 8-8 可以看出，5 个认证认可二级指标均表现出一定质量促进效用。在对行业质量水平总指数影响方面，除“E_2产品认证”促进效用非常弱外，其他认证认可二级指标均表现出较好的效用，与“行业质量水平 Q”总指数的显著性概率均为 100%，其中“B_1企业标准认知”的促进效用最高，平均相关系数达 0. 3004；“E_1管理体系认证”的效用仅次之，“B_3产品检验标准”排在第三。在对行业质量二级指标影响方面，“B_1企业标准认知”和“E_1管理体系认证”的效用最好，虽然“B_3产品检验标准”与三个行业质量二级指标的显著性概率均为 100%，但平均相关系数普遍偏低，其综合效用仍排在第三，“E_2产品认证”促进效用仍然非常弱。在对行业质量三级指标影响方面，各级指标仍然表现出一定的促进效用，但相对于对行业质量一二级指标，不确定性普遍要更高；“B_1企业标准认知”的促进效用依然最好，最要体现在对“QC 产品合格”和“QS 社会责任”对应三级指标的影响上；“E_1管理体系认证”的效用仅次之，主要体现在对“QM 市场感知”对应三级指标的效用上；“E_2产品认证”的促进效用仍然非常弱，仅对“QC_1原材料质量管理水平”和“QM_2市场服务机制”的促进效用相对较好，对其他行业质量二级指标的促进效用普遍显著性不足或强度很弱，说明产品认证没有发挥其应有的质量效用。

表 8-8　认证认可与“行业质量水平 Q”微观层面相关性分析结果汇总

认证认可指标 \ 行业质量水平指标		行业质量水平 Q	QC 产品合格	QM 市场感知	QS 社会责任	QC_1原材料质量管理水平	QC_2半成品合格水平	QC_3成品合格水平	QM_1顾客群体特征	QM_2市场服务机制	QM_3质量事故投诉	QS_1能耗水平	QS_2环保水平
认证认可水平总指数 R	平均相关系数	0. 2420	0. 1474	0. 1920	0. 1601	0. 1416	0. 1262	0. 1418	0. 1650	0. 1943		0. 1222	0. 1599
	显著性概率	100. 00%	100. 00%	100. 00%	100. 00%	100. 00%	85. 71%	85. 71%	100. 00%	85. 71%	0. 00%	57. 14%	100. 00%
B 认证基础	平均相关系数	0. 2936	0. 2000	0. 1623	0. 1824	0. 2143	0. 1748	0. 1775	0. 1411	0. 1447	-0. 0005	0. 1517	0. 2053
	显著性概率	100. 00%	100%	100. 00%	100. 00%	85. 71%	71. 43%	85. 71%	100. 00%	100. 00%	28. 57%	100. 00%	100. 00%
E 认证实施	平均相关系数	0. 1610	0. 1364	0. 1611	0. 1150	0. 0880	0. 1073	0. 0902	0. 1350	0. 1677	0. 0640	0. 0776	0. 1146
	显著性概率	100. 00%	71. 43%	100. 00%	100. 00%	85. 71%	42. 86%	71. 43%	100. 00%	85. 71%	14. 29%	57. 14%	100. 00%
B_1企业标准认知	平均相关系数	0. 3004	0. 1397	0. 1584	0. 2583	0. 1606	0. 1440	0. 1340	0. 1926	0. 1855	-0. 0293	0. 2410	0. 3409
	显著性概率	100. 00%	85. 71%	100. 00%	100. 00%	100. 00%	85. 71%	85. 71%	100. 00%	85. 71%	42. 86%	100. 00%	100. 00%
B_2质量控制标准	平均相关系数	0. 1859	0. 1286	0. 1098	0. 0926	0. 1767	0. 1152	0. 1216	0. 0842	0. 1018	-0. 7370	0. 0818	0. 1005
	显著性概率	100. 00%	85. 71%	85. 71%	71. 43%	85. 71%	85. 71%	100. 00%	85. 71%	57. 14%	14. 29%	71. 43%	85. 71%
B_3产品检验标准	平均相关系数	0. 1683	0. 1024	0. 1186	0. 0951	0. 1936	0. 1043	0. 1347	0. 0825	0. 1510	0. 0530	0. 1378	0. 1360
	显著性概率	100. 00%	100%	100. 00%	100. 00%	100. 00%	85. 71%	85. 71%	57. 14%	85. 71%	14. 29%	85. 71%	85. 71%
E_1管理体系认证	平均相关系数	0. 2401	0. 1790	0. 1737	0. 1310	0. 1276	0. 1300	0. 1528	0. 1637	0. 1256	0. 0310	0. 1050	0. 1598
	显著性概率	100. 00%	100%	85. 71%	100. 00%	71. 43%	71. 43%	85. 71%	85. 71%	100. 00%	57. 14%	71. 43%	85. 71%
E_2产品认证	平均相关系数	0. 1060	0. 1110	0. 1094	0. 0703	0. 1037	0. 0960	0. 0260	0. 0812	0. 1048	-0. 0620	–	0. 0933
	显著性概率	28. 57%	28. 57%	71. 43%	57. 14%	85. 71%	28. 57%	42. 86%	71. 43%	85. 71%	14. 29%	0. 00%	42. 86%

2. 线性回归分析总结

（1）认证认可对产业质量水平一级指标与二级指标的促进效用总结

认证认可对产业质量的回归分析，是以5个认证认可二级指标为回归变量，量化评测认证认可对产业质量的促进效用，本书以显著性概率和平均回归系数来总结这种促进效用，具体如表8-9所示。结果显示，5个认证认可的二级指标中"B_1企业标准认知"对出口产业质量发展的促进效用最好，与一级指标"产业质量水平Q"显著性概率达到100%，平均回归系数为0.1600；二级指标"E_1管理体系认证"对一级指标"产业质量水平Q"显著性概率达到85.71%，平均回归系数为0.1065；在二级指标层面，"E_1管理体系认证"对"QS社会责任"的促进效用回归显著性概率达到100%，平均回归系数0.1061；对"QC产品合格水平""QM市场感知水平"的回归显著性概率相对较低，达到57.14%，平均回归系数分别为0.1045、0.1750，说明加强管理体系认证对于提升产品合格情况和市场感知度有着积极的作用；综合而言，加强出口企业标准认知水平和管理体系认证能够较好的促进产业质量的发展和提升。

表8-9　认证认可与产业质量水平一级指标和二级指标回归分析结果汇总

认证认可二级指标 \ 技术创新指标		Q行业质量水平	QC产品合格水平	QM市场感知水平	QS社会责任
B_1企业标准认知	平均回归系数	0.1600	0.0893	0.1563	0.2166
	显著性概率	100.00%	85.71%	85.71%	100.00%
B_2质量控制标准	平均回归系数	0.0677	0.0970	-0.0463	-0.0740
	显著性概率	42.86%	57.14%	42.86%	14.29%
B_3产品检验标准	平均回归系数	0.1095	0.1243	0.1173	0.0330
	显著性概率	57.14%	57.14%	57.14%	57.14%
E_1管理体系认证	平均回归系数	0.1065	0.1045	0.1750	0.1061
	显著性概率	85.71%	57.14%	57.14%	100.00%
E_2产品认证	平均回归系数	-	0.0080	0.1137	-
	显著性概率	0.00%	28.57%	42.86%	0.00%

（2）认证认可对产业质量三级指标的促进效用总结

从表8-10所示回归分析汇总可以看出，5个认证认可的二级指标对产业质量三级指标有一定的影响作用，但都存在更大不确定性。"B_1企业标准认知"的促进效用最为突出，其对三级指标"QS_2环保水平"促进效用最强，显著性概率均达到100.00%，平均回归系数最大0.2566；"E_1管理体系认证"对产业质量的三级指标的促进效用较显著，除了对"QM_3质量事故投诉""QS_1能耗水平”之外的三级指标的显著性概率均高于50%。“B_2质量控制标准”“B_3产品检验标准”“E_2产品认证”三个认证认可二级指标对产业质量三级指标的促进效用相对较弱，且存在一定的不确定性。综合而言，加强出口企业标准认知和管理体系认证一定程度上能够改善出口行业技术创新三级指标，并且在整体上存在正向的效应。

表8-10　认证认可与产业质量三级指标回归分析结果汇总

认证认可指标 \ 质量水平三级指标		QC_1原材料质量管理水平	QC_2半成品合格水平	QC_3成品合格水平	QM_1顾客群体特征	QM_2市场服务机制	QM_3质量事故投诉	QS_1能耗水平	QS_2环保水平
B_1企业标准认知	平均回归系数	0.0713	0.1177	0.1180	0.1716	0.1462	–	0.2362	0.2566
	显著性概率	57.14%	42.86%	85.71%	100.00%	85.71%	0.00%	71.43%	100.00%
B_2质量控制标准	平均回归系数	0.0668	0.0983	0.1042	0.1210	−0.0377	−0.9970	−0.0530	−0.0630
	显著性概率	71.43%	42.86%	71.43%	14.29%	42.86%	14.29%	14.29%	14.29%
B_3产品检验标准	平均回归系数	0.1950	0.0337	0.1198	−0.0740	0.0527	0.0600	0.1110	−0.0255
	显著性概率	28.57%	42.86%	57.14%	28.57%	85.71%	14.29%	14.29%	28.57%
E_1管理体系认证	平均回归系数	0.0398	0.0733	0.1450	0.1243	0.1290	0.0110	0.1180	0.1423
	显著性概率	71.43%	57.14%	71.43%	100.00%	57.14%	28.57%	28.57%	57.14%
E_2产品认证	平均回归系数	0.1100	−0.0640	−0.0877	0.0575	0.1350	−0.0640	–	0.0865
	显著性概率	28.57%	14.29%	42.86%	28.57%	42.86%	14.29%	0.00%	28.57%

（3）微观层面认证认可对产业质量促进效用总结

综合来看，认证认可在微观企业层面对产业质量的发展存在重要的促进效用。在整体层面，认证认可对质量水平促进效用要强于细节层面，在细节的二级指标层面，只有“E_1管理体系认证”和“B_1企业标准认知”的促进效用较强，但各项二级指标的综合影响存在“1+1>2”效果。但认证认可对“QC_2半成品合格水平”“QM_3质量事故投诉”发挥的作用有待加强。

（二）宏观层面促进效用灰色关联分析总结

本书以平均关联度和密切性概率两个变量为依据对灰色关联分析进行总结分析，其中平均关联度为所有年度关联度的平均值，密切性概率是指2011年至2018年关联性呈现非常密切的年度数量占总年度数量的比例。通过对前面灰色关联分析数据统计和汇总，得到认证认可对质量水平各级指标的平均关联度和密切性概率，如表8-11所示。从总结分析数据可以看出，在宏观层面认证认可的对质量水平存在一定的促进效应，对比认证认可对产业质量发展的微观促进效用，其强度和显著性有所减弱或稀释，具体分析如下。

1. 认证认可总指数宏观促进效用的灰色关联分析总结

从表 8-11 可以看出，宏观层面认证认可总指数对产业质量水平的促进效用一般，从平均关联度数值来看，整体上认证认可总指数的促进效用不强。首先，“认证认可水平总指数 R”与一级指标“产业质量水平 Q”的平均关联度为 0.7279，处于比较密切水平；与产业质量水平各级指标的平均关联度大多数处于比较密切水平，说明认证认可与产业质量水平之间的密切性提升空间还很大。“认证认可水平总指数 R”对二级指标“QM 市场感知水平”的促进效用相对比较突出，密切性概率达到 42.86%，平均关联度达到 0.7684，说明近一半的样本年度认证认可与市场感知呈现较密切的关联关系。而“认证认可水平总指数 R”对二级指标“QC 产品合格”、“QS 社会责任”的促进效用相对最弱，密切性概率仅为 0.00%，平均关联度分别为 0.7445、0.6932。综合而言，认为在宏观层面“认证认可水平总指数 R”对产业质量的促进效用不强，尤其是在产品合格和社会责任水平方面，其促进效应的提升空间较大。

2. 认证认可一级指标宏观促进效用的灰色关联分析总结

两个认证认可一级指标对产业质量的宏观影响作用不强，两者的平均关联度不高，但一级指标“B 认证基础”对产业质量的促进作用相对更好，而“E 认证实施”在宏观影响效应上明显偏弱。就“B 认证基础”而言，其与一级指标“Q 行业质量水平”的平均关联度为 0.6886，密切性概率为 0.00%，宏观效用明显不足，然而在细节层面，“B 认证基础”对“QC 产品合格”的促进效用相对比较突出，平均相关系数达到 0.7901，密切性概率 57.14%，存在非常密切的关联关系。整体而言，宏观层面上认证认可一级指标对质量水平的促进效用主要体现在“B 认证基础”对“QC 产品合格”在关联效应方面，说明加强认证认可相关基础的建设有助于出口产业质量水平的提升。

3. 认证认可二级指标宏观促进效用的灰色关联分析总结

认证认可二级指标的宏观促进效用较强，“B_3产品检验标准”对二级指标“QC 产品合格”的宏观影响较为突出，平均关联度为 0.7544，密集性概率为 57.14%，说明将认证认可相关标准融入出口产品的生产制造能够较好的提升出口产业质量发展水平的效果不显著。“E_2产品认证”也表现出一定的宏观影响力，主要体现在对“QC 产品合格”“QM 市场感知”“QS 社会责任”对应的三级指标的关联作用方面，平均关联度都在 0.6 以上，密切性概率均为 0.00%。但“E_2产品认证”对这三个指标的促进效用综合到其上级指标，呈现“1+1>2”的效应。

表 8-11　认证认可与出口产业质量宏观层面灰色关联分析结果汇总

认证认可指标 \ 质量水平指标		Q 行业质量水平	QC 产品合格	QM 市场感知	QS 社会责任	QC_1 原材料质量管理水平	QC_2 半成品合格水平	QC_3 成品合格水平	QM_1 顾客群体特征	QM_2 市场服务机制	QM_3 质量事故投诉	QS_1 能耗水平	QS_2 环保水平
B_1 企业标准认知	平均关联度	0. 7279	0. 8053	0. 7997	0. 7306	0. 7760	0. 7732	0. 7708	0. 8111	0. 7038	0. 7906	0. 7398	0. 7157
	密切性概率	0. 00%	71. 43%	57. 14%	0. 00%	42. 86%	28. 57%	28. 57%	42. 86%	14. 29%	57. 14%	28. 57%	0. 00%
B_2 质量控制标准	平均关联度	0. 7259	0. 7476	0. 7434	0. 6740	0. 7465	0. 7439	0. 7315	0. 7323	0. 6975	0. 7428	0. 6771	0. 6699
	密切性概率	28. 57%	14. 29%	14. 29%	0. 00%	28. 57%	14. 29%	0. 00%	14. 29%	0. 00%	28. 57%	0. 00%	0. 00%
B_3 产品检验标准	平均关联度	0. 7239	0. 7544	0. 7698	0. 7339	0. 7428	0. 7371	0. 7268	0. 7528	0. 7123	0. 7446	0. 7433	0. 7261
	密切性概率	14. 29%	57. 14%	42. 86%	0. 00%	28. 57%	14. 29%	14. 29%	28. 57%	0. 00%	14. 29%	0. 00%	0. 00%
E_1 管理体系认证	平均关联度	0. 6536	0. 7410	0. 7336	0. 6197	0. 6999	0. 7459	0. 7247	0. 7126	0. 6785	0. 7164	0. 6344	0. 6335
	密切性概率	0. 00%	28. 57%	28. 57%	0. 00%	0. 00%	42. 86%	0. 00%	14. 29%	0. 00%	28. 57%	0. 00%	0. 00%
E_2 产品认证	平均关联度	0. 7757	0. 6741	0. 6764	0. 6521	0. 6509	0. 6933	0. 6715	0. 6703	0. 6791	0. 6529	0. 6620	0. 6419
	密切性概率	57. 14%	0. 00%	0. 00%	0. 00%	0. 00%	0. 00%	0. 00%	0. 00%	0. 00%	0. 00%	0. 00%	0. 00%
B 认证基础	平均关联度	0. 6886	0. 7901	0. 7928	0. 7299	0. 7782	0. 7728	0. 7569	0. 7771	0. 7138	0. 7807	0. 7271	0. 7102
	密切性概率	0. 00%	57. 14%	42. 86%	0. 00%	28. 57%	42. 86%	42. 86%	57. 14%	0. 00%	28. 57%	0. 00%	0. 00%
E 认证实施	平均关联度	0. 7254	0. 7066	0. 7221	0. 6581	0. 6763	0. 7192	0. 7018	0. 7018	0. 7157	0. 6923	0. 6790	0. 6501
	密切性概率	0. 00%	0. 00%	14. 29%	0. 00%	0. 00%	0. 00%	0. 00%	0. 00%	0. 00%	0. 00%	0. 00%	0. 00%
认证认可水平总指数 R	平均关联度	0. 7279	0. 7445	0. 7684	0. 6932	0. 7283	0. 7458	0. 7324	0. 7338	0. 7190	0. 7369	0. 7152	0. 6894
	密切性概率	14. 29%	0. 00%	42. 86%	0. 00%	28. 57%	14. 29%	0. 00%	14. 29%	0. 00%	14. 29%	0. 00%	0. 00%

四、认证认可对行业技术创新促进效用总结

（一）微观层面促进效用总结

1. 相关性分析总结

以显著性概率和平均相关系数两个统计变量对微观层面认证认可与技术创新的相关性分析结果进行汇总，得出认证认可各级指标对技术创新水平各级指标的平均相关系数和显著性概率情况如表 8-12，下面根据统计数据情况自上而下分析认证认可的技术创新促进作用。

（1）认证认可总指数对出口商品技术创新促进效用分析

从表 8-12 可以看出，认证认可总指数对行业技术创新水平有着非常重要的正向促进作用。首先，认证认可总指数与行业技术创新水平的显著性概率为100%，平均相关系数达到 0.2613，揭示认证认可行业技术创新水平的正向影响较大。在二级指标分析，与人才结构相关的二级指标对认证认可的相关显著性普遍较高，其中“TH_1本科以上人员比重”显著性概率达到 100%。认证认可对“TT_1产品自主设计能力”“TT_3技术创新能力”二个指标的促进影响相对较强，显著性概率分别达到 71.43%、85.71%，说明认证认可有助于粤港澳大湾区出口商品企业认识到产品设计和技术创新能力的提高的重要性。而对“TT_2企业专利量”的影响非常弱，显著性概率为 57.14%，认证认可对企业专利量方面的影响还需要从细节层面进一步分析。

（2）认证认可一级指标的技术创新促进效用总结分析

认证认可一级指标对行业技术创新水平的影响非常显著，显著性概率都达到100%，但“E 认证实施”的平均相关系数为 0.2330，高于“B 认证基础”的平均相关系数 0.1811，说明认证实施的技术创新促进效用更强。“B 认证基础”“E 认证实施”对人才结构水平的“TH_1本科以上人员比重”促进效用相对较大，但“E 认证实施”对“TH_2熟练工人稳定性”的影响存在非常大的不确定性，显著性概率仅为 42.86%。“B 认证基础”的促进效用普遍强于“E 认证实施”，显著性概率达到 100%。在研发创新水平方面，“B 认证基础”的促进效用较为突出，尤其在对“TT_3技术创新能力”影响方面，显著性概率达到 85.71%，说明加强认证基础建设能够有助于出口企业的技术创新能力。

（3）认证认可二级指标的技术创新促进效用总结分析

从表 8-12 可以看出，认证认可二级指标“B_1企业标准认知”和“E_1管理

体系认证”对技术创新的促进作用相对最强。“B_1企业标准认知”对人才结构相关二级指标的影响方面有一定的差异性，“B_1企业标准认知”对“TH_1本科以上人员比重”的影响比较突出，相关显著性概率达100%，但对“TH_2熟练工人稳定性”的促进效用存在一定的不确定性，显著性概率为42.86%；“B_1企业标准认知”对研发创新二级指标非常显著，对“TT_2企业专利量”和“TT_3技术创新能力”的显著性概率均达到100%，对“产品自主设计能力”的显著性达到85.71%。可以看出提高企业对技术创新标准的认知水平一定程度上能够很好地提高企业制造技术能力、技术创新能力等。对技术创新二级指标促进效用而言，在“TH人才结构水平”的二级指标方面，“E_1管理体系认证”对“TH_1本科以上人员比重”的影响比较突出，相关显著性概率达100%，但对“TH_2熟练工人稳定性”的促进效用存在一定的不确定性，显著性概率只有57.14%。而在制造技术水平二级指标方面，“E_1管理体系认证”对两个指标的影响较显著，均为85.71%。

2. 线性回归分析总结

（1）认证认可对技术创新一级指标与二级指标的促进效用总结

认证认可对技术创新的回归分析，是以5个认证个二级指标为回归变量，量化评测认证认可对的促进效用，本书以显著性概率和平均回归系数来总结这种促进效用，具体如表8-12所示。结果显示，5个认证的二级指标中“E_1管理体系认证”对技术创新的促进效用非常显著且强度较大，与一级指标“T行业技术创新水平”显著性概率达到100%，平均回归系数为0.3114，说明管理体系认证对出口行业的技术创新有非常好的积极作用。认证认可二级指标“B_1企业标准认知”对出口行业也有着不可忽视的重要作用，在总体层面对一级指标“T行业技术创新水平”显著性概率达到71.43%，平均回归系数为0.2008；在三个技术创新二级指标中，“B_1企业标准认知”对“TM制造技术水平”的促进效用回归显著性概率达到100%，平均回归系数0.1496；对“TT研发创新水平”的回归显著性概率也达到了85.71%，平均回归系数达到0.1253，说明加强认证标准对于提升出口行业制造技术水平和研发创新能力有着非常积极的作用。综合而言，加强出口企业管理体系认证和对认证标准的认知，能够很好的促进出口行业技术创新水平的提升。

表 8-12　认证认可与出口产业技术创新微观层面相关分析结果汇总

认证认可指标 \ 技术创新水平指标		T 行业技术创新水平	TH 人才结构水平	TM 制造技术水平	TT 研发创新水平	TH_1本科以上人员比重	TH_2熟练工人稳定性	TM_1制造装备水平	TM_2制造工艺水平	TT_1产品自主设计能力	TT_2企业专利量	TT_3技术创新能力
认证认可水平总指数 R	平均相关系数	**0.2613**	**0.1739**	0.213	**0.2197**	**0.1817**	0.0724	0.1812	**0.1679**	0.0624	0.0543	0.2104
	显著性概率	**100%**	**100%**	85.71%	**100%**	**100%**	71.43%	85.71%	**100.00%**	71.43%	57.14%	85.71%
B 认证基础	平均相关系数	**0.1811**	**0.1220**	**0.173**	**0.1397**	**0.1240**	0.0686	**0.1309**	**0.1809**	0.0484	0.5714	0.0691
	显著性概率	**100%**	**100%**	**100%**	**100%**	**100%**	71.43%	**100.00%**	**100.00%**	28.57%	71.43%	85.71%
E 认证实施	平均相关系数	**0.2330**	**0.1540**	0.156	**0.2021**	0.1782	0.0663	0.1492	**0.1349**	0.0246	0.0611	0.0971
	显著性概率	**100%**	**100%**	85.71%	**100%**	85.71%	42.86%	85.71%	**100.00%**	42.86%	85.71%	57.14%
B_1企业标准认知	平均相关系数	0.2335	0.1315	**0.223**	0.1868	**0.1047**	0.1183	**0.1736**	**0.2421**	0.1396	**0.1321**	**0.3201**
	显著性概率	85.71%	85.71%	**100%**	85.71%	**100%**	42.86%	**100.00%**	**100.0・0%**	85.71%	**100.00%**	**100.00%**
B_2质量控制标准	平均相关系数	**0.1203**	0.0998	0.110	0.0982	0.0947	0.0700	0.1017	**0.1093**	0.0291	0.0921	0.0281
	显著性概率	**100%**	85.71%	85.71%	85.71%	85.71%	57.14%	85.71%	**100.00%**	42.86%	85.71%	42.86%
B_3产品检验标准	平均相关系数	0.0952	0.0740	0.090	0.0747	0.1053	0.0600	0.0396	0.0744	0.0610	0.0879	0.1311
	显著性概率	71.43%	57.14%	57.14%	85.71%	57.14%	28.57%	71.43%	71.43%	57.14%	85.71%	85.71%
E_1管理体系认证	平均相关系数	**0.3513**	**0.2466**	0.09	**0.3017**	**0.2479**	0.1695	0.1903	**0.1949**	0.0893	**0.1636**	**0.1734**
	显著性概率	**100%**	**100%**	85.71%	**100%**	**100%**	57.14%	85.71%	**100.00%**	71.43%	**100.00%**	**100.00%**
E_2产品认证	平均相关系数	0.0742	0.0903	0.072	0.1037	0.0494	0.1425	0.1007	0.0858	0.0944	**0.1661**	**0.1913**
	显著性概率	71.43%	57.14%	42.86%	42.86%	71.43%	28.57%	42.86%	57.14%	85.71%	**100.00%**	**100.00%**

表 8-13 认证认可与技术创新一级指标和二级指标回归分析结果汇总

认证认可二级指标 \ 技术创新指标		T 行业技术创新水平	TH 人才结构水平	TM 制造技术水平	TT 研发创新水平
B_1企业标准认知	平均回归系数	0.2008	0.1183	0.1496	0.1253
	显著性概率	71.43%	42.86%	100.00%	85.71%
B_2质量控制标准	平均回归系数	0.0645	0.0777	0.0660	-
	显著性概率	28.57%	42.86%	14.29%	0.00%
B_3产品检验标准	平均回归系数	-	-	-0.0960	0.062
	显著性概率	0.00%	0.00%	14.29%	14.28%
E_1管理体系认证	平均回归系数	0.3114	0.2263	0.1857	0.2599
	显著性概率	100.00%	100.00%	85.71%	100.00%
E_2产品认证	平均回归系数	0.037	-0.1340	0.0203	0.093
	显著性概率	42.86%	14.29%	57.14%	28.57%

（2）认证认可对技术创新三级指标的促进效用总结

表 8-14 所示回归分析结果汇总可以看出，5 个认证的二级指标中仍然是"E_1管理体系认证"对技术创新三级指标的促进效用最为突出，其对二级指标"TT 研发创新水平"对应的三级指标促进效用最强，显著性概率均达到 85.71%，与三级指标"TT_3技术创新能力"平均回归系数最大 0.3130；对二级指标"TH 人才结构水平"对应的三级指标促进效用存在较大的不确定性，其中三级指标"TH_2熟练工人稳定性"的显著性概率仅为 57.14%，但对三级指标的影响效应综合到二级指标层面呈现"1+1>2"的效果。"B_1企业标准认知"对"TM 制造技术水平"对应的三级指标层面促进效用较好，但对其他三级指标的影响存在较大的不确定性。其他三个认证认可二级指标对技术创新三级指标影响的显著性概率普遍偏低，说明存在很大的不确定性。综合而言，强化管理体系认证和对认证标准的认知，一定程度上能够促进企业技术创新能力发展。

表 8-14 认证认可与技术创新三级指标回归分析结果汇总

认证认可二级指标 \ 技术创新三级指标		TH_1本科以上人员比重	TH_2熟练工人稳定性	TM_1制造装备水平	TM_2制造工艺水平	TT_1产品自主设计能力	TT_2企业专利量	TT_3技术创新能力
B_1企业标准认知	平均回归系数	0.0993	0.0550	0.1277	0.1523	0.0658	0.0263	0.1687
	显著性概率	57.14%	57.14%	100%	100%	57.14%	42.86%	85.71%
B_2质量控制标准	平均回归系数	0.065	0.085	0.068	0.055	-0.085	0.087	-
	显著性概率	14.29%	28.57%	28.57%	14.29%	14.29%	14.29%	0.00%

续表

认证认可二级指标＼技术创新三级指标		TH_1本科以上人员比重	TH_2熟练工人稳定性	TM_1制造装备水平	TM_2制造工艺水平	TT_1产品自主设计能力	TT_2企业专利量	TT_3技术创新能力
B_3产品检验标准	平均回归系数	0.0700	-0.0650	-0.0300	-0.0620	0.0890	0.0010	0.0250
	显著性概率	14.29%	14.29%	28.57%	14.29%	14.29%	28.57%	42.86%
E_1管理体系认证	平均回归系数	0.2978	0.1460	0.1743	0.1727	0.1318	0.1678	0.3130
	显著性概率	71.43%	57.14%	85.71%	85.71%	85.71%	85.71%	85.71%
E_2产品认证	平均回归系数	-0.0095	-0.165	0.04575	0.1775	0.027	0.1115	-
	显著性概率	28.57%	14.29%	57.14%	57.14%	42.86%	57.14%	0.00%

(3) 认证认可对技术创新促进效用总结

综合来看，认证认可在微观企业层面对技术创新存在重要的促进效用。在整体层面认证认可对技术创新促进效用要强于细节层面，在细节的二级指标层面只有“B_1企业标准认知”和“E_1管理体系认证”的促进效用较强，但各项二级指标的综合影响存在“1+1>2”的效果。但认证认可对“TH_2熟练工人稳定性”“TT_1产品自主设计能力”发挥的作用有待加强。

(二) 宏观层面促进效用总结

通过对前面灰色关联分析数据统计和汇总，得到认证认可对技术创新各级指标的平均关联度和密切性概率，如表 8-15 所示。从总结分析数据可以看出，在宏观层面认证认可对技术创新存在一定的促进效应，对比认证认可对技术创新的微观促进效用，其强度和显著性有所减弱或稀释，具体分析如下。

1. 认证认可总指数宏观促进效用的灰色关联分析总结

从表 8-15 可以看出，宏观层面认证认可总指数对行业技术创新水平的促进效用一般，与技术创新各级指标的平均关联度大多数处于比较密切水平，说明认证认可与技术创新之间的密切性提升空间还很大。在宏观层面“认证认可总指数 R”对二级指标“TM 制造技术水平”的促进效用相对比较突出，密切性概率达到 42.66%，平均关联度达到 0.7710，说明近一半的样本年度认证认可与制造技术水平呈现出非常密切的关联关系；而“认证认可总指数 R”对二级指标“TT 研发创新水平”的促进效用相对最弱，密切性概率仅为 14.29%，平均关联度仅为 0.7350。综合而言，可以认为在宏观层面“认证认可总指数 R”对技术创新的促进效用不强，尤其是在技术研发创新方面，其促进效应的提升空间还很大；但技术创新各级指标与“认证认可总指数 R”在关联关系上，从下级指标到上级指标的综合过程中存在一定的“1+1>2”效应。

2. 认证认可一级指标宏观促进效用的灰色关联分析总结

两个认证认可一级指标对技术创新的宏观影响呈现一定的差异性，两者的平均关联度均处于比较密切水平，但一级指标“B 认证基础”对技术创新相对更好，而“E 认证实施”在宏观影响效应上明显偏弱。就“B 认证基础”而言，其与“T 行业技术创新水平”的平均关联度为 0.7680，密切性概率为 42.86%，说明认证基础对行业技术创新水平有一定程度的促进作用。在对技术创新二级指标的影响方面，“B 认证基础”对“TM 制造技术水平”的促进效用相对比较突出，平均相关系数达到 0.7983，密切性概率为 57.14%，说明存在非常密切的关联关系。在对技术创新三级指标的影响方面，“B 认证基础”与“TM 制造技术水平”对应的两个三级指标的关联性比较突出，而对“TT 研发创新水平”对应的三级指标的促进效用较弱。整体而言，宏观层面上认证认可一级指标对技术创新的促进效用主要体现在“B 认证基础”对“TM 制造技术水平”在关联效应方面，说明加强认证认可相关基础的建设有助于出口商品制造技术水平的提升。

3. 认证认可二级指标宏观促进效用的灰色关联分析总结

在认证认可二级指标的宏观促进效用方面，其对技术创新的宏观促进效用整体上处于中等偏上水平，与技术创新个体指标的关联程度大多数属于比较密切水平，“B_3产品检验标准”对二级指标“TM 制造技术水平”的宏观影响较为突出，平均关联度为 0.7756，密集性概率达到 71.43%。与“TM 制造技术水平”对应的两个三级指标的密切性概率也相对较高，说明将认证认可相关标准融入出口产品的生产制造能够较好的提升出口企业的制造技术水平。“E_2产品认证”也表现出一定的宏观影响力，主要体现在对“TT 研发创新水平”对应的三级指标的关联作用方面，平均关联度都在 0.76 以上，密切性概率也相对较高。但“E_2产品认证”对这三个指标的促进效用综合到其上级指标，并没有呈现“1+1>2”的效应。此外，“B_1企业标准认知”和“E_1管理体系认证”与“TM 制造技术水平”也存在一定的关联效应，其宏观促进效用也需要给予关注。

4. 认证认可对技术创新宏观促进效用总结

总体而言，在宏观层面认证认可于出口商品行业技术创新存在着一定促进效用，但对比认证认可对技术创新的微观促进效用，其强度和显著性有所减弱或稀释。“认证认可总指数 R”对技术创新的宏观促进效用不强，尤其是在技术研发创新方面，其促进效应的提升空间还很大。在一级指标层面上，对技术创新的促进效用主要体现在“B 认证基础”对“TM 制造技术水平”在关联效应方面，说明加强认证认可相关基础的建设有助于出口商品制造技术水平的提升。在二级指标层面，“B_3产品检验标准”对“TM 制造技术水平”及其对应的两个三级指标呈现出较好的宏观影响力，“E_2产品认证”对“TT 研发创新水平”对应的三级指标的促进效用较为突出，“B_1企业标准认知”和“E_1管理体系认证”对“TM 制造技术水平”也存在一定的宏观促进效用，但效用不强。

表 8-15　认证认可与出口产业技术创新宏观层面灰色关联分析结果汇总

认证认可指标 \ 技术创新水平指标		T 行业技术创新水平	TH 人才结构水平	TM 制造技术水平	TT 研发创新水平	TH_1本科以上人员比重	TH_2熟练工人稳定性	TM_1制造装备水平	TM_2制造工艺水平	TT_1产品自主设计能力	TT_2企业专利量	TT_3技术创新能力
B_1企业标准认知	平均关联度	0.7199	0.7611	**0.7896**	0.6541	0.7231	0.7550	0.7607	0.7757	0.7256	0.7020	0.7068
	密切性概率	0.00%	28.57%	**42.86%**	0.00%	14.29%	14.29%	14.29%	28.57%	14.29%	0.00%	0.00%
B_2质量控制标准	平均关联度	0.7449	0.7484	0.7551	0.7123	0.7381	0.7028	0.7298	0.7211	0.7321	0.7104	0.7152
	密切性概率	14.29%	14.29%	28.57%	0.00%	0.00%	0.00%	14.29%	14.29%	**42.86%**	28.57%	28.57%
B_3产品检验标准	平均关联度	0.7268	0.7518	0.7756	0.6794	0.7678	0.7196	0.7336	0.7461	0.7346	0.7114	0.7153
	密切性概率	14.29%	**42.86%**	**71.43%**	0.00%	28.57%	14.29%	**57.14%**	**57.14%**	14.29%	14.29%	14.29%
E_1管理体系认证	平均关联度	0.7121	0.7287	0.7509	0.6865	0.6820	0.6966	0.7197	0.7275	0.6900	0.6636	0.6677
	密切性概率	14.29%	0.00%	**42.86%**	0.00%	28.57%	0.00%	28.57%	28.57%	0.00%	0.00%	0.00%
E_2产品认证	平均关联度	0.6898	0.6868	0.6875	0.6926	0.7116	0.6736	0.6647	0.6599	0.7775	0.7562	0.7607
	密切性概率	0.00%	0.00%	14.29%	0.00%	0.00%	0.00%	0.00%	0.00%	**57.14%**	**42.86%**	**42.86%**
B 认证基础	平均关联度	0.7680	0.7726	**0.7983**	0.7219	0.7648	0.7350	0.7784	0.7686	0.7242	0.7000	0.7037
	密切性概率	**42.86%**	28.57%	**57.14%**	0.00%	28.57%	28.57%	**57.14%**	**42.86%**	0.00%	0.00%	0.00%
E 认证实施	平均关联度	0.7354	0.7106	0.7418	0.7395	0.7255	0.6827	0.7171	0.7136	0.7485	0.7252	0.7294
	密切性概率	0.00%	14.29%	14.29%	0.00%	14.29%	0.00%	0.00%	0.00%	14.29%	14.29%	14.29%
认证认可水平总指数 R	平均关联度	0.7667	0.7473	0.7710	0.7350	0.7471	0.7106	0.7519	0.7442	0.6204	0.6250	0.7386
	密切性概率	28.57%	28.57%	**42.86%**	14.29%	14.29%	14.29%	28.57%	28.57%	0.00%	0.00%	14.29%

第九章　存在问题分析

一、水平评价中发现的问题

（一）认证认可发展水平评价中发现的问题

1. 认证认可整体增长乏力，各出口行业认证认可发展不平衡

从粤港澳大湾区出口商品认证认可水平总指数评价结果来看，2011 年至 2018 年认证认可在整体上属于中等偏上水平，但是整体呈现出先升后降的波动趋势，2016—2018 年则表现为明显下降趋势，从 2016 年的 79. 39 分逐年降低到 2018 年的 77. 51 分，接近于 2011 年的最低分，可以认为粤港澳大湾区出口商品认证认可水平整体发展上波动下降趋势明显，增长缺乏动力。究其原因，主要在于近年来国际贸易摩擦日益增多，从以往的技术壁垒、绿色壁垒、蓝色壁垒等形式已经逐渐上升为贸易战争，尤其是中美贸易战，出现了更多非市场性的制约因素，使得认证认可的国际市场信任传递作用被新的关税措施和政治壁垒措施阻断，认证认可的效用难以得到有效发挥，这在很大程度上影响了出口产业认证认可的发展。这种情况在认证认可水平的二级指标“B 认证基础”与“E 认证实施”上也有所体现，尤其是认证实施，近年也出现了下降趋势。

从粤港澳大湾区出口 12 个商品行业的认证认可水平的评价结果可以看出，在 2011 年至 2018 年期间，各个行业的认证认可水平的发展呈现出不平衡态势。从各行业认证认可水平总指数评价结果来看，技术密集型和新兴行业认证认可水平普遍较高，如家用电器、信息技术设备、玩具等出口行业，而传统劳动密集型出口行业的认证认可水平发展相对滞后，对认证认可的重视程度普遍不高，如箱包、纺织品服装、制鞋等传统制造业行业，这些行业受经济新常态时期劳动力成本上升、土地资源紧缺、环境保护加强等因素影响较大，认证认可总指数得分较低。从发展趋势来看，12 个行业中多数行业发展趋势向好，但信息技术、家电等行业受贸易摩擦、中美贸易战影响大，行业发展态势不太乐观，并且 2018 年也是多数行业认证认可总指数得分最低点，一定程度说明贸易摩擦和贸易战对认证认可的发展有着较大负面作用。此外，玩具、鞋类等受劳动力资源、土地资源、环境保护等影响较大的行业，认证认可总指数呈现明显下降趋势。

2. 认证实施发展相对滞后

从认证认可水平一级指标“B 认证基础”和“E 认证实施”的得分情况来看，“E 认证实施”的发展要滞后于“B 认证基础”，2011—2018 年间一级指标“E 认证实施”的平均得分为 76. 67 分，对比一级指标“B 认证基础”平均得分为 82. 22 分，其发展明显滞后；从得分变化趋势上看，一级指标“E 认证实施”在 2011—2018 年间发展不容乐观、整体呈现出明显的下降趋势，而一级指标“B 认证基础”发展相对较平稳。从行业发展水平角度来看，12 个出口商品行业“E 认证实施”发展除出口家电行业外均处于中等水平，均滞后于“B 认证基础”发展水平，其中玩具、家具、箱包、鞋类等多个行业存在较大的滞后差距，如图 9-1 所示。从各行业得分变动趋势来看，超过一半的行业一级指标“E 认证实施”得分整体呈现下降趋势，且各年得分稳定性普遍逊色于一级指标“B 认证基础”。总体而言，粤港澳大湾区出口产业具备了良好的认证基础，但这种认证基础并没有转换为一个良好的认证实施应用效应，主要原因在于近年来全球性贸易摩擦加剧、中美贸易战反复升级等因素，使得认证认可的效用受到了较大的削弱，导致出口企业对于认证认可的实施应用的重视程度逐年减弱，加之国内劳动力成本上升、土地稀缺程度不断上升、环境保护要求不断增强等因素的综合作用，出口企业对认证认可的实施应用投入也受到了影响，一级指标“E 认证实施”得分不高且整体呈现下降趋势，也就不足为奇。

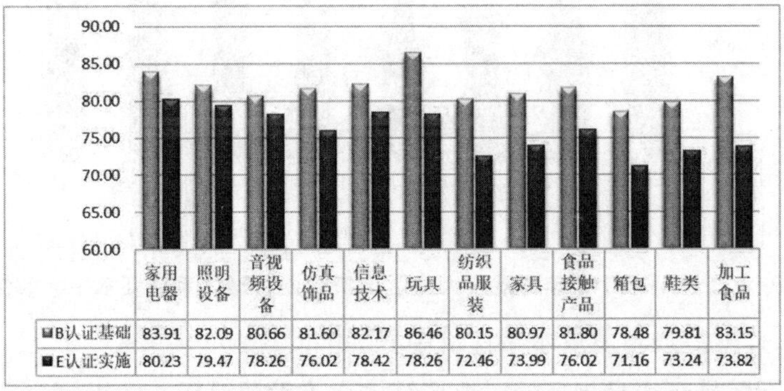

	家用电器	照明设备	音视频设备	仿真饰品	信息技术	玩具	纺织品服装	家具	食品接触产品	箱包	鞋类	加工食品
B认证基础	83.91	82.09	80.66	81.60	82.17	86.46	80.15	80.97	81.80	78.48	79.81	83.15
E认证实施	80.23	79.47	78.26	76.02	78.42	78.26	72.46	73.99	76.02	71.16	73.24	73.82

图 9-1　2011—2018 年各出口行业一级指标“E 认证实施”和“B 认证基础”得分均值对比

3. 管理体系认证的实施应用发展不足

管理体系认证能够使出口企业按照国际先进标准进行管理，达到法治化、科学化的管理要求，能够极大地提高工作效率和产品合格率，迅速提升出口企业的经济社会效益，对出口行业的作用不言而喻。然而评价结果显示，粤港澳大湾区出口行业的管理体系认证发展仍然有所不足，“E_1管理体系认证”评价得分均值为69.33分，处于中等偏下水平，在得分变化趋势方面，2011年至2018年整体上呈现先增长后回落态势，2013年到2018年一直处于下降趋势，最高得分为2013年的72.64分，最低分为2011年的64.44分；从“E_1管理体系认证”得分绩效情况来看，绩效差的出口企业占比非常大，各年度占比均值达到32.54%，2011年比例最高达到51.59%，很大程度上说明粤港澳大湾区出口企业管理体系认证的实施应用不乐观，如图9-2所示。另外，从各出口行业“E_1管理体系认证”评价得分来看，12个行业得分均值在［62.06，75.03］区间内变动，具体年度得分普遍处于合格水平，纺织品服装和箱包两个行业存在多个年度得分低于60分，为不合格水平，说明粤港澳大湾区出口行业管理体系认证整体水平偏低，提升空间仍然较大。管理体系认证对企业产品质量、品牌能力、创新发展有着重要的基础性作用，对出口产业高质量发展有着重要的促进效用，然而受国际国内多方面因素影响，粤港澳大湾区出口商品管理体系认证水平发展仍然不足，一定程度上是受近年来国际贸易摩擦不断、贸易战不断升级等因素影响，分散了出口企业对管理体系认证的关注力。

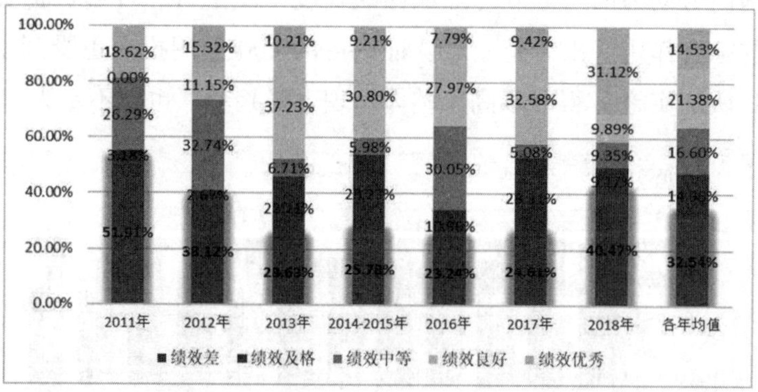

图9-2　2011—2018年粤港澳大湾区出口企业管理体系认证水平绩效情况

（二）产业高质量发展水平评价中发现的问题

1. 国际贸易环境日趋严峻，市场结构水平发展滞后、曲折

评价结果显示，粤港澳大湾区出口商品行业结构整体处于波动增长的良性态势，然而从行业结构水平的三个二级指标得分情况来看，市场结构发展大大滞后于规模结构和配套结构的发展，二级指标“SM市场结构”在2011—2018

年间平均得分为 73. 08 分，处于中等偏低水平，呈现出两拨螺旋上升的曲折发展态势；在行业评价得分情况方面，各行业得分均值在［69. 00，74. 89］区间内变动，玩具、纺织品服装行业得分均值低于 70 分，整体而言粤港澳大湾区出口行业市场结构处于中等偏低水平，大大滞后于规模结构和配套结构的发展。

进一步从市场结构相应三个三级指标：“SM_1市场占有率”“SM_2发达市场比例”“SM_3自主品牌比例”的评价情况来看，市场结构发展滞后问题主要集中在“SM_1市场占有率”和“SM_3自主品牌比例”两个指标上。三级指标“SM_1市场占有率”得分变动区间为［65. 97，70. 98］，得分均值为 68. 86 分，得分发展趋势曲折波动；从得分绩效情况来看，绩效差的出口企业占比非常大，各年度占比均值达到 32. 49%，2011 年比例最高达到 36. 52%，如图 9-3 所示；从各行业得分均值在［63. 27，70. 41］区间内变动，除了家用电器、信息技术、加工食品三个行业之外的 9 个行业的得分均值均在 70 分以下，市场占有率处于较低水平；一定程度说明粤港澳大湾区出口是数据商品的市场占有率偏低、市场结构水平不理想。三级指标“SM_3自主品牌比例”得分变动区间为［66. 24，70. 30］，得分均值仅为 67. 68 分，指标得分呈现持续的缓慢增长态势；从得分绩效情况来看，绩效差的出口企业占比同样非常大，各年度占比均值达到 31. 87%，2014—2015 年比例最高达到 38. 98%，如图 9-4 所示；12 个行业 8 年得分均值普遍在 60—70 分值段，鞋类行业得分均值为不及格水平，总体而言出口商品自主品牌比例水平处于一个较低的水平。

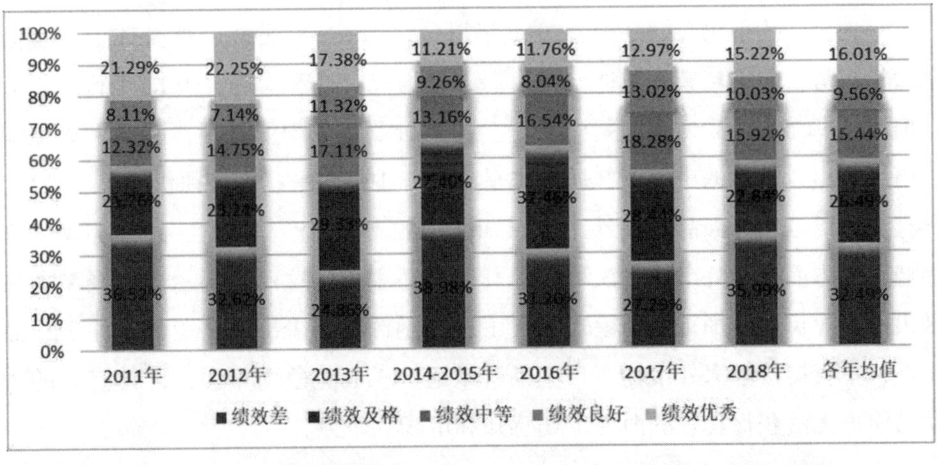

图 9-3　2011—2018 年粤港澳大湾区出口企业市场占有率水平绩效情况

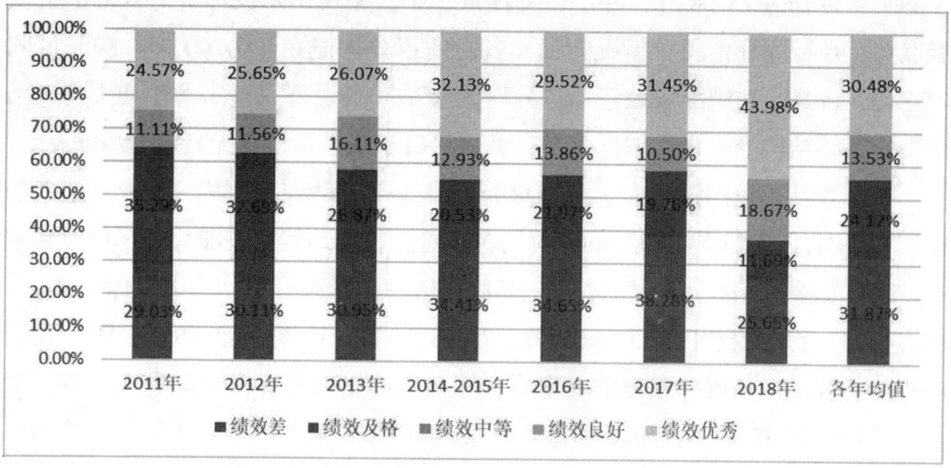

图 9-4　2011—2018 年粤港澳大湾区出口企业自主品牌水平绩效情况

总体而言，相对于产业规模结构和配套结构的发展，粤港澳大湾区出口产业市场结构的发展滞后，长期的外贸加工积累了粤港澳大湾区良好的规模结构和配套实力，同时也在广大出口企业中形成了代工思维痼疾，对海外市场开拓缺乏信心，自主品牌培育不足，使得很多出口企业在面对不断升级的国际贸易摩擦和国内资源禀赋优势消失时显得束手无策，出口市场结构发展波动曲折、增长艰难。

2. 市场服务机制不健全，市场感知质量发展不足

从行业质量评测结果可发现，二级指标“QM 市场感知”得分处于中等偏低水平，得分均值为 72. 09 分，2011 年得分仅为 69. 70 分，虽然整体上呈现波动增长态势，但市场感知整体水平发展不足的现实不容忽视；从 12 个行业得分均值在［69. 59，73. 56］区间内变动，鞋类行业得分均值最小，总体上粤港澳大湾区各出口行业的市场感知质量水平均处于中低水平状态。评价结果反映出，粤港澳大湾区出口商品的海外市场感知能力的不足，产品质量、产品品牌、产品档次等方面在海外市场的认可度提升空间还很大，这深刻揭示出粤港澳大湾区出口产业长期受加工贸易模式和代工思维制约，不少出口企业只专注于产品生产、不直接接触海外市场，自主品牌缺乏、核心竞争力不强，即使有好的产品品质也无法获得良好的海外市场感知和市场竞争力。

进一步从“QM 市场感知”对应的三级指标评测结果可发现，粤港澳大湾区出口行业的市场服务能力较弱，三级指标“QM_2 市场服务机制”8 年平均分仅 57. 94 分，处于低水平状态，虽然从 2011 年至 2018 年整体上呈波动上升趋势，得分最高点的 2018 年也只有 62.82 分；从各年得分绩效情况来看，得分绩效差的出口企业各年度占比均值达 53.70%，2012 年占比最高达到 63.52%，如图 9-5 所示；从各出口行业得分情况来看，行业得分均值在［51.61，60.05］区间内变动，除信息技术设备行业外，其他行业均处于差绩效水平。评价结果显示，粤港澳大湾区的出口商品市场服务机制发展严重不足，顾客服务机构和制度的建设非常滞后，对各类顾客需求满足能力必然受到极大的影响，自然也就难以获得良好的海外市场感知和认可，自主品牌培育和核心竞争力的建设也必然会大打折扣。

图 9-5　2011—2018 年市场服务机制得分绩效企业占比情况

3. 社会责任质量水平不高、改善提升空间仍然较大

评测结果显示，粤港澳大湾区出口商品社会责任质量水平处于中下水平状态，二级指标“QS 社会责任”评价得分在［70.96，73.49］区间内波动，得分均值为 72.47 分，2011 年至 2018 年得分变化趋势整体上呈现波动下降态势；从行业得分情况来看，各行业 7 年得分均值在［71.43，74.63］区间内变动，玩具、鞋类、加工食品等行业得分均值偏低，处于中等偏下水平，多数出口行业普遍存在一定的下降趋向。可以看出，粤港澳大湾区各出口行业社会责任质量水平普遍不高，且增长乏力。进一步从“QS 社会责任”指标对应三级指标评价得分情况来看，三级指标“QS_1能耗水平”和“QS_2环保水平”得分均处于中等偏下水平，各年平均得分分别为 72.10 分和 72.64 分；从得分变化趋势来看，2011—2018 年“QS_1能耗水平”得分呈现波动变化状态和增长乏力态势，而“QS_2环保水平”得分整体上呈现波动下降态势；这两项三级指标的各行业得分情况也不乐观，绝大多数行业得分都处于中等偏下水平，得分变化趋势基

本上都呈现增长乏力或下降态势。

综合而言，粤港澳大湾区出口商品社会责任质量水平整体处于中下水平，发展态势不容乐观，近年来随着国际贸易摩擦不断加剧，各国贸易壁垒措施也必将层出不穷，对出口商品的社会责任质量要求一直在不断提高，粤港澳大湾区各出口行业必须强化生态环境保护意识和社会责任意识，通过各类产品认证、管理体系认证等措施，不断提升自身社会责任质量管理能力和水平。

4. 行业技术创新整体水平不高，各行业发展不平衡

一级指标“行业技术创新”反映的是出口行业技术人才构成、制造工艺技术、产品研发设计等方面综合水平情况，评价结果显示行业技术创新水平总体处于中等偏下水平状态，2011—2018 年一级指标“行业技术创新”得分均值为 70.92 分，分值变化区间为［69.74，73.62］，虽然得分变化趋势整体呈现一定增长态势，但整体水平偏低，出口商品创新驱动发展提升空间仍然较大。进一步从技术创新水平相关二级指标和三级指标来看，粤港澳大湾区出口商品技术创新整体水平不高主要体现在人才结构水平偏低和研发创新能力发展不足两个方面(在后文详细说明)。面对国际贸易摩擦不断、贸易壁垒措施层出不穷、中美贸易战前景不明、国内资源禀赋优势消失等诸多不利因素，粤港澳大湾区出口企业必须认识到创新发展的重要性，加强了技术创新力度，通过技术创新转向更高端、更有潜力的生产模式，以更快地、更多地研发出符合市场需求并且有较高技术含量和附加值的新产品，从而获得更强的国际竞争优势和更好的市场地位。

进一步从各行业技术创新水平评价情况来看，各行业 7 年得分均值在［67.03，74.03］区间内变动，信息技术设备、音视频设备、照明设备、家用电器等技术含量高的行业处于中等以上水平状态，并且呈现出较好的增长趋势；而玩具、纺织品服装、仿真饰品、鞋类、箱包等劳动密集型行业得分落于合格水平，普遍增长乏力或处于得分下降态势。行业评价结果显示，粤港澳大湾区出口商品行业技术创新发展呈现较明显的两极分化趋势，资金和技术密集型行业越来越重视创新发展，将技术创新作为提升产品质量、增加附加值、打造核心竞争力的主要手段，技术创新能力正由中上水平向更高层次发展；而劳动密集型的传统行业受各方面的约束，技术创新普遍水平不高、投入不足，发展态势不容乐观，面对日趋复杂严峻的出口市场，其生存也会越发艰难。

5. 人才结构水平偏低，高层次人才缺口突出

人才是技术创新的根本性资源，二级指标“TH 人才结构水平”评价显示，港澳大湾区出口产业人才结构水平整体偏低，指标得分变动区间为［66.37，73.75］，得分均值仅为69.04分，基本处于合格水平。虽然呈现一定的波动增强态势，但整体处于较低水平状态；从各行业得分情况来看，各行业得分均值在［65.31，72.54］区间内变动，12个行业中有8个得分小于70分，行业人才结构水平明显偏低，信息技术、照明设备、音视频设备等资金技术密集型行业人才结构增强趋势明显，而鞋类、服装等传统劳动密集型行业发展动力不足。

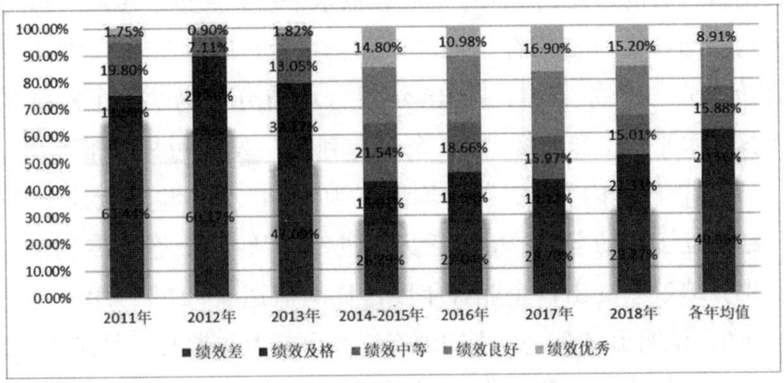

图9-6　2011—2018年本科以上员工比例绩效情况

进一步从二级指标“TH人才结构水平”对应三级指标评价结果来看，高层次人才与熟练工人发展不平衡，三级指标“TH_2熟练工人稳定性”得分均值为76.31分，整体处于中等偏上水平，而三级指标“TH_1本科以上人员比重”评价得分均值仅为63.50分，高层次人才发展已是当前出口企业的主要短板。进一步从三级指标“TH_1本科以上人员比重”评价得分来看，2011—2018年指标得分变动区间为［60.47，66.75］，虽有明显的增强态势，但整体处于基本合格的较低水平；从得分绩效来看，得分绩效差的出口企业各年度占比均值达40.36%，2012年占比最高达到63.44%，说明出口企业高层次人才缺失的短板较严重，如图9-7所示。进一步从行业得分情况来看，12个行业“TH_1本科以上人员比重”得分均小于70分，行业得分均值在［59.24，69.23］区间内变动，处于较低水平状态。综合而言，评价结果充分揭示了粤港澳大湾区各出口行业高层次人才短板突出，本科以上人员比重总体上处于偏低水平，高层次人才作为技术创新的重要基石，出现短板问题必然会大大制约大湾区出口商品的创新发展步伐。究其原因，很多程度上源于出口企业长期以来受加工贸易发展模式和代工思维影响，出口企业过度专注于加工制造，在研发创新投入不足，人才队伍建设滞后，导致高层次人才短板突出。

6. 研发创新水平偏弱，自主知识产权产出能力较低

二级指标“TT 研发创新水平”评价结果如图 9-7 所示，2011—2018 年指标得分变动区间为［68.07，73.12］，得分均值为 69.22 分，虽然呈现一定的波动增长的趋势，但整体处于基本合格的较低水平；从行业得分情况来看，可以看出各年行业得分在［54.22，78.54］区间内浮动，2011—2018 年得分均值在［60.91，73.54］区间内变动，12 个行业中有 8 个得分小于 70 分，说明粤港澳大湾区各出口行业的研发创新水平处于较低水平状态。进一步从“TT 研发创新水平”对应三级指标评价来看，“TT_1产品自主设计能力”和“TT_3技术创新能力”的评价得分均不高，2011—2018 年得分均值分别为 72.10 分和 70.54 分，处于中等偏下水平；三级指标“TT_2企业专利量”发展短板异常突出，得分在［62.71，66.08］区间内变动，得分均值仅为 64.47 分，整体上处于很低水平，得分变化趋势处于波动态势、增长乏力。进一步从“TT_2企业专利量”得分绩效来看，得分绩效差的出口企业各年度占比均值达 65.27%，2016 年占比最高达到 73.19%，说明出口企业自主知识产权产出能力非常低，尤其是中小型出口企业，如图 9-7 所示。从各行业“TT_2企业专利量”得分情况来看，各行业得分均值在［58.36，69.54］区间内波动，行业间的得分均值差距不大，纺织服装行业落入不及格得分区域。综合而言，粤港澳大湾区出口产业研发创新水平整体偏低，出口企业知识产权意识亟待提升，专利的数量与质量增长不足。面对近年来国际贸易摩擦加剧、中美贸易战前景不明、国内资源禀赋优势消失等因素，出口企业必须认识创新发展的重要性、摒弃传统代工思维，逐步加强人才建设、推动技术创新，才能在严峻的国内外市场环境中求生存、谋发展。

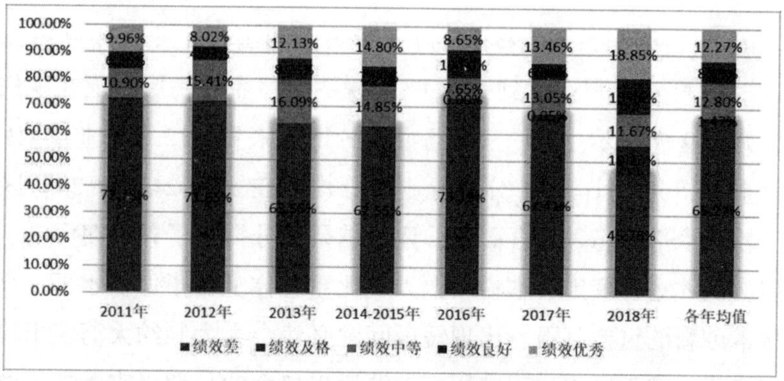

图 9-7　2011—2018 年“TT_2企业专利量”得分绩效情况

二、影响作用分析中发现的问题

（一）认证认可对行业结构水平影响分析中发现的问题

认证认可作为一种全球通行的市场治理机制，对出口产业的发展有着重要的作用。然而影响作用分析显示，认证认可对出口产业的行业结构水平的促进效用主要体现在微观层面，认证认可各级指标对行业结构水平总指数均在较大概率层面上存在正向促进效用，但在细节环节上也反映出不同类别问题；宏观层面认证认可与出口产业的行业结构水平关联度不高，认证认可总指数与行业结构水平总指数的关联密切性概率仅为 57.14%，一级指标“E 认证实施”与行业结构水平总指数的关联密切性概率仅为 0，说明认证认可与我国当前经济运行机制的匹配融合不充分，在宏观政策和制度体系设计上仍然存在很大的改进空间。

1. 认证认可对出口行业规模结构促进作用不足

相关性分析显示，除二级指标“E_1管理体系认证”之外，认证认可各级指标与二级指标“SS 规模结构”相关性的显著性概率普遍在 50%—85%之间，存在一定的不确定性，平均相关系数都小于 0.15，相关强度不高；回归分析进一步显示，5 个认证认可二级指标与二级指标“SS 规模结构”之间的回归显著性概率普遍在 57.14%，二级指标“B_1企业标准认知”与“SS 规模结构”之间的回归显著性概率仅为 14.29%，二级指标“B_3产品检验标准”的回归系数出现负值，说明其对行业规模结构的发展存在一定的负面作用。

进一步从“SS 规模结构”对应三级指标来看，认证认可的促进效用在微观企业规模层面非常显著，认证认可总指数及认证认可一级指标全部与“SS_2企业规模水平”在 0.01 水平上显著相关，显著性概率全部达到 100%。而认证认可对“SS_1大型企业比重”的影响作用非常弱，认证认可总指数与该指标的相关性不高，显著性概率仅为 57.14%，说明存在较大的不确定性，平均相关系数为 0.1093，说明相关程度不高，认证认可二级指标与“SS_1大型企业比重”的相关性与认证认可总指数相似；从回归分析可以看出，如图 9-8 所示，除“E_2产品认证”外其他认证认可二级指标与“SS_1大型企业比重”的回归显著性概率都非常低，说明认证认可对“SS_1大型企业比重”的影响作用较大概率不显著，并且“B_1企业标准认知”和“B_2质量控制标准”的平均回归系数为负数，对“SS_1大型企业比重”存在微弱的负面效用。综合而言，认证认可对产业规模结构的影响主要显现在微观企业规模层面，在宏观层面认证认可对推动出口产业大型企业比重的影响较弱，且存在微弱的负向作用。

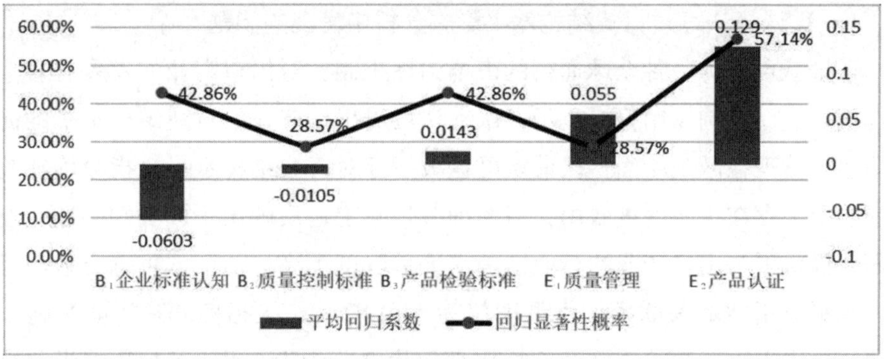

图 9-8　认证认可对“SS_1大型企业比重”影响作用回归分析总结

2. “B 认证基础”对市场占有率作用乏力

相关性分析和回归分析显示，认证认可一级指标“B 认证基础”对出口产业市场结构存在一定正向促进效用，但在对三级指标“SM_1市场占有率”的作用上明显缺乏力度，二者相关性的显著性概率仅为 28.57%，说明“B 认证基础”较大概率缺乏对“SM_1市场占有率”的影响作用，二者之间的平均相关系数为 0.123，说明即便在少数存在显著相关的年度，二者之间的相关程度也不高，如图 9-9 所示。在宏观层面，“B 认证基础”与“SM_1市场占有率”灰色关联分析显示，二者之间的密切性概率仅为 14.29%，即 7 年中仅有 1 年达到非常密切关联度水平，说明认证基础在宏观上对于提升市场占有率、优化改善出口市场结构的效用非常低。

进一步从“B 认证基础”对应的二级指标来看，与三级指标“SM_1市场占有率”相关性的显著性概率普遍不高，尤其是“B_2质量控制标准”和“B_3产品检验标准”与三级指标“SM_1市场占有率”的显著性概率仅为 42.86% 和 28.57%，说明较大概率存在不相关；并且“B_3产品检验标准”与三级指标“SM_1市场占有率”的平均相关系数为-0.1045，说明出口产业检验标准的实际应用对提升市场占有率存在负向作用。进一步从以“SM_1市场占有率”为因变量的回归分析来看，“B_2质量控制标准”和“B_3产品检验标准”的平均回归系数均小于 0，说明二者对市场占有率同样存在一定负向影响作用。宏观层面灰色关联分析显示，“B 认证基础”对应的二级指标与三级指标“SM_1市场占有率”灰色关联度的密切性概率非常低，“B_1企业标准认知”“B_2质量控制标准”

的密切性概率均为 0，“B_3产品检验标准”的密切性概率也仅为 14.29%，说明宏观层面认证基础对市场占有率改善效用不足。综合而言，认知基础对提升市场占有率作用乏力，在优化改善出口市场结构方面的提升空间较大。

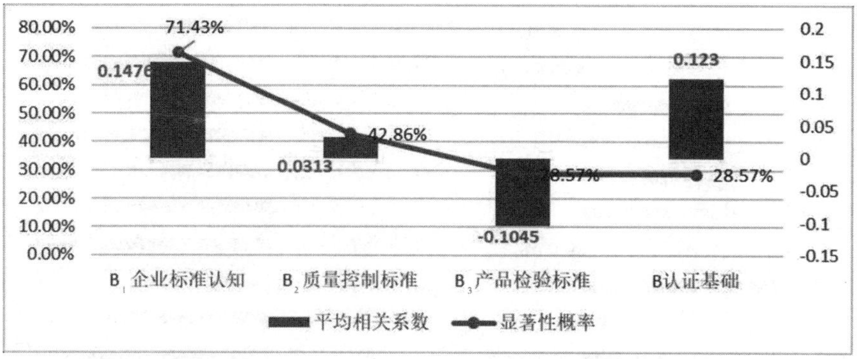

图 9-9　“B 认证基础”对“SM_1市场占有率”影响作用相关性分析总结

3. “B_3产品检验标准”对出口行业结构发展存在负向效用

五项认证认可二级指标中，“B_3产品检验标准”对行业结构水平各级指标的影响作用表现最差，相关性分析中显著性概率普遍较低，即对行业结构水平影响作用存在很大的不确定性，并且与 2 项二级指标（“SS 规模结构”“SM 市场结构”）和 2 项三级指标（“SS_2企业规模水平”“SM_1市场占有率”）在个别年度存在微弱的显著性负相关，尽管相关系数非常小，但也反映出“B_3产品检验标准”对出口行业结构优化发展的促进效用上的不足。进一步从回归分析来看，“B_3产品检验标准”与行业结构水平各级指标的回归显著性概率普遍不高，说明“B_3产品检验标准”的影响作用具有非常大的不确定性；并且对行业结构水平各级指标的平均回归系数大部分都小于 0，说明相对其他认证认可二级指标，“B_3产品检验标准”更加倾向于对行业结构水平产生负面效用，在 2014—2015 年度对行业结构水平总指数的回归系数为-0.159（在极其显著水平上），并且该年对二级指标“SM 市场结构”及其三级指标“SM_1市场占有率”均呈现相对较大程度的显著性负向回归，说明“B_3产品检验标准”对行业结构水平存在不可忽视的负向效用，尤其在市场结构发展方面负向效用更加突出（如图 9-10 所示）。在宏观层面，“B_3产品检验标准”对行业结构水平存在一定的影响，但与多数行业结构水平指标灰色关联度呈现非常低的密切性概率，说明其影响非常微弱。总体而言，“B_3产品检验标准”对行业结构水平存在负向效用，尤其是在市场结构发展方面负面效用不可忽视，更深层次上反映了出口企业进行产品检验时所采用的各类标准与出口市场需求存在一定的偏离，出口企业在产品检验标准上应向国际先进性或权威性的标准和准则看齐。

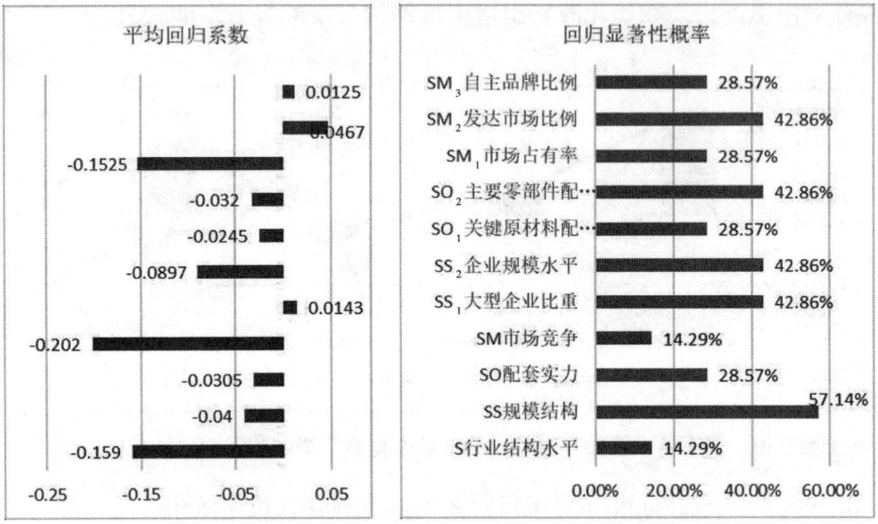

图 9-10 “B_3产品检验标准”对行业结构水平影响作用回归分析总结

（二）认证认可对行业质量水平影响分析中发现的问题

认证认可对出口行业质量水平的影响主要体现在微观层面，但也存在一些细节层面认证认可效用发挥不足或负面影响情况，而在宏观层面上的影响效应比较迟钝或滞后，宏观影响作用非常弱。

1. 认证认可对质量水平的宏观促进效用弱

在宏观层面认证认可的对出口商品质量水平存在一定的促进效应，但对比认证认可对产业质量发展的微观影响作用，其强度和密切性有较大的减弱或稀释。在认证认可总指数影响作用层面，认证认可总指数对产业质量水平的宏观层面影响作用一般，与一级指标“产业质量水平 Q”的平均关联度为 0. 7279，7 个年度仅 1 年达到非常密切关联水平，与二级指标“QC 产品合格”和“QS 社会责任水平”的密切性概率均为 0，与三级指标“QC_3成品合格水平”“QM_2市场服务机制”“QS_1能耗水平”“QS_2环保水平”的密切性概率也都为 0，说明在整体层面认证认可对质量水平的宏观促进效应较弱。在认证认可一级指标对产业质量的宏观影响方面，“E 认证实施”在宏观影响效应上明显偏弱，在质量水平各级指标中，除与一级指标“QM 市场感知”的灰色关联密切性概率仅为 14. 29%外，与其他指标的密切性概率均为 0，说明认证认可在出口产业的实施应用与宏观质量水平之间关系缺乏密切性，对质量的宏观促进效用不足。在认证认可二级指标的宏观影响作用方面，“E 认证实施”对应的二级指标都表现出明显的弱效用，“E_1管理体系认证”与一级指标“产业质量水平 Q”的平均关联度仅为一般密切水平，密切性概率为 0；“E_2产品认证”虽然与一级指标“Q 行业质量水平”的平均关联度达到 0.7757，密切性概率也达到 57.14%，但“E_2产品认证”与其他的质量水平指标的密切性概率均为 0，说明认证实施在宏观层面上对质量水平发展的促进效用非常弱。此外，从一级指标“B 认证基础”及其对应二级指标的宏观影响作用分析结果来看，它们虽然对宏观质量有一定的促进效用，但作用强度也不高。总体而言，认证认可在宏观层面对质量发展的促进效用提升空间仍然很大，尤其是在认证实施应用层面上的促进作用，表现出非常明显的弱效用状态。

从质量水平各级指标影响情况来看，二级指标“QS 社会责任”及其对应的两个三级指标，与认证认可的关联关系非常弱，认证认可各级指标与“QS 社会责任”的密切性概率都为 0，即 7 个调查年度中没有 1 个关联性达到非常密切水平；三级指标“QS_1能耗水平”仅与认证认可二级指标“B_1企业标准认知”存在 28.57%的密切性概率，与其他认证认可指标的密切性概率均为 0；三级指标“QS_2环保水平”与所有认证认可指标的密切性概率都为 0，充分说明认证认可对出口商品的社会责任质量缺乏宏观影响力。此外，认证认可对三级指标“QM_2市场服务机制”的宏观作用效应非常不足，三级指标“QM_2市场服务机制”只与“B_1企业标准认知”存在 14.29%的较小密切性概率，与其他认证认可指标的密切性概率均为 0。总体而言，认证认可对出口商品质量水平缺乏宏观促进效应，主要表现在对市场服务机制、能耗水平、环保水平等方面的宏观影响效用不足。

2. 产品认证对出口商品质量水平微观正向效用不足

从微观层面相关性分析和回归分析结果汇总表可知，产品认证的实施应用对出口商品质量的正向效用存在很大的提升空间，具体数据如图 9-11 和图 9-12 所示。产品认证与行业质量水平的促进作用弱，二级指标“E_2产品认证”对“行业质量水平 Q”的相关性显著性概率仅为 28.57%，平均相关系数为 0.106，揭示出产品认知对质量的影响存在很大不确定性；而回归分析显示，二级指标“E_2产品认证”对“行业质量水平 Q”的回归显著性概率为 0，说明相对于其他认证认可二级指标，“E_2产品认证”的影响作用不明显；也反映出在质量水平整体层面上产品认证的实施应用对质量水平的促进效用存在较大不足。

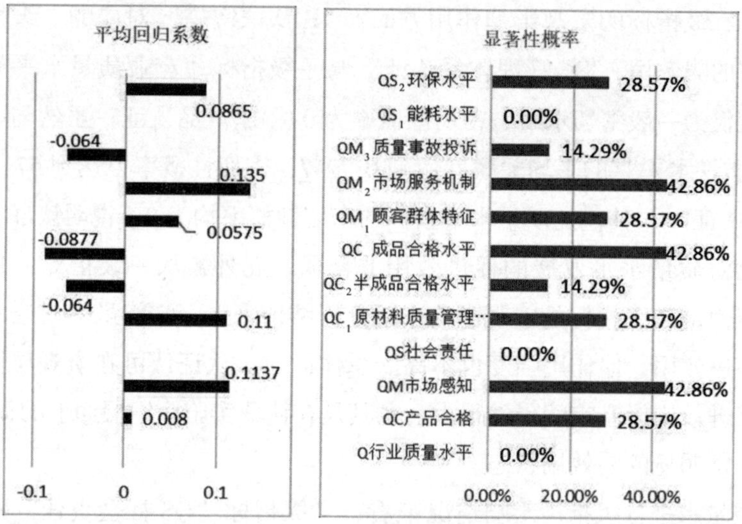

图 9-11　“E_2产品认证”对出口商品质量水平影响作用回归分析总结

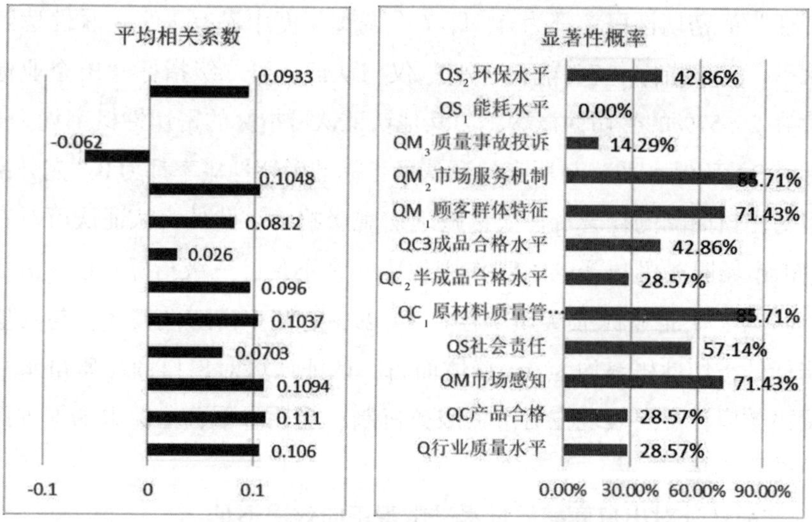

图 9-12　“E_2产品认证”对出口商品质量水平影响作用回归分析总结

具体到对质量水平二级指标层面，二级指标“E_2产品认证”与“QC 产品合格”的显著性概率仅为 28.57%，说明二者之间相关性存在很大不确定性；与“QS 社会责任”的显著性概率仅 57.14%，平均相关系数为 0.0703，说明微观层面产品认证对社会责任质量的促进效用非常弱、且存在一定的不确定性。在回归分析方面，“E_2产品认证”与“QC 产品合格”的回归显著性概率为 0；与“QC 产品合格”的显著性概率仅为 28.57%，但回归系数仅为 0.008；说明相对于其他认证认可二级指标“E_2产品认证”对质量水平的促进效用更弱，产品认证对这两个质量指标的正向影响作用不足也影响到其对行业质量总水平的发展促进效用。

在质量水平三级指标层面，二级指标“E_2产品认证”的影响作用较弱、甚至出现微弱的负向效应。“E_2产品认证”对“QC 产品合格”对应指标三级指标的正向作用不强；相关关系分析显示，对三级指标“QC_2半成品合格水平”和“QC_3成品合格水平”的显著性概率均较小，说明影响作用存在较大不确定性；回归分析显示，对“E_2产品认证”对“QC_2半成品合格水平”和“QC_3成品合格水平”的平均回归系数小于 0，虽然回归系数值非常小，但也说明相对于其他认证认可二级指标“E_2产品认证”更倾向于负面影响作用。“E_2产品认证”对“QS 社会责任”对应的两个三级指标正向作用同样较弱，相关性分析和回归分析中都呈现较小的显著性概率和系数值。此外，“E_2产品认证”对三级指标“QM_3质量事故投诉”也存在明显的负向效应。综合而言，微观层面出口商品的产品认证对质量的促进效用存在明显的不足，说明面对日趋严峻的国际贸易壁垒和不断升级的贸易战，认证认可的效用发挥受到较大的负面影响，出口企业对认证认可的重视程度也有所下降，认证认可发展如何与时俱进是当前经济新常态下的又一重要课题。

3. 微观层面认证认可对“QM_3质量事故投诉”存在负面效用

三级指标“QM_3质量事故投诉”反映市场对出口商品不良感知状态，在出口贸易领域通常表现为出口商品的被投诉、被通报、召回等方面的质量事故。微观层面相关性分析显示，认证认可对改善“QM_3质量事故投诉”存在非常明显的不足之处，在 5 个认证认可二级指标中有三个与“QM_3质量事故投诉”呈现出负相关性，说明认证认可对该项指标的改善存在负面效用，如图 9-13 所示。二级指标“B_1企业标准认知”与“QM_3质量事故投诉”相关性的显著性概率只有 42.86%，平均相关系数为-0.0293，说明出口企业在标准认知上存在显著性的负向影响作用，虽然相关系数的值较小，但负向性影响不容忽视。“B_2质量控制标准”与“QM_3质量事故投诉”相关性的显著性概率只有 14.29%，但在 2014—2015 年度呈现显著性的负相关，相关系数呈现较大的负向值-0.737，说明出口企业质量控制标准的应用方面与出口市场之间存在较大的背离，2014 年以来全球贸易壁垒措施进一步加强，出口商品质量控制标准跟进滞后对“QM_3质量事故投诉”产生负面效应。二级指标“E_1管理体系认证”对“QM_3质量事故投诉”也存在微弱的负面效用，2011 年度和 2017 年度都呈现显著的负相关，虽然相关系数为较小的负值，但也说明出口企业管理体系认证的实施应用对改善“QM_3质量事故投诉”方面正向作用不足。二级指标“E_2产品认证”对“QM_3质量事故投诉”也表现出了一定的负面效用，2017 年出现显著负相关，相关系数为较小的负向值-0. 062。总体来看，微观层面认证认可对“QM_3质量事故投诉”促进作用不足，且存在不容忽视的负面效用，反映出当前粤港澳大湾区认证认可的发展与海外市场质量要求存在一定的背离现象，认证认可在基础设施建设和实施应用方面都存在较大的改善空间。

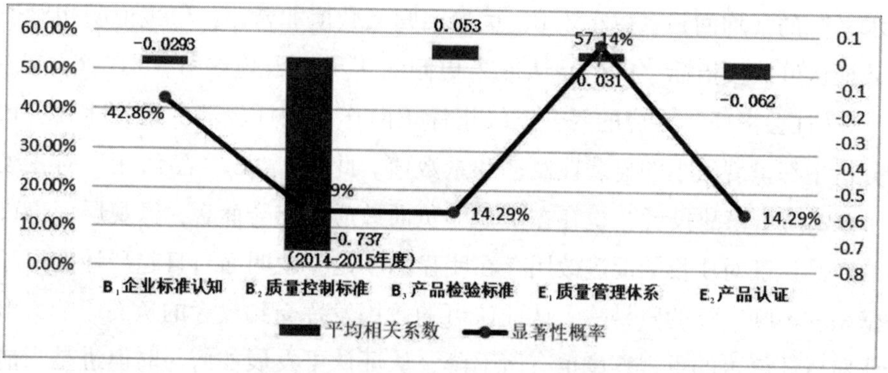

图 9-13　认证认可对“QM_3质量事故投诉”影响作用相关性分析总结

4. 微观层面认证认可对“QS_1能耗水平”质量的促进作用偏弱

从相关性分析结果汇总表可知，“认证认可水平总指数 R”和“QS_1能耗水平”的显著性概率为 57. 14%，相关系数只有 0. 1222，可见在总体层面认证认可对能耗水平的微观促进作用不强，且存在一定的不确定性；在认证认可一级指标层面，“E 认证实施”与“QS_1能耗水平”的显著性概率为 57. 14%，平均相关系数仅为 0. 0776，说明“E 认证实施”对改善能耗水平的促进作用较弱，且存在一定的不确定性。从认证认可二级指标影响作用层面看，“E_2产品认证”与能耗水平的相关性和回归性显著性概率都为 0，说明产品认证对能耗水平不存在显著性影响；进一步从回归分析结果来看，只有“B_1企业标准认知”对“QS_1能耗水平”的回归显著性概率为 71. 43%，相对较高。其他认证认可二级指标对“QS_1能耗水平”的回归显著性概率普遍偏低，回归系数也普遍不高，“B_2质量控制标准”的回归系数出现较小的负值，说明其对能耗水平的改善存在微弱的负向效用，整体而言各认证认可二级指标对“QS_1能耗水平”正向作用普遍偏弱。综合而言，在微观层面认证认可对改善能耗水平的促进效用不足，近年来为了保护本国环境，世界各国在环境保护、能耗要求等方面的相关指标水平越来越高，绿色认证对粤港澳大湾区出口企业提出了新的要求，同时受自身条件的约束，很多出口企业未能及时掌握和消化吸收不断升级的环境保护标准和要求，使得认证认可的促进效用无法充分发挥作用，粤港澳大湾区出口商品企业通过认证认可在改善能耗水平方面的提升空间仍然非常大。

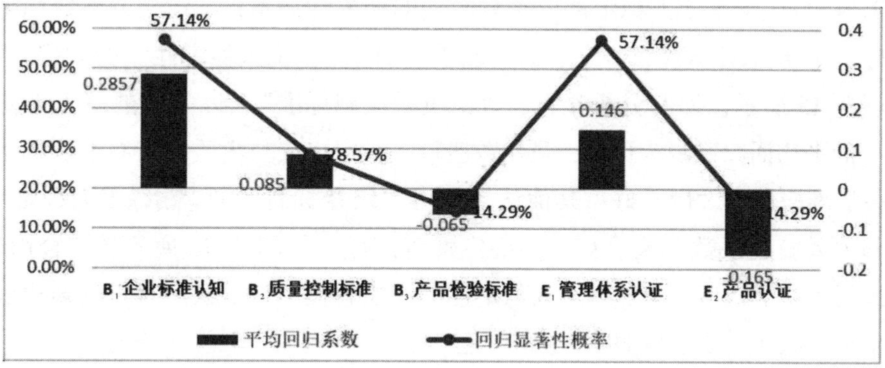

图 9-14 认证认可对"QS_1能耗水平"影响作用回归分析总结

（三）认证认可对行业技术创新水平影响分析中发现的问题

认证认可对出口行业技术创新水平的影响同样在微观层面相对较好，但也存在对"TH_2熟练工人稳定性""TT_1产品自主设计能力"等细节层面的认证认可效用发挥不足或负面影响情况，而在宏观层面上对技术创新的影响效应比较迟钝或滞后，宏观影响作用普遍呈现较弱状态。

1. 认证认可对改善技术工人水平的影响作用弱

根据影响作用分析结果显示，认证认可的各级指标对"TH_2熟练工人稳定性"的影响作用弱，即对提升技术工人水平的正向作用不足。在宏观层面灰色关联分析进一步显示，认证认可与"TH_2熟练工人稳定性"关联度不高，认证认可宏观促进效用非常弱。"认证认可水平总指数 R"与"TH_2熟练工人稳定性"的关联密切性概率仅为 14.29%，平均关联度只有 0.7106，说明其在宏观层面对技术工人水平的改善效用不足。在认证认可一级指标层面，"E 认证实施"与"TH_2熟练工人稳定性"的关联密切性概率为 0，说明认证认可的实施应用和熟练工人稳定性没有密切关系。认证认可二级指标和"TH_2熟练工人稳定性"的关联密切性概率均为 14.29%或 0，呈现出弱关联性。综合而言，在宏观层面认证认可对出口企业技术工人水平的改善缺乏正向效用。

微观层面相关性分析显示，认证认可总指数与"TH_2熟练工人稳定性"的平均相关系数仅为 0.0724，显著性概率为 71.43%，说明总体层面认证认可对改善技术工人水平作用很弱。认证认可一级指标与“TH_2熟练工人稳定性”的平均相关系数均小于0.1，其中“E认证实施”对该指标的影响作用低至42.86%，说明认证认可在基础和实施应用两个层面都与技术工人水平联系不强。在认证认可二级指标层面，除“B_1企业标准认知”外其他认证认可二级指标都与“TH_2熟练工人稳定性”呈现较弱的相关性关系，平均相关系数均小于0.1，反映出认证认可在各个层面对改善“TH_2熟练工人稳定性”的效用较弱，如图9-15所示；回归分析显示，“B_2质量控制标准”与“TH_2熟练工人稳定性”的平均回归系数为负值，虽然数值较小，但也反映出质量控制中认证认可相关标准应用的效用不好，其他认证认可二级指标对“TH_2熟练工人稳定性”回归关系呈现系数不高、存在不确定性等问题，如图9-16所示。综合而言，微观层面认证认可对于熟练工人稳定性的影响较低，认证认可对于改善技术工人水平正向作用明显偏弱。

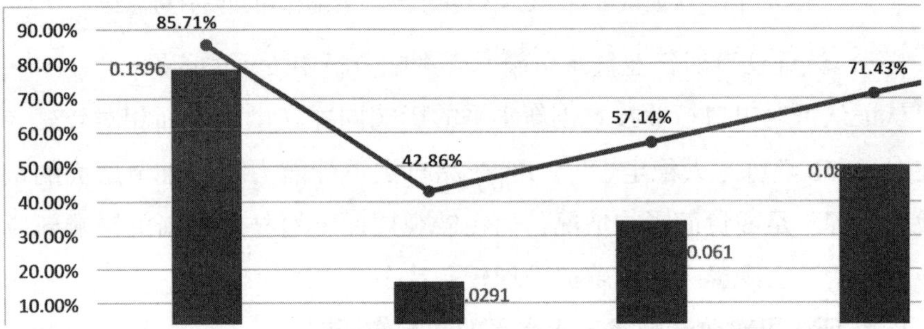

图9-15　认证认可对“TH_2熟练工人稳定性”影响作用相关性分析总结

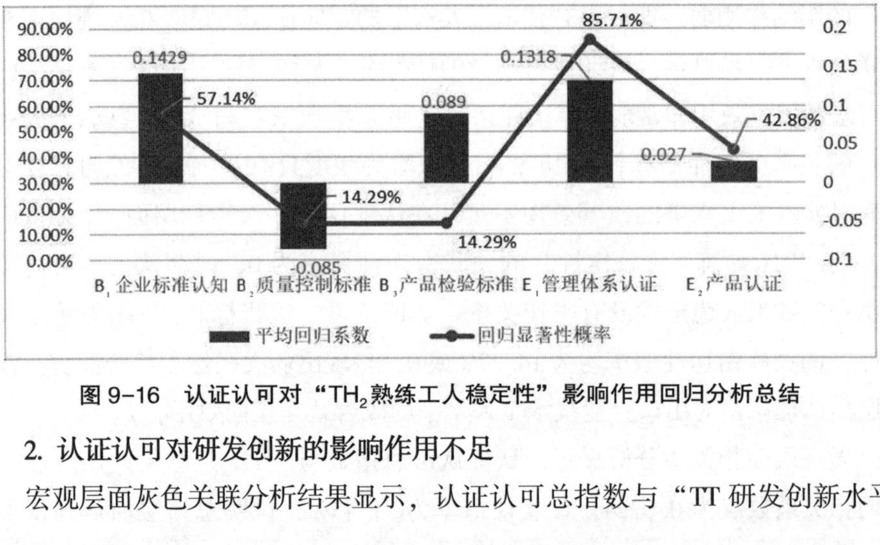

图9-16　认证认可对“TH_2熟练工人稳定性”影响作用回归分析总结

2. 认证认可对研发创新的影响作用不足

宏观层面灰色关联分析结果显示，认证认可总指数与“TT研发创新水平”

密切性概率仅为 14.29%，认证认可一级、二级指标与“TT 研发创新水平”的密切性概率均为 0，并且认证认可各级指标与“TT 研发创新水平”对应三级指标之间关联密切性概率也普遍较低，说明在宏观层面认证认可对出口企业的研发创新能力的改善缺乏影响作用，这种宏观层面的不足映射到微观层面，主要体现为对“TT_1产品自主设计能力”缺乏促进效应。

微观层面相关性分析的结果显示，认证认可的各项指标对“TT_1产品自主设计能力”的影响作用弱，平均相关系数普遍小于 0.1，相关性的显著性概率普遍在 50%左右。认证认可总指标与“TT_1产品自主设计能力”的相关性的显著性概率为 71.43%，并且平均相关系数仅为 0.062，说明整体而言认证认可对自主设计能力的效用很低。在认证认可一级指标层面，“E 认证实施”对该指标的显著性概率低至为 42.86%，平均相关系数仅为 0.0246；一级指标“B 认证基础”与该指标的相关性的显著性概率为 28.57%，平均相关系数仅为 0.0484，充分说明认证认可的弱影响效应。在认证认可二级指标层面，二级指标与该项指标的相关性概率普遍在 60%左右，除“B_1企业标准认知”外其他认证认可二级指标都与“TT_1产品自主设计能力”呈现较弱的相关性关系，平均相关系数均小于 0.1，一定程度上揭示出认证认可对自主设计能力的弱影响效应。进一步从回归分析结果来看，二级指标“B_2质量控制标准”对“TT_1产品自主设计能力”的平均回归系数为-0.085，说明相对其他认证认可二级指标，该项指标倾向于负面效应；“B_3产品检验标准”和“E_2产品认证”的平均回归系数都非常小，说明这两项指标对产品自主设计的影响作用更显弱势，如图 9-17 所示。

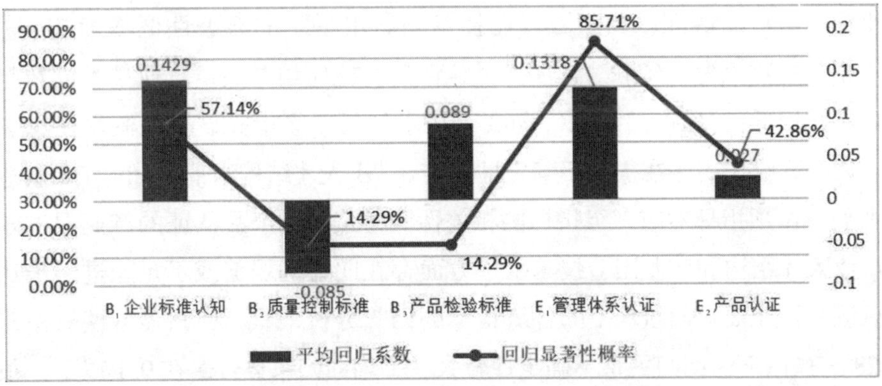

图 9-17　认证认可对“TT_1产品自主设计能力”影响作用回归分析总结

综合而言，认证认可对出口企业研发创新缺乏宏观促进效应，具体到微观层面，表现为对产品自主设计能力的促进效应不足，当前出口企业产品设计长期存在的是模仿创新的模式，而产品自主设计能力对当前国内工业基础水平和人才结构有着很高的依赖，对于企业的产品认知、市场认知、自主创新能力等都有更高的要求，认证认可对于产品自主设计能力方面的促进效用仍然有待提升。

3. 产品认证对技术创新水平促进效应弱

根据宏观层面的灰色关联分析结果显示，二级指标“E_2产品认证”对提升出口行业技术创新水平缺乏宏观影响效应。二级指标“E_2产品认证”与“T 行业技术创新水平”的密切性概率为 0，说明产品认证实施应用与出口行业宏观技术创新能力缺乏密切关联。“E_2产品认证”与二级指标“TH 人才结构水平”及其对应三级指标的密切性概率都为 0，说明产品认证对行业人才结构影响效应非常弱。“E_2产品认证”与二级指标“TM 制造技术水平”密切性概率为 14.29%，但与“TM 制造技术水平”其对应三级指标的密切性概率都为 0，说明产品认证与行业制造技术水平缺乏宏观关联密切性。“E_2产品认证”与“TT 研发创新水平”的密切性概率为 0，但与“TT 研发创新水平”对应三级指标存在 50%左右的密切性概率，说明产品认证对研究创新的细节层面有着一定的宏观关联效应，但在整体层面这种效应稀释较大。综合而言，产品认证的实施应用对出口行业的技术创新水平发展缺乏宏观促进效应，尤其是在人才结构和制造技术水平的提升方面。

进一步从微观相关性分析和回归分析结果来看，产品认证的实施应用对出口行业技术创新的促进效应，仍然表现出较大的不足之处，主要体现在“TH 人才结构水平”和“TM 制造技术水平”两个领域上面。相关性分析显示，二级指标“E_2产品认证”与“T 行业技术创新水平”的显著性概率为 71.43%，平均相关系数仅为 0.0742，说明产品认证的实施应用对出口行业技术创新整体上促进效用低；“E_2产品认证”与 3 个技术创新二级指标显著性概率在 50%左右，说明影响作用存在很大不确定性；与“TH 人才结构水平”和“TM 制造技术水平”两项指标对应三级指标的相关性同样偏弱，产品认证的产业促进效应在产业人才结构和产业制造技术水平方面存在明显的弱势或不足。进一步从产品认证对行业技术创新水平的各级指标的回归分析来看，回归显著性概率普遍在 28.57%以下，回归关系不确定性较大，平均回归系数普遍在 0.1 以下，很大程度上说明二级指标“E_2产品认证”相对于其他认证认可二级指标，对出口行业技术创新促进效应更显不足和弱势，如图 9-18 所示；并且，“E_2产品认证”对二级指标“TH 人才结构水平”的平均回归系数为-0.134，说明产品认证对人才结构呈现出较大的负面效应，“E_2产品认证”对二级指标“TH 人才结构水平”对应三级指标的回归系数也出现较大的负值，尤其是对“TH_2熟练工人稳定性”的平均相关系数低至-0.165，虽然回归显著性概率只有 14.29%，但产品认证对技术工人水平的负向效应不能忽视。

综合来看，产品认证的实施应用在宏观微观层面对技术创新均存在明显的正向促进效应不足，说明认证认可在未来发展过程中应该更加注重产品认证的效用水平，重点对其人才结构水平、制造技术水平上的影响作用给予关注。

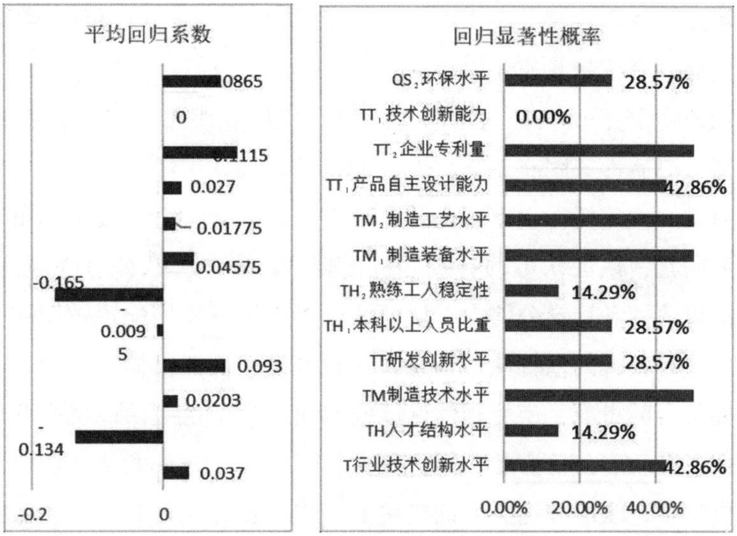

图 9-18　产品认证对“TT 出口行业技术创新”影响作用回归分析总结

三、认证认可实施应用中存在的问题

（一）我国认证认可制度体系存在的问题

1. 认证认可体制对政府公信力存在较大依赖性

认证认可制度对中国而言是一项“舶来品”，在该项制度导入中国特色的社会主义市场经济的过程中，必然存在着各种“水土不服”现象。由于市场秩序本身的自我纠错和市场主体的自我约束是不够的，不能完全依靠不受约束的市场自然形成认证认可市场秩序，并作为“看不见的手”发挥作用，因此我国认证认可发展过程中政府的作用是不可或缺的，我国认证认可事业具有政府主导的鲜明特征，认证机构跟政府之间又存在着千丝万缕的关系。形成鲜明对比的是，在认证认可已有百年发展历程的西方国家，政府的推动并不明显，例如美国高等教育认可制度直到二战后才开始有政府的介入，美国目前尚未形成全国统一的、有权威的认可组织；在认证发源地英国，也以民间机构负责为主，认证认可工作较为分散，英国政府唯一授权的国家认可机构直到 1995 年才成立。中西方两种认证认可发展各有利弊，西方国家虽然形成了一种有效的认证认可市场机制，但这个过程经历了上百年时间的不断纠错修正，最终也还是引入了政府规制措施；中国特色的社会主义市场经济发展历程不长，不可能等待几十年、上百年的时间自然形成认证认可机制而错失经济全球化发展的重大良机，构筑健康的认证认可市场秩序必然离不开政府的推动作用，政府主导为我国认证认可发展过程中最显著的特征之一，也贯穿于认证认可发展的全过程，认证认可发展一直依赖政府公信力。

引入政府规制推动认证认可事业发展，能够克服市场机制都存在的盲目性、自发性、滞后性等固有缺陷，大大地推动认证认可事业的快速发展。但认证认可本身是一种信任传递市场机制，政府主导下必然会导致影响市场效用发挥的一系列问题，认证认可的有效性也受到一定影响，认证过程规范有序性、认证结果的可信性和社会公信力、认证认可对市场资源的配置效用等方面都表现出对政府存在较大的依赖性。首先，在我国设立认证机构都必须要国家认证认可监督委员会的批准，市场相信认证的本质实际上是对认证机构背后的政府部门的信赖，是政府公信力的作用。其次，当前国内龙头型认证机构大都具有较强的官方背景，政府和这类认证机构之间也存在着利益和人脉关系，政府部门相对于认证机构来说保留了多数的“决策权”，也赋予了这类认证机构更大的政府公信力背书，实际上造就这类认证机构更强的市场先天优势，政府公信力支持是市场竞争格局的重要变量。最后，政府主导氛围下，“政府越位”现象不可避免，必然导致认证机构的独立性不强，市场机制的发挥受到制约等问题，当前理顺政府和市场的关系、发挥市场在资源配置中起决定性作用已经成为当前认证认可发展迫切需要解决的重点问题。

长期以来，无论是经济内循环还是对外贸易经济外循环，我国认证认可的效用都很大程度上依赖于政府公信力的背书。认证认可是国际贸易的通行规则，2003 年我国颁布了《中华人民共和国认证认可条例》，我国认证认可开始走向市场化、国际化，出口商品监管中逐步推行采信第三方认证认可检验检测结果，借助广泛参与国际认证认可组织活动本土认证认可机构的国际认可度获得了一定的提升，也极大地促进了我国出口贸易的发展进步。然而，在促进对外贸易效用方面，依赖政府公信力成长起来的本土认证认可机构，对比独立运行于市场环境的外资认证认可机构，在海外市场信任传递效用上存在很大的不足，尤其面对有近百年发展历史的海外知名认证认可组织，本土认证认可机构的竞争力非常脆弱，很多国外大型卖场均指定 SGS、BV 等知名认证认可组织作为采信来源，本土认证认可机构面临巨大的挑战。因此，在当前经济全球化高度发展的情况下，无论是经济内循环还是外循环，都必须理顺政府和市场的关系、发挥市场在资源配置中起决定性作用，由政府主导转向市场主导的发展模式，营造公平、公正、公开的市场竞争环境，积极参与国际市场竞争，才能促进认证认可事业健康可持续发展。

2. 认证认可法律法规体系不健全

我国认证认可事业发展起步晚，1978 年 9 月我国正式加入国际标准化组织（ISO），1989 年 4 月 1 日起施行的《标准化法》是我国对产品认证活动运行规范的第一部法律，经过 30 多年的发展，我国已逐步建立起了与中国特色社会主义市场经济发展需求基本相符、与国际规则相适应的认证认可法律法规体系，包括三个层面：一是法律层面，如：有《产品质量法》《标准化法》等；二是行政法规层面，如：《认证认可条例》；三是部门规章和地方性行政法规层面，如：《强制性产品认证管理规定》等。目前我国已有 19 部法律、17 部行政法规明确写入了认证认可内容，有力保障了认证认可的有效性和公信力。然而，目前我国认证认可法律法规体系仍然不完善，与发达国家经历近百年完善的法律体系相比还有很大差距，很多都是以条例、规章、办法的形式存在，可操作性不强，还不能满足我国市场经济发展和国际贸易发展的全部需求。随着认证认可涉及领域的不断扩展，涉及法律内容亟待补充和升级，法律制度体系需要继续完善整合。

首先，认证认可相关法律法规的立法层次过低，缺乏统一协调的监督管理机制。目前我国认证认可现行法律法规大多数集中于规范性文件、部门规章和相关文件层面，尤其是涉及达到具体行业领域的相关法规方面，各部门在起草制定相应的法律文件时，难免会囿于部门利益，缺乏对立法实践的统筹考量，相关法规立法层次过低并各成体系，部分规定的内容过于笼统且操作性不强，未能从立法上明确相关制度的衔接转化问题，难以形成完整统一的法律框架，亦无法充分发挥其应有的法律支撑与保障作用。

其次，在认证认可的法律责任划分方面缺乏严格的、操作性强的法律。虽然我国的《认证认可条例》规定了“连带责任”，但对于何种条件下承担何种连带责任没有明确规定，加之缺乏划分认证机构和企业之间责任的标准和程序，导致实践中操作性不强，认证机构及相关机构的法律责任缺乏参考依据，认证机构很容易规避责任。例如：《认证认可条例》第六十二条仅规定认证机构应对其虚假认证结果和严重失实认证结果造成的损害“承担相应的赔偿责任”，但如何界定这一赔偿责任，又依据何种标准执行这一损害赔偿，却无相应具体的法律规定。只有法律责任到位，认证制度才能有效，认证认可法律问题涉及到认证活动到底能否发挥作用以及认证公信力保障的问题，但由于种种原因目前各种意见分歧很大，如何既明确又合理地界定认证机构的法律责任已成为当前认证认可发展中急需解决的重要问题。

最后，由于法律责任不明确，现有法律法规对于认证认可机构违法责任及惩罚机制的笼统规定，进一步增加了对认证认可组织的监管难度，降低了认证认可机构、实验室等的公信力。而且很多认证机构前身都是政府的一些职能部门或者是政府的附属机构，即在政府管理体制内又面对市场求生存，法律责任的界定更复杂，监督管理上可操作性难度更大。并且立法的缺失和制度设计的不足，使得认证认可领域的多元管理问题难以有效得到解决，更难以形成统一协调的监督管理机制，不能充分发挥统一的认证认可体系应有的效用。

3. 认证认可依据的标准体系亟需完善

标准体系建设是认证认可发展的前提和依据，认证机构对各类产品符合性评定必须以标准为依据，标准化建设发展水平决定了认证认可的实施应用水平和效用。自 2001 年国家标准化管理委员会成立以来，我国标准化事业快速发展，标准体系初步形成，应用范围不断扩大，水平持续提升，国际影响力显著增强，全社会标准化意识普遍提高。为加强管理，国家陆续发布了很多标准化相关重要法律法规，规范了我国标准化相关工作，然而与发达国家相比我国认证认可所依据的标准建设和发展明显落后。

首先，标准水平的先进性有待提升。目前我国的国家标准超过 36900 项，行业标准接近 62300 项，地方标准接近 37900 项，已经批准发布的国家标准中，采用国际标准和国外先进标准的有约 10000 项，采标率接近 50%，但我国工业标准中仍有近 70% 低于国际和国外先进标准，监测标准低、检测方法手段不足，例如：闹得沸沸扬扬的麦乐鸡“橡胶门”事件，麦当劳方面声称，使用相关的两种添加剂符合中国现行国家标准，但是英国的麦当劳就没有发现这两种添加剂，因为英国的相关标准不允许添加这两种物质。同时，一些企业本身执行的质量标准及检验方式也不够精细、技术含量低，由此导致出口商品在技术指标上达不到发达国家市场准入要求，也无法达到各类国际认证所依据标准的符合性要求，易受制于各种技术性壁垒，质量事故风险较大。

其次，我国参与国际标准化活动的能力与发达国家相比还有一定差距。我国参与制定的国际标准数量和范围与发达国家相比差距巨大，在ISO和IEC制定的2万多个国际标准中，中国为主提出或主导制定的国际标准不到100项，在控制产业和技术、维护和提升国家竞争力、开拓全球市场，维护国家经济利益与安全等方面，我国参与国际标准化活动的水平和能力还有待提高。

最后，标准的适应性和有效性有待进一步提高。长期以来，由于标准立项过程的市场驱动机制不强，企业参与标准制定的意识较为淡漠，标准制修订过程缺乏开放性和透明性，标准实施状况反馈机制缺乏，致使标准不能与国际市场、全球经济发展相吻合，很多标准的检测指标要求低于国际先进标准要求，认证认可依据这样的标准必然缺乏海外市场公信力，认证认可的有效性必然大打折扣。

4. 认证认可监管体制有待进一步完善

由于当前我国认证认可对政府公信力存在一定的依赖关系，认证认可市场秩序与政府监管有着密切的关系。然而，当前我国认证认可监管机制和法规体系仍然不健全，监管效率和效果不佳，政策连贯性和系统性不足，时常导致认证组织无可适从。由于监管机制不健全，执法环境不完善，导致市场准入没有有效运行，守法经营成本高、守法经营的竞争优势被掠夺，“市场失灵”时有发生，对认证认可的健康良性发展造成了极大的破坏。并且，政府在认证认可领域的公共权力使用不当也会极大影响认证认可的有效性；同时具有官方背景的认证机构面对市场利益的诱引，会在行业中对政府的“许可”进行寻租活动，造成市场机制不能有效运转，造成社会资源的浪费，还导致了腐败盛行，严重制约认证认可的效用发挥。近年来出现的“长春长生疫苗事件”“三鹿奶粉事件”等无一不是对认证认可有效性的沉重打击。

认证认可作为一种全球通行的质量管理市场机制，是国家质量治理治理体系的重要成分。当前我国质量治理模式，正由传统的“政府直接管理和抽验的监管模式”转向市场导向的认证认可模式，从直接监管转向采信第三方检测认证结果模式。因此，必须建立相对完善的市场导向作用下的政府监督机制，对认证认可业态实施有效监管，能提供及时的信息反馈、科学的风险预防，帮助认证企业灵活应对市场变化、遏制行业乱象、规避认证风险，进而防止“市场失灵”发生，促进认证认可业态健康可持续发展，保证认证认可机制发挥其应有的效能。目前，认证认可的政府监管色彩在强化，世界各国政府对认证认可的行政监督普遍加强，国家认可体系走向统一，监督管理制度趋于完善，这也反映出各国对认证认可行业的管理日益重视。

（二）全球经济环境日趋严峻影响认证认可效用发挥

1. 经济新常态时期认证认可发展机遇与挑战并存

当前我国已经进入经济新常态时期，劳动力等要素成本逐步上升，资源环境承载能力已经达到或接近上限，传统比较优势正在弱化，国际市场需求依然不振，靠拼投入、高消耗、过度依赖外需的经济发展方式难以为继。我国经济正面临着少有的“增长速度换挡期、结构调整阵痛期、前期刺激政策进入消化期”三期叠加的复杂困局，经济发展从要素驱动、投资驱动转向创新驱动，更加注重科技创新，更加注重质量效益，更加注重生态文明，以提高科技进步贡献率、劳动生产率、资源配置效率来形成长久的内生发展动力，劳动力、土地、资本等生产要素会在市场机制引导下配置到附加值更高的产业。认证认可作为一种有效的市场治理机制，通过对各类供给的质量和符合性进行评定和在市场供需之间传递信任机制，促进供需有效对接和良性互动，让“优质优价”来引导市场预期，从而促进高质量供给更快更好地发展，同时抑制和降低低效低质量供给的资源占用，进而促进产业结构优化升级，也对认证认可的发展提供较好的发展机遇。

然而，在眼下经济新常态初期，随着结构调整，经济下行压力增大，各类隐性风险逐渐显性化，劳动力成本的上涨、土地使用成本不断增长等因素使出口企业利润空间进一步缩窄，企业生存压力进一步加大，企业对前景预期不明朗，企业追求质量进步和谋求更大发展的能力空间未能得到根本改善，企业对认证认可的期望必然下降与投入更加谨慎，认证认可的市场空间发展必然受到制约，也将对认证认可的发展提出新的挑战。并且，当前认证认可产业存在整体水平不高、布局分散、规模效应缺乏等问题，大多数认证认可机构普遍规模较小、技术水平不高，认证认可产业同样存在低端供给过剩与高端供给不足的突出矛盾，随着我国经济增长速度换挡开始着陆、结构调整不断深入，认证认可市场竞争必将更趋激烈，认证认可机构生存压力也会与日俱增。面对市场机制优胜劣汰，认证认可产业发展将面临严峻的考验，也将进入一个产业结构性调整阵痛期。

2. 国际贸易环境日趋严峻，认证认可效用受到影响

近年来，世界经济格局发生重大转变，欧美日等西方发达国家经济危机持续发酵，进而出现社会危机，陷入严重的困难时期，西方经济在紧缩财政和刺激经济之间进退两难，无法突破新的经济增长点。受全球经济不景气影响，为了达到保护本国产业的目的，西方国家贸易保护主义抬头，贸易壁垒措施层出不穷，不断设定苛刻的技术标准，对外贸易突发事件持续不断，呈现国际化、政治化、长期化趋势，严重影响认证认可市场效用。以欧洲市场为例，继ROHS、EuP等欧盟指令颁布与实施后，2011年6月1日起欧盟开始强制实施一部全新的REACH法规，并不断增加其SVHC物质清单，由最初的15种增加到目前的169种，极大地增加了家电产品的出口成本和出口风险。

更为严重的是，近年来美国对华政策已经转向“全面遏制中国”，中美贸易已经由以往的贸易摩擦升级为贸易战争，给全球经济发展带来更大的不确定性。美方跳出世界贸易组织机制框架，不断强化关税壁垒措施，扩大关税战规模，对我国出口贸易产生极大的冲击，极大地削弱了认证认可突破贸易壁垒的效用，也对粤港澳大湾区出口常用造成非常大的负面影响，出口企业追求质量进步、谋求更大发展的驱动空间进一步被挤压，对认证认可发展市场也受到很大影响。

（三）我国认证认可产业发展过程中存在的一些问题

1. 本土认证机构品牌、资质不足，国际市场竞争力弱

我国认证认可只经历了30多年的发展，整个认证认可市场成熟程度不高，法制条件、诚信水平等环境不完善，认证机构规模普遍不大、布局分散且市场集中度低，检测资质条件和能力参差不齐、鱼龙混杂，专业化机构、具有国际竞争力的品牌机构非常少，在经营方式、技术水平、管理经验和品牌信用等方面与国际领先的检测巨头存在较大差距，面对日趋激烈的国际认证市场，品牌缺失、资质能力认可度不高，我国的第三方认证在国际市场上发展举步维艰。

此外，与认证认可密切关联的检验检测机构也存在“小、弱、散”的特点，组织规模普遍偏小、检测能力弱、空间布局分散，呈低水平同质化的发展态势，认证能力水平低端供给过剩与高端供给不足矛盾突出；并且检测检验产业链上游的检测技术装备、检测材料等环节技术水平也比较落后，难以跟上精确、快速在线、智能、高通量、非定向发展的检测技术发展趋势，高端精密检验检测装备普遍依靠进口，检验检测供给侧存在较为突出的结构性矛盾和能力短板，制约了认证认可的发展及其效用的发挥。

2. 认证认可高端技术人才缺乏

认证认可行业属于技术、人才密集型产业，认证认可对从业人员的专业知识结构、技术能力水平、职业道德水平等有着较高的要求。以审核员为例，专业审核员是一种高端复合型专业人才，需要有丰富的相关领域专业技术知识，不仅要求审核员有一定的学历背景，更要求审核员有相应的工作经历；如果只知道理论，没有实践，甚至连车间也没见过，认证过程只能是纸上谈兵、走马观花、蜻蜓点水。认证过程中需要审核员等专业技术人员具备较强技术理论水平、技术综合运用能力和合格评定实际经验，能够结合自身专业知识对认证标准理解到位；现场审核深度更要靠专业审核员来把握，借助其专业背景和经验，来帮助企业分析管理流程、找出问题，给出解决办法；审核员的专业知识结构、技术能力水平、职业道德水平等制约着认证机构的认证有效性。特别地，当认证认可面对新领域、新产品时，认证审核人员需要具备所在细分领域扎实的专业技术知识和检测评定经验，为弥补在该专业领域知识和经验的不足，国外知名认证机构在进入新的领域初期，经常通过收购该领域相关公司来获得相关专业人才。由于我国认证认可事业起步晚、发展时间短，从业人员普遍素质不高，审核员普遍都在技术性、技巧性、公正性上都有很大提升空间，对合格评定体系的信用提出了很大挑战，面对严峻的国际市场竞争，人才已成为制约认证认可事业发展的重要因素。

3. 认证过程失范行为时有发生，行业乱象问题影响效用发挥

我国认证认可发展历程短，法制条件、诚信水平等环境不完善，基本都是在模仿国外进行发展，我国认证认可行业规范性还存在很多不足，在各项认证工作中，出现很多乱象，类似于乱收费、乱评审、乱发证的情况屡屡出现。首先，一些认证机构存在从业人员素质不高、内部管理不到位等问题，认证过程中审核员缺席或早退、审核组未按照审核计划开展审核等现象，有些专业审核员为了藏拙，自己不去审核现场的关键场所和部门，安排非专业审核员做自己的替代，或者在现场找不到重点，干脆走马观花，蜻蜓点水，认证效果自然不尽人意。其次，在当前认证机构法律责任不明确的前提下，认证机构法治意识不强，为了迎合市场竞争的需要，认证机构普遍存在短期趋利行为，不遵守行业的规范，认证过程违规操作、虚假认证、买证卖证等“认证乱象”违法问题时有发生；一些认证机构利用企业急切想要得到认证证书的心态，买卖证书，他们以“快速、高效、低价”的口号变相地让企业花钱买证书，有的认证机构和企业签订合同承诺一个月的时间内让企业拿到认证证书，有的认证机构甚至违背规章制度先发证书后审核，这样严重影响了市场的稳定秩序；有的认证机构甚至于不顾国际认证的标准体系，违法降低认证的标准，对企业进行违法认证，影响了认证机构的公正和权威性，使得我国认证认可的国际形象出现了严重的损害，认证认可的有效性大大降低。此外，一些代理机构因较为熟悉监管部门的操作程序及各种证单的格式，为牟取暴利演变为制作假证、伪证的专业机构，严重破坏了认证认可市场秩序，极大影响了认证认可的公信力。

（四）出口企业在认证认可实施应用上的不足

1. 出口企业对认证认可效用的认识有待提升

目前我国对认证认可制度的宣传、培训方面仍然比较不足，加之传统计划经济管理思维遗留的影响，这样造成了认证认可制度实施应用难度非常大、监管执法的水平不高，从而导致我国出口企业对认证认可效用的认识不足。同时，我国认证认可依据的法律和标准不健全，认证认可的体系不完善、界限不清晰，制度的缺陷使得认证机构的责任难以落实在出口企业实际操作中，影响了我国认证认可事业的深入发展。

出口企业认知的不足，也导致一些出口企业对认证认可存在一定的认识误区，具体表现在以下几个方面：一是认为认证认可只适用于大企业，尤其是管理体系的认证，中小企业而言难以操作、贯标，并且认为企业对认证认可在时间、精力、成本的耗费远大于实施认证所能够带来的收益。二是很多企业只是将认证认可看作是一种新的行政检查、评比、验收，不能真正理解认证的效用和价值所在，从而对认证工作采取习惯性的应付态度。三是很多出口企业重视结果不重视过程，认为认证就是为了拿到“证书”，在市场竞争、产品出口时可以谋取便利，因而匆忙贯标、认证，限期完成，这与国际标准化组织的精神实质背道而驰，认证也背离了其实际价值。四是一些起源于计划经济体制的出口企业，对实施认证的态度停留在是“完成目标”“符合标准”等，在管理层及员工的思想树立的是“数量”的观念意识，使得认证对质量的促进效用大打折扣。

此外，由于很多出口企业对认证认可的认识不足，认为认证就是买一张出口的许可证。出口企业委托第三方进行认证特别是自愿性认证时，有可能与认证机构“合谋”，从而提供虚假的市场信号欺骗消费者。而如果合谋收益可观，并且受到查处和被责令赔偿损失的几率极小，认证机构与认证企业的合谋从而制造虚假信号的行为会经常发生。这种情况的发生，又会进一步使得出口企业对认证认可的认识偏离正确方向，并且弱化海外市场对我国认证认可的公信力，使得我国认证认可的有效性受到严重伤害。

2. 管理体系认证与出口企业管理实践融合不足

影响作用分析显示，管理体系认证对于出口产业发展有着非常明显的正向促进作用，大部分企业的体系认证以 ISO 管理体系为准，这一体系的形成使企业生产体系的管理体制逐渐完善，为企业的建设和管理提供了法律依据。然而，在长期的经济发展过程中，一些问题逐渐显露，企业在管理制度上不够完善，缺乏长效执行机制，导致企业管理缺乏长效性，尤其是企业的管理层人员不再像企业建设初期那样重视 ISO 的认定结果和认定标准，存在侥幸心理，这也就导致了企业的各类问题层出不穷，管理体系认证效用的发挥一直处于不稳定状态。

企业管理的规范性和科学性是满足管理体系认证的主要条件，出口企业虽然在认证过程中基本完成了管理体系标准的规定要求，但整体性管理体系的形成需要一个长期的磨合和完善过程，在落实管理标准规范期间需要实现全员参与、全流程涵盖，这是一个管理体系认证与出口企业管理实际需求不断融合的过程。然而，在实际管理运营过程中，企业普遍过于注重企业的经济效益，将经济收益放在第一位，忽视企业内部生产管理现象时有发生，对于管理规范性问题把控不严格，不符合认证体系相关规定现象经常出现。尤其是中小出口企业，其决策层主要精力都投入在销售、对外联络等事项上，部分企业领导阶层人员都展现出管理和服务理念上的薄弱，而将质量管理体系、环境保护体系等事务却尽量“放权”给管理层或业务层，很少亲自过问，甚至将企业的质量方针与质量目标也交由部下决定。更有甚者，把贯标“全权”交给咨询公司“一手包办”，以管理成本投入更加“经济”为目标，从专业咨询公司的付费到内部管理体系相关组织结构的设置、再到人员及检测仪器的配备都是能省则省，溯源、改进以及检查的体系得不到有效的发展和完善，管理体系要求未能贯彻于全部的环节，其结果要么是编制的管理体系文件与企业管理需要严重不符，要么是建立的管理体系无法在企业中顺利运行，管理水平自然也就无法提高，管理体系认证与出口企业管理实践融合不足。同时，由于国际市场环境的不稳定性，贸易摩擦、贸易战争等不断冲击认证认可的效用，出口企业对认证认可的重视程度随之开始下降，企业领导层人员的意识也有所松动，企业各层次员工对管理系统认证相关规范和要求的实施应用热情也大大降低，对于如何在管理实际中融合体系认证的相关规范和要求缺乏积极性，管理体系认证的效用大打折扣。

3. 体系认证单一化、缺乏相互融合

由于ISO9001质量认证制度适合所有组织，通用性很强，但是缺乏行业和专业特色，导致不同行业、不同规模和不同管理水平的企业使用同一个标准，没有与具体行业领域有机融合，使得认证企业质量管理体系单一化。另外，除了质量管理体系，国际上还推出了环境、职业健康、社会责任等多个管理体系，同一家企业为了满足不同方面的要求需要建立不同的管理体系，然而这些管理体系没有很好地融合，导致管理体系冗杂、管理效能低下。

当下，绝大多数出口企业都设定固定的用于质量管理的团队，开展质量管理工作以及常规的考核与监管。质量管理部门所关注的重点仅仅停留在质量目标的考核层面上，部门的工作者大部分都对企业每个部门的工作环节和方式有详细的认识，以至于相应的每个部门在质量管理工作的内容上仅仅依靠本部门相应的质量监管者开展，没有将多个管理体系科学结合。这样，通常情况下管理体系只是管理者代表或质检部的事，所有体系管理活动都由固定的一个或几个人包办，企业员工只是在接受审核时进行参与；员工只知道执行管理体系文件等，未将其进行分解融合。如此零散的工作形式容易造成质量问题的出现，若是问题出现，所有的部门经常互相推卸责任，导致各类问题的出现没有责任可追，不能被有效的处理。例如：为了应对ISO9001、CMMI两种质量管理体系的第三方审核，有些公司建立了两套独立的文件体系，分别面向ISO9001、CMMI两个方面；这样会导致两套文件体系自相矛盾，执行者无所适从，或者软件小组执行CMMI、公司其他部门执行ISO9001，导致结果是软件小组与公司其他部门形成厚重的部门墙，使得沟通决策和协调能力下降。各种体系认证之间有密切的联系，但是又有各自的特点，不是互相取代的关系，各种认证体系独立运行必然是各自为政、孤岛鹤立，企业在运行多种管理体系时必须将它们的精髓融会贯通，形成有效的组织和制度体系，使它们相辅相成、相得益彰。

第十章　认证认可促进产业高质量发展策略建议

从前面对认证认可的行业结构、质量发展、技术创新等方面的促进作用实证分析结果可以看到，认证认可对出口产业高质量发展有着重要的促进作用，这种促进作用在微观层面和宏观层面有着不同的显现，下面综合利用评价和促进作用分析的结果，结合认证认可行业发展和产业高质量发展的需求，综合考虑粤港澳大湾区出口产业高质量发展实际情况，针对前面分析中揭示的产业促进效用和发现的一些问题，从宏观和微观两个层面给出如何发挥认证认可驱动产业高质量发展的建议和措施。

一、宏观层面的策略或措施

（一）推动认证认可促进出口产业结构水平发展相关策略

1. 大力推进认证认可检验检测产业集聚发展

产业和经济活动在空间上集中会吸引经济活动向一定地区靠近的向心力，产生产业的集聚效应，使产业在资金、人才、装备、配套设施等方面形成区域性规模优势，推动产业规模结构优化升级。目前，我国认证认可检验检测机构存在“小、弱、散”的特点，规模结构水平不高，推动认证认可检验检测产业集聚发展，形成产业集聚效应，是当前我国认证认可检验检测产业结构性升级的重要举措。首先，要针对不同地区的区域产业经济特点、按照认证认可检验检测服务对象类别，打造特色产业检验检测认证高技术服务示范平台，吸引专业性检测资源集聚，实现专业化特色的产业集聚发展。其次，在集聚区大力加强认证认可检验检测配套设施、高端人才、管理制度等方面建设，形成较强的认证认可检测检验资源要素优势和政策优势，形成更强的产业聚集向心力。最后，推动认证认可检验检测产业云聚集，大力打造具有区域产业经济特色的“互联网+”认证认可检验检测公共服务功能平台、“互联网+”商务云平台、“互联网+”标准应用服务示范云平台、“互联网+”信用服务示范平台等；打通各类云平台之间的信息通道，借助云平台各类资源之间的时空距离，实现认证认可检验检测资源的云端集聚，推动认证认可与区域产业经济深入融合，并进一步使认证认可产业集聚优势向周边区域辐射。

要促进认证认可与粤港澳大湾区出口产业高质量发展，必须针对大湾区区域产业经济特点，选定合理的认证认可检验检测产业集聚发展地域，推动认证认可检验检测产业上规模、出效应。就粤港澳大湾区出口产业而言，其产业结构和地理位置分布有着较强的产业集聚发展特色，大湾区东岸（珠江东岸）区域围绕深圳、东莞、惠州等地区形成了以智能手机等信息技术设备为特色的电子信息产业集聚区域，在大湾区西岸（珠江西岸）围绕广州、佛山、中山等地区，形成了以灯具、空调、冰箱等产品为特色的家用电器产业集聚区域，并伴随着纺织品服装、鞋业、玩具、箱包等行业的局部区域的产业集聚发展。根据大湾区产业经济布局情况，本书认为战略布局上应设置和建设东西部两个认证认可检验检测集聚区；在大湾区西岸地区应发挥广州认证认可检验检测资源先天优势，以番禺园区、南沙园区、广州开发区园区三个园区为集聚支撑点，打造以家用电器等产业为主要服务对象的传统优势产业认证认可检验检测集聚区；在大湾区东岸地区，依托以智能手机为特色产品的电子信息产业对认证认可检验检测服务的巨大市场需求，打造东莞松山湖为集聚中心、以智能手机认证检验主要特色的电子新产业认证认可检验检测集聚区。依托集聚区发展，逐步完善配套设施、人才政策、技术装备等资源和政策配套，形成区域性认证认可检验检测全方位优势，产生虹吸集聚效应，促使认证认可检验检测产业规模化、专业化集聚发展；大力推进“互联网+”认证认可检验检测建设，以“互联网+”技术缩短认证认可资源与服务对象的空间距离，打造战略性认证认可检验检测资源云端聚集，深化认证认可与粤港澳大湾区出口产业体系的融合，进而促进出口产业高质量发展。

2. 促进认证认可与供给侧改革融合发展

从供给侧来说，认证认可能够促进企业加强管理和服务，提高制造质量水平、全要素生产率，同时也可以作为政府部门的政策工具，有效改善公共服务供给，进而提高供给体系的质量和效率；从需求侧来说，认证认可向用户传递质量、能力、信用等方面的信息，指导顾客选择，引导市场需求结构升级。因此，认证认可能够从供需两端发力，促进供需双方信息有效对接，解决“信息不对称”带来的资源配置效率低下问题；同时推动市场良性互动，一方面向消费者传递产品质量、企业管理等真实信息，另一方面向企业传递质量消费结果信息，形成有效的双向反馈机制和质量促进效应，推动供给侧结构的优化和质量的提升。当前我国产业经济正处于由数量规模型发展向质量效率型发展转变阶段，供给体系的整体质量水平不高，由于缺少权威公信的评价工具和信任传递机制，消费者缺少辨识手段，不可避免出现供需错配，导致“劣币驱逐良币”的现象，存在大量低质或低效的产品和服务。认证认可作为国际通用的现代质量管理手段，依据科学严谨的标准和技术规范，指导企业建立可持续改进的质量管理体系，并通过传递信任机制引导社会各方参与质量共治，能有效促进供需对接，引导资源配置优化，扩大有效供给。

经济发展新常态下，针对有效供给不足、供给质量和效率不高、供需脱节和结构失衡等问题，大力推广实施认证认可制度，引导供需有效对接和结构升级，能够实现粤港澳大湾区出口产业结构向更高水平供需平衡的跃升。首先，要从宏观层面积极运用认证认可手段配合支持宏观调控政策和产业政策，发挥市场在资源配置中的决定性作用，积极推进质量管理、环境保护管理、职业健康管理、节能低碳等方面第三方认证，向海外市场和国际社会传递积极的质量和信用信号，形成有利于大湾区出口企业提高质量效益、维护公平诚信的外贸氛围，形成良好的出口产业供给资源优化机制。其次，粤港澳大湾区出口产业供给体系中质量水平参差不齐，面对复杂多样、不断提升海外市场需求，需要从“底线”和“高线”两端发力，引导认证机构自主研发适应市场需求的认证认可项目，引导出口市场主体自主选择符合自身需求的认证认可服务，积极适应差异化、高端化海外市场需求变化。最后，要围绕构建现代产业体系，加快培育发展粤港澳大湾区认证认可检验检测服务业，打造东西两大认证认可检验检测产业集聚区域和知名机构品牌，引导国际先进认证认可资源在大湾区集聚，基于此积极推进国际合作互认，力争掌握认证认可国际标准和规则制定的话语权，运用认证认可手段打破国外贸易壁垒，树立大湾区出口产业供给能力水平的良好形象。

3. 促进认证认可建设与“一带一路”战略实施融合发展

认证认可是国际通行的质量管理手段和贸易便利化工具，目前认证认可的国际互认体系已覆盖全球经济总量的95%以上，在国际贸易中有着举足轻重的作用。“一带一路”是我国破解国内经济新常态、全球经济复苏缓慢困局的重大战略举措，“一带一路”地区贯穿亚欧非大陆，覆盖了46亿总人口，将为全球经济注入新的增长动力，并能够优化我国出口市场结构，改变我国对外贸易的格局，为我国经济转型发展提供了新的机遇。面对“一带一路”带来的重大机遇，国家认证认可监督管理委员会制定了《共同推动认证认可服务“一带一路”建设的愿景与行动》。加快构建“一带一路”认证认可国际合作机制，结合我国与沿线国家的产业结构、贸易结构特点，推动认证认可标准、规则和结果的协调互认，推动建设“一带一路”成为出口商品质量增信之路、出口市场结构优化之路、出口产业高质量发展之路。

就粤港澳大湾区出口产业而言，积极参与“一带一路”战略实施是破解当前全球贸易壁垒战、中美贸易战的重要路线，必须用好认证认可这个“信任传递”和贸易便利化工具。首先，要加强与“一带一路”沿线国家政府主管部门间的合作，加强出口商品产品合格评定、技术性措施等方面政策沟通，通过签订认证认可合作协议达成共识、建立双边合作渠道，深化认证认可结果互认，实现“一个标准，一次评定，全球承认”的愿景，为粤港澳大湾区出口商品进入“一带一路”市场提供便利。其次，鼓励和支持有关认可机构、认证检测机构与外方技术机构间开展技术交流，并在粤港澳大湾区出口商品领域开展具体合作，并且充分发挥认证认可行业技术机构作用，构建认证认可国际合作联络机制，为从业机构提供双边合作平台，为出口产品的认证认可提供可操作性细则。最后，要全面研究“一带一路”国家和地区质量标准和技术法则，分析其与我国相关标准的差异性分析，攻关认证结果互认评价关键技术，建立认证认可结果互认合作模式。借助认证认可促进“一带一路”建设稳健发展，进而破解粤港澳大湾区出口商品过度依赖欧美日等发达国家市场的单一市场结构，推动粤港澳大湾区出口市场多元化，使出口市场结构更趋合理、更具柔性，提升粤港澳大湾区出口产业市场风险防范能力和贸易摩擦对冲能力。

（二）推动认证认可促进出口产业质量水平发展相关策略

1. 建立健全国家质量治理体系

国家质量治理体系是国家经济治理体系的重要构成，是由各类质量治理要素资源按照经济发展要求形成的国家经济质量保障体系，是以国家质量基础（NQI：National Quality Infrastructure）为核心，包含质量政府治理、质量市场治理、质量社会治理的全要素国家质量治理体系架构，如图 10-1 所示。建设结构合理、机制高效的国家质量治理体系，使其既服从有中国特色社会主义经济发展的需要，又要符合国际质量治理的通用规则，对于推动产业转型发展和质量进步有着基础性作用，对于实现新时期我国经济跨越式发展有着重要的现实意义。

在国家质量治理体系中，国家质量技术基础（NQI）处于基础支撑和核心地位，是由计量、标准、合格评定（包括检验检测、认证认可）构成的质量保障技术体系，健全的NQI体系有助于提升创新实体的科技吸收和普及能力、推动知识经济发展，有助于整合全球价值链体系，有助于增强己方在全球市场体系中的利益分配，提升社会对消费者保护和环境保护的关注度。认证认可制度是国家质量治理体系的有效市场机制，也是质量治理的全球通用规则，合格评定制度是质量市场治理的基础。当前我国还处于质量问题高发期，质量政府治理将在我国长期处于主动地位，政府治理对市场治理（即：认证认可）的有效性影响很大。质量社会治理是社会组织、新闻媒体、社会大众等共同参与的质量治理机制，是质量法制、质量诚信、质量道德、质量文化的综合作用体系。

我国的国家质量治理体系与国际市场接轨较晚，改革开放前我国的质量治理制度实行的是计划经济体制下高度集中的合格证制度和抽查制度，改革开放后逐渐转变到市场机制调节下的认证认可制度，“消费者缺位”和“政府越位”特征非常明显，质量治理体系的效能与发达国家还有很大差距。因此，从我国质量治理实际情况出发，结合国内市场和国际贸易质量发展需求，从质量立法、质量标准、质量监管、质量激励和质量中介等方面入手构筑质量提升体系，稳步高效地融入国际质量治理体系，将我国质量价值链有效融入全球价值链体系，是我国质量治理体系的健康持续发展的必由之路。

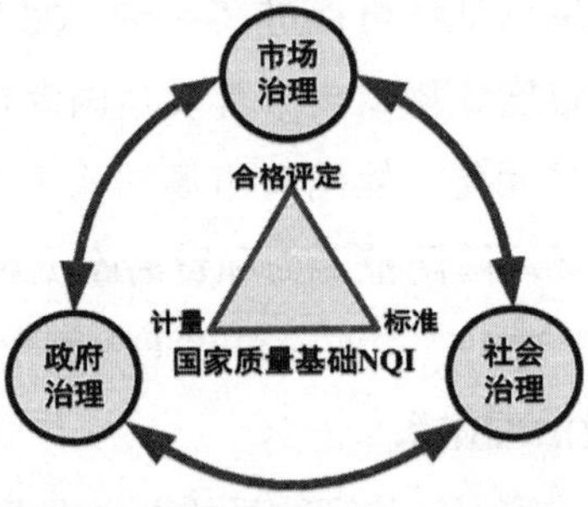

图10-1 国家质量治理体系基本结构

2. 加强国家质量技术基础设施NQI的建设

目前质量治理国际通行规则是建立在认证认可制度基础上的，并形成了各国普遍参与的国际认证制度，认证认可、检测、标准、计量已经成为世界各国质量治理体系的国际通用“技术语言”，ISO秘书长罗博·斯蒂尔认为“不参与标准化和认证认可，就意味着把决策权拱手让给竞争对手”。2005年联合国贸易和发展组织（UNCTAD）和世界贸易组织（WTO）共同提出国家质量技术基础的理念，NQI 由计量、标准、合格评定（包括检验检测、认证认可）共同构成，三者相互作用、相互促进，形成完整的技术链条，共同构筑形成支撑质量进步基础性技术体系，为提升产业核心竞争力提供基础性技术支撑，是未来世界经济可持续发展的重大支柱。要形成完备有效的国家质量技术基础体系，就必须形成计量、标准、合格评定的整体规划和统筹发展局面，形成体系化的国家质量基础。在计量方面，要建立国际互认的国家新一代国际单位制基本量、重要导出量等，提升计量标准和标准物服务和支撑出口贸易发展的能力，进而提高产品生产过程中每个环节质量控制水平。在标准方面，积极对接国际通用技术标准和国际先进技术标准，加速制定和完善资源节约与环境保护、社会管理和公共服务等方面国家标准，为高质量发展提供有效的依据和保障。在合格评定方面，要建立和完善适应我国社会主义市场经济要求的认证认可制度，形成定位明晰、治理完善、监管有力的监督管理体制和运行机制，形成布局合理、实力雄厚、公正可信的合格评定服务体系，培育一批具有一定国际影响力的合格评定机构（包括检验检测机构、认证机构等）。

就粤港澳大湾区出口产业而言，要深化出口商品密切相关的 NQI 关键共性技术研究，面向国际市场需求以及新技术、新业态要求大力开展自主创新，突破支撑贸易便利化、智能制造、绿色制造、信息安全认证评价等一批关键技术。首先在计量方面，要建立具有国际先进水平的力学性能、电磁性能、光学性能、理化性能、热学性能等方面的计量服务体系，提升出口商品性能相关的计量标准和标准物服务能力，保障产品制造过程各环节的质量控制能力和证实核查准确性。其次在标准方面，加快出口商品质量标准与国际先进标准对接，加快形成服务认证、绿色产品认证等行业标准，要鼓励出口商品企业采用国际先进技术标准，积极实施以先进质量标准为依据的产品认证和管理体系认证。最后在合格评定方面，要结合粤港澳大湾区出口产业质量监管实际情况，学习发达国家合格评定体系的成功经验，对接国际合格评定的通用做法，形成公正可行高效的合格评定运行体系。

3. 实施品牌战略，提升粤港澳大湾区出口商品国际竞争力

当前，我国经济发展正在从规模速度模式转向质量效益模式，市场竞争格局已经发生重要变化，竞争优势更多地依赖品牌的建设，然而调研和分析发现粤港澳大湾区出口商品产品品牌能力不足，品牌普遍缺乏国际影响力，品牌问题已经成为市场竞争的严重短板。为此，粤港澳大湾区出口产业要积极响应国家“供给侧改革”、提高供给体系质量和效率的战略部署，大力推进粤港澳大湾区出口商品质量品牌战略的实施和建设。

首先，要加强粤港澳大湾区出口产业品牌发展战略规划，将出口商品品牌建设与质量强国战略融合，继续纳入“十四五”经济发展规划建设重点，宏观层面上构建完整的品牌战略技术路线和扶持政策体系，微观层面上制定企业品牌培育专项措施，建立协调推进机制，使品牌发展战略成为出口商品产业发展的出风口。同时，借助“一带一路”战略的实施，积极培育粤港澳大湾区出口商品品牌在“一带一路”地区的知名度，支持更多粤港澳大湾区出口商品品牌企业走进“一带一路”地区，输出优质产品，提高品牌影响力。

其次，要营造良好的品牌发展氛围。粤港澳大湾区出口产业要以质量发展和创新为突破口，积极实现产业转型升级，强化品牌发展与创新驱动的融合，制定有力度的品牌促进政策、品牌培育及提升计划，在财政、税收、金融等方面出台品牌发展的支持政策，努力打造一批国际知名品牌。要健全出口商品品牌发展法制保障，加强对知名民族品牌的保护力度，严厉打击侵犯知识产权行为，构建海外品牌维权发展机制，帮助出口商品企业维护海外市场的品牌权益。

最后，要推进品牌培育与质量技术基础（NQI）建设的融合发展，以高质量为品牌发展的基础，积极参与国际标准化组织（ISO）品牌活动和品牌价值评价国际标准的制定，增强大湾区出口商品自主品牌在国际相关领域的话语权。此外，要积极运用认证认可这一全球通用的质量语言，推动品牌国际化建设，获得更高的国际市场信任，打造一批优质认证服务品牌；围绕大湾区经济发展，着力打造深圳标准、广东品质等一批区域质量认证品牌，提升粤港澳大湾区出口商品质量的国际互信互认水平。

（三）推动认证认可促进出口产业技术创新发展相关策略

1. 促进认证认可建设与创新驱动发展战略融合发展

要把创新提高到认证认可发展全局的高度，大力推进认证认可体制和发展模式创新。第一，围绕认证认可建设总体目标，深入贯彻创新发展理念，将创新作为推动发展的关键动力，全面做好创新工作顶层设计，加快形成全面助推认证认可建设的创新机制。要在国家认监委的顶层统筹规划职能基础上，大力推进强制性认证以及基础性、战略性、政策性和公益性认证等制度创新，增强对创新发展的政策制度需求支撑力度，积极推进行业管理部门职能转变，增强对于认证认可检验检测创新工作的引导力、协同力、推动力和保障力，建立创新主体自主发展、协同推进的创新工作体制机制。第二，要实施推进认证认可检验检测创新驱动能力建设工程，加强国家认证认可检验检测创新基础设施建设。要通过设立粤港澳重点研发专题项目和重大工程项目推进实现认证认可创新发展重点突破，加快“国家质量基础的共性技术研究与应用”重点科研专项研究，推动建立一批国家级节能减排认证认可服务平台、智能制造认证认可服务平台、新一代信息技术认证认可检验检测服务平台，率先建立国际领先或区域领先的认证认可技术优势，使认证认可技术创新能力在重点领域达到国际先进水平。第三，要充分发挥从业机构主体地位和主导作用，支持从业机构面向市场和政策需求开发检验检测认证新技术和新认证项目，推动从业机构增加创新投入，加强管理、服务创新，提升检验检测认证产业发展质量和效益，充分激发认证认可检验检测创新活力。第四，要紧贴国家战略需求，聚焦重点领域创新，加大经济社会发展急需、推动作用明显、知识技术密集的新型认证领域创新，提升认证认可服务的个性化、智能化水平和综合服务能力。并且，认证认可创新发展要服务于粤港澳大湾区出口产业高质量发展，要与大湾区出口产业创新驱动发展融合，围绕粤港澳大湾区出口产业创新链部署认证认可服务创新链，要能促进出口产业创新发展规范化、国际化，推动出口产业创新发展成果更加有效地获得国际市场信任和认可，进而增强出口产业的创新驱动力和健康可持续发展。

科学技术是第一生产力，是推动社会发展的变革性力量，认证认可创新发展必须突出以科技创新为核心。第一，要以国际市场技术竞争为出发点，推动认证认可产业与出口产业技术创新资源的交织融汇，密切跟踪出口产业技术创新发展动态和认证认可服务需求，及时调整认证认可相关技术标准和准则，创新研发出更具市场效用的认证认可产品，认证认可创新发展的成果能够为出口产业技术创新驱动发展提供有效的认证服务支持，推动认证认可与出口产业协同创新发展。第二，要加强政府对认证认可科技创新的政策支持和引导，逐步提高科技研发投入强度，探索建立创新引导基金和创新孵化器资源流向认证认可技术创新，加快创新成果转化，研究建立创新过程中产生的知识产权保护措施，鼓励和支持检验检测认证机构以专利、版权、商标等形式保护自有知识产权。第三，要大力发展认证认可科技创新平台建设，建设一批国家认证认可检验检测创新研究试验基地和认证认可检验检测“产学研”创新联盟，建设一批检验检测认证科技创新公共服务平台示范区，新建一批国家级检验检测高技术服务业集聚区。第四，大力支持重点领域科技公关，利用新一代信息技术手段加快创新认证评价技术和模式，加快攻克市场急需的在线检测、智能认证等关键技术，针对战略性新兴产业、高新技术产业、区域支柱产业和地方特色优势产业等领域，攻关突破一批社会公益性和重要产业领域认证认可检验检测新方法和核心技术，带动认证认可科技创新发展步入新格局。

2. 推动认证认可创新发展与信息化融合

信息化是当今时代发展的大趋势，代表着先进生产力，21 世纪信息已成为第一生产要素，信息技术的发展正在以前所未有的方式对社会变革的方向起着决定作用，为此必须加强认证认可信息化建设的战略规划，明确推进“互联网+认证认可检”等业态对认证认可产业发展重要性。事实上，当前信息化已经成为认证认可创新驱动发展的重要推力，借助信息化手段将传统的复杂烦琐的、低价值的那些认证数据收集、统计分析、查找比对等工作交给信息系统去完成，将人尤其是经验丰富的审核员等宝贵资源解放出来，去从事高附加值的、创造性认证认可活动，从而带来认证认可运营模式、效用价值的质变性提升。借助信息化建设可以进一步创新性地加强认证认可的有效性，从源头上确保出口商品质量安全、规范出口企业国际市场行为、增信海外市场、保护环境、促进出口贸易更快更好创新发展；借助信息化建设能够有效整合认证认可产业链资源，构筑“互联网+认证认可”业态，提升认证认可业务过程向智慧型转变，打造高效认证认可产业创新链和创新网络。

推进认证认可创新发展要在以下几个方面重点发力。第一，进一步完善认证认可检验检测信息化顶层架构，积极推进四项工程（“互联网+政务服务”“互联网+公共服务”工程、大数据资源标准化共建共享工程、认证认可检验检测基础云工程）、一套标准规范、一个集约化服务门户的建设工作，促进形成健全的认证认可信息化建设的机制。第二，大力推进认证认可检验检测信息化标准建设，构建包括总体类、基础设施类、信息资源类、应用技术类、信息安全类、管理类等一整套适应认证认可检验检测行业发展的信息化标准体系；并且建立信息安全防护体系规范包括信息安全等级保护制度、网络安全防护机制、监控预警、应急处置等制度体系和技术规范，为认证认可信息集成创新提高规范性依据。第三，要在统一上报、统一查询、综合监管、行政审批、资质认定、注册备案、地理信息等基础业务系统的基础上，进一步加强认证认可检验检测信息的集成创新，实现各业务领域、各管理层次的信息融会贯通，推动认证认可监管服务效率提升和机制创新，形成健全的信息互换、监管互认、执法互助机制，进一步夯实认证认可新业态发展基础。第四，要积极促进“互联网+”技术与认证认可业务的融合创新，要有效快速地将云计算、大数据、移动互联网、区块链等新兴技术应用于认证认可检验检测事业改革创新中，建立形成“互联网+事中事后监管”模式，支撑“双随机、一公开”工作机制，实现认证认可创新发展。第五，要将信息化建设人才队伍上升到战略层面，特别是既懂信息化又具有业务经验的复合型人才的培育和发展，推动认证认可行业信息化专业队伍建设与创新发展战略融合，形成有效的人才战略机制。

3. 促进认证认可建设与实施“中国制造 2025”融合发展

从前面影响作用分析中可以看到的，认证认可对出口产业技术创新相关的人才结构、工艺装备、技术研发等方面都有着非常重要的促进作用，认证认可与出口商品制造过程的数字化、智能化、网络化、绿色化存在密切的关系，将认证认可与“中国制造 2025”的发展有机融合，能够很好地提升粤港澳大湾区智能制造水平，极大地促进其出口产业高质量发展。当前我国仍处于工业化进程中，与发达国家相比我国质量发展水平还有明显的差距，产业发展基础依旧比较薄弱，标准、计量、认证认可和检验检测等基础设施水平不高，出口产业技术创新能力和水平不容乐观，出口商品国际竞争力不强，“中国制造”已经到了从量到质转变的瓶颈期。因此，认证认可应该主动对接“中国制造 2025”，加强认证认可制度创新，利用自身“建立信任、传递信任”的核心功能，将政府、市场、社会等产业发展治理资源有机地连接起来，规范制造行业、统一质量管理标准，将智能制造与质量管理体系认证、环境管理体系认证、职业健康管理系统认证等有机结合，大力推行机器人、物联网等自愿性产品认证，积极发展绿色环保认证服务，促使出口商品制造过程更加符合国际先进标准和规范要求，引导制造业迈向中高端水平，推动制造业管理创新、科技创新，打造健康可持续的出口产业发展生态。

就粤港澳大湾区出口产业而言，首先，要将认证认可创新与出口商品制造业创新发展有机结合起来，将出口制造业数字化、网络化、智能化发展与认证认可创新发展有机融合，大力发展工业机器人与智制造装备产业、新能源等重点领域的特色认证认可，大力推进节能环保、建立高效、清洁、低碳、循环的绿色制造体系认证，等等。其次，要在粤港澳大湾区出口产业“中国制造

2025”实践行动中不断推行和贯彻国际先进的产品质量标准和管理体系标准，大力加强智能制造等重点领域开展综合标准化工作，构建满足国际市场开拓需求的、具有国际先进水平的、产品全流程工艺控制的企业和团体标准体系。再次，要研究以互联网和大数据技术为基础的认证认可创新技术，推进数字工厂与智慧认证认可的无缝衔接，建立从原料、生产流程到产品，覆盖质量、监测、人员评估、环境污染监控等多目标的产品制造全流程在线实时审核平台系统，积极将各类体系认证中的先进管理思想和管理模式融入大湾区“中国制造2025”实践中，企业产品的稳定性、优质可控提供有力支撑。最后，要积极探索“互联网+”认证认可新业态，充分发挥“互联网+”的整合和优化资源配置作用，突破“互联网+”条件下数据集成验证、综合协同评价、全程信息追溯等核心技术，在粤港澳大湾区出口商品产业不断探索数据互联校验的定制化生产认证、基于网络化制造的系统化认证，以及基于大数据和多方参与的认证。

二、微观层面的策略与措施

（一）政府规制层面策略与措施

1. 深化认证认可制度和体系改革创新，打造认证认可现代治理体系

要深化认证认可体制改革，完善认证认可创新发展体制机制，建立健全多元参与、各负其责、共同推进的认证认可体制机制，打造认证认可现代治理体系。充分发挥认证认可保底线职能，严格控制涉及人身财产安全和环境保护等要素在国家法律法规和强制标准规定的范围内；大力促进认证认可拉高线效应，创新自愿性认证制度，通过简政放权、建立激励机制，充分发挥从业机构的创新主体作用，鼓励企业通过第三方认证提高质量管理水平，增强品牌信誉，提升市场竞争力，促进和保障产业经济高质量发展，主要从以下几方面入手。

一是要进一步完善强制性认证制度，重点突出强制性认证“保底线”作用，遵循世界贸易组织规则，按照必要性和最小化原则，对涉及安全、健康、环保等方面的产品依法实施强制性认证；建立产品风险评估机制，根据产品风险等级和产业成熟度，建立出口产品强制认证目录动态调整机制，将低风险产品逐步调出强制认证目录，引导产业结构调整。二是要创新自愿性认证制度，发挥自愿性认证“拉高线”作用，创新质量标准管理方式，优化标准体系，对新技术、新产品、新业态实施包容审慎监管，开通新领域研发认证“绿色通道”，促进出口产业转型升级；要大力推行高端品质认证，开展绿色有机、机

器人、物联网等高端产品认证，增加出口产业优质产品及服务的高效“信用传递”供给，支持运用认证手段推进国际品牌建设，提升粤港澳大湾区出口产业国际竞争力。三是进一步完善国家统一认证管理制度的，进一步整合、规范现有认证事项，取消不符合国际通用规则的做法，加速向国际通行的产品认证制度转变，加快建设统一的绿色产品标准、认证、标识体系；鼓励认证机构为出口企业提供检验检测认证“一体化”解决方案和“一站式”服务，降低出口企业制度性交易成本。四是积极推行“放管服”和“证照分离”改革，简化规范认证机构审批、检验检测机构资质认定程序。完善认证机构审批程序，整合检验检测机构资质许可项目，精简整合技术评审事项，实行申请、审批、发证全流程网上办理，提高便利度和满意度；梳理涉及认证认可检验检测能力的行政许可事项，避免重复评价，实施统一的资质认定管理；严格从业机构资质认定标准，建立行政许可和技术评价相结合的资质管理制度，确保从业认证主体具备相应资质能力。

2. 理顺政府与市场关系，充分发挥市场治理决定性作用

改革开放后，我国的质量治理制度才由计划经济体制下高度集中的合格证制度和抽查制度转变到市场机制调节下的认证认可制度，“消费者缺位”和“政府越位”特征非常明显。认证认可作为一种质量治理的市场机制，其效用的发挥要求必须理顺政府和市场的关系，发挥市场在质量治理资源配置中的决定性作用，进而才能更好地发挥政府质量治理的作用。

理顺政府与市场关系，第一，要确立和发挥市场决定性作用，全面破除各种市场壁垒，进一步加快各类认证认可产业要素市场化进程，要使市场在资源配置中起决定性作用，要逐步建成统一开放、竞争有序的认证认可市场体系，加快形成认证认可从业主体自主经营、公平竞争，企业自由选择、自主消费，认证服务和要素自由流动、平等交换的现代市场格局，着力清除旧体制遗留的各类不符合现代市场发展需求的壁垒，提高资源配置效率和公平性。第二，要建立健全符合国际市场规则的认证认可法律法规，将法治贯穿于认证认可工作始终，用法治方式巩固认证认可的改革发展成果，将政府质量治理行为规范在法制法规范围之内，防止“政府越位”；同时利用科学合理的法律法规规范认证认可机构行为，强化对认证机构的监管，促进认证认可行业健康可持续发展。第三，要深化“放管服”改革（“简政放权、放管结合、优化服务”），放宽市场准入限制，简化资质认定程序，强化行政管理效能，激励激活各类市场质量治理资源要素，推动政府质量治理职能深刻转变。第四，要紧盯发达国家合格评定制度的新动向，积极借鉴发达国家认证认可体制的先进做法，推动我国认证认可制度体系与国际通行治理规则有效衔接，形成符合我国产业经济高质量发展需求的市场治理机制。

3. 完善和优化政府监管职能，打造新型认证认可监管体系

我国认证认可事业发展与政府监管规制有着非常密切的关系，认证认可效用的发挥与政府信用有着一定的依赖关系，认证认可制度的价值追求在于公正地传递市场信任，因此政府对认证认可规制管理的价值所在也必然是公正。政府对于认证市场的监管必须按照公正价值的要求，以守底线为首要目标，“从维护认证行业利益向维护消费者利益目标调整”，保障和维护事关人民生命安全的产品质量和服务水平，将认证认可的标准和法规及认证机构的信誉度向全社会公布，加大对认证认可行业不规范的机构和人员的惩罚力度，维护市场秩序，提高认证认可的有效性。同时，认证认可作为一种提高市场效率的基础性制度，具有改善市场供给、服务市场监管、优化市场环境，促进市场开放等突出作用；对认证认可的政府监管规制要立足于大市场、大监管的格局，激发认证认可市场活力，创新执法监管体系，打造新型认证认可监管体系，进而不断提升认证认可公正性，优化国际营商环境，提高认证市场供给的国际公信力，进而有效保障和提高认证认可促进产业高质量发展的效用水平。

因此，认证认可的政府监管的职能在于维护市场公正、保障产品质量安全、优化国际营商环境、激发市场活力、提高认证认可有效性，当前时期打造新型认证认可政府监管体系要从以下几个方面入手。一是要加强认证市场监管改革创新，积极推进“放管服”改革，放宽实施机构准入限制，推进检测认证市场开放，在认证领域推行“证照分离”改革，就是以改革增活力、向改革要效率，使认证认可更充分地凸显“传递信任，服务发展”的本质属性，更有效地发挥服务质量管理、提高市场效率的基础作用。二是要积极探索强制性认证行政许可的深化改革措施，落实指定认证机构在强制性产品认证活动中的主体责任，探索“指定”模式创新，督促认证机构对委托的检查机构加强业务管理，健全责任追溯机制，严把认证过程质量关。三是要“放管”结合、“放管”并重，必须在政府放权后强化事中事后监管，开展“双随机、一公开”监管，把该管的管到位，严厉打击认证机构及其委托检测机构在业务过程中的违法违规行为和虚假认证行为，确保认证认可市场“活而不乱”。四是要建立认证机构的诚信管理机制，将认证机构和检查机构纳入信用监管范围，向社会公开信用记录，建立合理的黑名单制度，对于违法违规的机构或人员施行行业禁入。五是要加强对对认证认可相关的政府机构的监督，防止“政府失灵”，一方面认监委和地方两局自身要落实认证认可的法规和程序，另一方面重视社会对政府的监督，重视社会各界对政府机构和认证机构的投诉，关注媒体的批评与报道，对社会监督投诉和建议进行及时反馈，保障和提高政府监管的公正性，提升认证认可的有效性。

4. 强化多元共治监管，构建认证认可行业治理良好秩序

认证认可作为市场经济运行的基础性制度安排，其效用的发挥需要政府、企业、认证机构、消费者、社会中介组织、媒体等多方面主体的参与，共同形成国家质量治理体系框架下的多元共治格局，建立认证认可行业治理良好秩序。首先，要理顺政府与市场关系，深化政府机构改革，运用法律手段促进监管部门职能转变，减少事前行政审批、许可事项，摆脱简单粗糙的命令式执法监管模式，有效发挥市场无形之手和社会中介的作用，强化行业自律，强化社会监督，营造良好的法制环境和政务环境。其次，要进一步依法规范认证认可从业机构行为，建立符合市场运行规则的从业机构、从业人员管理制度，明确从业技术门槛、行为道德等方面的要求，提高认证机构及其人员的主体责任，从而保障认证认可的有效性和公信力要求。再次，要建立认证认可社会监督队伍和机制，引导全社会各方面力量积极参与质量治理，形成质量社会治理的良好格局。最后，针对出口出口商品认证认可发展需求，积极探索有益措施，建立和完善多元共治的认证认可行业治理体系，促进各个认证认可各监管环节之间相互关联、相互支撑，形成多元共治的“1+1>2”的整合效应，保障认证认可的有效性和公信力，加快提升认证认可供给水平，推动认证认可服务业步入品牌化、专业化发展之路，实现认证认可产业的健康发展，进而为产业高质量发展提供有效保障。

（二）认证认可行业规制层面策略与措施

1. 加强认证认可法律法规体系建设

目前，我国已经形成了以《认证认可条例》为主干，15 项部门规章、26 项规范性文件为配套的认证认可法规体系，并且有 20 部国家法律、16 部行政法规对认证认可的利用进行了明确规定，基本形成了较为完备的法律法规体系，为认证认可事业的健康持续发展，提供了坚实的法制保障。然而，对比具有百年认证认可实践应用的西方国家，我国认证认可法律体系仍然存在一定差距，在当前经济新常态时期更要结合产业高质量发展新需求，进一步完善认证认可法律体系。

第一，认证认可法律法规建设要遵循市场经济规律，要重视法律体系的顶层设计，要与国际市场通行认证认可规则有效衔接，要积极借鉴认证认可发达国家的法律和规范，提升认证认可治理体系法律依据与国际接轨，进而有效融入国际认证认可治理体系。第二，认证认可法律法规体系建设要正确处理深化改革和法治建设的关系，既要坚持破立结合，又要将立法和改革决策统一起来，将认证认可法制建设与“三个清单”制度有效衔接，做到重大改革于法有据，及时将改革成果固化为法治成果。第三，认证认可法制建设要与政府部门规章的统筹协调，理顺“放、管、治”的关系，能做到放管结合、寓管于治、多元共治。第四，认证认可法治建设要和认证认可政策环境、市场环境的有效衔接，需要各方加强立法协调、政策研究和部际协作等工作，推动认证认可制度的落地，要更加注重法律政策研究和综合协调。第五，要正确处理法治建设与制度创新的关系，要统筹组织标准、法规、政策、监管等各方面资源，要进行全面创新和协同创新，综合考虑认证认可产业链上下游创新发展需求，最终形成具有普适性的认证认可法律法规。第六，认证认可法治建设要注重行业自律和社会监督，能通过良好的法制环境规范和引导社会机构与从业主体自我调节、自律管理，充分发挥机构主体和社会各方的积极性，营造良好的认证认可社会治理环境。此外，要完善认证认可法律法规对从业主体的法律责任，强化认证认可活动的主体责任，大大提高违法成本，做到责任清晰、违法必究，促进认证认可事业健康发展。要制定相关法律责任的具体实施细则，明确企业和认证机构在各类质量安全事故中责任划分的可操作性办法，对认证机构及其雇员出现违规操作或进行虚假认证，明确其处罚细则，如：撤销其认证结果、相关行政处罚等，对因认证结果导致贸易双方出现损失，需要根据有关法规和民事法律明确民事赔偿责任操作规程；对认证结果与市场监管结果存在背离的，要制定告诫细则和诚信记录操作条例等。

2. 加强认证认可依据的标准体系的建设

标准是认证认可事业发展的基础，是现代化生产的重要手段和必要条件，习近平总书记指出，“标准助推创新发展，标准引领时代进步”，“中国将积极实施标准化战略，以标准助力创新发展、协调发展、绿色发展、开放发展、共享发展”，必须加快形成推动高质量发展的标准体系，建立国际先进的标准体系是认证认可基础建设的重中之重。标准体系建设要面向未来，面向国际化发展需求，理顺并建立协同、权威的强制性国家标准管理体制，逐步建成结构合理、衔接配套、覆盖全面、适应经济社会发展需求的新型标准体系，形成协调配套、简化高效的推荐性标准管理体制，构筑市场自主制定的团体标准、企业标准发展模式，并且逐步建立和健全国家、行业、地方、团体和企业标准相互协同、覆盖全面、重点突出、结构合理的重要产品追溯标准体系，更好满足市场竞争、创新发展的需求，进一步增强参与国际标准化治理能力，大幅增加与主要贸易伙伴国家标准互认数量，不断提升我国标准国际影响力，迈入世界标准强国行列。当前，我国标准化建设要从加强认证认可标准体系建设、整合精简强制性标准、优化完善推荐性标准、培育发展团体标准、放开搞活企业标准、提高标准国际化水平等几个方面展开。

第一，要进一步加强认证认可标准（简称认标）体系的建设，要密切跟踪和研究国际认证认可通行规制和制度，深度分析海外市场认证认可标准与我国标准的差异性，不断完善和健全我国认证认可标准体系，促进认证认可标准的国际合作互认，进一步推动实现“一个标准，一次评定，全球承认”的认证认可，大力提升认证认可在全球市场的有效性。

第二，要从强制性标准和非强制性标准两个层面加强产品和服务标准体系的建设，要紧密跟踪国际先进的质量标准体系动态，如：美国 UL 标准、欧盟 EMC 标准等，通过合理吸收或等同转换等方式，不断完善和健全我国产品质量标准。一方面是要整合精简强制性标准，按照强制性标准制定原则和范围，对现行强制性国家标准、行业标准和地方标准及制修订计划开展清理评估，对不再适用的予以废止，不宜强制的标准转化为推荐性标准，确需强制的提出继续有效或整合修订的建议，同时制定各领域强制性国家标准体系框架；另一方面优化完善推荐性标准，培育发展团体标准；进一步优化推荐性国家标准、行业标准、地方标准体系结构，向政府职责范围内的公益类标准过渡，现有推荐性标准的数量和规模逐步缩减；培育发展团体标准，要完善团体标准化工作机制，充分发挥市场竞争机制的优胜劣汰作用，团体标准由市场自主制定、自由选择、自愿采用，稳步提升团体标准数量和竞争力，培育和发展一批具有国际影响力的团体标准。

第三，放开搞活企业标准，建立完善企业产品和服务标准自我声明公开和监督制度，逐步取消政府对企业产品标准的备案管理，建立企业产品和服务标准自我声明公开和监督制度，增强各类市场主体活力。同时，要提高企业产品和服务标准国际化水平，不断加大国际标准跟踪、评估和转化力度，鼓励企业在质量控制和检验过程中积极采用国际先进标准和技术规范、并不断加以改进。此外，要加强中国标准外文版翻译出版工作，推动与主要贸易国之间的标准互认，推进优势、特色领域标准国际化，创建中国标准品牌，要实质性参与和影响国际认证认可领域标准、规则与程序的制定，增强我国认证认可在市场监管国际规则制定中的话语权，从而在国际市场中获取有利的质量信任地位，更好地维护国家利益。

3. 大力推进认证认可诚信体系建设

认证认可是一种市场信任传递机制，在市场体系的法治基础不够健全、缺乏有效的诚信保障制度或诚信保障制度不能有效发挥的情况下，认证认可效用的发挥会受到极大的制约，如果失信行为所能带来的经济利益远远高于诚信行为所能带来的经济利益，市场主体会倾向于选择用不讲信誉的手段或方法来实现自己的利益，认证认可的市场信任传递效用必然大打折扣。近年来，国内外质量安全事故频频发生，特别是那些获得认证的问题产品和失信企业更是受到社会关注，舆论直接指向认证认可，使认证认可的社会公信力和有效性面临严峻考验。因此，必须大力加强认证认可诚信体系建设，为认证认可效用的发挥和公信力的提升构筑良好的外部环境基础。

首先，建立完备有效的认证认可诚信体系，从加强法律制度建设入手，要坚持依法依规、改革创新、协同共治的基本原则，要积极推动认证认可相关法律法规的建立和完善，要建立健全全国统一的认证程序监管规则和标准，并结合粤港澳大湾区出口产业发展特点出台相关地方性法规、政府规章或规范性文件，将认证诚信监管中行之有效的做法上升为制度规范。

其次，要以加强诚信监管为着力点，创新认证诚信监管理念、监管制度和监管方式，建立健全贯穿认证认可市场主体全生命周期，衔接事前、事中、事后全监管环节的新型监管机制，不断提升认证监管能力和水平，进而规范认证市场秩序，优化国内外营商环境，推动出口产业高质量发展。一是要创新认证认可事前环节信用监管，建立健全认证信用承诺制度，制定格式规范的信用承诺书，在开展认证认可业务事项过程中，要求相关业务主体提供规范性信用承诺，作为事中、事后监管的重要依据。二是加强事中环节信用监管，要全面建立认证市场主体信用记录，以统一社会信用代码为标识，整合形成完整的市场主体信用记录，并依法依规向社会公开；要积极开展诚信评价和分级管理，要建立认证诚信评价模型，对认证市场主体开展全覆盖、标准化、公益性的信用综合评价，以信用评价结果等为依据，对从业主体进行分级诚信分类分级，根诚信等级高低采取差异化的市场监管措施。三是要完善事后环节信用监管，建立健全认证认可失信惩戒制度和黑名单制度，将失信性质恶劣、情节严重的违法失信行为的市场主体纳入黑名单，动态更新并向社会公开，形成行政性、市场性和行业性等多层面惩戒措施、社会力量广泛参与的失信联合惩戒机制。四是探索建立信用修复机制，允许失信认证主体在规定期限内纠正失信行为、消除不良影响的，可通过作出信用承诺、完成信用整改、通过信用核查等方式开展信用修复。修复完成后，各地区各部门要按程序及时停止公示其失信记录，终止实施惩戒措施。

此外，要加强对认证诚信信息的宣传和采信应用。一方面，要面向认证认可产业各方推动诚信建设，开展信用承诺、信用培训、诚信宣传、诚信倡议等方面培训，适时开展标准化、规范化、便捷化的法律知识和信用知识教育，引导提高经营者依法认证诚信意识，推动对认证从业主体的征信、诚信评级、诚信担保、诚信管理咨询及培训等信用服务发展，营造良好的市场诚信环境；另一方面，要积极拓展认证诚信体系建设成果的采信应用，鼓励各类市场主体在生产经营活动中更广泛、主动地应用信用报告；政府部门将认证认可诚信评级与产业市场准入挂钩，鼓励政府相关部门与第三方信用服务机构在认证从业机构的信用记录归集、信用信息共享、信用大数据分析、信用风险预警、失信行为跟踪监测等方面开展合作，在政府采购、招标投标、行政审批、资质审核等事项中，充分发挥认证信用服务机构和第三方信用服务机构出具的信用报告作用。

4. 大力发展“互联网+”认证认可业态

大力推进“互联网+”认证认可新业态，促进互联网与认证认可产业结合，充分利用互联网、大数据、云计算等新一代信息技术，积极探索“互联网+”技术与认证认可业态融合的方式途径，鼓励针对粤港澳大湾区出口行业特色开发全样本分析、检测云和在线监测等认证认可业态新模式，在信息安全、物联网产品、电商服务等领域率先开展“互联网+认证认可”试点，大力推动智慧型认证认可向高附加值认证认可服务化方向发展，进而促进粤港澳大湾区出口产业向价值链高端演进，实现认证认可与出口产业高质量发展深度融合。

第一，要打造“互联网+”认证认可新业态发展的坚实基础，加大对大数据、云计算、物联网及人工智能在认证认可领域应用的支持力度，要积极引导传统认证认可业态与“互联网+”战略资源高效融合对接，多层面打造“互联网+”认证认可应用示范平台，并积极引导“互联网+”认证认可与各类智能制造平台有效对接，充分利用互联网和大数据实现信息共享，创新认证认可业态发展模式。第二，借助“互联网+”打造良好的认证认可市场生态，认证机构借助各种“互联网+”平台收集的大数据来分析用户的生产模式、需求、关注点等特征，从而可以精准开发认证认可产品服务；同时，“互联网+”技术也使得市场环境将更加透明，企业能更理性的选择专业性认证机构，从而促使认证机构提升专业性、时效性、服务体验等软硬件实力，形成良好的认证认可市场生态。第三，要积极打造“互联网+”认证认可市场监管模式，推动认证机构行政审批、检验检测机构资质认定网上系统上线运行，逐步建立完善“互联网+监管”模式，按照共建共享原则，推进粤港澳大湾区认证认可检验检测公共服务信息化平台建设，打造区域认证认可“互联网+公共服务”示范平台。第四，积极推进“互联网+”认证认可诚信建设，借助“互联网+”技术大大提升信用记录归集、信用信息共享、信用大数据分析、信用风险预警、失信行为跟踪监测等方面的信息处理效率，大力打造“互联网+”诚信信息管理和共享机制，创新认证认可诚信体系发展模式。第五，要借力“互联网+”进一步健全电子商务认证制度，大力发展电子商务交易服务认证，积极推动认证认可与电子商务业态深度融合发展，实现认证认可与“移动电商”“海外仓”“电商供应链”的电子商务业态的有效衔接，实现各类电商平台与顾客之间市场信任的有效传递，增进国际市场互信互认，提升平台服务商对在线销售商的管控能力，降低市场风险和管理成本，快速提升认证认可应用领域的广度和有效性。

5. 加强认证认可人才队伍建设

认证认可行业属于技术、人才密集型产业，认证认可需要有丰富的相关领域专业技术知识的高端复合型专业人才，认证人员的技术性、技巧性、公正性上对认证认可的有效性提出了很大挑战，人才已成为制约认证认可事业高质量发展的重要制约因素，必须把人才作为支撑认证认可发展的第一资源。

第一，推进认证认可人才队伍建设与出口产业高质量发展相适应、相匹配，坚持走“以产业集聚人才、以人才引领产业”的发展之路，大力发展专业性认证认可检验检测集聚区，汇聚和培养了一批高水平的领域专家和优秀人才。第二，大力支持认证认可人才培育，建立健全教育培训机制，积极推进产教深度融合发展，充分发挥高等学院、职业技术学院等教育资源在认证认可人才培育方面的效用，建立认证认可专业学科体系和职业教育体系，形成具有鲜明特色的认证认可行业职业教育发展模式和校企联合培育的教育模式，大力提升认证认可产业人力资源的职业能力水平。第三，支持对高端人才的引进，制定引进和培养高层次人才扶持办法，结合认证认可产业发展实际，制定高层次人才引进目录，建立动态的认证认可国际人才库，拓宽引才渠道，加大引才力度，积极组织开展高层次人才海外招聘工作，参与国际人才竞争。第四，要建立良好的选人用人机制，完善人员注册制度，要形成广纳贤才、人尽其才的制度体系，要突出职业素养、社会品德、专业能力导向，为人才提供施展才能的机会和平台，为人才脱颖而出创造良好的社会环境，要建立健全人才评价机制、创新人才流动机制、健全人才激励机制，不断优化人才队伍结构，提高人才供给质量。

6. 大力推进出口产业绿色低碳认证

认证认可影响作用分析显示，认证认可对能耗水平、环境保护等方面存在一定影响力，但提升空间仍然较大，因此有必要采取措施加强出口企业的绿色环保意识，大力推进出口行业的绿色、节能、低碳等方面认证，增强认证认可对出口商品绿色形象信息传递的有效性。推进绿色低碳认证可从下面几方面入手。

第一，要建立统一的绿色产品认证和标识体系，统筹兼顾产品节能与减排、环保等绿色发展的不同技术要求，解决目前绿色产品标准不统一、认证种类繁多、社会认知度不高等问题，不断健全完善系统科学、开放融合、指标先进、权威统一的绿色产品认证制度，从根本上降低企业制度性交易成本，引导绿色生产与消费。第二，大力推行国家统一的节能低碳产品认证制度，提高企业能源利用效率，改进材料利用，控制温室气体排放，应对气候变化，规范和管理节能低碳产品认证活动，对于出口商品企业改善损失质量有着极其重要的作用。第三，要围绕推进绿色低碳产品认证与标识体系建设，加强宣传、普及和推广节能低碳环保相关知识、法律法规，提高企业的环境保护责任意识和法律意识，让企业理解当前全球资源紧张、气候变暖已对人类的生存和发展形成了严峻的挑战，进而推动企业主动进行节能环保自律、积极实施绿色节能低碳认证。第四，要大力开展中国绿色低碳产品认证与标识体系的海外市场宣传，加强对认证事中事后监管力度，提升海外消费者对中绿色产品的获得感和认同感，提高我国绿色认证的全球影响力和有效性。第五，要将节能绿色低碳认证与ISO4001环境保护管理体系认证有机结合起来，形成保障产品节能低碳的质量管理体系，实现“1+1>2”的整合效应，促进出口商品企业社会责任质量水平的提升。

（三）认证认可的社会监督治理方面的策略措施

1. 建立社会监督治理机制，引导社会多方参与

增强社会参与度和社会活力是治理现代化的本质要求，要建立形成完善“法律规范、行政监管、认可约束、行业自律、社会监督”五位一体认证认可治理体系，社会监督治理是认证认可健康发展不可或缺的要素，必须建立和完善有效的认证认可社会监督体系及机制，可以从以下三个方面展开。一是要完善社会监督相关法律法规，要在认证认可相关法律法规中增补社会监督的有关条款，明确各类社会组织和个人参与对认证认可社会监督的权利，为公众参与认证认可社会监督提供法制保障。二是要依法制定认证认可社会监督规章制度和管理办法，建立统一规范的认证认可信息公开机制，形成社会监督渠道统一监管机制、社会监督信息受理处置反馈机制，建立健全监督激励保护机制，明确公众参认证认可社会监督的程序，积极营造社会监督的良好环境，为公众参与社会监督提供指引和机制保障。三是完善宣传培育机制，提升宣传工作水平，健全多元的投入机制，完善宣传培训激励机制，鼓励社会力量对加入对认证认可相关培训和宣传。

在完备的社会监督治理机制上，要积极引导社会多方积极参与对认证认可的监督活动。第一，必须大力提升社会组织的参与程度。当前我国社会组织作用发挥并不成熟，参与社会共治能力较弱，与发达国家相比有一定的差距，需要加大对社会组织的扶持力度，通过自我管理、自我约束、自我发展水平的提高，增强其公信力，不断提升其参与社会共治的能力。第二，要提升社会大众的参与水平，尤其是社会消费者对认证认可监督的参与程度和能力，大力宣传和推广3C认证、ISO9000认证、ISO4001认证、有机农产品认证、有害物质管理认证等内容，增强社会大众对认证认可相关功能和效用的认知水平，加大对认证标志的公益性宣传，提高公众对认证认可品牌的选择能力；建立畅通的认证认可参与渠道，鼓励公众有效参与对认证产品的评价和建议，在认证信息公开平台上进行充分的交流沟通。第三，要提升新闻媒体的参与程度。认证机构和管理部门要通过媒体及时回应社会关切，做好认证认可相关全热点问题的舆情监测和协调处置，认证机构要持续加强新闻媒体的利用有效提高认证认可的公信力，营造良好舆论环境。

2. 大力加强第二方消费大众评价监督机制

消费者作为利益相关的贸易第二方，在有偿获得商品或接受服务时，拥有一定时期内依法享有的权益，享有知悉其购买使用的商品或者接受的服务的真实情况的权利，享有的获得质量保障和价格合理、计量正确等公平交易的权利，享有的对商品和服务以及保护消费者权益工作进行监督的权利。我国《消费者权益保护法》《产品质量法》等相关立法对消费者的参与权、监督权给予了规定。认证认可作为一种市场信任传递工具，其效用是消除“信息不对称”，这种效用最终作用在消费者身上，消费者基于对认证结果的信任进行商品选择，消费者对所购买通过认证商品的评价监督结果，很大程度上能够反映认证认可的效用水平。

然而我国社会主义市场经济发展时间不长，消费者权利自我保护意识不强的因素，消费者群体对于企业及其信用提供方履行产品责任或社会责任状况监督评价具有明显的“滞后性”，多数消费大众的监督行为都是在造成了严重的社会危害性后才以“声讨”的形式出现，消费者对于商品与服务满意度的评价方式几乎还停留于“用脚投票”的原始阶段，消费者权利诉求的渠道尚待进一步拓宽畅通，以保障消费者的参与权、监督权和表达权不会被虚置和弱化。因此，必须大力加强对消费者评价机制建设，鼓励引导消费者依法主张自身权益，主动参与消费后评价，主动投诉、举报失信经营行为，形成重视、鼓励、保护消费者监督权的社会氛围，通过作为贸易第二方消费者的评价监督，实现对认证认可效用水平的市场性评估，对接认证认可诚信管理体系，实现对认证认可资源的良币驱逐劣币效应。

做好第二方消费大众评价监督机制建设要从以下几方面入手。一是要依据国际贸易通则健全消费者监督评价相关法律，从法律层面保障消费者社会监督作用的发挥，明确详细规定消费者有权对商品服务质量进行监督评价具体权利，制定清晰具体的操作细则。二是要综合考虑海外消费者参与监督评价的可行性，统一规范各部门对消费者权益保护的相关政策措施，在制度上为其搭建起一条能够有效参与对生产经营者的商品和服务质量进行监督和评价的有效可行通道，要特别针对出口商品要建立海外消费者的监督评价信息通道，相关政府职能部门要鼓励和支持国内外消费者参与对商品和服务的监督评价，定期采集和采信消费者所反馈的对于商品和服务的监督评价结果，依据消费者监督评价反馈的信息，更新认证认可检验检测机构组织的诚信档案，追溯认证机构的不端行为等，进而促进规范认证认可市场交易秩序。三是要调动消费者的参与监督评价的积极性，建立消费者监督评价的激励机制，鼓励消费者对企业社会责任履行情况和认证机构传递的可信信息进行主动监督，并及时向有关部门反馈评价信息，对海内外消费者的监督评价行为进行引导和支持，逐步培育形成全球消费者对我国商品监督保障机制的信心，进而有效提高我国出口商品的海外市场感知质量水平。

3. 完善健全认证认可社会义务监督员机制

社会义务员监督机制是发挥社会各界对认证认可工作的监督作用的有效手段，是认证认可工作社会监督机制的重要成分，是贯彻认证认可工作与群众路线相结合的新机制、新形式，能够很好地规范认证工作、提高认证工作的有效性、促进认证认可事业健康发展。2006 年国家认证认可监督管理委员会（以下简称国家认监委）已制定《认证认可社会义务监督员管理办法》，并且已在一定范围内进来了实施应用，开展认证认可相关政策法规的宣传，开展对认证认可机构、认证咨询培训机构及其工作人员遵纪守法、廉洁自律、认证质量等方面的情况进行监督，对认证认可的持续发展起到了一定的作用。

但总的来看，当前认证认可社会义务员监督制度的实施应用范围还不广，仍然处于试点性阶段，在具体实施细则、应用模式、人员素质能力等方面需要进一步进行完善提升，主要应用从以下几个方面进行持续改善。一是要进一步完善认证认可义务监督员遴选机制，明确认证认可社会义务监督员的遴选标准和遴选模式，选聘政治过硬、法律意识强、专业对口、作风正派、热衷公益的社会群众担任义务监督员，要吸收部分海外人士参与义务监督。二是要加强义务监督员专业知识培训，及时向义务监督员发送与其履行监督职责有关的文件、简报、信息及各种学习资料，提升义务监督员专业化能力，例如：在绿色认证领域，要加大对社会义务监督员在能源管理体系、节能减排、能效达标对标等方面相关专业知识和法律法规知识。三是要进一步完善工作机制，融合应用“互联网+”技术，完善义务监督员工作联系制度，及时听取其对监督工作的意见、建议和要求；健全工作例会制度，定期开展义务监督员工作总结例会，及时通报当前和今后一个阶段认证认可的工作重点和要求；完善通报反馈制度，对义务监督员提出的意见、建议，及时向义务监督员反馈办理和落实情况。四是完善义务监督员激励机制和行为规范机制，对成绩显著的义务监督员要及时予以表彰、奖励，对违反国家相关法律法规规定的，要按照国家有关法律法规进行处理。五是稳步推广认证认可社会义务监督员制度，逐步扩大实施应用范围，建立义务监督员实施推广机制，逐步从省一级义务监督员推广到县市、再到乡镇区，建立形成较为完善的社会义务监督员网络，保障和促进认证认可的持续健康发展。

(四) 出口企业如何发挥认证认可效用方面的策略措施

1. 打造管理体系认证“升级版”

认证认可质量促进作用宏微观分析都显示，质量管理体系认证能够更好地促进出口商品质量进步，因此有必要制定多方位的管理体系认证促进措施，进而更好地发挥认证认可的质量促进作用。首先，要发展行业特色的质量管理体系认证，鼓励行业主管部门、企业、认证机构等，针对出口商品产业的质量过程特点和市场需求，在ISO9001质量管理体系认证、ISO4001环境管理体系认证、ISO8000职业健康安全管理体系认证的基础上，研发具有出口商品产业特色的管理体系认证标准和认证服务。其次，要结合企业质量管理实际情况，在管理体系认证的基础上，融入先进的管理思想和管理方法；如：引导企业在ISO9001标准认证的基础上，融合约束理论、六西格玛、准时生产、卓越管理等多种先进管理思想和方法，加强企业质量管理体系建设，保障认证认可效用的充分发挥。再次，推动不同类型管理体系认证的有效整合，引导企业以ISO9001质量管理体系为基础，结合企业质量管理实际需求，融入环境保护、社会责任等管理体系认证，形成系统化高效的综合管理体系，解决管理领域“碎片化”问题，实现“1+1>2”的整合效应；并且，要鼓励发展多管理体系整合认证，研发多管理体系“一体化”的认证服务，为企业减负，提高认证综合效果。最后，大力发展“互联网+”认证认可业态，探索利用互联网及云计算等新技术对管理体系整合认证的模式创新，提高认证效果、降低认证成本。通过行业个性化、多体系整合、技术创新等手段，打造出口商品产业质量管理体系认证“升级版”，进而推动认证认可质量促进效用的充分发挥。

2. 积极实施售后服务体系认证，提升出口企业国际市场开拓能力

评价显示，出口企业“QM_2市场服务机制”得分非常低，很多年份都达不到及格水平，揭示粤港澳大湾区出口产业海外市场服务能力非常弱的现状；认证认可质量影响作用分析显示，认证认可对市场服务能力有较强的促进作用，因此有必要在开展其他类型认证基础上，针对性加强出口企业的售后服务体系认证。强化出口企业售后服务体系认证，首先，要进一步完善《商品售后服务评价体系》《商业企业品牌评价与企业文化建设指南》等国家标准，拓展跨国跨地区售后服务管理质量等方面内容，融入先进售后服务管理思想，从标准层次规范企业的服务行为，提升企业的售后服务能力及其品牌价值。其次，要加强宣传售后服务体系认证，尤其是海外市场售后服务体系认证，提高出口企业对售后服务的价值认识，促使企业充分认识到：国际市场发展的多变性以及顾客需求的多样性，将服务文化放到企业战略层面的高度，对于促进企业的品牌发展、提升国际市场竞争力具有重要价值。再次，要积极发展“互联网+”售后服务认证，对借助云计算、大数据等先进技术创新售后服务体系认证模式，提高其认证效率和效果。最后，要将售后服务体系认证与其他管理体系认证有机结合起来，实现“1+1>2”的整合效应，提升出口企业海外市场开拓能力和市场服务水平，促进出口商品企业市场感知质量水平发展。

在此基础上，要鼓励出口企业走出国门从事跨国经营和市场服务，获取国际市场质量需求一手信息，“走出去”要借助认证认可的市场信任传递效用，要走出口碑来、走出品牌来，出口企业重视海外市场品牌的培育。首先，面对国际市场开拓过程中所遇到的国外政策环境、当地社会风俗、市场潜力等方面的问题，粤港澳大湾区出口企业要抱团走出去，积极参加政府组团的海外经贸推介活动，以整体对抗风险。其次，出口企业要通过售后服务体系认证建立规范合法的海外市场服务体制，在运行程序和操作行为上要符合海外投资相关法律法规，高效地形成和设立海外销售服务机构、国际营销网络，提升出口企业海外市场感知水平。最后，要综合运用各类认证，将产品的量做大、品质做好，逐步积累的资金、技术、管理、市场等多方面的资源，有序地投入自主品牌建设，恰到好处地塑造品牌形象，通过良好的品牌形象打造高水平的市场感知质量。

3. 积极收集海外标准和法规，加强对出口企业的宣传和培训

影响作用分析显示，增强对认证认可的认知水平，能够很好地促进出口产业发展，因此，必须提高出口企业对认证认可效用的认知，尤其是要加强对出口商品认证涉及的海外标准和法规的认知。当前，信息来源不充分是粤港澳大湾区出口企业普遍面临的问题，尤其中小企业，经常是通过海外贸易商或者商品出口受阻事件来了解海外市场的贸易壁垒措施信息，获取信息通常是不及时、不准确、不完整的，“信息不对称”使得出口企业非常被动。因此，政府质量监管部门和认证机构有责任和义务利用自身优势，积极收集质量标准、技术法规等信息，并及时提供给相关出口企业，以便于及时调整策略，采取措施规避风险。

首先，要关注海外市场技术标准的变动，建立专业队伍广泛收集国外标准、法规等信息，并整理发布，及时将海外质量要求信息反馈给出口企业，便于企业采取措施规避风险；同时，编写质量标准、技术法规及其合格评判应用方面书籍和宣传材料，不定期对出口企业技术人员进行培训，提高出口企业产品质量保障能力。其次，加强监管培训，建立监管部门内部培训机制，提高质量监管人员技能和素质。最后，加大宣传力度，尤其是要加强对中小企业的宣传，使其能够全面清晰地理解相关标准和认证要求等，帮助出口企业质整改管理措施，增强企业对管理控制能力，形成有效的管理和控制体系。

4. 大力开展管理体系融合，提高管理体系运行效益

各种认证体系独立运行必然是各自为政、孤岛鹤立，企业在运行多种管理体系时必须将它们的精髓融会贯通，形成有效的组织和制度体系，使它们相辅相成、相得益彰。对各类管理体系中管理对象相同、管理方法基本相同的体系文件、资源分配、运作操纵等内容开展融合，融合后的管理规定应涵盖各体系涉及的规范内容，融合后的整合性体系管理可以保证其质量控制、环境安全管理、职业安全健康服务等方面符合体系认证要求，在实现机构制订的品质、自然环境和职工健康安全总体目标和要求的同时，降低各类管理体系的实施运行成本，实现“1+1>2”的效果。

在管理体系融合过程中，首先，要实现企业决策阶层统一思想认识，建立科学规范的体系管理融合工作领导小组，分层级开展学习培训，理解各类体系的管理思想精髓；其次，依据相关法律法规、技术标准、工作准则和管理办法制订融合型管理方针和总体目标，依据总体目标制定涵盖产品质量管理、自然环境保护和岗位健康安全等体系的综合管理制度，配置和贯彻落实融合型体系管理所规定的人力资源、基础设施建设等资源，并进行学习培训并聘用考虑整合型体系管理规定的内审员；最后，在此基础上开展持续改善，维持各类体系管理的合理有效运作。这样，通过对多个管理体系的融合和整合，促进企业各个运营部门和流程环节形成制度体系的统一性管理，创建完整性的管理准则，减少管理成本，提升企业资源投入效益，增强体系管理运作的高效率。

参考文献

[1] 张佳军. 我国产品认证及其规制研究 [D]. 西北大学，2009.

[2] 隋亭亭. 我国产品质量认证制度研究 [D]. 吉林大学，2008.

[3] Available N AN. Accreditation and quality assurance in analytical chemistry [J]. Accreditation & Quality Assurance，1996，1 (6)：274-274.

[4] Mads PeterSchreiber，Veikko Komppa，Margareta Wahlström，Jutta Laine-Ylijoki. Chemical and environmental sampling：quality through accreditation，certification and industrial standards [J]. Accreditation and Quality Assurance，2006，10 (9).

[5] ConstantHoussou. Amélioration de la qualité des soins en psychiatrie ：des visites d' accréditation aux visites de certification，validités，inadéquations et non-dits [J]. Annales médico-psychologiques，2013，171 (5).

[6] EveFouilleux，Allison Loconto. Voluntary standards，certification，and accreditation in the global organic agriculture field：a tripartite model of techno-politics [J]. Agriculture and Human Values，2017，34 (1).

[7] 申亚飞，周皓，王侃. 认证认可技术促进新能源汽车产业发展 [J]. 质量与标准化，2011，(S1)：31.

[8] 叶琼瑜. 检测认证对我国机器人行业发展的重要性 [J]. 质量与认证，2016，(09)：30-31.

[9] 田海宽，李毅超. 从廊坊 ISO14001 环境管理体系认证和创建 ISO14000 国家示范区看认证对区域经济发展的影响 [J]. 特区经济，2006，(01)：278-279.

[10] 兰恒友. 质量认证对促进市场经济发展的作用解析 [J]. 知识经济，2015，(14)：102.

[11] 纪文. 认证认可 质量提升的重要手段 [J]. 质量探索，2011，8 (06)：32-35.

[12] 严效民，杨煜. 认证认可与政府职能转变：市场失灵和政府失灵视角的分析 [J]. 电子科技大学学报（社科版），2011，13 (04)：52-55.

[13] 穆瑾. 我国质量诚信认证认可制度初探 [J]. 质量与认证，2016，(10)：43-44.

[14] 曾洪鑫. 认证认可的质量保障和质量促进功能的运行机理探析 [J]. 当代经济，2017，(26)：100-101.

[15] 史小卫. 认证认可重点领域安全性评价关键技术研究及应用示范 [J]. 中国信息安全认证中心，2017-10-27.

[16] 陈林. "双循环" 新发展格局下产业升级的关键 [J]. 人民论坛，2021 (02)：38-40.

[17] 张耀辉. 产业创新：新经济下的产业升级模式 [J]. 数量经济技术经济研究，2002 (01)：14-17.

[18] 刘志彪. 从全球价值链转向全球创新链：新常态下中国产业发展新动力 [J]. 学术月刊，2015，47 (02)：5-14.

[19] 董志勇，李成明. 国内国际双循环新发展格局：历史溯源、逻辑阐释与政策导向 [J]. 中共中央党校（国家行政学院）学报，2020，24 (05)：47-55.

[20] 张秀生，王鹏. 经济发展新常态与产业结构优化 [J]. 经济问题，2015 (04)：46-49+82.

[21] 林毅夫. 新常态下中国经济的转型和升级：新结构经济学的视角 [J]. 新金融，2015 (06)：4-8.

[22] 刘英基，杜传忠，刘忠京. 走向新常态的新兴经济体产业转型升级路径分析 [J]. 经济体制改革，2015 (01)：117-121.

[23] Xuejing Wei, Liwei Ye. Optimization and Upgrade of Industrial Structure in the Context of China's Supply-side Reform: An Analysis Based on Input-Output [J]. World Scientific Research Journal, 2020, 6 (3).

[24] Xiuqun Ye, Sihuan Tu. Research on Free Trade Zone and Industrial Structure Upgrade——Empirical Research based on Chinese Provincial Panel Data [A]. 武汉志诚时代文化发展有限公司 (Wuhan Zhicheng Times Cultural Development Co., Ltd.). Proceedings of 2nd International Symposium on Social Science and Management Innovation (SSMI 2019) [C]. 武汉志诚时代文化发展有限公司 (Wuhan Zhicheng Times Cultural Development Co., Ltd.)：武汉志诚时代文化发展有限公司，2019：4.

[25] Jingwen Xia, Chunrong Wu. The Impact of Financial Agglomeration on the Upgrading of Industrial Structure Taking Guangdong Province as an Example [J]. World Scientific Research

Journal，2020，6（3）.

[26] 鲍晓华，金毓. 出口质量与生产率进步：收入分配的影响力［J］. 财经研究，2013，39（08）：64-74+144.

[27] 邓悦，黄诗雅. 技术进步如何影响我国产品质量？——基于劳动倦怠视角的实证研究［J］. 宏观质量研究，2016，4（02）：1-16.

[28] 刘丹鹤，唐诗磊，李杜. 技术进步与中国经济增长质量分析（1978—2007）［J］. 经济问题，2009（03）：30-33+93.

[29] 肖文，唐兆希. 能源约束、技术进步与可持续发展——一个基于中间产品质量进步的分析框架［J］. 经济理论与经济管理，2011（01）：87-94.

[30] 李昂. 创新驱动——经济新常态下安徽高新技术产业发展［J］. 市场论坛，2015（07）：20-22+28.

[31] 茹少峰，李祥丽，杜建丽. 大数据时代我国新常态经济增长中技术创新的路径转型［J］. 人文杂志，2015（04）：36-40.

[32] 周叔莲，王伟光. 科技创新与产业结构优化升级［J］. 管理世界，2001（05）：70-78+89-216.

[33] Xiaoxiao Zhou，Malin Song，Lianbiao Cui. Driving force for China' s economic development under Industry 4.0 and circular economy：Technological innovation or structural change?［J］. Journal of Cleaner Production，2020，271.

[34] Zhangqi Zhong，Lingyun He. Macro-Regional Economic Structural Change Driven by Micro-founded Technological Innovation Diffusion：An Agent-Based Computational Economic Modeling Approach［J］. Computational Economics，2021（prepublish）.

[35] 霍忻. "一带一路"沿线国家认证认可国际竞争力评价［J］. 中国流通经济，2020，34（01）：52-64.

[36] Hill T.. The economic contribution of certification and accreditation［J］. Department for business innovation & skills，1996，12（5）：11-28.

[37] Spreha M.. An Introduction to Certification and Accreditation［J］. International journal of quality & reliability management，1995，33（19）：202-228.

[38] Marla J.，TYGH L.. Measuring the impacts of quality infrastructure［J］. Journal of

quanlity control and management, 2001, 7 (18): 15-22.

[39] Chris A.. Resolving information asymmetries in markets: the role of certified management programs [J]. International journal of quality & reliability management, 2009, 3 (6): 77-80.

[40] Otavio J. O.. The business value of quality management systems certification [J]. Journal of operations management, 2010, 15 (7): 30-45.

[41] IAF. ISO9001: its relevance and impact in asian developing economies [Z]. 2012.

[42] Wu S. I., CHEN J. H.. The performance evaluation and comparison based on enterprises passed or not passed with isoaccreditation [J]. International journal of quality & reliability management, 2012, 5 (29): 281-295.

[43] ILAC. The macroeconomic effect of accreditation [Z]. 2016.

[44] Neumayer L., Perkins R.. The relationship between economic development and ISO14001 system: an empirical analysis [J]. Agriculture and human values, 2004, 14 (115): 72-85.

[45] Harvey L.. The Relationship between retailers and certification bodies [J]. Journal of cleaner production, 2009, 6 (25): 12-16.

[46] Daddi T., FREY M., GIACOMO M., et al. Macro-economicand development indexes and ISO14001 certificates: across national analysis [J]. Journal of cleaner production, 2015, 31 (108): 87-109.

[47] UNIDO. Harnessing quality for global competitivenessineastern europe and central asia [Z]. 2017.

[48] 赵新栋. 论中国的认证认可体制改革 [J]. 中山大学学报论丛, 2003 (4): 84-88.

[49] 孙大伟. 我国质量认证体系运行机制研究 [D]. 哈尔滨: 哈尔滨工程大学. 2005.

[50] 薄昱民. 双管齐下 工业品认证制度运行改革 [J]. 质量与认证, 2014 (11): 34-35.

[51] 任宣. 联通认证认可云桥 助力电商质量提升 [J]. 质量与认证, 2016 (3): 18-19.

[52] 郭晓艳, 刘鑫, 王猛等. 探索清真食品认证体系, 助推清真食品认证体系 [J]. 食品安全导刊, 2018 (33): 44-46.

[53] 上海质量管理科学研究院课题组. 认证认可对国民经济和社会发展的贡献研究 [J].

上海质量，2010（1）：16-20.

[54] 张磊柱. 认证认可：构建现代市场体系和新型市场监管体制的路径探析［J］. 中国市场监管研究，2018（5）：24-28.

[55] 韦万春. 为了明天更美好——首届中国—东盟出入境检验检疫合作论坛综述［J］. 中国检验检疫，2007（1）：7-10.

[56] 游艳玲. “一带一路”建设：一场认证认可共享的盛宴［J］. 质量与认证，2015（7）：18-21.

[57] 王隆重. “一带一路”质量合作与贸易便利化［J］. 上海质量，2018（2）：31-34.